사회복지 윤리와 철학
Social welfare Ethics and Philosophy

성정현 김예성 김지혜 임세희 좌현숙 최승희

지식터

머리말

PREFACE

사회복지전문직은 다른 전문직과 달리 클라이언트와 함께 문제해결을 하는 과정을 매우 중요하게 여긴다. 이러한 관점에서 수혜자가 아닌, 문제해결의 동반자이자 소비자로서 클라이언트의 권리가 점차 강조되고 있다. 클라이언트의 권리에 대한 윤리적 민감성을 가진 사회복지실천은 직감이나 오랜 경험으로 저절로 되는 것이 아니다. 이는 윤리적 이슈들에 대한 진지한 고민과 윤리기준과 원칙들, 윤리결정모델에 대한 지식과 훈련을 통해서만 가능하다. 이 책은 사회복지전공생들이 사회복지현장에 나가기 전에 그들이 맞닥뜨리게 될 다양한 윤리적 문제를 간접적으로 경험하고, 윤리적 결정을 위한 지침을 제공하는 데 목적을 두고 있다. 그리고 실제 현장의 사회복지사들이 윤리적 민감성을 가지고 수준 높은 사회복지실천을 하는 데에 기여하기 위한 것이다. 저자들은 이를 위해 각 장마다 구체적인 사례를 제시하고, 실제 적용하여 제시함으로써 독자들의 이해를 돕고자 노력하였다.

이 책은 총 3부로 구성되었다. 제1부 가치와 윤리기반에서는 사회복지 윤리의 이론적 기반을 담았다. 제1장에서는 가치, 윤리, 도덕이 개념을 살펴본 후, 윤리의 본질과 근거가 되는 윤리이론을 목적론과 의무론을 중심으로 살펴보았다. 그리고 보편적인 윤리기준이 있다고 보는 윤리 절대주의와 사회문화적 맥락에 따라 그 기준이 상이하다고 보는 윤리 상대주의에 대해서도 간략히 살펴보았다. 사회복지 전문직의 가치와 윤리가 시대적으로 어떻게 전개·발달되어 왔는지를 중심으로 살펴보고, 사회복지전문직을 지탱해온 핵심적인 가치로서 인간존엄성과 사회정의 가치를 기술하였다.

제2장에서는 사회복지실천에서 중요한 위치를 차지하는 개인의 자유 개념이 갖는 내용과 그 의미에 대해 살펴보았다. 이를 위해 먼저 개인에 대한 서구의 인간관을 살펴본 후, 자유와 자율성이 서구 문화에서 인간의 고유한 본성으로 받아들여지게 된 배경을 알아보았다. 그리고 자율성의 제한과 관련된 정신적 무능력에 대해서도 간략히 살펴보았다.

제3장에서는 평등과 정의에 대해 살펴보면서, 평등을 추구하는 이유, 평등의 대상, 평등을 위한 분배방식에 대해 논하였다. 또한 롤즈의 정의론과 왈쩌의 정의론을 보다 구체적으로 서술하고 마지막으로 사회정의적 관점에서 사회복지실천사례를 검토하였다.

제2부는 윤리강령과 윤리결정모델에 관한 것으로, 2장으로 구성하였다. 먼저 제4장에 전문직 및 전문가 윤리의 개념과 사회복지전문직의 역사, 그리고 전문가 윤리의 중요성을 기술하였다. 또 사회복지사의 윤리적 결정의 근거와 원칙을 제시하는 사회복지사윤리강령의 내용과 범위, 그리고 이러한 사회복지사의 전문가 윤리에 영향을 미치는 요인으로서의 가치에 대한 인식과 윤리적 민감성, 사회복지사의 윤리적 결정 및 행동에 영향을 미치는 환경적 요인으로서의 조직과 기관의 영향에 대해 알아보았다.

제5장에서는 윤리적 딜레마를 해결하기 위한 윤리결정모델과 윤리원칙 등을 소개하였다. 콩그레스 윤리결정모델, 리머의 윤리결정모델과 윤리지침, 로웬버그와 돌고프의 윤리규칙 스크린과 윤리원칙 스크린을 사례에 적용하여 독자의 이해를 돕고자 하였다.

제3부는 윤리적 딜레마를 해결할 수 있도록 돕기위해 이론적 설명과 사례들을 포함하였다. 제6장에서는 생명보호 주제와 관련한 이슈 중에서 임신중단과 생명중단결정에 대해 서술하였다. 임신중단과 안락사, 존엄사의 정의와 찬반론의 입장에 대해 살펴보고, 구체적인 사례를 통해 사회복지사가 어떤 윤리적 결정을 내리는 것이 바람직한지에 대해 논하였다.

제7장에서는 윤리강령에 명시된 자기결정의 개념과 원칙, 그리고 자기결정을 제한하는 요인, 자기결정을 향상시키기 위한 실천현장의 개입방법 등을 제시하였다.

제8장에서는 사회복지실천과 알 권리에 대한 개념, 알 권리와 관련된 사회복지사윤리강령을 검토하였다. 또한 알 권리와 관련된 상반된 견해와 알 권리가 제한되는 상황을 살펴보고 이와 관련된 윤리적 쟁점을 차례로 고찰하였으며, 마

지막으로 알 권리와 관련된 윤리적 갈등을 해결하기 위해 사례를 콩그레스의 EHICS 모델로 분석하였다.

제9장에서는 사회복지실천에 있어 비밀보장의 개념과 유형을 알아보고 비밀보장과 사생활보호, 비밀보장의 제한, 고지된 동의 등의 이슈에 대해 살펴보았다. 또한 비밀보장과 관련된 윤리적 갈등이 발생했을 경우 사회복지사들이 구체적으로 어떻게 해결할 수 있는지를 로웬버그와 돌고프의 모델을 적용하여 사례분석을 하였다.

제10장에서는 비전문적 관계인 이중관계의 개념과 유형, 국내외 사회복지사 윤리강령에서 이중관계와 관련한 규정을 살펴보았다. 또한 미국과 한국의 사회복지사들이 이중관계에 대해 어떻게 인식하고 경험하는지에 대한 조사결과를 비교하였고, 이와 관련한 한국적 상황과 구체적인 사례를 검토하였다.

제11장에서는 문화적 다양성을 사회복지의 윤리적 측면에서 고찰하였다. 이를 위해 다문화사회에서 지향하는 사회적 가치로서의 관용과 보살핌, 상호인정, 그리고 문화적 다양성에 대한 사회복지사의 윤리로서의 문화적 유능감의 중요성을 검토하였다.

마지막으로 제12장에서는 사회복지사의 전문성 향상을 뒷받침하는 사회복지조사와 연구에서 제기될 수 있는 윤리의 문제를 살펴보고, 바람직한 사회복지조사와 연구가 되기 위한 지침을 제공하였다.

이 책이 출간될 수 있도록 지지해주고 기다려주신 도서출판 지식터 김동근 대표님을 비롯한 편집부 직원들께 감사의 마음을 전한다. 또한 이 책을 집필하는 과정에서 성실하고 열정적인 집필자들이 함께 모여 사회복지윤리의 현주소와 나아갈 방향을 함께 논의하는 기쁨을 나눌 수 있었던 것은 소박하지만 큰 소득이었다. 이런 집필자들의 애정을 담은 이 책이 올바른 나침반이 되어, 윤리적 실천의 길잡이 역할을 충실히 수행할 수 있기를 기대해 본다.

2024년 3월

저자 일동

차 례

CONTENTS

PART 02 윤리강령과 윤리결정모델

PART 03 윤리적 딜레마와 결정

PART

01

가치와 윤리기반

CHAPTER 01 가치와 윤리

1 가치, 윤리, 도덕의 개념

인간은 매 순간 선택과 결정의 삶을 산다고 해도 과언이 아니다. 사람들은 여러 가지 대안 중에서 선택과 결정을 할 때 바람직한, 최선의, 옳은 결정을 내리기를 원한다. 그때 판단의 기준이 되는 것이 가치, 윤리 그리고 도덕이다. 전문적 실천에서도 중요한 의사결정과정에서 가치와 윤리는 중요한 기준이 된다.

일부에서는 가치를 윤리와 상호교환적으로 사용하기도 한다. 사회복지사들 또한 다른 사람들과 마찬가지로 가치, 윤리, 도덕(또는 덕) 사이를 구분하지 않고 동일한 의미로 받아들이는 경향이 있다. 그러나 전문적 담론에서 이 용어들은 서로 관련되어 있으나 다른 의미를 내포하고 있기도 하다.

1) 가치

가치(value)는 어원적으로 라틴어 'valor'에 그 뿌리를 두고 있다. 'valor'는 'valere'라는 동사에서 파생된 말로써, 이 동사는 '강하다, 힘 있다, 중요하다, 목직을 갖는나, 타당하다' 등의 의미를 갖고 있다(박찬영, 1996 : 222). 당시 고대 로마 사람들은 'valere'라는 말을 사람에게는 '건강하다, 혹은 생명력이 있다'라는 뜻으로, 사물에 대해서는 '생명을 지탱하다, 값어치 있다'라는 의미로 사용하였다고 한다. 이를 통해 'valor'가 생명과 연관된 '강함, 중요성'을 의미함을 알 수 있다.

이러한 의미에 주관성이 연계되어 오늘날 가치는 개인, 집단, 조직, 사회 등이 '선호하는 것', '바람직한 것'이라 믿는 주관적 신념을 뜻하는 것으로 이해되고 있다. 신념은 특정 현상에 대한 이해로서, 사실 또는 정확한 인식에 기반되기도 하지만 허구나 오해, 그릇된 추론에 기반 될 수도 있다. 이러한 이유로 가치는 '무엇이 좋은가'에 관련될 뿐 '무엇이 옳은가'와는 관련되지는 않는 것으로 이해되기도 한다.

그러나 일반적으로 가치는 우리를 사려 깊은 결정으로 안내하는 근본적인 기준으로서 역할을 하는 것으로 알려져 있다. 존 듀이(John Dewey)는 가치가 평가적 혹은 선호의 요소를 포함한다는 점에 주목함으로써 좀 더 정확하게 이 용어를 사용했고, 대부분의 사회과학자들은 듀이의 정의에 따라 가치를 선과 바람직한 행동을 선택하는 기준 또는 지침으로 받아들였다(Morales and Sheafor, 2004). 즉, 가치는 어떤 행동이 좋고 나쁘며, 바람직하고 바람직하지 못하다는 '바람직스러움의 기준'이 되며(Ritzer, Kammeyer, Yetman, & Noman, 1979 : 50), 개인이나 집단구성원들이 특정 행동을 선택하는데 영향을 미치게 된다.

2) 윤리

윤리(ethic)는 사람과 사람 사이의 관계, 즉 인간관계의 이치를 다루는 법을 가리키는 말로(진교훈, 2003 : 19), 인간이 사회에서 다른 사람들과 관계를 맺을 때 마땅히 따르고 지켜야 하는 도리와 규범을 의미한다(오혜경, 2009 : 1).

보다 구체적으로는 어떤 행동 유형이 적절하고 어떤 행동 유형이 부적절한지를 규정짓는 규칙과 관련된다. 윤리라는 말은 그리스어의 '에티케(ethike)'에서 유래하며, 이 말은 특질 혹은 정신, 풍조를 의미하는 '에토스(ethos)'에서 기원하였다. 그리스어의 에토스(ethos)는 어원적으로 동물이 서식하는 장소나 축사, 집 등을 의미하는 말이었으며, 이것이 사회의 풍습, 관습 등을 의미하는 말로 변형되었다(진교훈, 2003 : 20). 이를 통해, 서구에서 윤리라는 말은 특정 지역의 관습과 밀접히 연관되어 있음을 알 수 있다. 어원적 의미를 고려할 때, 윤리는 옳고 그름을 정의하는 규칙과 원칙, 사람들이 어떻게 행동해야 하는지에 대한 지침으로서 과거 그리스 시대에는 관습적 사고 또는 사회의 구성원들이 관습적으로 행동하는 어떤 원칙을 의미하는 것이었다.

가치와 윤리는 분리할 수 없는 개념으로, 가치가 바람직한 것에 대한 어떤 신념이라면 윤리는 그러한 신념에 따라 '무엇을 해야 되고, 신념을 어떻게 적용할 것'인지의 행동지침과 관련된다. 따라서 윤리는 주로 판단의 과정과 관련된다고 할 수 있으며, 이러한 판단은 그 속성상 자유롭게 내려져야 한다. 다른 사람이 한 말을 단순히 반복하고 이해하지 못한 말을 반복하는 것은 판단이 아니다. 판단을 한다는 것은 주체인 내가 어떤 제약이 없는 가운데서 일정한 논리나 기준에 따라 무엇인가 성립한다고 인정하는 사유 작용이다. 나아가 그것이 참인 판단이 되려면 합리적이어야 하며, 필연적으로 이성의 활용이 전제된다(Harris, 1993 : 38).

3) 도덕

도덕이란 용어 또한 옳은 것과 그른 것, 좋은 것과 나쁜 것에 관한 가치판단을 하는 인간의 능력을 뜻한다. 데카르트는 도덕을 궁극단계의 지혜라 보았으며, 다른 모든 학문의 지식을 전제하는 것으로 이해했다. 도덕은 또한 윤리적인 기준과 일치하는 행동을 가리킨다. 예컨대 어떤 사람의 행동이 도덕적이라고 할 때, 그 사람의 행동은 어떤 윤리적인 기준에 부합한다는 뜻으로 사용된다.

일상적으로는 도덕과 윤리를 구분하지 않고 상호교환적으로 사용하지만 철학적 언어법에서는 윤리와 도덕을 구분한다. 도덕이 한 사회에서 관습화된 행동 원칙들을 가치판단 없이 기술적으로 서술한 것이라면 윤리는 그 사회의 관습화된 행동이 과연 옳은가 그른가를 비판적으로 검토하고 따지는 작업을 가리킨다. 윤리는 개인적이고 사회적인 도덕경험을 개념화하여 체계화시킨 것이며, 윤리학은 도덕의 근거에 대해 묻는 철학적 분과이다(프리도 릭켄, 2006 : 29). 그러나 오늘날 많은 경우 윤리와 도덕이라는 말은 구분되지 않고 사용되는 경향이 많다(진교훈, 2003 : 20).

2 윤리이론

윤리학의 가장 근본적이면서도 핵심적인 질문 중의 하나는 '어떤 행위의 옳음과 그름, 좋음과 나쁨을 판단하는 객관적인 기준과 근거는 무엇인가?'이다. 어떤 행위의 옳고 그름을 우리는 어떻게 판단할 수 있는가? 불치병 환자의 고통을 덜기 위해 안락사를 행한 의사의 행위는 옳은 행위인가? 여러 사람의 생명을 구하기 위해 한 사람의 생명을 희생시키는 것이 옳은 행위인가? 이러한 여러 가지 질문에 대한 윤리학적 대답은 크게 두 가지로 대별된다.

어떤 행위의 옳고 그름은 그 행위가 초래하는 결과에 달려있다거나 혹은 특정 행동이 좋은 결과를 갖는 한 그것은 옳다고 한다면, 그러한 윤리체계는 목적론적이다. 반면, 어떤 행위의 옳고 그름이 그 행위가 초래하는 결과 이외의 다른 요소에 의해 결정된다고 답한다면 그것은 비결과주의, 즉 의무론에 해당된다(테일러, 2010). 여기서는 목적론과 의무론을 중심으로 윤리(도덕)의 본질과 근거를 살펴보고자 한다. 이에 앞서 보편적인 윤리기준이 있다고 보는 윤리 절대주의와 사회문화적 맥락에 따라 그 기준이 상이하다고 보는 윤리 상대주의에 대해서도 간략히 살펴보기로 하겠다.

1) 윤리적 절대주의와 윤리적 상대주의

(1) 윤리적 절대주의

윤리적 절대주의는 가치판단의 보편원리, 다시 말해 어떤 행위의 옳고 그름을 가름하는 보편적인 절대적·객관적 법칙이 존재한다고 주장한다. 모든 상황에서 절대적으로 적용되는 최고의 도덕 원리가 존재하며 모든 사람은 이를 결코 무시할 수 없으며 어느 누구도 예외가 없다. 절대적 도덕규칙과 그 핵심적 개념들에 대한 우리의 이해는 변화할 수 있지만 개념들 자체의 본질은 결코 변화하지 않으며, 도덕성은 공유되고 안정된 부분이 존재한다는 것이다(존슨, 2008 : 178). 이는 인간에게 주어진 이성에 근거하며, 이성에 근거한 합리성은 범문화적 가치판단의 기준으로서 보편적 정당성을 갖는다고 보기 때문이다 이와 같은 시각을 따르면, 도덕적 개념이나 법칙·

추론은 현실적인 인간의 숙고와는 거의 상관이 없게 된다.

마크 존슨(M. Johnson)은 도덕적 절대주의의 특성을 다음과 같이 요약하고 있다(존슨, 2008 : 180~182). 첫째, 모든 인간에게 강제성을 갖는, 어떤 행위의 옳고 그름을 명시해 주는 일련의 보편적 도덕법칙이 있다. 둘째, 도덕법칙들을 파악하고 구체적 상황에 적용하는 보편적 이성 능력이 인간에게 있다. 셋째, 도덕적 가치와 법칙들은 문화적 차이나 역사적 우연에 영향을 받지 않는 절대적 특성이 있다. 넷째, 도덕법칙에 포함된 개념들은 문자적으로 잘 정의된 하나의 확정적인 의미를 가진다. 다섯째, 절대주의는 은유나 다양한 이미지와 같은 상상력을 허용하지 않는다. 여섯째, 가치나 원리들의 서열을 정하는 합리적 절차가 존재하여 도덕적 충돌을 피할 수 있으며, 우리는 보편이성에 의해 단일하고 정확한 판단을 내릴 수 있다. 일곱째, 주어진 상황에서 유일한 옳은 행위가 있다. 여덟째, 도덕적 추론은 구체적인 사례들을 절대적인 도덕개념에 포섭시키는 연역논리에 의거한다. 아홉째, 도덕적 결정은 행위자가 스스로에게 부여한 도덕원리들에 근거하여 이루어지는, 근본적 자유에 입각한다. 열 번째, 특정한 모든 사례에 대한 유일한 옳은 행위가 존재한다.

도덕규범은 이러한 범문화적 추리방법에 의해 확립될 수 있는 근거 위에서 정당화될 수 있고 이러한 규범은 모든 인간의 행위에 올바르게 적용될 수 있다는 의미에서 윤리적 절대주의는 곧 윤리적 보편주의와 같다고 할 수 있다(테일러, 1985 : 50). 윤리적 보편주의는 소크라테스, 플라톤, 칸트, 밀, 롤즈, 콜버그 등 다양한 학자들에 의해 주장되어 왔다. 많은 철학자들이 보편적이고, 객관적이며, 근본적인 윤리기준을 추구해 온 것이다. 예를 들어 소크라테스와 플라톤은 윤리기준으로서 오직 하나의 덕, 선의 지식이 존재한다고 주장하였다(김진, 2011).

(2) 윤리적 상대주의

윤리적 상대주의는 보편적으로 타당한 어떤 윤리법칙도 존재하지 않는다고 주장하거나, 만약 윤리법칙이 존재한다면 그것은 특정한 문화집단에 상대적이거나 특정한 역사적 맥락에서만 유효하다고 주장한다(존슨, 2008 : 30). 옳고 그름, 선과 악, 정의와 부정의에 대한 판단의 기준이 되는 하나의 객관적이고 보편적인 도덕성이란 존재하지 않으며, 이러한 판단들은 맥락에 따라 상대적이라고 본다. 윤리적 상대주의는 고대 희랍시대 그리스의 소피스트들에 의해 주장되었다. 대표적인 소피스트인 프로타고라스는 "인간은 만물의 척도"라는 명제를 통해서 세상에는 각기 다른 개인이 있으며 각 개인에게 상응하는 윤리적 기준이 존재한다고 주장했다.

윤리적 상대주의는 다른 문화에 대한 인류학적 연구들에 큰 영향을 받으며 발달하였다. 객관주의, 절대주의에 대한 회의는 상대주의에 대한 지평을 넓혀 왔는데, 상대주의는 20세기 들어 학문과 사상 일반에서 폭넓은 흐름을 형성하였다. 1930년대 미국의 인류학자 베네딕트(R. Benedict)와 허스코비츠(M. Herskovits)는 문화는 다양하며 인간의 인식과 가치관은 문화에 따라 다르다는 문화상대주의의 명제를 대표적으로 주창하였다. 이와 같은 명제는 이후 다른 문화를 이해하는 기본적 인식이 되었다. 이후 보아스(F. Boas)학파를 중심으로 주창되어 온 문화상대주의에 따르면, 각 사람의 판단은 그가 속한 문화에 매여 있고, 도덕은 문화의 한 하위개념에 불과하다(노영란, 1997 : 161). 즉, 한 사회의 도덕적 신념, 규칙 등은 필연적으로 그 사회의 제도나 경제 등 그 문화의 양태에 의해 타당성이 결정된다. 또한, 각자가 속한 문화권에 따른 윤리적 판단은 그 문화권 자체에서만 의미 있는 것으로 인정되고, 어느 것이 다른 것보다 우월하다고 이야기할 수 없는 성격의 것이다(정원규, 2008).

개별 문화는 자율성과 독자적인 가치체계를 가지며, 인간의 사고방식과 행동은 그가 속한 문화의 가치판단에 따라 규정되며, 개인의 인식과 행위는 문화의 맥락에서 이해되고 평가되어야 한다는 문화상대주의는 윤리와 도덕의 상대성 입장을 강화하는데 영향을 미쳤다(유명기, 1993 : 31). 즉, 어떤 행위나 사상의 옳고 그름, 좋고 나쁨은 특정 문화적 맥락에서 규정된 가치체계에 따라 판단되어야 하며, 공간적으로나 시간적으로 모든 사람에게 해당하는 도덕적 표준은 존재하지 않는다(유명기, 1993 : 33).

윤리적 상대주의는 결국 도덕성에는 객관적인 진리가 존재하지 않으며, 옳고 그름은 단지 견해의 문제일 뿐이고 그 견해들은 문화마다 다양할 수 있다는 입장을 견지한다. 즉, 바람직한 행동에 대한 기준을 정하는 윤리란 각 사회마다의 관습과 같은 것으로 한 사회에서 윤리적인 것이 다른 사회에서는 비윤리적인 것이 될 수도 있다. 이러한 맥락에서 상대주의자의 한 명인 심리학자 스키너(B. F. Skinner)는 각 문화는 고유한 일련의 선(善)을 가지고 있으며, 한 문화에서 선(善)인 것이 다른 문화에서는 선(善)이 아닐 수도 있다고 주장하였다(김진, 2011 : 313).

한편, 윤리적 상대주의는 공동체주의에 가깝다. 공동체주의는 다른 사회와 구별되는 공동체 단위를 가장 중요시하며, 공동선과 사회정의의 실현을 주요한 과제로 삼는다. 상대주의론은 다양성을 존중하고 다른 사람의 태도와 삶의 방식에 대한 존경과 인정으로 나타나는데, 점점 더 복잡하고 다양한 문화와 가치관이 혼재하는 현대사회로 접어들수록 윤리적 상대주의는 보다 더 강조되고 있다.

2) 목적론과 의무론

철학적 윤리방법은 목적론적(teleological) 접근 방법과 의무론적(deontological) 접근 방법으로 구분해볼 수 있다. 전자가 윤리적인 목적이나 행동의 결과를 강조한다면, 후자는 어떤 상황에서든 결과에 관계없이 당연히 해야 할 것을 결정하는 윤리적인 기준이나 행동의 원리를 강조한다. 전자는 행동의 결과가 종국에는 대다수 사람의 유익을 위해서 행해지는 것을 의미하는 공리주의의 윤리이며, 후자는 결과와는 무관하게 본질적으로 옳은 것을 행하는 것을 의미하는 원칙의 윤리이다. 이를 구체적으로 살펴보면 다음과 같다.

(1) 목적론

목적론적 윤리접근은 행위의 윤리적 정당성이 오직 그 행위의 목적, 달리 말하면 결과에 따라 규정된다고 본다. 즉, 어떤 행위의 옳고 그름에 대한 도덕적 평가는 도덕과 무관한 결과의 좋고 나쁨, 다시 말해 그 행위가 초래하는 결과의 가치에 종속된다. 어떤 행동을 함으로써 좋은 결과를 낳는다면 그 행동은 도덕적으로 옳다고 본다. 이와 같은 결과주의는 개별적 행동이나 행동유형이 어떤 목적에 대한 수단으로서 갖는 도구적인 가치에 근거하여 판단된다는 의미에서 목적론적이라 볼 수 있다.

결과의 좋음(good)에 의해서 옳음(rightness)을 규정짓는 목적론적 윤리설의 대표적인 학설은 공리주의(utilitarianism)이다. 공리주의는 윤리 및 도덕의 근거, 즉 올바른 행위의 객관적인 기준을 결과의 공리성, 즉 유용성(utility)에 둔다. 만약, 한 행위가 유용하다면 그 행위는 옳다는 것이 공리주의의 기본 원리이다. 유용성은 결국 행위의 결과로서 파악되며, 결과가 좋을 경우 윤리적으로 옳다고 판단된다. 이 이론에서는 공리를 이익과 행복으로 간주하며, 행위의 목적과 선악의 판단 기준은 인간의 이익과 행복을 증진시키느냐에 달려 있다. 공리주의 입장을 따르면 "우리는 어떤 행위를 하여야 하는가"라는 실천적 물음에 대한 답은 "가능한 최선의 결과를 산출하는 행위를 해야 한다"는 것이 될 수 있다.

① 행위공리주의와 규칙공리주의

공리주의는 여러 종류가 있으나 크게 두 가지 입장으로 대별된다. 먼저 각각의 행위는 유용성의 원리에 의하여 정당화될 수 있다고 보는 행위공리주의와 각각의 행위는 도덕규칙들에 의하여 정당화될 수 있다고 보는 규칙공리주의이다.

행위공리주의는 어떤 행위가 그 행위에 영향을 받을 수 있는 많은 사람들의 이익을 극대화시키는 것이라면 도덕적으로 옳은 행위이라고 본다. 행위공리주의자들은 옳은 행위의 결과를 좋다고 판단하는 본래적 가치의 표준에 대해 두 가지 상이한 대답을 제시하였다. 공리주의를 주창한 벤담(J. Bentham, 1748~1832)은 '쾌락'을 본래적 선의 유일한 척도로 생각했으며, 밀(J. S. Mill, 1806~1873)은 그 기준을 '행복'에서 찾았다. 모든 인간의 행동은 쾌락/행복을 극대화하고 고통/불행을 최소화하려는 욕구에 따라 행동한다는 공리주의는 영국의 경험주의자인 벤담에 의해 주창되고 밀을 거치면서 고전적 공리주의로 체계화되었다. 그 후 시즈위크(H. Sidgwick)나 무어(G. E. Moore)는 최선의 결과를 도덕의 근본 개념으로 설정한 결과주의적 공리주의를 제시했다.

반면, 규칙공리주의는 사람들이 따르는 규칙의 효용을 비교함으로써 선(善)을 규정하는 방식으로, 영향을 받는 모든 사람들에게 가장 큰 효용을 안겨주는 규칙을 먼저 확인하고 그러한 규칙에 따라 행하는 것이 도덕적으로 옳은 행위라고 본다. 예를 들어, 거짓말을 해서는 안 된다는 규칙과 거짓말을 해도 좋다는 규칙이 있을 경우, 일반적으로 거짓말을 하지 말라는 규칙에 따라 행동을 하는 것이 모든 사람에게 보다 나은 결과를 초래한다는 것이 명백하기 때문에 거짓말을 안 하는 것이 도덕적으로 옳다고 본다. 규칙공리주의는 특정 행위의 옳고 그름을 그 행위가 유용한 규칙을 따른 것인지 여부로 판단하며, 그 규칙이 유용한지 아닌지는 일반적 실천의 결과로 평가한다는 점에서 수정된 공리주의라 볼 수 있다. 규칙공리주의는 상황에 따라 도덕규칙에 예외가 가능하다고 본다는 점에서 도덕규칙에 예외를 인정하지 않는 의무론과 차이가 있다.

② 쾌락주의적, 행복주의적, 결과주의적 공리주의

공리주의는 여러 다양한 비판에도 불구하고 오늘날까지 여전히 중요한 윤리학 이론으로 인정받고 있다. 쾌락주의적 공리주의, 행복주의적 공리주의, 결과주의적 공리주의에 대해 간략히 살펴보면 다음과 같다.

가. 쾌락주의적 공리주의

먼저 쾌락주의적 공리주의자로 대표되는 벤담(Jeremy Bentham)은 도덕의 근원을 신의 명령이나 교회의 권위가 아닌 쾌락에서 찾았고, 특히 물리적 쾌락이 다른 쾌락의 근원임을 주장했다(정원규, 2004 : 275). "모든 쾌락은 선이고 탐구되어야 하며, 모든 고통은 악이고 회피되어야 한다"고 하면서 쾌락을 개인이 취할 행위의 원리로 보았다. 즉, 어떤 행위나 규칙이 인간의 좋음을 최대화시킨다면 옳은 것이며, 여기서 핵심적 개념인 좋음은 유쾌한 느낌과 동일시되는 쾌락을 의미했다.[1)]

벤담은 쾌락은 한 가지 종류 밖에 없으며, 양적으로만 차이가 있을 뿐 질적으로는 차이가 없다고 보았다. 쾌락을 양적인 방식으로 규정하면서 도덕철학의 정신을 "당신의 행동이 행복의 가장 큰 양을 생산하고, 가능한 많은 타인들에게 불쾌감을 가장 적은 양으로 생산"하는 것으로 보았다. 이러한 행복의 극대화 법칙의 축약된 표현이 "최대 다수의 최대 행복"이다(박종원, 2007 : 119).

벤담은 쾌락을 총합적 방식으로 규정하면서 행복의 양을 계산하는 과정에서 누구나 한 사람으로 고려되어야 하고 어느 누구도 한 사람 이상으로 고려되어서는 안 된

1) 이성적 존재를 넘어 쾌락과 고통을 감지하는 존재자 모두에게 도덕적 주체의 지위를 부여한 것으로 평가됨에 따라 벤담의 이론은 한때 인간과 돼지를 동일시한다는 의미에서 "돼지철학"이라 비판되기도 했지만, 현대에 들어서는 동물해방론의 이론적 근거로 제시될 만큼 평등주의의 정점을 보여준 것으로 평가받고 있다(정원규, 2004 : 278).

다는 원칙을 명백히 하였다. 이와 같은 부분 때문에 그가 평등주의를 지향한 것으로 평가되기도 한다(정원규, 2004 : 278). 그리고 개인이익에서 일반이익으로, 다시 말해 이기주의 원리로부터 이타주의로의 이행을 시도하였다. 그럼에도 불구하고 그는 여전히 인간이 추구하는 궁극적인 목적은 쾌락이며 인간은 언제나 자신의 행복을 극대화하기 위해 행위하고, 심지어 타인을 도와주는 것까지도 오로지 나 자신의 쾌락을 얻기 위해서라고 보았다. 따라서 나의 행위가 이타적일 수 있지만 언제나 나의 동기는 이기적이라고 보는 관점을 취하였다(이태하, 2010 : 298).

나. 행복주의적 공리주의

행복을 그 자체로 선하고 유일한 것으로 인식하고, 행복을 쾌락과 거의 동의어로 간주하고 있다는 점에서 밀은 벤담의 공리주의 정신을 철저히 계승하고 있다. 그러나 밀(John Stuart Mill)은 벤담의 양적인 공리주의를 질적인 공리주의로 전환하면서 벤담의 이념을 개선, 발전시켰다(박종원, 2007 : 120).

벤담은 쾌락의 질을 가리지 않고 총합적 쾌락을 우선한 것과 달리, 밀은 쾌락은 질적 차이를 갖는다고 보았다. 쾌락이 인간 행동의 유일한 동기라는 벤담의 견해를 수용하고 있지만, 쾌락이 양적으로만 계산될 수 있는 것이 아니라 질적인 차이가 있다고 보았다. 특히, 감각적 쾌락보다는 정신적 쾌락이 더 중요하다는 주장을 펼침으로써 공리주의에 대한 비판에 대응하였다.

밀은 쾌락을 우월한 쾌락(고급쾌락)과 열등한 쾌락(저급쾌락)으로 구분하였으며, 사람들이 질적으로 더 가치있는 쾌락을 좋아한다고 보았다. 그리고 쾌락을 질이 아닌 양으로만 단순 비교하는 것은 인간을 동물과 같다고 보는 것이라 주장하였다(이태하, 2010 : 303). 쾌락의 질을 강조한 밀은 감각적 쾌락보다는 행복과 평안이라는 정신적 안녕의 개념에 보다 초점을 맞추었으며, 행복의 최대 질을 이타성에서 찾았다. 그에 따르면, 이타심이란 정신적 쾌락의 일종이며, 남의 행복을 즐기는 쾌락은 정신적 쾌락 중에서도 가장 질적으로 높은 쾌락이다(이태하, 2010 : 305).

밀은 '개개인의 행복추구'와 모든 사람의 '최대다수의 최대행복'이 서로 일치할 수 있는 근거, 다시 말해 개인의 행복과 사회의 행복을 연결하는 고리를 인간의 이타성에 두었다. 이타성을 강조함으로써, 개인의 행위동기를 이기심에서 찾은 벤담의 공리주의 한계, 즉 개인의 행복추구가 전체 사회의 행복으로 이어질 수 없는 한계를 극복하고자 하였다. 벤담의 공리주의가 당시 "돼지철학(pig philosophy)", "최대의 동물적 행복원리"라고 불리던 것에 대한 반박으로, 밀은 "만족한 돼지보다 불만족한 소크라테스가 낫다"고 행복의 질을 강조함으로써 공리주의를 한층 더 옹호하는 입장을 고수하였다(존슨, 2008; 진교훈, 2003 : 26; 허남결, 1998 : 103).

다. 결과주의 공리주의

무어(George Edward Moore)는 수행한 행동의 결과에 주된 관심을 두었고, 이는 결과주의 공리주의로 불린다. "행위는 그것이 행복을 산출하는 경향에 비례해서 옳다"고 보는 고전적 공리주의에서 나아가 무어는 본래적 선을 쾌락 또는 행복 그 어느 것으로도 정의될 수 없는 독특한 속성으로 보았다. 여러 대안들 가운데서 행위자에게 최선의 결과를 가져오는 행위, 즉 적어도 다른 대안들에 비해 더 나은 결과를 산출할 경우에 옳은 행위가 되며, 그보다 더 나은 결과를 가져오는 행위가 있다면 그것은 그릇된 행위가 된다고 주장했다(임덕준, 1988 : 185).

무어는 최선의 결과를 가져오는 지침으로서 도덕규칙의 유용성을 인정하였다. 즉, 매번 특정 행위의 결과를 평가하는 것은 불편하고 때로는 불가능할 수 있기 때문에 (거의 대부분의) 많은 경우 도덕규칙에 따르는 것이 옳다는 결론에 도달하였다(임덕준, 1988 : 190). 결과주의 공리주의는 행동에 대한 도덕적 판단의 준거를 결과적으로 특정한 의미의 좋음을 얼마나 증진시켰는가에 둔다. 만약 어떤 행동을 함으로써 좋은 결과를 낳는다면 그 행동은 도덕적으로 옳다고 주장될 수 있으며, 그 행동의 결과가 나쁘면 그 행동이나 그러한 유형의 행동은 그르다고 판단된다. 행동의 옳고 그름을 판단하는 기준은 그 행동이 갖는 결과의 좋음과 나쁨에 근거한다.

공리주의에 대한 비판은 다음과 같다. 첫째, '최대다수 최대행복의 원리'가 갖는 총합적 원리가 소수의 희생을 정당화한다는 점이다. '최대다수의 최대행복의 원리'는 오직 행복의 총합에만 관심이 있을 뿐 그것의 구성에는 관심이 없다. 따라서 전체를 위해 개인이, 또는 개인을 위해 전체가 희생될 여지가 언제든지 있을 수 있다. 이런 연유로 공리주의는 분배적 정의와는 거리가 먼 것으로 평가된다(이태하, 2010 : 307). 롤즈(J. Rawls)는 소수자의 이익이나 약자의 욕구가 다수의 더 큰 이익이나 보다 나은 자들의 욕구에 의해서 희생된다는 점을 공리주의의 가장 큰 문제점으로 지적했다. 이는 그가 『정의론』(1971)에서 언급한 고전적 공리주의에 대한 평가에서도 잘 나타나 있다.

> 윤리학의 두 주요 개념은 옳음(the right)과 선(the good)이다. (…) 윤리설의 구조는 대체로 이 두 가지 기본 개념을 규정하고 관련짓는 방식에 따라 결정된다. 그런데 이들을 관련짓는 가장 간단한 방식으로 목적론을 들 수 있는데 여기에서는 우선 선을 옳음과 별도로 정의하고 그 후에 옳음은 선을 극대화하는 것으로 정의된다. (…) 공리주의적 정의관의 두드러진 특징은 이러한 만족의 총량이 개인들에게 어떻게 분배되는가에 관심이 없다는 것이다. 동일인에게 있어서 그의 만족이 시간적으로 어떻게 분배되는가에 대해 관심을 갖지 않듯이, 어느 경우나 최대의 만족만 산출하면 옳은 분배가 되는 것이다.
>
> 출처 : 존 롤즈(1971). 「정의론」, pp. 24~26, 이태하(2010), p. 313 재인용.

둘째, 목적만으로 수단을 정당화할 수 없다는 제한점이 있다. 좋은 결과를 가져오기 위해서는 법률을 어기는 것도 정당화할 수 있는지에 대한 의문이 제기된다. 또한, 같은 결과가 초래되었다 해도 그 행동이 같은 의미를 갖고 있는 것은 아니다. 같은 결과를 초래하지만(예 살인을 저지른 범죄자, 전쟁 중인 군인, 안락사를 도운 의사 등), 윤리적으로 같은 의미를 갖고 있는지에 대해서는 다시 생각해 봐야 한다.

셋째, 개인차에 따라 결과에 대한 서로 다른 평가들로 인해 어떤 선택을 하는 것이 옳은지를 합의하는데 어려움이 있다. 각 개인은 서로 다른 생활의 경험, 가치, 정치적 이념 등 다양한 특성을 갖고 있다. 이에 따라, 어떤 행동에 따른 결과에 대해서도 서로 다르게 문제의 심각성과 결과를 이해하고 평가하게 되는 것이다(이순민, 2019 : 20).

(2) 의무론

행위의 옳고 그름을 결과를 비교·측정함으로써 판단하는 목적론과는 달리, 의무론은 어떤 한 행동이 도덕규칙에 따르면 옳고 위반하면 그르다고 판단한다. 도덕적 옳고 그름은 부분적으로는 결과 이외의 어떤 것에 좌우되기 때문에 옳음은 좋음의 결과에 종속되는 것이 아니라 독립적이거나 오히려 좋음에 선행한다고 본다(프리도릭켄, 2006 : 374).

의무론은 보편적 도덕원리, 즉 궁극적 규범이나 의무의 최고원리인 도덕규칙이 선험적으로 존재한다는 것을 전제로 하며, 대표적인 학자는 독일의 철학자 칸트(I. Kant, 1724~1804)이다. 칸트는 교양 있는 사람이라면 단지 생활을 즐기고 행복을 얻으려고 하는 삶으로부터 진정한 만족을 얻을 수 없다고 보고, 행복한 삶에 대한 도덕적 삶의 우위를 주장했다.

칸트의 윤리학은 세 가지 핵심개념인 선의지, 의무, 그리고 도덕법칙 또는 정언명령을 통해 온전히 이해할 수 있다. 이 세 개념은 상호 긴밀히 연결되어 있으며 칸트적 의미에서 도덕적 행위의 보편적 타당성과 객관적 필연성을 증명해 주는 불가결한 요소들이다(맹주만 · 김성호, 2010 : 255).

① 선의지

먼저 선의지(good will)는 옳은 행위를 오로지 그것이 옳다는 이유에서 택하는 의지를 말하며, 선의지는 최고의 가치로서 어떠한 제한이나 제약조건 없이 선한 것을 의미한다. 칸트가 말하는 선의지란 욕구나 충동 및 애착이나 경향성과 같은 인간의 자연적 본성이 아니라 인간의 내면에 간직되어 있는 선한 도덕적 본성으로 선험적으로 주어져 있는 것을 의미한다. 선의지가 있기에 우리는 옳고 그름을 판단할 수 있고, 궁극적으로 도덕적 의무가 무엇인지를 이해할 수 있다. 칸트는 선의지를 통해 인간이 보편적인 사고를 할 수 있는 능력을 가지고 있다고 전제하며, 경험과 상관없는 보편적이고 필연적인 도덕적 진리를 우리에게 알려줄 수 있다고 보았다(박찬구, 2003 : 14). 나아가 인간에게는 선의지를 발휘하게 하는 선험적인 실천적 능력이 인간의 이성 자체, 즉 도덕적 의지로서의 실천이성에 이미 주어져 있다고 본다(맹주만 · 김성호, 2010 : 257).

② 의무

선의지의 개념을 행위의 본분으로 삼을 때 의무의 개념이 발생된다. 의무는 선의지가 명하는 바에 따라 행해야 할 것과 하지 말아야 할 것에 대한 의식이다. 칸트에게 있어 도덕의 본질은 무조건적 당위성이다. 따라서, 도덕이란 타고난 경향성대로 하는 것이 아닌 어떤 강제성이나 의무를 연상케 하며, 모든 인간은 도덕법칙을 지켜야 할 의무를 갖는다고 볼 수 있다. 도덕법칙은 언제 어디서나 그리고 누구에게나 타당한 것으로서 모든 사람이 지켜야만 하는 것으로, 이 도덕법칙을 존중하는 것이 곧 인간의 의무인 것이다(진교훈, 2008 : 24). 칸트에 따르면, 도덕적 행동은 결과나 목적이 아닌 동기에 의해 결정되며, 이때 동기는 어떤 끌림이나 욕구가 아니라 옳은 것을 행해야 한다는 의무동기가 가장 중요하다. 이러한 의무에 의해 행해질 때만이 도덕적 가치가 주어지는 것이다.

③ 정언명령

강제나 의무는 명령의 형식을 띠는 것이 일반적이다. 칸트에게 있어 명령은 크게 두 가지, 즉 가언명령과 정언명령으로 대별된다. 가언명령은 어떤 조건이 붙은 명령으로서 “만약 네가 ~을 원한다면 ~를 행하여야 한다”와 같은 형식을 띤다. 반면 의무로서의 도덕법칙은 언제나 우리에게 절대적인 명령으로 나타난다. 칸트는 이를 정언명령으로 규정하였으며, “너는 무조건 이것을 행해야 한다”와 같은 형식을 띤다.

도덕은 이러한 정언명령에만 근거해야 하며, 그 명령의 전제가 되는 다른 어떤 상위의 목적이나 조건이 있으면 안 된다(박찬구, 2003 : 17). 칸트는 목적에 의해 조건지워지는 가언명령은 목적이 변할 수 있고 보편타당성을 갖지 못하므로 도덕적 명령으로서의 자격이 없다고 본다. 정언명령은 행위가 어떤 목적에 대한 수단이 아닌 그 자체로 선한 것이기에 행위를 명령하는 것으로, 우리의 경험에서 나오는 것이 아니며 경험으로부터 독립되어 있다(손승길, 2008 : 158).

명령 그 자체가 목적인 정언명령의 제1정식은 “네 의지의 준칙이 항상 동시에 보편적 입법의 원리로 여겨질 수 있도록 행위하라”는 것이다. 칸트는 이것을 “보편적인 실천 법칙” 혹은 “도덕법칙”이라 하였으며, 이성을 가진 인간은 선천적으로 도덕법칙을 직접적으로 의식하고 인식한다고 보았다(박찬구, 2003 : 18).

의무론자들은 행동을 옳거나 그른 것으로 만드는 것은 행동의 결과의 좋고 나쁨이 아니라 행동의 종류라고 주장한다. 만약 어떤 행동이 모든 도덕행위자가 행해야 할 의무를 갖는 종류에 속한다면 그 행동은 옳으나, 그 행동이 모든 도덕행위자가 금해야 할 의무를 갖는 종류에 속하는 것이라면 그 행동은 그르다(테일러, 2010 : 93).

3 사회복지전문직에서 가치와 윤리

가치와 윤리의 문제는 사회복지전문직의 출발 초기부터 중심적인 것이었다. 오늘날 사회복지의 핵심가치인 인간존엄성, 자기결정권, 자율성, 사회정의, 평등 등은 항상 사회복지실천과정에 작용해 왔다. 여기서는 사회복지전문직의 가치와 윤리가 시대적으로 어떻게 전개, 발달되어 왔는지를 중심으로 살펴보고, 사회복지전문직을 지탱해온 핵심적인 가치로서 인간존중과 사회정의 양대 가치를 간략하게 살펴보기로 한다.

1) 가치와 윤리의 전개과정

전문직의 3대 구성요소는 지식, 기술, 가치가 있다. 사회복지실천이 전문직으로서 확고한 입지를 구축하기 위해서는 가치기반실천임을 주장할 수 있어야 했으며, 이로 인해 사회복지실천의 역사는 오랫동안 가치와 윤리에 집중해 왔다. 그러나 가치와 윤리에 대한 지향은 시대적 배경에 따라 상이한 형태로 전개되어왔다.

(1) 19세기 후반

전문직 형성기의 도덕적 관심은 전문가가 취해야 할 바람직한 가치나 행위가 아니라 그들이 돕는 개인과 사회의 도덕심에 집중되었다. 그 대표적인 노력이 자선조직협회에 소속된 우애방문원들의 활동이었다. COS의 초대의장이었던 로크(Locke)는 “악의 제거 및 예방에 과거 어느 때 보다 무게를 두고 우리의 영향력 이상의 힘을 동원하여 힘을 기울이자”고 주문하며 “고귀하고 헌신적이며 과학적이면서도 종교적인 자선으로 사람들의 삶을 새롭게 변화시키고 단련시킬 수 있다”고 보았다(Bisman, 2004 : 111).

이 당시 구제의 주요 대상층이었던 빈민들은 인격적・도덕적으로 결함을 가진 사람들로 인식되었다. 즉, 빈민들은 그들이 게으르거나 나태해서, 또는 알코올중독과 같은 개인적 결함으로 인해 결국 빈곤한 상태에 처하게 되었다. 따라서 이들을 구제하는 방법은 단순한 일회적인 물질적 도움보다 우선 그들의 도덕성을 고양시키는 것이 전제되어야 했다. 이 시기는 아직 인간 존엄성이라는 보편적 가치를 고려하지 못했으며, 도움을 받는 사람과 도움을 주는 사람과의 관계를 도덕적으로 열등하고 결함 있는 존재와 도덕적으로 우위에 있는 존재로 구분하는 관점이 지배적이었다(Reamer, 1998).

(2) 20세기 초

19세기 후반부터 20세기 초에는 박애주의 정신에 입각한 개인변화에 초점을 두었다 할지라도, 사회변화를 향한 소망과 움직임이 전혀 없었던 것은 아니었다. 사회변화에 대한 강조는 인보관운동 철학에서 보다 명백하게 나타났다. 토인비(A. Toinbi)의 영향을 받아 1889년 시카고에 헐 하우스를 설립한 제인 아담스는 박애주의에 만족하지 않고 주택, 교육, 위생환경을 개선하고 향상시키기 위한 정치적 행동으로 나아갔다. 그녀는 "윤리는 옳음의 다른 단어일 뿐이며… 만일 그것이 없다면 삶은 아무 의미가 없게 될 것"임을 믿었다(Bisman, 2004 : 111).

그녀의 말에서 짐작할 수 있듯이 당시 인보관 활동가들의 윤리적 의무는 사회정의의 실현이었다. 사회정의는 사회가 구성원들에게 자원을 제공하는 방식, 자원 분배에 관심을 갖는다. 따라서 사회정의의 실현은 사회의 모든 구성원이 의무뿐만 아니라 기본적 권리, 기회, 혜택까지도 똑같이 갖는 이상적인 상황을 의미하며, 기회나 권리가 제한되고 박탈된 사람들에게 그것을 회복시켜 주는 것에 초점을 둔다. 인보관 워커들의 방법이나 접근은 객관성보다는 오히려 지역사회, 빈민층의 삶의 현장에 보다 더 몰입되도록 요구되었다(Specht, 1988 : 35).

즉, 그들은 전문화의 핵심인 거리두기나 객관화를 포기하고, 클라이언트의 관점에서 보다 더 많이 관여하고자 하였다. 이는 그들에게 가치의 문제였다. 모든 인간은 본래적 존엄성과 가치를 갖는다는 신념과 전문적 워커들은 이러한 가치를 존중하는 방식으로 행동해야 한다는 신념이 강화되었다. 이로부터 전문직 윤리강령의 필요성에 대한 관심이 증대되었다.

1920년대와 30년대는 자선의 전문직화에 노력을 기울였으며, 특히 플렉스너(Flexner)는 전문직이 되기 위해서는 분명한 가치와 윤리적 토대를 갖추어야 한다는 주장을 하였다. 이로부터, 전문직의 정체성에서 가치가 중요한 요소라는 인식이 싹트기 시작하였다. 그러나 당시 사회사업의 과학화에 대한 열망은 의도적으로 윤리와 가치문제를 회피하는 경향으로 이어졌는데, 그 이유는 윤리는 경험적으로 입증하기가 어려워 비과학적이라는 실증주의적 사고가 지배적이었기 때문이었다.

(3) 1950~60년대

1950년대 들어 분리된 여러 조직들이 하나의 단일실체로서의 사회복지 전문직으로 통합되었다. 이로 인해, 모든 분야에 공통된 특성들을 확인하는 작업들이 시작되었다. 그리고, 그러한 노력의 결과 전문직의 본질적 가치가 무엇이며, 실천가들의 실천을 향상시키기 위한 윤리적 기준은 어떠해야 하는가에 대한 논의가 본격화되었다.

전문적 단체의 출현과 함께 1960년대의 당대 사회적 분위기, 예를 들어, 흑인의 시민권 운동, 반전운동, 대학생을 중심으로 한 대항문화 확산, 여권운동 등은 주관성, 상대성, 다원성의 관점에서 가치와 윤리를 접근하게 하였다. 다원성, 다양성이 강조되는 시대에는 가치갈등과 충돌이 증대되며, 추상적인 수준에서의 가치나 윤리철학이 아닌 전문가들이 일상활동에서 직면하는 문제들에 적용가능한 구체적인 윤리기준과 윤리적 의사결정 관련지침의 필요성이 대두되었다.

(4) 1970~80년대

1970년대 중반 들어 사회복지실천 영역에서 전문적 윤리에 대한 관심이 급부상하였다. 사회복지실천가 훈련프로그램, 워크숍, 문헌 등에서 이 분야에 대한 내용이 다수 포함되기 시작했다. 이는 실천에서의 결정이 종종 윤리적 문제를 내포하고 있어 기술적 기법만으로는 해결할 수 없다는 사회복지사들의 인식이 증대한 것에서 기인하였다. 예를 들어 비밀보장, 자기결정에 대한 클라이언트 권리의 한계, 제한된 자원의 할당 문제는 사회복지사들로 하여금 이러한 어려운 윤리적 딜레마를 해결하는 데 도움이 되는 지침의 개발을 추구하게 하였다.

이에 더해 1980년대 후반 사회복지사들의 불법적 행위, 부도덕한 행위 등에 관한 공론화는 윤리적 이슈에 대한 사회복지사들의 관심을 더욱 고조시켰다. 전문직의 윤리적 문제가 주목받기 시작했음에도 불구하고 윤리적 문제에 직면한 사회복지사들을 도와줄 기제는 거의 없었다. 윤리강령이 주요한 자료일지라도 어려운 윤리적 문제에 직면한 실천가들에게는 그것이 실질적인 지침이 되지는 못하였다. 이에 따라 윤리적 판단을 내려야 할 때 의사결정과정 전략에 대한 연구들이 나타나기 시작했다(Reamer, 1987: 5~6). 그리고 사회복지사들의 실천오류와 과실에 대한 소송 및 사회적 불만에 대응하기 위해 새로운 윤리강령을 제정하여 책임성을 명확히하고 위기관리 대응 수준을 높이는 방향으로 발전이 이루어지기 시작했다.

19세기 빈민의 도덕성에 대한 관심에서 시작된 사회복지 윤리는 전문가들의 실천행위의 적절성과 바람직함을 높이는 것과 관련된 전문직 윤리로 발전되었으며, 오늘날은 규범적 윤리 자체를 제공하는 수준에서 전문가들의 윤리적 사고능력을 고양시키는 방향으로 변화, 전개되어오고 있음을 알 수 있다.

2) 리머의 사회복지실천 가치와 윤리 발달과정

이와 같은 사회복지실천 윤리의 변화에 기반하여 리머(F. Reamer)는 '사회복지실천 윤리의 진화(The evolution of social work ethics'(1998)라는 자신의 논문에서 윤리에 대한 전문적 실천의 관심이 4단계로 전개되어 왔음을 보여주었다. 첫번째가 도덕성의 시기, 두 번째가 가치의 시기, 세 번째가 윤리이론과 의사결정의 시기, 마지막 네 번째 시기가 윤리적 기준과 위기관리의 시기가 그것이다.

먼저 '도덕성의 시기(morality period)'는 사회문제의 대부분이 도덕성, 특히 청교도적 윤리의 부재에 기인하는 것으로 인식하던 시기이다. 실천가들의 활동은 빈민들의 도덕성과 정직을 고양시키려는 가부장적 노력의 형태를 띠었다. 이 시기는 19세기 후반부터 전문직 윤리강령이 확립되기 전 1950년까지 발달된 후 그 이후에는 지속적으로 쇠퇴하였다.

두 번째 시기인 '가치의 탐색시기(exploration of values)'는 1950년대부터 70년대 중반까지 해당된다. 사회복지가 하나의 전문직으로 체계화되어감에 따라 실천활동과 관련된 윤리적 기준이 필요하게 되었다. 즉, 이전 시기에 있었던 빈민이나 사회의 도덕성에 대한 관심이 전문가가 행해야 하는 실천활동의 윤리적 측면으로 이동되었다. 이 시기에는 사회복지전문가들 개인의 가치를 점검하고 명확히 할 필요성뿐만 아니라 전문직의 핵심가치 형성에 대한 광범위한 논의가 진행되었다. 이러한 노력의 결과로 사회복지전문가들이 지켜야 할 전문직 윤리강령의 현대적 기틀이 마련되었다.

세 번째의 '윤리이론과 의사결정의 시기(ethical theory and decision making)'는 1980년대부터 시작되었다고 볼 수 있는데, 과거와는 질적으로 다른 모습으로 전환된 시기이다. 사회복지윤리학이 하나의 학문으로서 발전되기 시작한 시기로서, 도덕철학자들의 이론, 즉 윤리원칙, 규범, 윤리기준 등을 전문가들이 현실적인 문제를 해결할 때 좀 더 실용적, 직접적으로 적용하는 데 관심이 집중되었다. 사회가 점차 다원화되어감에 따라 상이한 가치와 윤리에 대한 존중이 강조되었고, 그 결과 가치의 상충문제가 현실에서 증가되어가자 사회복지사들은 이러한 어렵고 복잡한 상황에 도움이 될 수 있는 의사결정전략, 주로 일련의 의사결정단계에 초점을 맞추었다. 이러한 변화의 배경에는 내적으로는 사회복지가 전문직으로서의 어느 정도 안정적으로 성숙된 시기였으며, 외적으로는 타 전문직 분야에서의 응용윤리학, 특히 생명공학윤리의 발전이 있었다.

마지막 네 번째의 '윤리기준의 성숙 및 위기관리(maturation of ethical standards and risk management)의 시기'는 전문직 윤리의 괄목할 만한 성장을 보인 시기로 사회복지실천의 윤리적 지침과 기준이 획기적으로 확대된 시기이다. 윤리강령이 없이는 전문직이라 할 수 없다는 1915년 플렉스너의 보고서에 따라 리치몬드(M. Richmond)가 최초의 윤리강령 초안을 만들기 시작한 후 NASW가 출범 5년째인 1960년 윤리강령 14개 조항을 시작으로, 1999년 개정에서 155개 조항으로 확대되었다. 이러한 새로운 윤리강령의 등장배경에는 실천과정에서 발생된 업무과실에 대한 소송이 급증하자, 이에 대한 책임성을 명확히하고 위기를 어떻게 관리대응할 것인지가 있었다. 즉, 사회복지사들의 윤리적 인식수준을 높이는 것과 더불어 사회복지사들에게 제기된 불만이나 소송에 대한 판결의 근거를 제공하는 데 도움이 되고자 함이 있었다.

3) 사회복지전문직의 가치와 윤리내용

사회복지전문직은 자선조직협회와 인보관운동을 떼놓고 생각할 수 없다. 미국의 문헌들이 주로 전문직의 시작으로서 자선조직협회에 보다 초점을 두는 경향이 있지만, 인보관운동의 중요성 또한 인정한다. 이 두 조직은 오늘날 사회복지전문직의 핵심가치를 형성하는 데 중요한 기여를 하였다. 그것은 바로 인간 존엄성과 사회정의로서, 이는 전문적 실천가의 관점을 규정짓는 양대 축으로서 기능한다.

(1) 인간의 존엄성

모든 사람은 본래적인 가치와 존엄성을 갖는다. 존엄성은 인간이 태어나면서부터 지니는 천부적인 성격으로 인간이라면 모두에게 인정되는 인간으로서의 지위와 가치를 가지고 존중받을 권리가 있음을 의미한다. 즉, 사회복지 실천가들은 성별, 종교, 지위고하에 관계없이 모든 사람들을 똑같이 대우해야 한다는 의미를 내포하고 있다. 이 개념에 근거하여 실천가들은 모든 사람이 인간의 기본적 욕구를 갖고 있으며, 이들 욕구를 충족시킬 수 있는 기회를 똑같이 가져야 한다는 사실을 인식하게 된다. 유능한 실천가들은 개개인의 독특성을 존중하고 그들 각자의 이해가 타당함을 수용하며 그들이 말하는 것을 주의 깊게 경청한다(Kirst-Ashman and Hull, 1993).

(2) 사회정의

사회정의는 사회가 구성원들간의 자원을 제공하는 방식, 즉 분배에 관한 올바름을 반영하는 사회적 가치이다. 사회정의의 실현은 사회의 모든 구성원이 기본적 권리, 기회, 보호, 의무, 사회적 혜택을 똑같이 갖는 이상적인 상황이다. 그러나 사회는 인간의 권리를 침해하고, 구성원 중 일부에 대해 편견적 태도를 갖는 것이 다반사이다. 이러한 태도는 기회, 자원에 대한 동등한 접근을 거부하고 제한한다. 특히 지배집단에 의해 행해지는 사회적 불의는 차별과 억압적인 상황을 창출한다.

사회복지 실천가들은 불의의 결과를 이해하고 사회 및 경제정의를 달성하기 위해 개입한다. 실천가들이 사회정의를 실현하는 방법은 사회제도가 제공하는 기회와 자원을 확대시키는 데 기여한다. 책임감 있는 실천가들은 보건, 교육, 고용, 사회복지 등 다양한 분야에서의 공정한 사회 및 경제정책을 촉진시키는 데 적극 참여한다(Miley, O'Melia, and Dubois, 1995). 예를 들어, 영국에서 인보관운동가들은 토인비홀에서 나와 노동당과 진보정당으로 직접 들어갔으며, 토인비홀의 가장 유명한 졸업생인 베버리지는 대표적인 사회개혁가였다. 1989년 시카고 헐 하우스를 설립한 미국의 제인 아담스는 박애주의에 머무르지 않고 주택, 교통, 위생과 관련된 사회문제를 개선하고 향상시키기 위한 정치적 행동에 참여하였다(Camilleri, 1996 : 33).

그러나 사회복지전문가들은 개인의 자유, 자율성 존중과 같은 인간존엄의 가치에 몰입하는 것만큼 사회정의의 가치실현에는 상대적으로 관심이 부족했다. 비록 전문직 윤리에서 사회정의가 전문직 가치의 핵심이라는 전제가 있다 할지라도, "전문직은 사회복지와 불이익에 대해 과거 20여 년 동안 침묵해왔다"는 자성의 목소리가 있을 정도로 그것의 중요성에 대한 헌신수준은 낮은 편이었다(Bisman, 2004 : 110).

(3) 전문적 가치

인간 존엄성 및 사회정의라는 두 가지 핵심가치 위에서 사회복지전문직은 실천에 바람직한 전문적 가치와 윤리적 의무를 규정해 왔다. NASW 윤리강령(1999년 개정)에는 전문직의 핵심가치에 대해 다음과 같이 잘 요약하고 있다.

첫째, 실천가들은 자기이익보다 다른 사람을 돕는 것을 최우선시한다. 사회복지사가 된 이유를 물을 때, 대부분 다른 사람들을 돕는 것이 의미있는 일이기 때문에 이 직업을 선택했다고 한다면, 그때는 가치로서의 서비스를 표현하고 있는 것이다. 실천가들은 그들이 봉사하는 사람들의 욕구, 이익, 소망에 초점을 두기 위해 그들 자신의 개인적 바람을 억누르는 것을 바람직한 것으로 이해한다(Barsky, 2010 : 21).

둘째, 실천가들은 특히 취약하고 억압받는 개인과 집단을 대신하고, 그들과 함께 사회변화를 추구하는 것에 높은 가치를 둔다. 일반적으로 사회정의는 모든 사람이 공평하게 대우받는 사회를 강조한다. 사회정의의 가치를 실현하기 위해, 실천가는 1차적으로 빈곤, 차별, 실업, 억압, 기회의 결핍, 사회적 배제 등과 같은 사회적 불의에 도전해야 한다.

셋째, 실천가들은 인간 존엄성 존중에 높은 가치를 부여한다. 사람은 누구나 존중받을 가치가 있으므로, 실천가들은 편견이나 고정관념에서 벗어나 개인적인 차이나 문화적 다양성에 민감하도록 노력하는 것이 필요하다.

넷째, 실천가들은 인간관계의 중요성에 높은 가치를 둔다. 인간관계는 효과적인 실천에 필수적인 부분으로, 관계를 통해 클라이언트를 도울 수 있으므로, 관계는 변화의 중요한 수단임을 이해한다.

다섯째, 성실은 사회복지실천의 핵심가치 중 하나이다. 이는 실천가들이 정직하고, 신뢰감 있게, 그리고 책임감 있게 일하는 것에 관련된다. 이러한 태도는 모든 사람들에게 적용되는 가치이지만, 사회복지사들에게 특히 더 높은 기준이 요구되는 부분이다. 왜냐하면 사회복지사들이 관여하는 사람들이 사회적으로 억압받는 약자인 경우가 많기 때문이다. 이들과의 관계에서는 무엇보다 정직을 바탕으로 한 신뢰구축이 더 절실히 필요하다.

여섯째, 실천가들은 능력을 중요한 가치로 인식한다. 능력은 전문적 과업을 수행하는 데 요구되는 지식, 기술, 자기이해 등을 갖추고 있음을 의미한다.

CHAPTER 02 개인과 자유

사회복지실천 가치의 핵심에는 개인의 자유, 자율성이 있다. 자유에 기반한 인간의 자율성, 자기결정이라는 주제는 동서양을 막론하고 많은 철학자들의 관심을 받아 왔다. 특히 모든 사람은 스스로 결정을 내릴 권리를 갖는다는 원칙은 사회복지철학의 초석이다.

자기결정의 가치를 이해하기 위해서는 그 원칙의 기반이 되는 개인의 자유에 대한 이해가 먼저 필요하다. 인간과 자유, 개인과 자유의 문제는 늘 함께 연구되어왔다. 20세기 후반 들어 '신자유주의'의 확산은 특히 자유의 개념과 자유의 본질에 주목하게 하였다. 자유에 대한 새로운 강조는 정치 · 인권 · 개인적 차원의 변화를 이끌었다. 정치적 상황에서는 '작은 정부', '개인책임'이라는 레토릭의 성행을, 인권적 차원에서는 사회권보다 사유권에 대한 강조를, 개인적 차원에서는 의무보다 권리의식을 발달시켰다.

자유의 개념은 인간의 본성과 목적에 관한 근본적인 문제를 제기한다. 자유와 자율성은 서구문화에서 인간의 고유한 본성으로 받아들여졌다. 인간본성으로서의 자유는 자유롭게 행동을 결정할 권리를 보편적인 인간의 권리로서 받아들이게 하였으며, 자유의 실현은 구체적으로 자기결정과 자율성의 강화라는 실천원칙을 낳았다. 개인이 자유를 실현하고, 사회가 그러한 자유권을 보장하기 위한 사회적 장치들을 마련하는 데 관심이 증대하고 있으나, 자유가 무엇인지에 대한 논의는 부족한 편이다. 오히려 현 사회에서 우리가 누리는 자유의 폭은 더욱 축소되었으며, 자유에 대한 이해나 가치의 폭 또한 매우 협소하다. 여기서는 자유의 개념이 갖는 내용과 그 의미에 대해 고찰해 보고자 한다. 이에 앞서 자유, 자율성, 자기결정의 가치와 밀접히 연관된 '개인'의 개념을 살펴볼 것이다.

1 개인의 개념

개인의 영어식 표현 'individual'의 어원은 리틴어 형용사 'individuus'로서 그 의미는 '나누어질 수 없는'이다. 따라서 개인은 더 이상 나누어질 수 없는 단위의 의미를 갖고 있음을 알 수 있다. 서구 사회에서 더 이상 나누어질 수 없는 단위로서의 개인이 내포하고 있는 의미는 무엇인가? 그것은 차이의 강조, 자기완결성과 자기소유, 자기이익, 자기실현의 추구로 설명될 수 있다.

1) 차이, 개별화의 강조

'더 이상 나누어질 수 없다'는 의미에서 개인은 전체로서의 한 인간을 의미한다. 하나라는 점은 누구든 어떤 다른 사람이 될 수 없다는 사실을 강조한다. 따라서 개인이라는 용어는 사람이 그의 동료들과 무엇을 공유하는가가 아니라 사람들을 서로 분리하고 구분하도록 한다. 즉, 사람들이 서로 공통으로 가지고 있는 것을 강조하는 것이 아니라 개개인을 차이나게 하는 각 개인의 독특성을 강조한다.

그리고 더 이상 나누어질 수 없음을 강조하는 개념은 인간을 배경이나 환경이 되는 사회로부터 분리된 존재로 보게 한다. 이는 분리와 자율이 인간의 기본적 조건이고 형이상학적 인간조건임을 의미한다(앤서니 아블라스터, 2007). 따라서 어떤 사람을 개인이라고 표현할 때, 그것은 인간으로서의 공통 특질을 강조하는 것이 아니라 그들 간의 차이에 집중하는 것을 의미한다.

2) 자기소유의 강조

더 이상 나누어질 수 없는 완결성으로서의 개인은 자기소유라는 개념으로 이어진다. 자기소유 개념은 인간의 삶은 자기 자신에게 속함을 의미한다. 이와 같은 개념은 개인의 삶은 그가 원하는 대로 할 수 있는 자신의 재산이라는 신념을 낳았다. 개인의 삶은 신이나 국가에 속한 재산이 아니라 그 자신만이 처분할 수 있는 재산인 것이다.

자신의 삶에 대한 소유자로서의 개인이라는 개념은 로크에 이르러 표면화되었다. 로크는 "사람(자신의 주인으로서, 그 자신의 몸의 소유자로서 그리고 그의 행동과 노동의 소유자로서)은 그 자신 속에 재산의 위대한 원천이 있다"고 하며, 사람은 그 자신의 몸의 소유자이자 그의 행동과 노동의 소유자임을 명시하였다(앤서니 아블라스터, 2007 : 73에서 재인용). 즉, 당신 몸은 당신 것이고 내 몸은 내 것이다. 신체의 완결성과 개별 신체들 간의 분명한 구분이 생기기 시작하면서 한 인격체는 정당하게 분리되고, 분리된 상태 그대로 보호받아야 한다는 인식이 싹트기 시작했다. 개인 신체의 분리와 자기 소유 의식은 맥을 같이 한다.

3) 자기 이익의 추구

개인을 이해하는 중요한 또 다른 차원은 인간은 본성적으로 자기이익을 추구하며, 자기가 무엇을 원하며 무엇이 자신에게 이익인가를 가장 잘 알고 있다는 것이다. 예를 들어, 토머스 홉스는 인간 본성을 설명하면서 인간의 행위는 욕구 또는 욕망과 혐오라는 자연적 동인에 의해 이끌려진다고 보았다. 모든 사람은 자기 자신의 이익을 좇아 모든 일을 처리한다는 그의 논리는 개인주의를 곧 이기주의와 동일시하게 하였다. 자연상태의 인간은 자신의 판단에 몸을 맡긴 채 자기의 직접적인 이해관계만을 맹렬히 찾아 나서며 자신의 만족만을 극대화하기 위해 최선의 노력을 한다는 것이다(박호성, 2012 : 81).

"당신 자신만큼 무엇이 당신에게 이로운가를 잘 아는 사람은 없다"는 벤담의 말을 언급하지 않더라도, 서구의 개인주의 역사에서 각 개인은 그 자신의 욕구에 가장 믿을 만한 판단자로 간주되어 왔다. 이는 자신의 욕망을 알고 표현하는 개인의 능력, 다시 말해 개인의 의지와 이성의 자율에 대한 믿음에서 비롯되었으며, 개인의 능력에 대한 신념은 개인의 권리와 이익을 우선하는 근거가 되었다. 이와 같은 개념은 사회복지실천에서 클라이언트 문제에 대해 가장 잘 알고 있는 사람은 클라이언트 자신이므로 문제해결과정에 클라이언트의 적극적 참여를 강조하는 기반이 된다.

개인이 자신의 욕구와 이익을 추구하는 것은 자연스러운 본성이며, 이를 이루기 위한 기반은 자유에 있다. 자유는 각 사람이 자신을 충족시키기 위한 필요조건이다. 자유는 개인의 개념만큼이나 우리 일상 깊숙이 자리매김되어 있어 의식조차 되지 않는 일상의 개념이지만 그 개념 속에 포함된 의미는 그리 간단하지 않다.

4) 자기 실현의 존재

근대에 이르러 개인은 자신을 스스로 규정하고 실현하는 존재로서 정립되었다. 리하르트 반 뒬멘은 『개인의 발견』(2004)이란 저서에서 '개인주의는 고대 후기와 기독교를 거치면서 이미 유럽인의 삶 속에 흘러들어 왔고, 특수한 의미의 근대 개인주의는 합리주의적 자율성과 도덕적 자율성, 자연권, 경쟁원칙이라는 완전히 다른 전제조건과 목표를 갖고 있다'고 명시하였다.

고대 그리스는 폴리스(polis)의 공적 삶을 중요시하며, 개인보다는 공동체를 우선시했다. 대표적으로 아리스토텔레스는 폴리스를 본질적으로 독립적인 최고의 공동체로 간주하면서 국가를 인간의 자기실현을 위한 필수적인 토대라 보았다. 그는 국가 공동체가 자연의 질서 속에서 가족이나 개인에 우선한다는 것을 결코 의심치 않았으며, 개인은 전체의 한 부분에 지나지 않는다고 확신하였다. 그러나 스토아 학파에 이르러서는 인간을 개인적·사회적 연결고리 안에서 보기보다 신적인 이성이 지배하는 코스모스의 한 부분이며 덕을 추구하는 이성적 공동체의 일원으로 인식하였다. 그들에게 인간은 동일한 자연의 산물일 뿐만 아니라 동일한 이성의 힘을 부여받은 존재이기 때문에 인간 각자의 개인적·사회적 차이에도 불구하고 서로 평등한 존재라는 인식의 틀을 제공하였다(박호성, 2012).

리하르트 반 뒬멘은 스토아 학파 이래 형성된 개인의 주체라는 인식이 근대에 와서 급격히 강화된 배경을 사회규제 및 규율화 과정과 연관지어 설명했다. 그는 사회 전반에 걸친 규율화 과정이 자기발견과 개성을 급격히 발전시키는데 유리한 전제조건이 된다고 보았다. 근대 초기에 국가, 학교와 같은 근대적 단체들이 더 많이 나타나면서 새로운 규범을 만들어내었고, 이것이 개인의 자기발견과 자기통제를 활성화시켰다고 분석한다. 다시 말해, 규율화 과정은 인간의 독자성과 사상에 대한 배려를 하지 않았지만 새로운 인간존엄의 사상, 성찰적 독자성 발달의 전제조건을 형성하는 데 기여하였다.

2 자 유

자유는 흔한 표현이지만 그 본질을 깨닫기란 어렵다. 공기의 경우를 생각해보면 쉽게 이해될 수 있다. 공기는 우리 주변에 너무 많아 의식할 필요가 없다. 그러나 공기가 없어 숨을 쉴 수 없게 되면 우리는 그제서야 공기의 중요성을 깨닫게 된다. 자유의 경우도 마찬가지이다. 자유를 개념적으로 이해하고 말하기란 어렵다. 자유가 박탈되고 억압된 상태를 경험할 때 자유를 보다 본질적으로 생각하고 그 중요성을 깨닫게 된다.

자유의 개념을 해석하는 방식은 다양하게 이루어져 왔다. 자유의 반대어인 '지배' 또는 '억압'을 이해하는 방식을 통해 자유의 의미를 해석하기도 하고, 자유의 궁극적 목표이자 결과인 자기실현을 바라보는 관점에 의거해 자유를 해석하기도 한다.

1) 지배/억압을 통한 자유의 이해

일본의 정치경제학자인 사이토 준이치는 자유를 위협하는 것이 무엇인지에 대한 근대 사상가의 대답을 통해 자유 개념을 이해하고자 하였다. 그에 따르면 자유에 대한 위협은 시대와 사상가들에 의해 타자, 국가, 사회, 시장으로 변천되어 왔으며, 여기에 공동체를 자유에 대한 위협으로 추가할 필요가 있음을 제안하였다(사이토 준이치, 2005 : 35~63).

먼저 17세기 영국의 사상가 홉스는 자유를 '외적 장애의 부재'로 정의하였다. 여기서 자유를 위협하는 외적 장애란 타자가 개인의 생명에 가하는 폭력을 의미한다. 즉, 자유에 대한 최대의 위협은 폭력으로 생명을 위협하는 '타자'였다. 동 시대의 사상가로크(Locke)는 자유에 대한 최대위협은 '타자'와 '국가'이며, 특히 국가야말로 개인의 자산을 침해하는 최대의 위협이라고 보았다. 18~19세기 초 프랑스의 자유주의 사상가인 몽테스키외와 콩스탕에 이르러서는 자유의 최대위협이 국가로 귀결되었다.

통치자에 의한 권력의 남용은 피통치자의 생활이나 삶의 방식 그 자체에 대해 간섭하는 가부장주의(paternalism) 형태를 취하는 경우가 있다. 칸트는 가부장주의가 개인의 자유를 침해하는 것에 대해 다음과 같이 설명한다.

아버지가 자식을 대하는 것과 같은 은혜의 원리를 바탕으로 국민에게 행사하는 지배를 가부장적 통치라고 부른다. 그러한 지배하의 신민은 무엇이 자신에게 가장 유익하고 무엇이 가장 유해한지를 분별할 수 없는 미숙한 아이처럼 그저 수동적인 태도를 취하도록 강요받는다. 이때 신민은 자신이 어떤 행복을 추구해야 하는지에 대해 국가원수의 판단을 기다릴 수밖에 없으며, 국가원수가 자신의 행복을 바라주는 선량함에 기댈 수밖에 없다.

이후 밀(J. S. Mill)은 국가보다 '사회'의 비공식적 권력을 자유에 대한 최대의 위협으로 간주했다. 1850년대 말 『자유론』을 쓸 때, 그는 국가 자체의 권력보다 '사회'의 구속력에 대해 더 염려하였다. 그는 "이 '사회적 폭정'은 여러 종류의 정치적 억압보다 더 무서워서 … 벗어날 여지를 거의 남기지 않으며, 삶의 세세한 부분까지 깊이 침투하여 영혼 자체를 노예화한다"고 보았다(앤서니 아블라스터, 2007 : 536). 사회의 다수가 수용한 지배여론이나 관행은 사람들을 획일화하는 압력을 행사할 수 있다. 따라서 사회의 평준화 및 획일화의 압력이 자유에 대한 가장 큰 위협이 된다고 보았다.

19세기에는 국가나 사회보다 '시장'이 자유에 대한 위협으로 등장하였다. 시장이 야기한 빈곤과 빈곤이 생활에 미치는 부정적 영향은 개인의 자유와 자유의 실현을 방해한다. 이에, 국가는 부의 불평등한 분배를 시정해야 하며, 사람들의 자유를 실효적으로 가능케 하는 의무를 지닌다. 자유를 위한 조건으로 공적 보장을 내세운 이와 같은 사상은 후에 베버리지 보고서에 영향을 주었을 뿐만 아니라 오늘날 사회보장의 중요한 사상적 원천이 되고 있다.

사이토 준이치가 자유개념을 이해하는 접근과 유사하게, 철학자 김성우(2012)는 자유의 반대어인 '지배'라는 개념으로 자유 개념을 이해하기 쉽게 설명하고 있다. 그는

'지배'를 해석하는 세 가지 방식, 즉, 간섭-선택, 강제-자율, 예속-해방이 자유에 대한 해석과 밀접히 연관된다고 보았다. 첫째, 지배를 간섭으로 해석하는 경우, 이때 자유는 간섭으로부터의 자유, 나아가 '선택'의 개념으로 해석된다. 두 번째, 지배를 강제로 해석하는 경우, 자유는 강제의 반대말인 '자율'의 의미를 갖는다. 여기서 자율이란 자기 스스로 명령을 내리고 자기 스스로 규칙을 부여하는 것을 의미한다. 이때 규칙은 개인의 선호가 아닌 공정성이라는 보편성을 지향하는 것이라 보았다. 마지막 세 번째는 지배를 '예속'으로 해석하는 방식으로, 이때 자유는 예속의 반대어인 '해방'의 의미이다. 여기서 해방은 개인적 차원이 아니라 좋은 사회를 통해 실현될 가치로서의 의미를 갖는다.

2) 자기실현으로서 자유에 대한 이해

다음으로, 자유를 '~에 대한 위협'이 아닌, 보다 적극적 의미인 개인의 자기실현과 관련하여 해석하는 방식이 있다. 자기실현과 관련해서는 크게 두 가지 관점이 있다. 하나는 프라이버시(공공의 개입이 배제되어야 하는 사고와 행동의 영역)로 설명하는 관점으로, 개별인간은 사적 영역 내에서 최대한의 행복과 충족감을 느낀다고 생각하는 것이다. 국가의 간섭이 없는 상태를 의미하는 전통적 자유주의자들의 관점이다. 이 관점은 개인을 '이기적 존재'로 보며 개인의 이기심이 사회를 구성하는 가장 중요한 동력이라고 본다. 신자유주의 모델은 이 관점에 기초해 있다.

다른 하나는 고대 그리스의 폴리스에서 보듯이, 개인은 공적·집단적 생활에 참여함으로써 자기실현이 가능하다는 입장이다. 개인은 국가간섭에서 벗어나는 것이 아니라 국가권력에 참여할 수 있게 될 때 진정한 자유를 경험하게 된다는 것이다. 그리스의 도시국가, 특히 아테네인들은 정치에 직접 참여하기를 원했으며, 그들에게 자유의 본질은 누구나 민회에서 발언할 수 있는 권리를 의미했다. 아테네인들은 자신들의 마음을 드러내 말하는 것뿐 아니라 남들이 하는 말을 들을 권리 또한 가지고 있다고 생각했다. 서로 다른 입장에서 개진된 의견들과 이로부터 야기된 결과는 도시발전에 도움이 되었다. 아테네인들이 원했던 자유는 단순히 속박으로부터 벗어나는 것이 아니었으며, 정치적 자유와 능동적인 정치참여를 통해 자신과 공동체의 운명을 결정할 권리를 갖는 것이었다(폴 우드러퍼, 2012). 이처럼, 공적인 것, 공동선을 지향하는 구성원으로서의 의미를 강조하는 경우 우리는 개인이라는 표현을 쓰지 않고 시민이라 칭한다. 영어로는 시티즌(citizen), 프랑스어로는 시투아앵(citoyen)으로 표현된다(김성우, 2012 : 68).

존 스튜어트 밀은 개인의 권리와 공리주의 철학의 화해를 위해 노력하였다. '최대 다수의 최대 행복' 원칙을 제시한 벤담보다 한 세대 뒤에 태어난 밀은 계산적인 원칙보다는 좀 더 인간적인 원칙으로 공리주의를 발전시키고자 했다. 밀의 『자유론』은 개인의 자유를 옹호하는 최고의 고전이다. 이 책은 사람들은 남에게 해를 끼치지 않는 한, 원하는 것은 무엇이든 자유롭게 할 수 있어야 한다는 점을 강조한다. 내가 어느 누구에게도 해를 끼치지 않는 한 "내 독립은 당연히 절대적이며, 개인은 자신에 대해, 자신의 몸과 마음에 대해 주권을 갖는다"는 것이다(마이클 샌델, 2010 : 74~75).

밀(Mill)의 『자유론』은 다음과 같은 세 가지 주요한 논점을 담고 있다. 첫째, 위해(harm)의 원리이다. 이 원리에 의하면, 개인의 의지에 반하여 권력행사가 정당하게 이루어질 수 있는 것은 그 개인의 행위가 다른 성원에게 위해를 끼치게 되는 경우로 제한된다. 즉, 다른 개인에게 해를 끼치는 경우를 제외하고는 국가권력이나 여타 권력이 한 개인의 행위를 방지할 수 없다. 둘째, 밀은 자유의 개념을 설명하기 위해 자기관련(self-regarding) 행위와 타인관련(other-regarding) 행위를 구분하고 있다. 위해의 원리가 성립하려면 타인에게 해를 끼치고 있는가를 예측할 수 있어야 한다. 즉, 위해의 원리는 행위가 타인 관련인 경우에 성립하는 원리라 할 수 있다. 셋째, 밀은 자유의 영역을 세 가지로 설정하였다. 하나는 의식의 내면적 영역과 관련된 사상의 영역이며, 다른 하나는 일상생활에서 자신의 취향에 따라 생활할 수 있는 자유, 즉 행동의 자유이다. 나머지 하나는 타인에게 해를 끼치지 않는다면 어떠한 목적을 위해서도 경합할 수 있는 결사(단결)의 자유이다. 이 세 가지 자유가 존중되지 못하는 사회는 그 통치형태가 어떤 것이건 간에 자유로운 사회가 아닌 것으로 보았다(김정래, 2010 : 92).

이후 영국의 자유주의적 정치철학자인 이사야 벌린(Isaiah Berlin)은 자유를 소극적 자유(무엇으로부터의 자유)와 적극적 자유(무언가를 할 자유)의 개념으로 구분하였다. 소극적 자유는 간섭의 부재와 연관된다. 어느 누구도 나의 행동에 간섭하지 않는 한 나는 소극적으로 자유롭다고 표현될 수 있다. 따라서 소극적 자유란 '타인들에 의해 방해받지 않고 각자가 자기 뜻대로 행동할 수 있는 상태, 즉 ~로부터의 자유'이다.

한편 적극적 자유는 간섭의 부재 이상을 요구하는 것으로, 스스로를 통제하고 관리하는 능동적 역할, 자율(self-mastery)을 요구한다. 적극적 자유란 '합리적으로 결정하고 자율적으로 행동할 수 있는 개인의 상태나 능력을 의미하며, ~을 행할 자유'로 표현할 수 있다. 다시 말해, 소극적 자유란 개인의 선택에 대한 외부의 방해가 없는 '상태'를 강조하며, 적극적 자유는 자율과 자기실현, 촉진하는 기제들의 존재인 '실행'과 연관된 것이다. '자유의 두 가지 개념(Two Concepts of Liberty)'(1958)이란 논문을 작성할 당시 벌린의 정치철학은 점점 전체주의화되고 기계화되어가는 사회에서 개인의 자유와 자유의지 문제에 초점을 두었다. 벌린은 "자유의 근본적인 의미는 타인들에 의한 사슬로부터, 감금으로부터, 노예상태로부터의 자유이며, 그 나머지는 이런 의미의 확장이거나 은유일 뿐"이라고 하면서 소극적 자유만이 진정한 이상임을 주장하였다(문지영, 2004).

이러한 벌린의 사상은 이후 많은 근대적인 사상가들의 신념에 영향을 끼쳤다. 프랑스 정치가 벤저민 콩스탕(Benjamin Constant)은 적극적 자유가 과거의 것(고대인들의 자유)인 반면, 진정한 근대적 이상은 소극적 자유라고 주장하기도 했다. 그는 '고대인의 자유와 근대인의 자유'(1988)라는 논문에서 고대의 자유란 공공회의에서의 토론과 투표를 통해 시민들에게 정치에 직접 영향력을 행사할 수 있는 권리를 주는 참여적인 자유를 의미하는 반면, 근대의 자유란 시민적 자유 즉, 국가 간섭으로부터의 자유에 근거를 둔 자유를 의미한다고 주장했다(필립 페팃, 2012 : 66) 국가 간섭을 거부하는 근거는 밀의 『자유론』에서 그 일면을 찾아볼 수 있다. 첫째, 어떤 것들은 직접 관련된 개인들에 의해 가장 잘 이루어진다. 둘째, 개인이 자신의 창조력, 창의력을 발휘하도록 허용하는 것은 적극적 미덕이다. 셋째, 정부의 권력을 불필요하게 강화하는 것은 엄청난 악덕이다(앤서니 아블라스터, 2007 : 106).

이 외에 최근에는 개인의 권리차원에서 외부간섭의 부재를 주장하는 논리가 자유주의라는 이름으로 설득력을 얻고 있다. 모든 개인은 그 자신에 속하며, 타인이 동일한 권리를 행사하는 것을 방해하거나 저지하지 않는다면 언제나 자신이 원하는 대로 살고, 생각하고 믿을 근본적인 권리가 있다는 가장 단순하면서도 기본적인 관점이다. 이러한 권리적 관점에서 정부의 간섭을 반대하는 논리는 앞서 언급한 밀의 '위해(harm) 원리'에서도 찾아볼 수 있다.

이사야 벌린의 소극적 자유의 개념은 오늘날에는 많은 비판을 받고 있다. '타인의 간섭이 없다면, 자신의 행동을 선택하는 데 필요한 자원이나 기회가 주어져 있지 않은 상태에서도 진정 자유로울 수 있는가?'라는 질문은 그의 주장의 모순점을 명확히 보여준다. 이에, 현대의 이론가들은 자유를 자신이 소중하게 여기는 목적을 달성할 수 있는 능력으로 규정짓고 있다. 대표적으로 아마르티아 센은 진정한 선택을 할 수 있는 능력, 그리고 그러한 선택에 맞춰 행동할 수 있는 능력을 중심으로 적극적인 자유개념을 발전시켰다(샌드라 프레드먼, 2010 : 82). 사이토 준이치도 『자유란 무엇인가』(2005)라는 저서에서 자유의 개념을 이와 유사하게 정의하면서 "행위자가 외적 환경이나 내적 상황으로 인해 자신이 원하는 바를 성취할 능력이 결여되어 있다면 이미 진정한 자유라 볼 수 없다"고 제안하였다.

3 자율성

전통적으로 자유는 인간의 이성적 능력으로 간주되었다. 영어 reason의 어원인 그리스어 로고스(Logos)는 담론인 동시에 그 담론 속에 드러난 '진리'를 의미한다. 철학사를 통해 이성이라는 형이상학적 실체를 가장 선명하게 정의한 것은 데카르트의 '나는 생각한다, 고로 존재한다'라는 명제이다. 생각하는 존재로서의 나는 그 자체가 가장 근본적인 진리인 동시에 진리의 원천이다. 이때 이성은 진리를 파악할 수 있는 인간에게 내재된 본질적인 능력이다(문종대, 2004 : 340). 밀턴(Milton)은 진리를 파악하는 능력에 덧붙여 진리를 선택하는 능력을 이성이라고 하였다(문종대, 2004 : 346). 하느님이 아담에게 이성을 주실 때 아담에게 선택하는 자유도 주었다는 밀턴의 말은 진리를 선택하는 이성적 능력을 강조한다. 이때 선택하는 이성적 능력은 자율로써 표현될 수 있다.

'자율'을 의미하는 'autonomy'는 'autos(self)'와 'nomos(rule)'의 결합형인 그리스어에 그 기원을 두고 있으며, 원래 이 용어는 정치적 맥락에서 사용되었다. 그리스 정치철학에서 사용된 'autarchy'에서 유래된 이 개념은 한 도시국가가 다른 도시국가로부터 간섭이나 지배를 받지 않고 스스로 다스림(self-rule)을 의미하였다(김석수, 2010 : 106). 아테네인들은 모두가 공공의 삶을 어떻게 다스려야 하는지 결정하는 문제에 대해 스스로 충분히 알고 있고, 우리의 결정을 임의로 결렬시킬 권한은 누구도 갖고 있지 않다는 이념을 갖고 있었다. 또한, 장기적으로 봤을 때 그 어느 누구도 더 나은 그리고 더 신뢰할 만한 결정을 내리지 못한다고 생각하였다. 그러나 그 능력은 모두가 아닌 제한된 시민만이 보유할 수 있었다. 즉, 공회에 참여해 의사를 표현하고 결정할 수 있는 지적 능력이 있다고 여겨지는 사람의 범주에는 노예, 여성, 비시민권자들은 제외되어 있었다(이윤철, 2012). 여기서 'autarchy'는 도시국가와 관계된 정치적 차원에서 사용되었을 뿐 개인에 관계된 것은 아니었다.

이 용어가 인간의 '내적인 고유한 권리'를 의미하는 것으로 사용되기 시작한 것은 5세기 중반 이후였다. 그 이후 중세시대에는 이 단어가 아예 사용되지도 못하다가 17~18세기에 이르러 법학과 철학 분야에서 다시 중요한 의미를 지니게 되었다. 국제법학자인 그로티우스(H. Grotius)는 수학적 원리는 신도 거부할 수 없는 이성적 진리라고 주장하였는데, 인간의 이성으로 세운 원리와 법칙에 절대적인 권위가 부여되기 시작했다. 그리스 도시국가 시대에는 자율이 한 도시국가가 다른 도시국가들로부터 간섭을 받지 않고 스스로 다스리는 경우였다면, 근대 계몽주의 시대의 자율은 이성적 능력을 갖는 개인이 신이나 국가로부터 간섭을 받지 않고 스스로 결정하고(self-determining), 스스로 통치하는(self-governing) 권리와 자유를 의미했다(김석주, 2010 : 106~107).

자율, 의지의 사유에 대해 명확한 관점을 제시한 철학자는 칸트였다. 칸트는 모든 이성적 존재의 의지가 갖는 속성을 '자유'로 보았다. 그에게 자유의 개념은 '자율성'과 밀접한 관계를 갖는다. 자유란 외부의 강제나 영향을 떠나서 스스로 지킬 법을 입법하고 스스로 그 법에 복종하는 것을 의미하는데, 칸트는 이것을 자율성이라고 보았다. 인간이 자유롭다는 것은 스스로 만든 법칙에 스스로 복종하는 것, 즉 자율성을 의미한다(김정민, 2007).

17세기에 근대적 개인은 더 이상 어떤 것으로부터 그의 가치선택이 제약받지 않는 선택의 자유개념 위에 정립되었다. 선택의 자유는 처음에는 위대한 해방이자, 행동하고 생각하는 데 있어서의 자유로 환영받았다. 그러나 20세기 실존주의 작가들은 이러한 자유를 부담으로, 선택을 의무로 묘사하는 경향이 있었다(샌드라 프레드먼, 2010 : 90).

4 사회복지실천과 자기결정

사회복지실천에서는 자유, 자율성의 개념보다는 자기결정의 개념에 보다 친숙하다. 사회복지전문직의 확고한 신념 중의 하나는 인간은 자기결정의 능력을 본래적으로 갖고 있으며, 의식적·의도적으로 클라이언트의 자기결정을 침해하는 것은 클라이언트의 천부권을 침해하는 비전문적인 행위로 간주되어 왔다.

비에스텍(Biestek, 1975 : 1-32)에 따르면 사회복지전문직에서의 자기결정에 대한 신념은 1920년대부터 서서히 발달되어 왔다. 1920년경에는 영국 구빈법의 태도가 견지되면서, 빈민들이 아무리 의존적이라 할지라도 자신의 삶을 살아갈 천부적인 권리를 갖는 존재로 인식되었다. 이후 1930년대에는 정신의학 이론의 발달로 클라이언트가 케이스워크 과정에 적극적으로 참여하여 스스로 결정과 선택을 내릴 권리와 욕구가 있으며, 모든 치료는 클라이언트가 스스로 선택하고 결정할 때만 진정으로 효과적이라는 주장이 지지되었다. 1930년대의 자기결정에 대한 정의는 토마스와 피어슨(Thomas and Pierson, 1937)의 정의가 대표적이다. 그들에 따르면 자기결정은 "다른 사람의 영향이나 간섭 없이 스스로 결정을 내리는 것이다. 사회복지실천에서 클라이언트의 자기결정은 서비스 이용자의 선택권을 강화하고 다른 사람에 대한 의존, 특히 사회복지사들에 대한 의존을 최소화하며, 인격적 자율성을 장려하는 것이다. 자기결정의 촉진은 모든 현장에서 그리고 모든 클라이언트 집단과의 실천에서 핵심적인 사회복지과업이다"(Furlong, 2003).

그러나 1930년대 대공황은 이러한 신념의 실천을 더디게 만들었으며, 클라이언트의 참여를 강조하는 정신의학적 접근은 현실에서 비효과적으로 보이게 되었다. 문제해결과 빈곤해소가 긴급했던 당시의 경제적 상황은 실천과정에서 클라이언트의 자기결정과 선택을 적용하기 어렵게 하였다. 1940년대 이후에는 계획 수립과 문제 해결의 주된 책임이 치료자에서 클라이언트로 이동되었다. 문제와 해결책에 대해 가장 잘 알고 있는 사람은 치료자가 아니라 클라이언트임이 강조되면서, 클라이언트의 자기 선택과 계획수립 능력이 치료의 수단이자 목표가 되었다.

이후 클라이언트 능력의 한계와 기관의 기능상의 한계 등으로 인해 자기결정이 절대적인 가치에서 물러나는 시기가 있었다. 자기결정은 이상일 뿐 현실은 아니었다. 자기결정의 원칙은 클라이언트 능력에 따라 개별화되어 적용되어야 한다. 이는 모든 클라이언트가 그들 자신의 결정을 내릴 능력을 동등하게 갖고 있는 것은 아니기 때문이다. 일반적으로 개인은 충분히 합리적이고 이성적이어서 자기가 선택한 계획에 따라 자유롭게 행동하는 자율적인 주체라 인식되지만, 스스로 행동을 선택하고 결정할 수 있는 능력이 없다고 판단되는 사람들도 있다. 이들은 일반적으로 무능력자 또는 능력을 결여하고 있는 사람으로 지칭된다.

밀턴에 의하면, 인간은 하느님으로부터 평등하게 이성을 부여받았다. 따라서 인간은 이성을 소유하고 있다는 측면에서 절대적으로 평등하다. 그러나 이성을 갖고 있다는 면에서는 평등하지만, 진리를 가려내는데 필요한 능력까지도 평등한 것은 아니다. 누구나 평등한 이성을 소유하고 있지만, 논리적으로 추론하고 분석하는 능력, 행동의 선악을 판단하는 능력, 진리를 설명하고 정당화하기 위해 담론을 펴는 능력, 반성적 능력 등 능력 면에서는 불평등하다는 것이다(문종대, 2004 : 344).

그러나 자기결정에 대한 비판적 유보는 오래 가지 않았다. 최근에는 과거 자기결정 능력에 문제가 있다고 생각되던 사람들에게도 자기결정의 기회가 최대한 보장되어야 한다는 논의가 강화되고 있다. 자기결정 능력에 문제가 있는 사람들도 잔존능력이 남아 있는 한 그들의 의사가 존중되어야 하며, 설령 그들이 내린 결정이 본인에게 불리한 것일지라도 스스로 결정할 권한을 존중해야 한다고 인식되고 있다.

자기결정 능력에 대한 판단은 신중해야 한다. 20세기 초반까지만 해도 자기결정 능력은 정신상태 등에 대한 진단에만 기초하여 판단되었다. 자기결정능력과 인지적 능력은 관련되어 있지만 그 둘이 항상 일치하는 것은 아니다. 비록 인지적 능력과 자기결정 능력이 상관관계에 있다 할지라도, 인지 테스트가 곧 특정 능력의 대체물로써 사용되어서는 안 된다. 실제로 자기결정 능력을 결여하고 있는 일부 사람들이 인지 테스트에서는 높은 점수를 받을 수도 있다. 그리고 그 반대로 인지 테스트 점수가 낮은 사람들 중에는 자기결정을 내릴 수 있는 사람도 있을 수 있다(Ganzini, Volicer, Nelson, Fox and Derse, 2004).

이러한 이유로 최근에는 특정 능력에 관련된 기능평가가 강조되고 있다. 예를 들어, 치료에의 동의능력, 조사나 연구에의 동의능력, 재산문제에 대한 의사결정능력 등이 그것이다(Moye and Marson, 2007 : 4). 자기결정 능력 전부가 아닌 부분적으로 문제가 있을 수 있다. 자기결정에 문제가 있다는 것이 곧 모든 결정을 내릴 능력의 결여를 의미하는 것은 아니다. 그뿐만 아니라 자기결정 능력의 결여가 영구적일 수도 있지만 종종 일시적인 현상일 수도 있는데, 자기결정 능력이 시간이 지남에 따라 변화되기도 한다. 이러한 이유로 오늘날은 자기결정 능력에 문제가 있다고 판단되는 경우에도 능력껏 그들이 참여할 수 있도록 허용해야 한다는 인식이 보편적으로 수용되고 있다(Ganzini, Volicer, Nelson, Fox and Derse, 2004).

CHAPTER 03

평등과 정의

사회복지는 가치에 기반하여 사회문제를 해결함으로써 사회정의(social justice)를 실현하는 것을 목적으로 한다. 그러나 과연 어떠한 상태가 정의로운 것인가에 대해 논란이 존재한다. 사회정의를 이루기 위해서는 어떤 규칙을 따라야 하는지, 혹은 어떤 결과를 정의롭다고 할 수 있는지에 대해 이견이 있을 수 있다. 이러한 논란의 중심에는 평등이라는 가치에 대한 지향이 자리잡고 있다.

평등은 사회정의와 함께 인류의 주요 가치로 오랫동안 추구되어 왔다. 그러나 왜 평등을 추구하는지(혹은 불평등이 왜 문제가 되는지), 평등을 어떻게 개념 짓고, 무엇을 평등의 대상으로 하며, 어느 정도의 평등을 요구할 지에 따라 사회정의를 실현하는 방법과 그 결과가 달라진다.

따라서 사회복지전문가로서 평등이라는 가치에 대해 고찰하고 검토하는 일은 사회문제의 해결을 위한 사회복지의 실천적 개입이 사회정의에 미치는 영향을 예측 가능하게 하고 그 결과를 평가할 수 있게 함으로써 사회복지전문가로서의 역량을 키워주고 사회적 책임을 다할 수 있도록 도와준다. 따라서 이 장에서는 평등과 정의를 사회복지적 관점에서 살펴보고 나아가 사회복지실천과 사회정의에 대해 알아보고자 한다.

1 평 등

1) 평등을 추구하는 이유

(1) 본래적인 가치를 지닌 평등

코헨(Cohen, 1989)은 평등주의의 목적은 "비자발적인 불리함(involuntary disadvantage)을 제거하는 것이다"라고 말한다. 이와 유사하게 템킨(Temkin, 2003)은 응당 그런 대우를 받을 이유 없이(undeservedly), 다시 말해서 자신의 잘못이나 선택을 통하지 않고 어떤 사람이 다른 사람보다 더 못사는 것은 "비교의 관점에서 불공정하다(comparatively unfair)" 라고 하며 그 자체로 나쁜 것이라고 이야기한다(Hausman & McPherson, 2010).

드마르코(Demarco, 2001) 역시 실재적 평등(substantive equality)을 주장하면서, 특별한 이유 혹은 다른 가치에 기대지 않더라도, 사회는 실재적 평등을 추구해야 한다고 말한다. 드마르코에 따르면, 현재 우리가 경험하는 불평등은 과거의 강제(coercion), 즉 사회적 조건과 자연적 조건의 누적적인 결과 때문에 발생하지만, 그 역사적 경로를 적절하게 추적할 수는 없기 때문에 실재적 평등을 통해 과거의 편의(bias)와 강제(coercion)의 문제를 해결할 수 있다고 주장한다. 또 평등할 때 완전히 효과적인 도덕적 결정이 가능하다는 점, 즉 사회적 지위와 집단 간의 이해로 인해 발생한 편의로부터 자유롭게 사회적 조건을 결정할 수 있게 된다는 점에서 평등은 그 자체로 추구할 가치가 있다고 한다.

윌킨슨과 피킷(Wilkinson & Pickett, 2012)은 국가 간 비교를 통해 건강문제, 아동복지, 아동의 학업성취 등 여러 사회지표와 평균소득 간의 관계는 약한 반면에 소득불평등도는 밀접한 관계가 있었음을 보이면서 문제가 되는 것은 절대적 위치가 아니라 우리 사회 내에서 남들과 비교했을 때 자기 자신이 어디에 위치하느냐라고 주장하고 있다. 즉, 상대적으로 낮은 사회적 지위로 인한 낙인의 심리적 효과는 물질적 이득이 가져다 주는 혜택을 뒤집을 만큼 클 수 있다고 하면서 불평등을 줄이지 못한 채 각각의 사회문제에 특화된 정책만으로는 문제를 해결할 수 없으며, 불평등을 줄여야만 모두가 진정한 삶의 질을 향상시킬 수 있다고 말한다[1].

1) 평등이 본래적인 가치를 지녔다는 입장이 다른 가치는 무시하고 평등 자체를 지고한 가치로 여긴다고 보이지는 않는다. 다만, 다른 가치를 실현하기 위한 수단이라는 의미를 넘어선 일정한 가치가 평등에 내재되어 있다고 보는 것이 타당할 것이다.

(2) 다른 가치를 추구하기 위한 평등

본래적인 가치가 있는 평등을 이야기하면서 그 자체로 나쁜 "비자발적인 불리함" 혹은 "응당 당할 이유가 없는 불평등"을 말할 때 "비자발적", "응당 당할 이유"를 어떻게 개념짓는지에 따라 다른 판단이 가능하다. 예를 들어, 태어날 때부터 타고난 장애는 비자발적이라고 할 수 있을 것이다. 그러나 남들보다 더 쉽게 침울해지고 소극적인 성격을 가지고 있어 사회적 관계를 맺기 어려울 때 어디까지 이것을 비자발적이라고 판단할 것인지에 대해 의문이 제기될 수 있다. 또 다른 예로 장애로 소득활동을 하지 못하여 빈곤한 경우와 마약중독으로 소득활동을 하지 못하여 빈곤한 경우 '응당 당할 이유'의 있고 없음을 어떻게 구분할 것인가?

요컨대 우리가 평등을 추구할 때는 이러한 명제보다는 '더 못 가진 사람들의 고생과 그들의 비관적 전망'에 대한 경험 혹은 다른 가치와 연관이 될 수 있다. 소득이 남들보다 더 적은 것이 배우지 못하는 것으로, 치료받지 못하는 것으로 연결되고 이것이 누적적으로 더 나쁜 전망으로 이어질 때 우리는 이러한 불평등은 나쁘다고 판단하게 된다. 더 근본적으로는 전망이나 결과에서의 불평등이 도덕이 요구하는 상호간 동등한 존중(equal respect)과 충돌할 수도 있다는 점에서 평등을 추구하게 된다(Hausman & McPherson, 2010).

다월(Darwall, 2004)에 따르면, 인간은 누구에게나 "평등하고 자유롭고 합리적인 행위자들로서 상호 간에 요구와 요청을 제시할 수 있는" 권한(authority)이 존재하는데, 불평등은 상호 간의 동등한 존중을 어렵게 하고, 강요된 비굴함과 굴종으로 이어질 수 있기 때문에 문제가 된다. 또한 평등은 공정성(fairness)을 위해서도 요구되는데, 스캔런(Scanlon, 2003)은 경제적 불평등이 정치권력, 법집행에서의 불공정으로 이어지기 때문에, 어떤 사람을 타인에게 종속시킬 수 있기 때문에 평등이 요구된다고 말한다.

평등은 자기존중(self-respect)과도 연결된다. 밀러(Miller, 1982)는 기본적인 삶의 조건이 충족되지 않는다면(즉, 평등하게 기본적인 삶의 조건을 갖추지 않는다면) 그는 자기존중의 최소기반을 갖추지 못하게 되고, 사회적 연대의 기반이 침식된다고 말한다(Hausman & McPherson, 2010 재인용). 또 불평등으로 인한 사회적 자본이나 집합적 효능감(collective efficacy)의 감소는 사회해체 혹은 범죄[2)]로 이어질 수 있다(Kennely et al., 1998)는 점에서 문제가 된다. 이상의 견해는 평등이 그 자체로 목적이 되기보다는 교육서비스와 의료서비스에의 접근가능성, 강요된 굴종의 제거, 자기존중, 사회적 연대 등 다른 가치를 충족하기 위해 필요하다고 본다.

이렇듯 평등을 다른 가치를 이루기 위한 수단으로 보게 된다면 평등은 2차적 지위(secondary status)를 얻게 된다. 예를 들어, 심각한 박탈로 인한 교육이나 의료서비스 등 제반문제를 해결하기 위해 소득을 재분배할 수 있지만, 이 경우 상대적 불평등의 문제와는 무관하게 소득재분배를 할 수도 있다는 점에서 평등은 다른 목표를 달성하는 한에서만 중요한 2차적 지위를 갖게 된다(Demarco, 2001 : 198). 그러나 평등이 봉사하는(serve) 가치에 따라 어떤 경우, 단지 수단적 지위(2차적 지위)에 머무르지 않고 본질적(intrinsic) 관계를 지닐 수 있다. 즉, 평등은 다른 가치를 구현하기 위한 통로이며, 평등이 없으면 다른 가치의 구현도 없으며 평등은 다른 가치가 의미하는 바의 일부일 수 있다. 특히 공정성, 평등한 존중, 우애에 있어 평등은 이러한 가치가 구현되었음을 나타내는 본질적 관계에 있다고 할 것이다. 설사 수단적 지위에 있더라도 평등은 자기존중과 지배로부터의 자유에 있어 필수적인 수단이라 할 것이다(Hausman & McPherson, 2010).

2) 평등의 차원

우리는 앞서 평등이 추구되는 이유에 대해 살펴보았다. 그렇다면 무엇을 평등하게 할 것인가가 문제가 된다. '개인이 느끼는 안녕 혹은 복지를 평등하게 할 것인가?', '가용할 수 있는 자원을 평등하게 할 것인가?', '자원 혹은 사회적 위치에의 접근기회를 평등하게 할 것인가?'에 대한 질문에 어떻게 답하느냐에 따라 개인과 사회에 미치는 영향은 상이하다.

또한 평등의 대상이 정해지더라도 어느 정도 수준이 달성되었을 때 평등하다고 말할 수 있는지, 즉 평등의 수준에 대해서도 각기 다른 입장이 존재한다.

---

2) 불평등도가 높은 미국의 경우 2000년대 인구 10만 명당 약 3,500명의 범죄율을 보이는 반면에 불평등도가 낮은 스웨덴의 경우 인구 10만 명당 1,324명의 범죄율을 보이고 있다(이철 · 장안식, 2009 재구성).

(1) 평등의 대상

평등의 대상, 즉 '무엇을 평등하게 할 것인가?'는 사회복지의 개입의 영역과 연관된다. 즉, 어떤 종류의 불평등은 개입을 통해 해결하고 다른 종류의 불평등은 묵인할 것인지에 대한 실질적 답이 될 수 있다.

① 복지

인간이 결국 행복을 추구하고 선호의 만족을 원한다고 할 때 평등의 대상은 복지가 되어야 한다. 닐슨(Kai Nielsen, 1964)과 같은 복지평등주의자는 모두가 평등한 복지를 향유해야 한다고 주장했다(이종은, 2011). 평등한 복지란 충족이나 선호의 만족으로 해석할 수 있다.

그러나 복지의 평등, 예를 들어 두 사람이 동등하게 잘 산다고 주장하기 위해서는 개인 간 선호의 만족, 즉 공리를 비교해야 하는데, 이는 현실에서 측정하기 어려운 측면이 있다. 게다가 선호의 차이를 고려하기가 어렵다. 예를 들면, 값비싼 포도주가 없다면 불행해지는 사람이 값싼 맥주로 만족하는 사람보다 사회적 자원에 대해 더 강한 요구의 권리를 가지게 된다. 즉, 적은 자원을 가지고 만족하는 사람으로부터 많은 자원을 가지고도 만족하지 못하는 사람으로 재분배가 이루어지는데 이는 공정하지 못하다는 평가를 면하기 어렵다. 복지를 평등의 대상으로 하는 경우 이중계산(double counting)의 문제도 발생한다. 한 사람의 선호가 두 번 이상 계산될 수가 있는데, 영희와 철수가 모두 직장을 구하는데, 영희의 경우, 영희의 아버지도 영희가 직장을 구하기 원한다면 영희의 구직은 영희의 선호와 영희 아버지의 선호라는 두 단위의 선호를 가지는 반면에 철수의 선호는 (철수 아버지의 선호가 없으므로) 철수의 선호라는 한 단위의 선호만 가지게 된다(Pojman & Westmoreland, 1997, 이종은, 2011 재인용).

② 자원

자원평등주의는 자원의 사용을 통해 얻는 행복감 혹은 선호의 만족과 무관하게 자신의 목적을 추구하는 데 사용할 수 있는 자원을 평등하게 만드는 데에 초점을 맞추어야 한다고 본다. 이때 필요한 것은 모든 이가 동일한(identical) 것이 아니라 동등한

(equivalent) 자원의 몫을 가져야 한다고 본다. 동등하다는 것은 선망없다(no envy)는 것으로 취향상의 차이 때문에 균형 상태에서 사람들의 자원은 (양과 내용이) 다를 것이지만 그 누구도 다른 이의 자원을 갖고자 교환하려 하지 않을 것이다(Hausman & McPherson, 2010).

그러나 자원, 특히 소득과 같은 외적 자원이 같더라도 결과의 평등이 보장되지는 않는다. 예를 들어, 같은 소득이 분배되더라도, 장애가 있는 경우와 그렇지 않은 경우 결과의 차이는 크다. 따라서 외적 자원뿐만 아니라 능력과 같은 내적 자원도 평등의 대상에 포괄하거나 내적 자원의 불평등을 보상할 필요가 있을 것이다.

드워킨(Dworkin, 1981a, b; 2000)은 내적 자원에서의 불평등을 보상하는 가설적 보험체계(혹은 대응보험, hypothetical insurance scheme 혹은 counter-factual insurance)를 제안하였다. 그는 만약 태어나기 전에 개인들이 장애나 재능과 같은 내적 자원에 관련된 사안들을 숙고하는 것이 가능하다면, 장애상태로 태어날 불운의 경우 자신들에게 보상해 줄 보험을 구매하려고 할 것이며, 가설적 보험에 할애한 금액을 현실에서 장애를 가지고 태어난 사람들에게 보상해 준다면 내적 자원의 불평등으로 인한 문제를 해결하고 자원평등을 이룰 수 있다고 보았다(Hausman & McPherson, 2010; 임혁백, 2011).

③ 기회

자원 자체가 아닌 자원을 얻기 위한 기회가 평등의 대상이 될 수 있다. 실제로 인종 및 기타 차별의 금지와 공공교육 확대 사회정책은 기회의 평등을 이루기 위한 정책이라 할 수 있다. 이때 형식적 기회평등과 실질적 기회평등으로 나뉠 수 있다. 형식적 기회평등이란 기회를 이용하는 데 제약이 없다면 합당한 기회균등이 달성되며, 자유로운 시장의 배분결과를 교란해서는 안 된다고 본다. 즉, 형식적 기회평등은 별다른 장애물이 없이 나타난 결과는 정당한 것이라는 자유방임적 체제를 지지한다.

그러나 형식적 기회평등은 능력과 가정배경 등의 초기 조건에 대한 개입이 없다는 점에서 우연히 능력이 적게 태어나거나 불우한 가정에서 태어난 사람은 잠재능력을 발휘할 수 있는 기회마저도 주어지지 않는다는 문제가 있다. 반면에 실질적 기회평등은 동일한 능력을 가지고 태어나더라도 사회적 계층이나 가정환경에 따라 능력발

휘가 다를 수 있다는 점을 인정하고 특정한 계층이나 가정에서 태어났다는 우연적인 결과가 인생의 성공 여부를 좌우해서는 안 된다고 본다. 실질적 기회평등은 유사한 노력, 의지가 있다면 누구나 비슷한 직위와 직무의 기회가 실질적으로 보장되어야 한다고 본다.

하지만 실질적 기회평등 역시 기회가 실질적으로 평등하다면 그 결과로 나타난 것은 불평등하더라도 사회적으로 정당하고 정의로운 것으로 더 이상 개입해서는 안 된다고 본다는 점에서 본질적으로 형식적 기회평등과 그 속성을 같이 한다(황경식, 2008). 즉, 기회평등이 달성되더라도 복지와 자원에 있어서의 평등이 보장되지는 않는다. 사람들은 천부적인 자질이나 선호에 있어 차이가 있기 때문이다. 다만, 유사한 노력과 의지가 있다면, 바람직한 상태에 있는 사람이라면 기회가 개방되도록 하는 것으로, 어떤 지위를 수행하기에 부적절하고 무관한 기준(예 인종, 성별 등)이 지위획득의 기준이 되어서는 안 되도록 하거나, 바람직한 상태를 최대한 발휘할 수 있도록 지원하는 것에 그친다. 그러나 부적절하고 무관한 기준이 무엇인지 결정하는 것은 쉽지 않다. 혹은 바람직한 상태를 최대한 발휘하기 위해서는 자원의 평등이 전제될 필요가 있다는 점에서 기회의 평등만으로는 달성하고자 하는 목표를 이루기 어려운 경우가 있다.

④ 욕구

욕구(needs) 혹은 필요가 평등의 대상이 된다는 것은 최소한도의 생활필수품이라고 간주되는 것을 가지지 못하는 사회의 성원이 있어서는 안 된다는 명제에 토대를 두고 있다. 이것은 실제로 재분배 기준으로 작용한 가장 오래되고 가장 지속적인 원칙이다(Gordon, 2011).

극단적으로 어려운 상황에 처한 사람들을 위해 강제적 기제 없이도 자발적으로 헌금이 모아지며 이는 복지의 강력한 주제로 작용하고 있다. 즉, 부양자녀의 수가 많을수록, 여자보다는 남자가 그리고 미혼보다는 기혼이 더 많은 소득을 받아야 마땅하다고 생각하고 있으며, 극빈자에게는 그들의 능력이나 사회에 대한 기여와 상관없이 사회로부터 재정적인 도움이 있어야 한다고 일반적으로 느끼고 있다(Hochschild, 1981, 전성표, 2006 재인용).

그런데 욕구 혹은 필요는 사회적으로 규정된다. 많은 국가에서 빈곤층을 중위소득 50% 미만인 경우로 상대적으로 정의하면서, 이들의 욕구 혹은 필요를 인정하고 사회적 지원이 이루어지는데, 이는 기본적으로 욕구 혹은 필요가 사회적으로 규정됨을 보여준다(Gordon, 2011). 그러나 한편으로는 가장 가난한 국가의 사람들이 느끼는 욕구와 부유한 국가의 가난한 사람들의 욕구가 동등하게 취급될 수 있는가에 의문이 남는다는 점에서 욕구 혹은 필요는 상대적이면서 절대적인 측면, 사회적이면서 생물학적인 측면이 있다고 할 것이다.

(2) 평등을 위한 분배방식

평등을 이루는 데 있어서 다양한 방식이 존재할 수 있다. 평등의 대상이 같더라도 평등을 이루는 방식, 즉 분배방식이 무엇인지에 따라 개인과 사회에 미치는 영향이 달라질 수 있다. 무엇을 평등하게 할지를 결정한 후에는 누구에게나 같은 양과 가치를 동등하게 분배할 것인지, 사람의 욕구나 기여에 따라 차등분배할 것인지를 결정하게 된다. 다음에는 동등분배와 차등분배에 대해 논하겠다.

① 동등분배

모든 인간은 그 자체가 귀중한 존재이며 성별, 나이, 학력, 인종과 상관없이 동등하게 대우받을 권리가 있다고 인정할 때 동등분배에 대한 논의가 가능하다. 동등분배는 수혜자들의 사정이나 기여를 고려하지 않고 모두에게 똑같은 양이나 동일한 가치의 자원을 분배하는 것이다(Wendorf et al., 2002)[3]. 빈곤층의 소득과 재산의 차이를 고려하지 않고 동일한 액수의 사회복지급여를 하는 것, 혹은 아동·장애인·노인에게 같은 액수의 급여를 지급하는 것이 그 예가 될 것이다. 개인의 투자를 고려하지 않고 모든 사람에게 동일한 보상을 제공하는 것은, 개인들의 투자가치를 객관적으로 판단할 수 없는 상황에서 수혜자 대다수에게 만족을 줄 수 있는 방법이다(Drake and

3) 동등분배를 결과의 평등(equality of results) 혹은 수량적 평등(numerical equality)으로 부르기도 한다(김태성, 2003). 그러나 결과의 평등은 동등분배를 통해서 뿐만 아니라 차등분배를 통해서도 달성할 수 있다는 점에서 이 절에서는 동등분배라는 개념을 선호한다. 또 수량적 평등의 반대개념은 비수량적 평등이 될 것인데, 이는 후술하게 될 차등분배와 등치될 수 없다는 점에서 동등분배 개념을 채택하였다.

Lawrence, 2002; Fondacaro et al., 2002, 전성표, 2006 재인용). 또한 동등분배는 가치관이나 기대치가 다른 개인들 사이에 갈등을 피하고, 구성원들 사이에 화합과 통합을 제고할 수 있다는 장점을 지니고 있다(전성표, 2006).

그런데 동등분배에 있어서도 가장 낮은 수준에서의 동등분배와 가장 높은 수준에서의 동등분배로 나눌 수 있다. 누구에게나 같은 양이나 가치를 분배하되 실질적 욕구충족 여부와는 무관하게 명목적이고 상징적인 의미에서의 분배가 있을 수 있다. 이 경우 동등분배의 수준은 매우 낮은 수준이 될 것이다.

반면에 가장 높은 차원에서 동등분배도 상정할 수 있다. 보네거트(Vonnegut, 1961)의 단편소설 중 다음의 묘사는 모든 사람에게 모든 측면에서 같은 양이나 가치가 분배되는 극단적인 동등분배를 보여준다. "…그 해는 2081년이었다. 모든 사람이 마침내 평등해졌다. 어느 누구도 다른 사람보다 더 똑똑하지 않았다. 어느 누구도 다른 사람보다 더 잘생기지 않았다... 열 네 살의 해리슨 버거론은 대단히 똑똑하고 잘생기고 재능이 많았기 때문에 정신장애 수신기와 눈썹을 밀고 뻐드렁니를 박아야 했다..."(Sandel, 2010 재인용).

그러나 지능이 높은 사람과 지능이 낮은 사람 간의 평등을 위해 지능이 높은 사람의 지능을 일부러 낮추는 것이 상식에 맞지 않듯이, 사람들은 언제나 동등한 대우를 받을 정도로 충분히 동등하지 않으며, 인간의 필요, 능력, 신체적 특성, 이해관심(interest)에 있어서 동일하지가 않다(황경식, 2008)는 점에서 극단적인 동등분배는 불가능에 가깝다.

따라서 현실에서는 어느 정도 수준의 동등분배가 이루어지게 되는데, 사회가 어느 정도의 동등분배를 선택할지는 그 사회구성원들의 상호 신뢰에 따라 달라질 것이다. 일반적으로 수혜자들이 서로 친구이거나, 상래에 자주 접촉할 것이라고 예상하거나, 개인들 사이의 상호작용기간이 길수록 동등분배를 선호하는 경향이 있다는 점(Greenberg, 1987)을 생각했을 때 사회구성원 간 신뢰수준이 높을수록 높은 수준의 동등분배를 선택할 것이라고 예측할 수 있다.

동등분배는 그 사회의 구성원이라면 같은 양과 가치의 혜택을 받을 수 있다는 점에서 자격조건 판단과 급여액 결정과 관련된 행정비용을 줄일 수 있고, 누구나 같은 혜택을 받기 때문에 정치적 갈등을 줄이고 사회통합을 높일 수 있다. 베버리지가 제2차 세계대전 후 설계한 사회정책이 정액급여를 기본으로 하였던 것은 전후 복구상황에서 개인의 기존 기여 혹은 투자를 엄밀하게 따지기 어렵고, 사회통합이 우선적으로 요구되고 있었기 때문이라 할 수 있다.

동등분배는 개인별로 상이한 욕구를 고려하지 않고, 부유한 사람과 가난한 사람을 동일하게 취급한다는 점에서 공정하지 않다는 입장에 대해 동등분배를 옹호하는 사람들은 같은 양의 급여를 받더라도 한계효용체감의 법칙에 따르면 가난한 사람들이 느끼는 효용은 부유한 사람들이 느끼는 효용보다 크기 때문에 '복지(welfare)'의 평등이 이루어지고 사회 전체의 효용은 증가한다고 본다.

② 차등분배

동등분배는 모두에게 같은 양과 가치의 혜택을 준다는 점에서 행정비용을 줄이고 통합을 이룰 수 있게 하지만 욕구가 더 많은 사람과 욕구가 적은 사람, 혹은 기여가 더 많은 사람과 기여가 적은 사람을 동일하게 취급한다. 따라서 욕구의 많고 적음, 혹은 기여의 많고 적음에 따라 차등적으로 분배되어야 욕구충족, 사회적 격차의 해소, 자원의 효율적 사용, 경제적 동기(incentive)의 유지가 가능하다는 입장이 있다.

가. 욕구에 따른 차등 분배

먼저 욕구(needs)에 기반한 차등분배는, 라쯔(Raz, 1986 : 240)의 '우선성(priority)' 논의와 맥을 같이 하는데 "굶주린 사람, 필요에 처한 사람, 고생하는 사람들에 관한 우리의 염려가 우리로 하여금 그 사람들에게 우선성(priority)을 부여하게 만든다"고 하였다. 한정된 자원의 분배에 있어 중요한 것은 우선적으로 가장 못사는 사람에게 관심을 기울여야 한다고 주장하는 것이다.

욕구가 많은 사람, 즉 가장 못사는 사람들에게는 더 많은 것을 분배하고 욕구가 적은 사람, 즉 잘사는 사람들에게는 더 적은 것을 분배하는 것이 필요하며 이를 통해 우리는 사회적 격차를 줄이고, 한정된 자원을 효율적으로 사용할 수 있다는 것이다. 욕구의 많고 적음에 따른 차등분배는 재분배와 관련된 통상적인 정서와 일치하고 자원의 양이 정해져 있을 때 효율적인 방법이다. 국민기초생활보장제도에서 가구소득이 기준중위소득 일정비율 이하인 경우 부족한 소득만큼을 차등적으로 지급하여 일정 수준의 욕구를 충족시키고자 하는 것, 중증장애인에게는 장애인연금을, 중증장애인이 아닌 경우 장애인수당을 지급하는 것, 국민연금의 부양가족연금[4] 등은 욕구에 기반하여 차등분배되는 평등주의 정책이라 할 수 있다.

욕구에 기반한 차등분배는 인간은 인간으로서 최소한의 생활을 영위해야 할 권리를 지닌 존엄한 인격이므로 인간다운 삶을 위해서 기본적으로 요구되는 실질적 욕구(real need)가 있고 이는 충족되어야 한다고 본다는 점에서 동등분배보다 기초적인 생활을 유지하고 사회적으로 적절한 수준의 급여가 이루어지기가 쉽다. 또 시장소득으로 욕구충족이 가능한 사람은 분배에서 제외하기 때문에 사회적 격차를 줄이고, 한정된 자원의 효율적인 사용이 가능하다.

그러나 어떤 욕구가 개입이 필요한 정당한 욕구인지, 욕구를 어느 정도까지 충족시켜 줄지, 욕구가 있다고 어떻게 판단할지와 관련하여 전문가의 판단과 행정적 처리가 필요하다. 이 과정에서 욕구충족에 사용되어야 할 재원이 운영비용으로 사용되는 '새는 바구니 효과(leaky bucket effect)'가 발생할 수 있다(Okun, 1975, 김태성, 2003 재인용). 또 욕구가 있다고 판단되는 경우와 그렇지 않은 경우(시장을 통한 욕구해결이 가능하다고 판단된 경우)의 차이가 근소할 경우 지원 전과 달리 지원 후에는 지원을 받지 못하는 사람이 지원을 받는 사람에 비해 오히려 못사는 (소득) 역전현상이 발생할 수 있다. 이는 근로동기 등 경제적 동기가 하락되는 문제를 발생시킨다.

나. 기여에 따른 차등분배

따라서 욕구가 아니라 시장에서의 지위차이, 시장에의 기여 여부를 고려하여 차등분배가 이루어져야 한다는 입장이 있다. 무언가를 받는 것은 그가 '마땅히 받아야 할 것'을 받을 때 정의롭다는 것이다. '마땅히 받아야 할 것'은 응분(desert)이라고 개념 지어지는데, 응분은 평등의 개념을 논할 때 가장 상식적으로 논해지는 개념이며, 복지정책에 있어서도 응분의 개념은 사회적 개입 및 서비스 제공의 근거로 오랫동안 작용하

4) 부양가족연금은 배우자, 18세 미만 또는 장애 2급 이상의 자녀(배우자가 혼전에 얻은 자녀 포함), 60세 이상 또는 장애 2급 이상의 부모(배우자의 부모 포함)를 대상으로 소득수준이나 가입기간에 관계없이 일정 금액이 추가 지급된다.

고 있다. 예를 들어, 신빈민법(Poor Law Reform of 1834)의 열등처우의 원칙(Less eligibility), 즉 국가부조를 받는 빈민의 상태는 최저계급 독립노동자의 상태와 비교하여 실질적으로 혹은 외견상으로도 열등해야 한다는 원칙은 이러한 응분의 개념에 따른 것이라 할 수 있다. 국가부조를 받는 빈민이 최저계급 노동자보다 더 많은 재화와 가치를 누리는 것은 받아 마땅한 것이 아니며, 역으로 최저계급 노동자는 국가부조를 받는 빈민보다 더 많은 재화와 가치를 받아 마땅하다고 보는 것이다. 그러나 이는 응분을 정하는 몫, 즉 응분기저(the desert basis)를 무엇으로 보느냐에 따라 달라질 수 있다.

a. 업적에 따른 차등분배

응분기저의 첫 번째는 각자가 성취한 업적(achievements)이 될 수 있다. 투여한 노력과는 상관없이 결과적으로 나타난 성과에 주목하는 것으로서 우선 객관적인 측정이 용이하다는 강점을 가지며 생산에의 동인(incentive)을 유도함으로써 사회적 유용성의 관점에서도 높이 평가될 수 있다. 그러나 업적이라는 기준에 있어서도 그 양과 질의 평가에 문제가 있을 수 있으며, 서로 다른 직종에서 산출된 업적의 질을 상호 비교하는 일 또한 어려운 일이다. 특히나 분업을 통해 집합적 생산을 하는 현대사회에서는 생산해 낸 업적의 '진정한 가치', 즉 업적 중 어느 부분 만큼을 받을 만한 자격이 있다고 할 것인지 결정하기가 어렵다(Gordon, 2011).

집합적 생산을 하고, 기능적으로 유지되는 사회를 생각했을 때 임금산정에 논란이 항상 있을 수 있다. 의사와 청소부를 예로 생각하면 의사는 청소부보다 더 많은 시장소득을 올린다. 그러나 의사의 높은 시장소득은 우연히 더 좋은 집안에 더 많은 재능(talent)을 타고 났기 때문이지, 청소부보다 더 많이 노력(후술롤즈는 노력할 수 있는 자질 또한 우연으로 결정된다고 본다)했기 때문은 아닐 수 있다.

근로시간과 근로의 강도면에서 의사와 청소부의 차이는 임금차이 만큼 크지 않을 수 있다. 게다가 사회의 기능 유지를 위해 쓰레기를 치우고 거리를 청소하는 사람들이 반드시 필요한데, 의사와 청소부의 임금격차가 과연 노동의 사회적 가치의 차이 만큼을 반영하는지 아니면 그 이상을 반영하는지도 의문이 있을 수 있다. 물론 의사와 청소부의 노동의 가치는 그들이 사회에 기여한 몫 이외에도 노동의 수요와 공급에 의해서도 결정된다. 그러나 특정 노동의 수요와 공급 역시 우연에 의해 좌우된다(Sandel, 2010).

배우를 예로 든다면, 연기 재능에 바탕을 둔 노동공급이라는 직업적 성격은 같으나 조선시대에는 빈곤을 면하기 어려웠으나 오늘날에는 부를 창출하는 직업으로 높은 대우를 받는다. 어떤 사람이 어떤 시대에 태어났느냐 또한 우연의 산물이다.

b. 노력에 따른 차등분배

두 번째 응분기저는 노력(effort)이 될 수 있다. 첫 번째 기준인 업적은 재능과 노력이 합쳐서 이루어지는 것인데, 능력(재능, talent)[5]은 하늘에서 주어진 우연한 것이고 노력만이 각자의 것이라고 할 수 있다는 점에서 노력의 결과만을 받는 것이 받아 마땅하다고 보는 것이다. 그런데 이는 도덕적 정당화에 있어 상당한 설득력을 갖기는 하나 노력의 측정과 평가가 어렵다는 난점을 갖는다. 또한 인내하고 열심히 노력하려는 경향 역시 천부적 자질 내지 타고난 능력의 측면이 있으며, 이러한 성향의 계발에 있어서도 우연에 의해 결정된 가정적·환경적 요인이 크게 작용한다면 노력 역시 응분의 몫을 정하는 절대적 기준이 되기는 어렵다(황경식, 2008).

여하튼 노력을 응분기저로 본다면, 일을 하기 위해 노력하였으나 일자리를 얻지 못한 경우가 있을 수 있다는 점을 고려하게 된다. 노력을 응분기지로 보세 되면 업적만을 기준으로 하는 노력하였음에도 보상하지 않는 열등처우의 원칙은 정의롭지 못한 원칙이 될 수 있다.

기여에 따라 차등분배되는 대표적인 사회복지정책은 사회보험이다. 자신이 낸 보험료(예컨대 업적)에 비례하여 급여를 차등적으로 받기 때문에 사회적 지위를 유지하고, 더 많은 보험료를 내기 위해 근로동기가 강화될 수 있어 경제적 효율성을 유지할 수 있다는 평가를 받는다.

5) 황경식(2008)은 다음과 같이 말하며 능력(재능, talent)이 응분의 몫을 정하는 기준이 되기 어렵다고 한다. "능력을 응분의 몫으로 보는 경우 능력 중에는 천부적으로 타고난 능력도 있고 후천적으로 습득된 능력도 있다. 천부적으로 타고난(natural) 능력은 나로서는 어쩔 수 없는 것으로, 전적으로 우연의 소산이며, 운명적으로 부여된 것이다. 그렇다면 그것은 도덕적 개념으로서 응분의 몫에 대한 정당근거가 되기는 어렵다. 자연 그 자체로서는 정의나 부정의를 구분할 수 없으며 정의 여부는 인간의 판단과 행위에서 시작되는 것이라 할 수 있다. 후천적 능력 역시 선천적 능력과 후천적 여건의 바탕 위에 자신의 노력이 합해진 결과라는 점에서 도덕적 의의를 찾기가 어렵다. (pp. 79~80)."

그러나 앞서와 같이 업적과 노력만을 반영하여 차등분배하는 것이 우연에 따른 차이를 조정하지 못하며, 집합적으로 생각하고 기능적으로 유지되는 사회의 특징을 고려하지 못함을 생각하였을 때 업적 이외에 노력, 업적과 노력이외에 욕구 그리고 집합적 사회의 특성을 고려할 필요가 있다.

예컨대 고용보험의 특별연장급여[6]는 개인의 구직 노력을, 개별연장급여[7]는 개별적 욕구를 급여에 반영하고 있다. 국민연금액은 국민전체평균소득을 반영하여 연금액을 결정함으로써 우연 때문에 발생한 차이를 조정하고, 집합적으로 생산하고 기능적으로 유지하는 현대사회의 특징을 반영할 수 있다.

c. 능력주의에 대한 비판

업적과 노력에 따른 분배에 대한 옹호는 능력주의(meritocacy)로 이어진다. 능력주의란 능력(merit)을 지능지수(intelligence quotient)와 노력(effort)의 합으로 보고, 뇌물, 세습이나 연줄이 아닌 오로지 개인의 능력에 따라 사회적 지위가 결정되어야 한다는 믿음이다(Young, 2008; 박수경 · 조재환, 2022 재인용). 성공은 우리 스스로의 노력과 분투로 얻은 성과로 보는 것이 능력주의 윤리의 핵심이다(Sandel, 2020). 각자의 능력대로만 보상하는 시스템은 공정하다고 받아들여진다. 오로지 성취만으로만 사람을 구별할 뿐 다른 어떤 기준으로도 차별하지 않기 때문이다(Sandel, 2020). 더 많이 노력하고 능력이 있는 사람에게 더 많이 보상하고, 능력과 노력이 부족한 경우 더 적은 몫이 주어지는 사회가 공정한 사회가 된다(박수경 · 조재환, 2022).

그러나 능력주의는 업적 심지어 노력조차도 어떤 운명이나, 우연에 의해 결정된다는 점, 승자와 패자를 가르는 요인들 중에는 임의적인 것들이 많다는 점을 인정하지 않는다(Sandel, 2020). 특히나 충분한 지능과 더불어 힘겨운 노력을 하여 성공하였다면, 지적 우월성과 도덕적 우월성을 획득하였다고 생각하게 된다(이상호 · 김안국, 2018). 성공을 통해 얻는 보상이 아무리 커도 문제 될 게 없으며, 뒤처진 사람은 재능도 부족하고 노력도 적게 하였다고 믿게 된다(Sandel, 2020).

6) 특별연장급여는 실업의 급증 등의 사유발생 시 구직급여 수급기간을 연장하는 급여이다(고용보험, http://www.ei.go.kr, 검색일 2023년 12월 22일).

7) 개별연장급여는 실직자 중, 특히 취직이 곤란하고 생활이 어려운 수급 자격자에게 60일 범위 내에서 구직급여를 연장지급하는 급여를 말한다(고용보험, http://www.ei.go.kr 검색일 2023년 12월 22일).

이는 불평등, 부정의함, 불공정으로 이어진다. 서로에게 빚지고 있다는 느낌, 즉 사회적 연대를 약화시키며, 뒤처진 사람들의 어려움은 개인적 책임으로 돌리게 한다(Sandel, 2020). 능력주의는 교육을 매개로 작동되어 학력주의로 연결되는데(이상호 · 김안국, 2018), 능력주의는 '학력주의 편견'을 조성하고 학력이 낮은 사람들의 노동의 가치를 하락시킨다(Sandel, 2020). 게다가 능력주의가 공정하려면 능력의 평가기준이 누구에게는 유리하고 불리해서는 안된다. 하지만 선정된 평가기준이 다양한 조건을 가진 모든 사람들에게 공평하기는 어렵다(예 장애인의 능력 평가)(김지혜, 2019). 능력주의는 심지어 일반시민의 민주적인 정치참여보다는 '고도의 교육을 받은 가치중립적인 전문가들'에게 공공의사결정을 맡기는 현상, '스마트하냐 둔하냐'가 '옳으냐 그르냐' 등의 윤리적 평가를 대체하는 현상을 증가시킨다(Sandel, 2020).

능력주의 사회에서는 사회적 불평등의 감소보다는 계층 이동의 가능성을 강조한다(김지혜, 2019; Sandel, 2020). 그러나 개천에서 용이 날 수 있다는 기회의 평등만을 강조하는 것, 사회적 상승에만 집중하는 것은 상승에 실패한 사람들의 힘겨운 삶을 간과한다. 능력주의의 폐해를 줄이기 위해서는 성공하지 못한 사람들도 고상하고 존엄한 삶을 살도록 '조건의 평등'(Sandel, 2020)을 구현하는 것, 재분배 정책과 더불어 소수자에 대한 편견과 낙인에 대한 저항, 개인의 다양성을 고려하는 '실질적 평등'을 강조해야 할 것이다(Fredman, 2011, 김지혜, 2019 재인용).

(3) 평등추구의 계층적 혜택

평등은 부유한 사람으로부터 가난한 사람으로의 이전 혹은 재분배(시장소득에서의 평등이더라도 더 많은 임금 혹은 이윤을 얻을 것을 양보하는 것)이기 때문에, 가난한 사람에게 일방적인 혜택을 주고 부유한 사람에게는 혜택을 주지 않는다는 우려가 있다. 따라서 평등추구보다는 경제성장을 이루어 부유한 사람도 가난한 사람도 함께 혜택을 누려야 한다거나, 서로 간의 격차는 줄이지 못해도 더 많은 자원을 누리는 쪽을 선택해야 한다고 주장한다[8].

8) 심지어 계속적인 경제성장이 안 되면 가난한 사람에게 줄 자원이 고갈될 것이라고 주장한다. 이런 주장은 평등추구가 경제성장을 가로막는다는 논의에 힘 입은 바가 크며, 주로 일을 하지 않아도 일정 수준 자원이 보장된다면

그러나 과연 평등추구, 즉 불평등을 줄이는 일이 부유한 사람에게는 혜택을 주지 않는지에 대해 윌킨슨과 피킷(2012)은 개인의 교육수준이 낮고 높음에 상관없이 불평등도가 낮은 나라에 사는 개인은 불평등도가 높은 나라에 사는 개인보다 당뇨병, 고혈압, 암, 심장질환 등에 걸릴 확률이 낮았던 뱅크, 마모트, 올드필드와 스미스(Banks, Marmot, Oldfield and Smith 2006)의 연구, 평등한 스웨덴이 불평등한 잉글랜드-웨일스보다 직업에 따른 계급 분류에 상관없이 사망률이 낮게 나타난 바게로와 런드버그(Vagero and Lundberg, 1989)의 연구, 또 부모의 교육수준에 상관없이 아동의 읽기 점수는 보다 평등한 나라에서, 즉 미국과 영국보다는 벨기에와 핀란드가 전체적으로 더 높게 분석된 윌름스(Willms, 1999)의 연구를 근거로 평등은 부유한 사람에게도 혜택을 줄 수 있다고 말한다.

인간이 사회적 존재이며, 평등이 여러 사회문제를 해결하는 데 효과적이기 때문에 부유한 사람도 평등의 혜택을 받을 수 밖에 없다는 것이다. 또 불평등이 심한 사회일수록 사회적 지위를 둘러싼 경쟁도 격화되고, 지위차이로 인한 계급적 편견도 증가한다. 불평등한 사회에서는 "아프거나 실패하거나 어떤 이유로건 소수자의 위치에 놓이지 않도록 끊임없이 조심해야 한다"(김지혜, 2019). 불평등의 증가와 함께 지위에 대한 근심도 그만큼 깊어지는 것을 생각했을 때 부유한 사람들도 평등해진 사회에서 덜 걱정하고 불안해하며 살 수 있다는 것이다.

게다가 불평등한 사회보다는 평등한 사회가 시장경제를 보다 잘 작동시킬 수 있다. 불평등이 늘어날수록 부유한 사람들은 부패에 관여할 더 많은 동기와 기회가 생기는 반면에 가난한 사람들은 착취당하기 더 쉬워지고 부유하고 권력 있는 사람들을 모니터하고 그들을 견디어낼 수 있는 여력이 줄어든다. 불평등이 증가할수록 부패에 대

누가 일을 하겠느냐, 일을 해서 많은 세금을 내야 하는 쪽도 근로동기와 저축(투자)동기가 줄어들지 않겠느냐와 같은 노동동기와 저축(투자)동기를 논리적 근거로 들고 있다. 하지만 과연 개별 복지정책으로 노동동기와 저축(투자)동기가 줄어드는지에 대해서는 이론적으로나 경험적으로 상반된 입장이 존재한다. 복지정책의 내용에 따라, 연구대상의 인구학적 특성에 따라 다른 결과를 보이고 있다. 전체 복지수준과 경제성장 간의 관계에 대해서도 복지수준이 감소하면 경제성장률도 약 0.3~4.0% 하락한다는 입장(Korpi, 1985; Mccallum & Bias, 1987; Castles & Dowrick, 1990)과 복지수준과 경제성장 간에는 유의미한 관계가 없다는 입장(Landau, 1985; Hansson & Herrekson, 1994), 복지수준이 하락하면 경제성장률이 약 0.3~1.0% 증가한다는 입장(Weede, 1986, 1991; Nordstrom, 1992)이 모두 존재한다(Atkinson, 2001). 요컨대 복지수준의 향상(평등추구)이 경제성장에 해를 미친다는 명확하고 일관된 근거는 없다.

한 사회적 규범은 약화되고 부패에 대한 인내가 증가한다. 실제로 129개 국가를 비교한 결과 불평등은 부패의 원인으로 나타났다(You and Khagam, 2005). 그리고 부패는 효율적인 시장작동을 위한 완전경쟁, 완전정보의 장애가 되기 때문에 부패한 사회에서는 효율적인 경제성장이 이루어지기 어렵다. 불평등은 부패증가로 전체 경제성장을 어렵게 한다는 점에서 부유한 계층에게도 해로운 일이다.

또한 평등한 사회일수록 재분배정책으로 발생 가능한 근로동기의 약화문제가 적을 수 있다. 평등하다는 것은 다른 사람을 나와 같은 존재로 인식한다는 것이며, 다른 사람이 나와 같은 존재일 때 그의 어려움에 공감하고 그를 어려움에서 구해주고자 하는 의지가 생긴다[9]. 평등한 사회일수록 내가 일을 하지 않으면 남이 피해를 본다는 생각이 강하게 생겨 근로동기가 유지될 수 있다. 반면 불평등한 사회에서는 나와 다른 사람의 경계, 승자와 패자의 경계가 뚜렷하며 '우리'라는 관념을 공유할 수가 없다. 이런 사회에서는 재분배 정책 역시 게임의 성격이 강해져 일단 재분배 정책의 혜택을 받으면 근로동기가 더 쉽게 약화될 수 있다.

불평등은 환경 문제에도 영향을 미친다. 베블런의 유한계급론에 따르면 사회가 불평등할수록 자기를 차별화하고 다른 사람들을 따라잡기 위해 눈에 띄는 재화를 소비하는 경향이 심해진다(Veblen, 1994). 이러한 사회적 차별화 경쟁은 더 많은 소비로 이어지며 이는 환경에 유해하게 작용한다(Chancel, 2023).

요컨대 평등은 사회적 격차 완화로 인한 불안감과 근심 감소, 여러 사회문제의 개선뿐만 아니라 시장경제의 보다 효율적인 작동을 통해 모든 계층에게 혜택을 준다 할 것이다.

9) 고대의 노예제는 노예가 필요한 사회에서 노예에 적합한 사람이 있다고 여겨졌기 때문에 생성되었다. 노예는 일반 시민과 다른 존재로 인식되었기 때문에 노예들이 당하는 고통과 어려움에 둔감하였고, 이로 인해 노예제는 수 세기 동안 존속되었다(이종은, 2011).

2 정 의

1) 정의와 평등

평등은 모든 사람이 '다르기' 때문에 그러나 동시에 모두 '같기' 때문에 논의된다. 사람에 따라 선천적 혹은 후천적으로 가지게 된 자원, 즉 내적 혹은 외적 자원이 다르며, 각자가 선호하는 바도, 처한 환경도 모두 상이하며, 현재에도 앞으로도 사람마다 다를 것이다. 하지만 본질적으로는 다른 사람이 나와 다른 사람이 아니라는 것, 생물학적인 존재로서 사회적인 존재로서 나와 같은 사람이며, 나와 다른 점은 그와 나의 책임이라고 할 수 없는 우연과 역사의 영향이 상당 부분 작용하였다는 자각이 평등을 추구하게 만든다.

이는 정의가 논해지는 여건과 유사하다. 정의는 객관적으로 자원과 재화가 협동이 불필요할 정도로 풍족하거나 궁핍하지도 않은 상태, 즉 적절히 부족한 상태(moderate scarcity)일 때 논해진다. 또 인간이 완전히 이타적인 존재도 아니고 순수히 이기적인 존재도 아닌 상황에서 정의가 의미를 가진다. 인간의 제한된 이기심, 혹은 부족한 이타심(restricted altruism)이 바로 정의의 주관적 여건이 된다 할 것이다(황경식, 2008). 요컨대 정의의 문제는 갈등의 조건으로부터 나오며, 정의론의 진정한 과제는 갈등을 조정할 수 있는 규칙을 발견하는 것이라 할 것이다(Gordon, 2011).

요컨대 '다름'과 '같음' 사이에서의 조정인 평등이 우연과 역사에 의해 결정된 것의 부당함을 사회적으로 제거하는 속성을 가지고 있기 때문에 본질적으로 평등의 추구는 '정의롭다'는 평가를 받으며 정의와 함께 논의된다.

그런데 정의에 대해 논할 때 정의로운 절차 혹은 정의로운 결과 중 어느 것을 논하느냐, 또 어떤 경우에나 적용되는 보편적인 일원론적 정의를 추구할 것이냐 사회에 따라 다르게 적용되는 다원론적이고 복합적인 정의를 추구하느냐에 따라 다양한 논의가 가능하다. 절차도 정의롭고 결과도 동시에 정의로울 수 있다면 가장 이상적이나 우리의 구체적 상황은 두 가지를 동시에 추구하기가 어려운 경우가 대부분이다[10]. 그런데

10) 분배적 정의에 있어 정의로운 결과, 즉 가난한 이에게 최소한도의 생계를 보장해 주기 위해 부자에게 원하지 않는 세금을 부과하는 부당한 절차가 있을 수 있으며, 형사상의 정의의 경우 재판관은 공정한 절차를 마련하기 위해 최선을 다하지만 그 결과 무고한 자가 처벌되는 부정의한 결과가 생길 수 있다(황경식, 2008).

롤즈의 정의론의 경우 기본적으로 절차적 정의를 내세우면서도 그 결과에 대해 고려하고 있다. 게다가 자유와 평등의 조화를 전제로 모두가 동의할 수 있는 원칙을 제시하고자 하였다는 점에서 사회복지에 함의하는 바가 크다 할 것이다. 따라서 다음에서는 롤즈의 정의론에 대해 살펴볼 것이다. 다음으로 다원론적 정의론인 왈쩌의 정의론을 논할 것이다. 다원론적 정의론은 공동체주의를 바탕으로 상이한 사회에 각기 적용되는 정의론을 논했다는 점에서 다양성을 존중하는 현대에 시사하는 바가 있기 때문이다.

2) 롤즈의 정의론

(1) 롤즈의 정의론의 두 원칙

롤즈는 원초적으로 평등한 상황에서 합의한 원칙이라면 정의로운 원칙이라 할 수 있다고 한다. 자신이 이 사회에 태어났을 때 어떤 재능이나 사회적 지위를 가지고 태어날지 모르는 무지의 장막(veil of ignorance) 뒤에 있는 개인이라면, 자신이 사회적으로 하층계층에 태어남으로써 겪는 어려움을 피하고자, 최대다수의 최대행복이라는 원칙보다는, 모든 사람이 첫째 정치적 · 개인적 자유를 평등하게 보장받고 둘째, 최소 수혜자를 위시한 모든 사람의 처지를 개선해 주는 불평등만을 허용하는 조건부 차등(difference)이라는 원칙에 합의하게 될 것이라고 말한다.

즉, 롤즈의 정의론에 있어 제1의 원칙은 평등한 자유의 원칙(the liberty principle)으로 모든 개인들은 양립가능한 한도 내에서, 최대한의 광범위한 기본적 자유(예 시민적 · 정치적 자유와 법치를 받을 자유)의 전체적 체계에 대한 기본적 권리를 갖는다. 제2원칙은 사회적 · 경제적 불평등은 다음 두 조건을 만족시키는 한에서 허용되어야 한다는 원칙으로 첫째 조건은 차등의 원칙(the difference principle)으로 최소 수혜자에게 최대의 이득이 될 때, 둘째 조건은 지위 · 직책의 공정한 기회의 원칙(the fair equality of opportunities)으로 동등한 능력과 의욕/동기를 가진 사람들은 직책과 직위와 관련하여 동등한 삶의 전망을 가질 수 있어야 한다는 것이다. 이러한 두 조건이 만족되는 한에서 사회적 · 경제적 불평등이 허용될 수 있다. 그리고 원칙들 간에는 우선순위가 있어, 제1원칙이 제2원칙에 우선하여, 평등한 자유의 원칙이 우선하며, 제2원칙 내에서는 지위·직책의 공정한 기회의 원칙이 차등의 원칙에 우선한다(주동율, 2005; 황경식, 2008; 황수정, 2008; 주동율, 2009; 김범춘, 2010; Hausman & McPherson, 2010; Sandel, 2010).

그리고 어떤 제도적 변화로도 최소 수혜자의 처지를 더 이상 높일 수 없다면, 그 사회는 '완전하게 정의로운 체계(a perfetly just scheme)'이며, 상층의 기대치 상승이 적어도 하층의 기대치를 올려준다면 그 사회는 '정의의 도상에 있는(just throughout)' 사회라 할 수 있다. 그러나 상층의 처지가 상승해도 하층의 처지가 상승될 것이라고 기대할 수 없거나 그 반대인 경우 그 사회는 부정의한 사회라고 할 수 있다(주동율, 2009 : 90).

(2) 롤즈의 정의론과 자유시장체계

롤즈는 사회적 우연성과 자연적 우연성으로 얻는 혜택을 교정하지 않는다면 자유시장체계는 공정하고자 하나 공정할 수 없다고 본다.

자유시장에서는 시민의 기본적인 자유가 보장되고, 소득과 부의 분배가 결정된다. 기회를 이용하는 데 신분에 따른 제약이 없고, 기회를 활용하여 얻은 결과를 다른 사람의 자의적 권력으로부터 벗어나 자신이 누릴 수 있으므로, 자유시장은 봉건제 사회보다 나은 형태의 사회이다. 그러나 소득과 부의 분배를 타고난 재능이라는 자연적 우연성과 가정환경이라는 사회적 우연성의 지배 아래 맡기고, 두 요인의 누적적인 효과를 방관함으로써 두 요건의 혜택을 받은 행운아는 날 때부터 유리한 인생전망을, 그렇지 않은 경우에는 자신의 재능을 발휘할 기회마저도 얻지 못한다. 사회적 요인은 타고난 능력을 개발시킬 수도 파괴할 수도 있는데, 특정한 가정과 계층에 태어난다는 사회적 우연성이 인생을 통해 얻을 수 있는 결과를 좌우한다면 이는 정의롭다 할 수 없다. 즉, 출발선이 같지 않은데 공정한 결과란 있을 수 없다.

이러한 불공정을 수정하기 위해 교육기회를 확대하여, 공공교육을 무료로 제공하고, 가정형편이 어려운 학생들에게 특별 프로그램을 실행하고, 보건에 대한 평등한 접근을 허용하고, 영양 프로그램을 실시하여, 모든 사람이 계층이나 가정환경에 상관없이 같은 출발선에 설 수 있도록 노력할 수 있다. 능력위주라는 자유시장의 가치에 맞게 모든 사람에게 똑같이 재능을 개발 할 기회를 주는 것이다. 다시 말해, 롤즈는 정의의 두 원칙 중 제1원칙, 평등한 기본권과 자유를 얻기 위해서는 기본 욕구나 필요를 충족시켜 출발선이 실질적으로 같게 하는 것, 공정한 기회의 원칙이 필요하다(황경식, 2008).

그러나 출발선이 같더라도 어떤 사람이 더 많은 재능을 자연적으로 타고 났다면 그가 더 빨리 결승선에 도착할 것이라는 것은 자명하다. 그런데 더 많은 재능을 타고 나는 것은 그가 그것을 받을 자격이 있기 때문이 아니라 우연히 그렇게 타고난 것이다. 우연히 타고난 것으로 얻은 결과(소득과 부)를 혼자서 모두 누리는 것이 과연 정당한지 의문이 제기될 수 있다.

요컨대 롤즈는 자연적 우연성과 사회적 우연성을 모두 방관하거나, 자연적 우연성으로 얻은 결과에 대한 수정이 없다면 그 사회는 정의로울 수 없다고 말하며, 보다 평등주의를 강조하는 개념을 채택해야 한다고 주장한다. 그렇다고 하여 자연적으로 능력을 타고난 사람의 능력을 떨어뜨려 평준화하는 것이 해답이 될 수는 없다고 선을 긋고 있다. 인간의 다양성은 바람직한 것이기 때문에 평준화보다는 우연적 요인에서 생겨나는 이득의 차등을 감소시키는 일, 즉 제2원칙인 차등원칙을 대안으로 제시한다(황경식, 2008).

차등원칙은 재능있는 사람에게 불이익을 주지 않으면서, 즉 재능있는 사람을 격려해 그 재능을 개발하고 이용하게 하되, 그 재능으로 시장에서 거두어들인 대가는 공동체 전체에 돌아가게 하는 것이다. 도덕적 관점에서 볼 때 특정 개인이 가지고 있는 자연적 능력은 자신만의 것이 아닌 공동의 자산(common asset)으로 간주하는 것이 합당하다는 것이다. 요컨대 차등의 원칙은 호혜성(reciprocity)에 기반을 둔다(주동율, 2009). 롤즈는 구체적으로 "애초에 뛰어난 능력을 타고날 자격이 있거나 사회에서 다른 사람보다 유리한 출발선에 설 자격이 있는 사람은 없다. 그렇다고 그러한 차이를 없애야 한다는 뜻은 아니다. 그 차이를 이용할 또 다른 방법이 있다. 사회의 기본 구조를 조정해, 우연한 차이가 행운을 타고나지 못한 사람들의 이익을 위해 쓰이도록 하는 것이다"(Rowls, 1971)라고 말한다.

그렇다면 재능 있는 사람이 자신의 재능을 발휘함으로써 얻은 결과를 홀로 누리지 못한다면 재능의 발현을 게을리 하거나 아예 능력을 개발하지 않을 수 있지 않은가라는 반박이 있을 수 있다. 롤즈는 재능의 개발과 발현을 위해 격려차원의 보상금을 제공할 수 있으며, 이렇게 생긴 소득불균형은 허용된다고 말한다. 그러나 이 경우에도 소득불균형이 정당한 이유는 그것이 최소 수혜자를 비롯하여 사회전체에 이롭기 때문이다.

샌델(Sandel, 2010)은 이 부분을 다음과 같이 설명하고 있다. 부자들의 재산이 전반적으로 다른 사람에게 이익으로 돌아가는 사회체계에서 나온 것인지, 사람들의 보건과 교육을 보장하는 사회체계에서 나온 것인지, 누진세가 적용이 되는 사회체계에서 나온 것인지에 따라 판단되어야 한다고 말한다. 예를 들어 의사들의 높은 임금이 농어촌의 보건향상을 위해 일할 유인을 높이는지 여부로 높은 임금을 받는 불평등의 정당성을 판단해야 한다고 말한다.

3) 왈쩌의 정의론

롤즈는 자유시장체제를 전제로[11] 소득과 부라는 경제적 불평등과 관련된 정의의 문제를 다루었다. 롤즈의 정의론은 현재의 불평등한 자유시장체제를 보다 평등하게 하는 제도설계에 이론적으로 기여하는 바가 크다. 그러나 사회가 점점 다원적이고 복합적으로 변화함에 따라 보편적으로 적용될 수 있는 단일의 정의의 원칙이 적절하지 않다는 비판을 받고 있다. 사회와 문화에 따라 사회적으로 인정되는 가치가 상이하며, 또한 사회적 가치들의 분배방식과 분배결과를 정당화하는 방식도 상이하다는 점에서, 평등추구에 있어서 역사와 사회적 맥락, 즉 사회적 가치의 분배영역에 대한 고려가 필요하다는 주장이 있다. 왈쩌(Walzer, 1983)는 이러한 다원적 평등, 혹은 복합적 정의론을 주장한 대표적인 학자라 할 수 있다. 그의 정의론을 살펴보면 다음과 같다.

11) 롤즈는 자유시장 체제를 전제로 정의론을 펼쳤지만, 재산과 자본이 소수에게 독점되는 자유시장 체제에는 반대했다. 롤즈는 정의의 두 원칙을 만족시키기 위해서는 제도들이 재산과 자본의 소유를 분산시킬 수 있게 작동해야 하며, 자본이 정치생활마저 통제하는 일을 막아야 하며, 또 적게 가진 자에게 사후에 소득을 재분배함에 의해서가 아니라 사전에 생산자원과 인적 자원의 광범위한 소유를 보장함으로써 정의의 두 원칙이 충족될 수 있다고 보았다(황경식, 2008 : 287~290).

(1) 다원적 평등

왈쩌의 다원적 평등 혹은 복합적 평등(complex equality)이란 전제(tyranny)에 반대하는 것이다. '전제'란 어떤 재화에서 우선적 지위를 차지하는 사람이 다른 종류의 재화까지 용이하게 소유하게 되는 상황에서 일어난다. '전제'는 하나의 수단을 통해 그 수단이 아닌 다른 수단으로만 얻을 수 있는 것도 얻고자 하는 바람이다. 단순평등을 지지하는 입장에서는 대체로 '독점'을 비판하면서, 이를 막기 위해 국가의 지속적인 개입을 요구하게 되는데, 이 경우 결국 국가권력 그 자체가 경쟁적 투쟁의 핵심대상이 된다.

그러나 다원적 평등을 지지하는 경우 '전제'에 의한 지배를 반대하며, 개별적 가치들이 전환될 수 있는 영역을 축소시키고, 분배영역의 자율성을 주장한다. 다원적 평등이 구현되는 사회에서는 비록 소규모의 불평등이 다수 존재할 수 있지만, 불평등이 전환과정을 거치면서 증식되지는 않는다고 본다(Walzer, 1999).

왈쩌는 다원적 평등에 대해 구체적으로 다음과 같이 말한다. "다원적 평등은 어떤 시민도 한 영역 내지 특정한 사회적 재화에 대해 그가 지니는 지위가 다른 재화에 관한 영역에서 그의 지위에 의해 침해당할 수 없음을 의미한다. 그리하여 시민 X는 정치적 공직에 시민 Y보다 우선하여 선택될 수 있으며, 그 경우에 두 사람은 정치영역에 있어 불평등하게 될 것이다. 하지만 X의 공직이 다른 영역들 — 우월한 의료혜택, 자녀의 취학 혜택, 기업가의 기회들 등 — 에 있어서 Y보다 유리하게 하지 않는 한, 그들은 전반적으로 불평등하지 않다"(Walzer, 1983 : 19~20).

왈쩌의 다원적 평등에 의하면, 첫째로 다양한 재화들은 나름의 재화의 본성에 내재적인 분배의 기준을 가져야 하며, 둘째로 한 영역에서의 분배 기준이 다른 영역으로 침범 혹은 이월될 때 분배적 정의가 위반된다고 할 수 있다. 즉, 지불능력이나 성과의 기준이 필요의 기준이 지배해야 하는 영역에도 적용될 때, 그리하여 한 영역에서 (정당하게) 많은 지분을 소유한 개인이 (잘못된 기준의 적용으로) 다른 영역에서도 우월한 위치를 점하게 될 때 불평등은 수용할 수 없게 된다. 마지막으로, 특정 분배영역에서 마땅히 통용되어야 하는 분배의 기준은, 한 사회에서 해당 재화에 대해 역사적으로 누적되어 구성원들이 공유하고 있는, 그 재화의 의미(재화들의 사회적 의미)로부터 도출되어야 한다고 보았다(Hausman & McPherson, 2010).

(2) 다원적 평등의 영역별 분배기준

왈쩌는 자유교환(지불능력), 업적(응분의 몫), 필요라는 분배기준이 모든 분배영역 전체를 아우르지는 못하지만, 각자 모두 실질적인 힘을 가지고 각 분배영역에 따라 서로 배타적이거나 공존하면서 다양한 방식으로 분배를 결정하는 데 적용된다고 말한다. 따라서 11개의 주요 영역, 즉 공동체구성원의 자격(성원권), 안전과 복지, 돈과 상품, 공직, 힘든 노동, 여가(자유시간), 교육, 가족과 사랑(혈연과 사랑), 종교적 은총(신의 은총), 명성(인정), 정치권력의 영역에서 분배기준은 각기 상이하다(Walzer, 1999; 윤진숙, 2007).

공동체구성원의 자격(성원권)은 정치공동체 구성원들의 내적 결정과 상호부조라는 외적 원칙에 의해서, 안전과 복지는 필요에 의해서, 돈과 상품은 자유교환에 의해서, 대부분의 공직은 자격과 공정성에 의해서, 힘든 노동은 평등이나 필요에 의해서, 여가(자유시간)는 자유선택이나 필요에 의해서, 기초교육은 사회적 특수성을 고려함과 동시에 평등하게, 전문교육은 개인의 재능을 참조하여 분배를 결정함으로써, 가족과 사랑(혈연과 사랑)은 이타주의에 의해서, 종교적 은총(신의 은총)은 자유로이 선택한 믿음에 의해서, 명성(인정)은 자유교환이나 공적, 자기존중에 의해서, 정치권력은 토론과 민주주의가 주된 분배원칙이라고 왈쩌는 주장한다(윤진숙, 2007).

그리고 왈쩌는 다원적 평등이 실현된 사회에서는 시민들은 어떤 영역에서는 지배하지만 다른 영역에서는 지배를 받으며, 상호 존중과 자존의 공유가 가능해져, 다원적 평등을 보다 인내할 수 있게 된다고 말한다(Walzer, 1999 : 485).

3 사회복지실천과 사회정의

사회복지실천에 있어 사회정의는 모든 사람들에게 사회적 자원의 공평한 개입과 공정한 배분을 받을 권리가 있으며, 결정에 참여할 권리 또한 있음을 보여준다. 사회정의는 억압, 특권과 사회적 불평등의 이슈를 사회복지실천가에게 제기한다. 특히 지역사회를 위해 일하는 사회복지사의 경우 제도적 불평등을 변화시킴으로써 지역사회가 더 좋은 곳이 될 수 있도록 하여야 하며, 우리 사회에서 소외되고 억압받은 사람들의 임파워먼트(empowerment)를 위해 노력해야 한다(Corey, Corey & Callanan, 2011).

스틸(Steele, 2008)은 사회복지사는 최적의 인간기능을 하지 못하도록 하는 사회적 장애물을 낮추기 위해 전통적인 학교나 기관이 아닌 곳에서 기꺼이 일을 해야 하는 경우가 있다고 하면서, 사회정의와 옹호의 목표는 억압적인 사회적 관행을 종식시키는 것이라고 말한다. 허리히와 와트슨(Herlihy & Watson, 2007, Corey, Corey & Callanan, 2011 재인용)은 사회변화를 위해서 사회복지사는 상담 전반에 대해 전통적으로 인식했던 것을 재개념화하고, 클라이언트의 문제가 그 또는 그녀의 개인적 문제로 생긴 것이 아니라는 생각을 할 필요가 있다는 것, 즉 사회정의적 관점에서는 패러다임의 전환이 필요하다고 주장한다.

같은 맥락에서 호만(Homan, 2008) 역시 상황과 조건에 의해 영향을 받는 사람들을 변화시키는 것이 아니라, 사람들에게 영향을 주는 상황과 조건을 변화시킬 필요가 있다고 말한다. 사회적 상황과 조건을 변화시키는 데 혹은 지역사회의 정의에 관심이 있다면, 먼저 우리가 관여된 세상에 대한 우리 자신의 문화적 틀과 가치가 무엇인지를 인식하고, 또 지역사회의 문화적 가치의 다양성을 깨달을 필요가 있다고 강조한다(Hogan, 2007; Pack-Brown, Thomas & Seymour, 2008).

공동선을 기르기 위해서는 우리의 다름과 함께 더불어 살아가는 법(Sandel, 2020), 공존의 조건으로서 평등을 생각하고 논의해야 할 것이다(김지혜, 2019). 사회복지의 기본적인 가치로서 평등과 정의는 사회복지사윤리강령에서 다음과 같이 강조되고 있다.

1) 한국사회복지사협회 윤리강령

2023년 4월 5차 개정된 한국사회복지사협회 윤리강령은 전문에 평등과 정의의 사상을 분명히 밝혔으며, 윤리강령의 핵심가치 2로 사회정의를 내세우고 있다. 그 밖의 한국사회복지사협회 윤리강령에서 드러난 사회정의와 관련된 규정은 다음과 같다.

■ 2023년 한국사회복지사윤리강령 내 평등과 정의에 대한 규정

전문

사회복지사는 인본주의 · 평등주의 사상에 기초하여, 모든 인간의 존엄성과 가치를 존중하고 천부의 자유권과 생존권의 보장 활동에 헌신한다.
특히 사회적 · 경제적 약자들의 편에 서서 사회정의와 평등 · 자유와 민주주의 가치를 실현하는 데 앞장선다. 또한, 도움을 필요로 하는 사람들의 사회적 지위와 기능을 향상시키기 위해 저들과 함께 일하며, 사회제도 개선과 관련된 제반 활동에 주도적으로 참여한다. 사회복지사는 개인의 주체성과 자기 결정권을 보장하는 데 최선을 다하고, 어떠한 여건에서도 개인이 부당하게 희생되는 일이 없도록 한다.

윤리강령의 가치와 원칙

핵심가치 2. 사회정의

윤리적 원칙 : 사회복지사는 사회정의 실현을 위해 앞장선다.

사회복지사는 개인적 · 집단적 · 사회적 · 문화적 · 정치적 · 종교적 차별에 도전하여 사회정의를 촉진한다.
사회복지사는 개인, 가족, 집단, 지역사회의 다양성을 존중하는 포용적 지역사회를 만들기 위해 노력한다.
사회복지사는 부적절하고 억압적이며 불공정한 사회제도와 관행을 변화시키기 위해 사회의 다양한 구성원들과 협력한다.
사회복지사는 포용적이고 책임 있는 사회를 만들어 가기 위해 연대 활동을 한다.

■ 2023년 한국사회복지사윤리강령 내 평등과 정의에 대한 규정

Ⅰ. **기본적 윤리기준**

전문가로서의 자세

2) 사회정의 실현

가. 사회복지사는 사회정의 실현과 클라이언트의 복지 증진에 헌신하며, 이를 위한 국가와 사회의 환경 변화를 위해 노력한다.

나. 사회복지사는 사회, 경제, 환경, 정치적 자원에 대한 평등한 접근과 공평한 분배가 이루어지도록 노력한다.

다. 사회복지사는 개인적 · 집단적 · 사회적 · 문화적 · 정치적 · 종교적 특성에 근거해 개인이나 집단을 차별 · 억압하는 것을 인식하고, 이를 해결 또는 예방하기 위해 노력해야 한다.

Ⅴ. **사회에 대한 윤리기준**

1) 사회복지사는 자신이 일하는 지역사회를 이해하고, 클라이언트가 지역사회에서 서로 도우며 함께 살아가도록 지원해야 한다.
2) 사회복지사는 정치적 영역이 클라이언트의 권익과 사회복지 실천에 미치는 영향을 인식하여 사회정의 실현을 위한 사회정책의 수립과 법령 제 · 개정을 지원 · 옹호해야 한다.
3) 사회복지사는 사회재난과 국가 위급 상황에서 문제를 해결하기 위해 적극적으로 활동해야 한다.
4) 사회복지사는 지역사회, 국가, 나아가 전 세계와 그 구성원의 복지 증진, 삶의 질 향상을 위해 적극적으로 노력해야 한다.
5) 사회복지사는 인간과 자연이 서로 떨어져 살 수 없음을 깨닫고, 인간과 자연환경, 생명 등 생태에 미칠 영향을 생각하며 실천해야 한다.

2) 미국사회복지사협회 윤리강령

2021년 미국사회복지사협회는 사회복지사윤리강령에 사회복지사는 사회적 부정의에 도전해야 하며, 어떤 형태의 차별도 실천, 묵과, 조장, 협조해서는 안됨을 분명히 하였다. 인간의 기본적 욕구 충족에 기여하는 생활 조건의 향상을 옹호하고, 사회정의 실현에 도움이 되는 사회적, 정치적 행동에 관여해야 함을 명시하였다.

■ **2021년 미국사회복지사윤리강령 내 평등과 정의에 대한 규정**

윤리원칙 : 사회복지사는 사회적 부정의(injustice)에 도전한다.

사회복지사는 특히 취약하고 억압받는 개인 및 집단을 위하여 사회적 변화를 추구한다. 사회복지사의 사회변화 노력은 주로 빈곤, 실업, 차별 및 기타 형태의 사회적 부정의 문제에 초점을 맞추고 있다. 이러한 활동은 억압과 문화적, 인종적 다양성에 대한 민감성과 지식을 증진시키는 것을 추구한다. 사회복지사는 모든 사람의 필요한 정보, 서비스 및 자원에 대한 접근, 기회의 평등과 의사결정에 의미 있는 참여를 보장하기 위해 노력한다.

4. 전문가로서 사회복지사의 윤리적 책임

4.02 차별
사회복지사는 민족, 인종, 국적, 피부색, 성별, 성적 지향, 연령, 혼인관계, 정치적 신조, 종교, 이민 여부, 정신적 또는 신체적 장애에 근거한 어떤 형태의 차별도 실천, 묵과, 조장, 협조해서는 안된다.

6. 사회전반에 대한 사회복지사의 윤리적 책임

6.01 사회복지
사회복지사는 한 지역으로부터 전세계적 차원에 이르기까지 사회의 전반적 복지를 향상시키고 인간과 지역사회 및 환경을 개선해야 한다. 사회복지사는 인간의 기본적 욕구 충족에 기여하는 생활 조건의 향상을 옹호하며, 사회정의 실현에 도움이 되는 사회적, 경제적, 정치적 및 문화적 가치와 제도를 증진시켜야 한다.

6.04 사회적, 정치적 행동
ⓐ 사회복지사는 모든 사람이 인간의 기본적 욕구를 충족하는데 필요한 자원, 고용, 서비스 및 기회에 동등하게 접근할 수 있도록 보장하는 사회적, 정치적 행동에 관여해야 한다. 사회복지사는 실천에 미치는 정치적 영역의 영향을 인식해야 하며, 인간의 기본적 욕구를 충족하도록 사회조건을 개선하고, 사회 정의를 증진시키기 위한 정책과 법률 개정을 옹호해야 한다.
ⓑ 사회복지사는 특히 취약하고 불리한 상황에 처한 사람들, 억압, 착취 당하는 사람과 집단을 비롯하여 모든 사람의 선택과 기회를 확대시키기 위해 노력해야 한다.
ⓒ 사회복지사는 미국 내에서 나아가 전 세계적 차원에서 문화적, 사회적 다양성을 존중하는 제반 조건을 증진시켜야 한다. 사회복지사는 차이를 존중하는 정책과 실천을 옹호하며, 문화적 지식과 자원의 확장을 지원하고, 문화적 다양성을 옹호하는 프로그램이나 제도를 지지하며, 모든 사람들의 권리를 보장하고 평등과 사회정의를 앙양하는 정책을 증진시켜야 한다.
ⓓ 사회복지사는 민족이나 인종, 국적, 피부색, 성, 성적지향, 연령, 혼인관계, 정치적 신념이나 정신적, 신체적 장애를 이유로 특정 개인이나 집단, 계급을 지배, 착취, 차별하는 행위를 방지하고 제거하기 위한 활동을 수행해야 한다.

PART

02

윤리강령과 윤리결정모델

CHAPTER 04 사회복지전문직과 전문가의 윤리

사회가 급변하고 다양해지면서 특정 분야에 대한 전문성을 갖춘 인재에 대한 요구도 증가하고 있다. 경쟁주의 사회 속에서 특정한 지식과 기술을 갖춘 전문가만이 생존할 수 있다는 인식이 확대되면서 직업분포 면에서도 전문지식 계급이 급부상하였다. 이른바 전문직의 황금기라고 해도 과언이 아닐 정도이다.

그러나 이와 같은 전문화 경향이 심화되면, 전문직의 사회적 책임도 함께 고려되고 강화되어야 한다. 지나친 경쟁과 성과주의의 사회분위기 속에서 특정 분야에 대한 지식과 기술을 바탕으로 사회정의와 평등, 자유의 가치를 실현하는 데 직간접적인 기여를 해야 하는 전문직 집단이 특정 분야에 대한 지식에 대한 배타적 이용에 근거하여 서비스를 독점적으로 장악하고 또 이를 바탕으로 사회적 위상을 확보하고 유지하려는 현상이 나타나고 있다. 시장의 독점화, 내부집단의 폐쇄화, 해당 전문직의 토대가 되는 지식과 교육의 독점적 확보경향이 나타나면서 상업주의화 되는 양상을 보이기도 한다(Larson & McDorald, 1999, 정연재, 2007 재인용).

하지만 어떤 집단이든 고도의 성취를 이루어나가기 위해서는 윤리의식이 반드시 필요하며, 실제 이에 대해서 사회적 공감대가 형성되고 있다. 전문직의 권위의 정당성 이면에는 전문가의 필수적 덕목으로서 윤리적 성찰과 공익에 봉사해야 하는 사회적 책임이 전제되어 있다(정연재, 2007). 여기서는 이와 같은 전문직을 둘러싼 논의를 살펴보고, 특히 원조전문직의 책임과 윤리에 대해 살펴보도록 한다.

1 전문직과 윤리 : 사회복지전문직 논쟁

1) 전문직의 개념과 특징

전문직(profession)은 라틴어의 'profetus'에서 유래한 말로 '공포하다, 고백하다, 주장하다, 대학에서 가르치다'의 뜻을 갖고 있다. 하지만, 일반적으로는 체계화된 지식기반과 기술, 전문적 권위, 전문직으로서의 사회적 승인, 고유한 윤리강령, 공유된 전문적 가치와 규범 등을 갖추고 있는 직종을 일컫는다.

최근 사회가 급변하고 인구구성도 다양화되면서 새로운 직업들이 나타나고 있으며, 전문직도 세분화되는 경향을 보이고 있다. 오랜 기간 동안 전문직으로 인정받아온 의료계와 법률계, 학계, 종교계 등의 고전적인 전문직과 사회복지사, 보육교사 등 공공서비스와 돌봄과 교육 관련의 국가가격증을 필요로 하는 전문직과 재무 설계사, 병원코디네이터 등 의료 관련 직종, 빅데이터와 인공지능 등 제4차 산업혁명시대의 도래에 따른 새로운 전문직이 수도 없이 등장하고 있다. 이 중에는 국가에서 요구하는 전문가 과정을 이수하거나 자격요건을 갖춘 경우도 있지만, 아직까지는 민간수준에서 전문직으로 명명하는 수준에 머물고 있는 경우도 많아 주의가 필요한 상황에 이르고 있다. 그럼에도 전문직에 대한 맹목적 추구로 인해 전문직의 홍수시대에 산다고 해도 과언이 아닌 시점에서 특정 직업이 전문직인가 여부를 논할 때에는 다음과 같은 몇 가지 접근방법을 적용해 볼 수 있다.

첫째는 속성론이다. 이것은 전문직은 타 식종과는 구별되는 특성 혹은 속성을 지닌다고 주장한다. 그리고 전문직으로서 지니게 되는 속성으로서 체계적인 이론과 자율성, 사회적으로 공인된 권위, 사회성 및 이타성, 윤리강령, 전문가적 문화를 강조한다(Hodson & Sulliva, 1990, 이홍직, 2007 재인용). 이런 속성들을 갖추고 있을 때 다른 비전문직과 구분된다고 보는 것이다. 홀(Hall, 1968)은 전문직의 속성을 구조적 측면, 태도적 측면, 조직적 측면으로 범주화하고 그 내부에서 특정 속성을 세분화하였다. 즉, 구조적 측면에서는 전임직, 교육기관, 전문직 종사자 단체, 윤리강령을 포함하고 있으며, 태도 측면에서는 전문가의 업무태도와 관련된 전문조직의 활용, 공공서비스에 대한 신념, 자기규제에 대한 신념, 그리고 직업에 대한 소명의식과 자율성을 강조하였고, 조직적 측면에서는 위계와 분업화, 규칙, 전문화 절차를 포함하고 있다(조훈희, 2011 재인용).

홀이 제시한 이러한 특성들은 사회복지전문직에 고스란히 적용이 된다. 우선 구조적 측면에서 사회복지사만의 전임직과 대학교와 대학원 등의 고등교육기관, 사회복지사협회를 비롯한 전문종사자 단체들, 그리고 사회복지사윤리강령을 들 수 있다. 그리고 태도 측면에는 사회복지사의 윤리강령에서 비롯되는 전문가로서의 이타적 태도와 사회적 책임을 적용해 볼 수 있다. 마지막으로 조직적 측면으로는 사회복지기관에서의 위계와 분화, 조직의 규칙, 전문화를 향한 지속교육과 훈련, 슈퍼비전 등을 찾아볼 수 있다.

둘째, 권력론의 접근이다. 여기서는 전문직을 사회적 통제력을 지닌 직업으로 이해한다. 즉, 합리적 수준에서의 자율성을 지니면서 동시에 비전문직과 구별되는 힘으로서의 능력의 차이를 강조한다. 이와 같은 관점은 라슨과 맥도널드(Larson & McDonald)가 제시한 전문직의 특성과 유사하다. 그들은 전문직 집단은 이익집단으로서 국가를 포함한 여타의 집단과 갈등하며, 독점 혹은 최소한의 허가를 확보하기 위해 국가와 특별한 관계를 맺는다고 정의하였다.

또한 전문직은 개인의 이익증대를 도모하지만 그들 행위의 대부분은 고객에게 아주 중요한 문제인 재산과 생명, 건강 등에 대한 서비스를 제공한다고 하였다. 전문직의 행위는 상당한 정도의 이타심과 공익 증진에 대한 고려를 전제로 하며, 전문직의 소득기회는 전문화된 지식과 능력에서 비롯되고, 실무현장에서 폭넓은 의미의 자율성과 재량권을 가지며, 이익추구과정에서 사회적 폐쇄에 참여하고 이를 통해 타 집단을 자기집단으로부터 배제시키는 경향이 있다고 설명하였다(정연재, 2007). 하지만, 이와 같은 전문직에 대한 접근은 지나치게 갈등주의 입장을 취함으로써 전문직의 사회적 책임과 이타성을 소극적으로 다루는 경향이 있다고 할 수 있다.

마지막으로 한 직종이 전문직으로 발전하는 과정에 주안점을 두는 체계론 관점이다. 전문직이 된다는 것은 단순히 몇 가지 특징을 소유한다고 하여 되는 것이 아니라 커다란 직업체계에서 한 부분이 변화하고 그것이 다른 부분 혹은 전체와의 상호작용

속에서 변화와 갈등을 거치면서 이루어지는 것이다. 또 그 과정에서 타 전문직, 일반 대중, 대중매체 등 다양한 주체들의 인식과 경험이 상호작용하여 전문직으로 귀결되기 때문에 전문직은 그 자체로서 하나의 체계이지만, 또 다른 체계와 유기적 관계를 갖는 부분이라고도 할 수 있다.

요약하면, 전문직으로서의 요건으로 여전히 이론적인 지식과 실질적인 기술의 보유는 매우 중요하다. 그러나 이것과 함께 전문직은 당사자들의 이익에만 국한하지 않고 공공의 선을 우선적으로 생각하는 도덕성과 사회적 책임성, 그리고 사회적 신뢰와 존경을 포함하는 전문직으로서의 윤리를 바탕으로 한다. 따라서 전문직으로서의 독점성을 유지하면서 공공의 선을 우선적으로 생각해야 하므로 자신의 노동을 스스로 조직화하고 통제하는 철저한 자기규제가 뒷받침되어야 한다.

2) 사회복지전문직의 전개

전문직에 대한 접근방법이 다양한 만큼, 사회복지실천의 전문화 초기단계부터 전문직으로서의 사회복지에 대한 논쟁이 있어왔다. 이것은 우애방문과 자선단체, 박애단체에서 시작된 사회복지 관련 활동에 대한 인식과 직업적 정체성과 관련된 문제라고 할 수 있다.

사회복지직에서 전문직 논쟁을 불러일으킨 것은 일명 플랙스너 신드롬(Flexner syndrome)이다. 아브라함 플랙스너(A. Flexner, 1975)는 「전국 자선 및 교정회의(National Conference of Charitics and Correction)」에서 '사회사업은 전문직인가?'라는 논문을 통해 사회사업의 전문직업 여부를 평가하기 위한 6가지 기준을 제시하였다.

① 광범위한 개인의 책임성을 기초로 한 지적인 활동일 것
② 과학과 학습을 통해 그들의 기초자료를 이끌어낼 것
③ 자료는 실질적이고 명확한 결론을 이끌어낼 것
④ 전수가능하며 고도의 전문화된 교육훈련을 통해서 구사하고 전수할 수 있어야 할 것

⑤ 직능집단을 결성할 수 있고, 집단의식을 갖고 활동이나 의무 및 책임을 유지하면서 전문가조직을 구성할 것
⑥ 전문가들은 이타성을 증가하고 사회적 목적달성을 위해 노력할 것

위의 기준에 근거하여 그는 사회사업직이 독자적인 기술, 전문교육을 위한 프로그램, 전문직과 관련된 문헌, 실천기술을 가지고 있지 못하다고 평가하였다. 또 사회복지직은 영역이 너무 넓고 체계적 이론체계가 발전하지 못하여 전문성 있는 교육이 어려우며, 다른 전문직에 비해 구체적인 기술이 부족하기 때문에 전문직이 될 수 없다고 하였다(김경우, 2003; 우영미, 2007).

이와 같은 플랙스너 논쟁 이후 사회복지직에서는 전문성을 인정받기 위해 전문가 양성을 위한 사회복지 전문학교를 세웠으며, 1921년에는 미국사회복지사협회(America Association of Social Workers)를 설립하였다. 또 현장에서는 정신의학 중심의 개별지도(psychiatrically oriented case work)를 지향하였으며, 행동주의 이론을 적용하여 문제해결의 성과를 가시화하고자 하는 등 다양한 노력을 경주해왔다(우영미, 2007; 양옥경, 2000). 그러나 1930년대 대공황과 1960년대의 빈곤문제를 경험하면서 사회정책과 공공부문에서의 개입의 중요성이 커졌고 실제 공공복지와 사회운동이 확대되면서 다시 전문직 논쟁이 표면화되었다(김대성, 1998).

이러한 가운데 1950년대 후반에 그린우드(E. Greenwood, 1957)는 사회사업은 전문직의 기준이라 할 수 있는 체계적인 이론, 전문적 권위, 사회적 승인, 윤리강령, 전문직의 문화 등을 충족하고 있기 때문에 이미 전문직업이라고 하였다.

이와 같이 전문직으로서의 사회복지에 대한 논쟁의 역사가 이어져오고 있는 가운데 환경의 변화로 인해 사회복지에 대한 사회적 요구는 상당히 증가해왔다. 특히 공공부문에서의 사회복지서비스의 수요가 증가하면서 전문적 영역을 규정하기 어려울 정도로 복지 관련 영역이 확대되었으며, 또 다른 책임성의 문제라는 딜레마에 봉착하였다. 사회복지 관련 재정과 서비스의 확대가 이루어지고 휴먼서비스직이 확대되면서 1970년대 미국에서는 사회복지전문직의 휴먼서비스의 효과성에 대한 회의가 일었으며, 소위 '책임성의 위기(crisis of accountability)'를 겪었다. 휴먼서비스 분야의 확

대와 영리부문의 참여 허용, 경쟁을 통한 서비스 구매전략의 도입, 수행성과 제도의 도입 등으로 관련 전문직 간의 경쟁이 심화되는 반면, 사회복지직에서는 사회문제에 적절하게 대응하지 못하고 특정 서비스와 개입기술들에 치중하면서 서비스에 대한 성과와 책임성의 문제에 직면하였으며, 이로 인해 사회복지기관의 퇴출 및 서비스의 타 기관 이양이라는 위기를 겪은 바 있다(York, 1982; Rivlin, 1971, 김영종, 2008 재인용).

우리나라도 예외는 아니다. 사회복지직의 역사뿐만 아니라 사회복지학 교육의 역사도 다른 전문직보다 짧아 전문직으로서 확고한 위치를 잡지 못한 것으로 평가되기도 하였지만, 1970년대 이후에는 1970년에 제정된 「사회복지사업법」을 통해 '사회복지사업종사자' 자격제도를 명시하였으며, 이후 1983년 개정법에서는 사회복지사 자격을 1, 2, 3등급으로 등급화하였다. 또 1997년에는 사회복지직에 대한 국가 자격증 제도를 도입하도록 법을 개정하였고, 이것은 2003년도부터 시행되어 오늘에 이르고 있다(김경우, 2003).

이를 통해 사회복지직에 대한 사회적 인정도 증가하였으며, 체계적 지식과 체계적 이론에 바탕을 둔 기술, 지역사회 승인, 가치 및 윤리강령, 전문가를 지지하는 전문조직, 독자적 판단이 허용되는 자율성이라는 전문직으로서의 요건도 충족하고 있다(송유미, 2008). 또 오랫동안 전문화된 교육과정을 개설하고 전문가를 양성해 온 결과, 2023년 2월 말 기준 "지역별 · 급수별 · 성별 사회복지사 자격증 발급현황 총 누적 건수"는 1,411,071건에 이른다. 이중 1급은 총 187,911건이며, 2급은 1,209,585건이다. 이를 통해 전문직으로서의 사회복지직에 대한 인식도 높아졌음을 알 수 있다(한국사회복지사협회, 2023).

그러나 사회복지에 대한 인식과 함께 복지서비스에 대한 수요와 사회복지비용이 증가하면서 다양한 윤리적 문제들과 재정의 투명성, 이용자의 인권존중, 사회적 책임성 및 정당성에 대한 신뢰구축의 요구도 증가하였다(조운희, 2011). 이런 사회복지분야의 윤리적 이슈들이 제기되면서 2006년도에는 보건복지부와 13개 복지관련 단체가 '사회복지분야 투명사회 협약'을 체결한 바 있다. 이에는 공공부문과 사회복지시설 운영의 투명성 강화, 사회복지시설 이용자의 인권 및 직원의 근무환경 개선, 사회복지단체의 사회공헌활동 촉진, 윤리경영 등 5대 실천과제를 포함하고 있다. 하지만 전문직으로서 갖추어야 할 덕목인 윤리에 대한 관심은 주로 정신보건영역에 치우친 경향이 있으며, 교육과 훈련은 여전히 부족한 실정이다. 물론 이와 같은 문제점이 비단 사회복지전문직에만 한정된 것은 아니다. 때로 전문직의 상업화, 기업화로 인한 사회적 책임의 문제와 윤리문제로 사회적 이슈가 되기도 한다. 여기서는 전문가 윤리란 무엇이고 그 범위 혹은 한계는 어디까지인지 살펴보도록 한다.

2 전문가 윤리의 개념과 범위

1) 전문가 윤리의 개념과 사회복지 윤리의 중요성

전문직으로서의 사회복지에 대해서는 여러 학자들이 정의를 내린 바 있다. 먼저 로버트 바커(Barker, 1997)는 사회복지가 전문직으로, 또 종사자가 전문가로 인정받기 위해 필요한 요건에 대해 제시하였다. 즉 『사회사업사전』에서 그 요건을 한 집단의 구성원들이 공유하면서 특정한 사회적 필요를 충족시키기 위해 사용하는 가치, 기술, 기능, 지식 및 신념의 체계로 제시하였다. 그리고 프리드랜드와 앱트(W. Friedlander & R. Apte)는 전문가로서 지녀야 할 덕목으로 특수한 능력(special competence)과 기술(techniques), 실천가(practitioners), 서비스 개발에 대한 관심 및 개인적 책임을 강조하였다. 홀(R. Hall)도 전문조직의 활용과 공중에 대한 신념, 자기규제(Self-regulation)에 대한 신념, 소명의식(Sense of Calling), 전문적 자율성(Professional Autonomy)을 지녀야 한다고 하였다(송진옥, 2001 재인용). 이와 같은 학자들의 견해를 종합하면, 사회복지전문직은 전문적 지식과 기술을 갖춘 전문가와 사회적 책임에 대한 인식과 신념, 사회적 인정의 요건을 갖춘 직종 혹은 직업이며, 사회복지사(social worker)는 이와 같은 요건을 갖춘 전문지에 종사하는 전문가라 할 수 있다.

각 전문직마다 지향하는 목적이 다르기 때문에 각 분야의 전문가가 갖추어야 할 조건 또한 다르며, 그 조건의 충족 여부 혹은 정도에 따른 전문가의 수준에 대한 구분도 다르다. 사회복지전문직의 경우, 분야별로 전문가 수준을 구분하는 경우도 있다. 하지만 우리나라는 아직 전문가의 분류가 구체화된 상태가 아니기 때문에 주로

교육경력과 실무경력, 자격증에 따라 전문가의 수준을 구분하고 있다.[1)]

한편, 전문가의 수준에 대한 이해나 구분과는 별개로 모든 전문가들이 갖추고 지켜야 할 것은 전문가의 윤리이다. 여기서 윤리(ethics)란, 사람으로서 마땅히 지키거나 행해야 할 도리나 규범을 뜻한다. 윤리는 어떤 사건 혹은 사안에 대한 옳고 그름을 판단하는 과정을 통해 전문직이 지향하는 가치기준에 부합되게 행동하고 실천하는 것이다. 즉, 전문가 윤리는 전문직이 중요하다고 생각하는 가치를 고려하여 전문가로서 마땅히 지키고 행해야 할 도리와 규범을 의미한다. 그러므로 전문성을 논하는 데 있어 지식, 기술과 함께 윤리도 매우 중요하게 다루어져야 한다.

윤리는 모든 전문직에서 중시되지만, 특히 사회복지직의 경우 다른 직종보다 더 많은 윤리성을 요구받는다. 그 이유는 무엇보다 사회복지직에서 대상으로 하는 클라이언트의 특성에서 찾아볼 수 있다. 사회복지직은 잘못된 처우에 대해 항의를 하거나 자기옹호를 하기 어려운 사회적 약자 및 소수자를 주 대상으로 하고 있다(최명민, 2008).

사회복지사는 개인, 집단, 가족, 지역사회, 그리고 사회적 차원에서 다양한 스트레스에 직면하고 있는 클라이언트들을 대할 때 직간접적인 지지와 정보제공, 옹호, 연계 등 다양한 접근방법을 적용하여 스스로 문제를 해결할 수 있도록 돕지만, 이 과정에서는 항상 수많은 윤리적 이슈에 직면하게 된다. 그리고 다양한 자원과 서비스를 필요로 하는 반면, 제한된 자원 때문에 우선순위의 문제, 클라이언트의 권리, 전문가로서의 책임과 한계 등 윤리적 판단과 결정의 문제가 상존한다. 또 지식과 기술, 가치라는 사회복지실천의 3대 구성요소 중 가치가 윤리적 측면을 포괄할 뿐만 아니라 윤리 자체가 전문직의 구성요소이기 때문에 중요하다(김진곤, 2011).

---

1) 미국의 경우 NASW에서 규정한 전문가 표준에 근거하여 다음의 네 단계로 구분하고 있다(Sheafor & Horejsi & Horejsi, 1999, 송진옥, 2001 재인용).

- 기본적 전문가(basic professional) : 사회복지교육협의회(CSWE)가 인정하는 사회복지프로그램에서 학사학위를 받은 전문가
- 특정 전문가(specialized professional) : 사회복지교육협의회에서 인정하는 사회복지프로그램으로부터 석사학위를 받은 사람
- 독립적 전문가(independent professional) : 공인된 사회복지 석사학위를 받고 석사학위 취득 후 최소한 2년 정도 적절한 전문가로부터 슈퍼비전을 받은 경험이 있는 사람
- 고급 전문가(advanced professional) : 사회복지에서 보다 고급의 연구를 수행하는 데 필요한 전문적 이론, 실천, 행정적 혹은 정책적 능력이 필요하고 보통 사회복지 박사학위나 사회과학 공부를 한 사람

마지막으로, 윤리는 내적으로는 사회복지사가 해야 할 것과 하지 않아야 할 것을 강제하지만, 외적으로는 사회복지사의 실천에 대한 평가요소가 되기 때문에 중요하다. 즉, 사회복지전문직의 행위의 근간을 이루면서 기능수행과 평가기준의 원칙을 제시해 주는 것이 윤리인 것이다(조윤휘, 2011).

따라서 특정 상황에 접할 때마다 윤리적 문제의 존재를 인식하고 그 상황을 해석하여 대안을 모색하고자 하는 윤리적 민감성(ethical sensitivity)이 필요하다. 하지만 전문가의 사회적 책임과 윤리가 어디까지인지에 대해서는 명확한 답을 찾기가 어렵다. 그럼에도 불구하고 사회복지사는 언제나 윤리적 결정을 내려야 하는 상황에 직면하며 때로는 딜레마를 경험하기 때문에 윤리적 결정과 관련된 가치판단의 기로에 놓이게 된다. 이런 의미에서 사회복지사에게 있어 윤리적 실천은 선택이 아닌 의무라 할 수 있으며(Reamer, 1995), 이것이 바로 사회복지전문직에서 윤리가 중요한 이유이다. 그러므로 여기서는 전문가의 윤리의 범위이자 한계를 윤리강령을 기준으로 알아보도록 한다.

2) 사회복지사윤리강령의 역사와 윤리기준[2)]

(1) 사회복지사윤리강령의 역사

사회복지실천의 기본 가치들은 윤리적 의사결정과정에서 매우 유용한 근거를 제공한다. 그러나 이런 가치는 추상적이며, 전문가가 지켜야 할 규범과 도리의 범위는 너무 광범위하고 모호하기 때문에 동일 분야의 전문가들 사이에서도 윤리적 이슈에 대한 가치판단의 문제와 윤리적 갈등이 발생하고 있다. 따라서 각 분야에서는 이에 대한 대응방안 중 하나로서 전문가들에게 기대되는 윤리적 행동을 기술해놓은 지침으로써 윤리강령을 마련해놓고 있다.

2) 이하 내용은 한국사회복지사협회 홈페이지에 게시된 사회복지사윤리강령 관련 내용과 기준을 요약하여 담은 것임

윤리강령은 사회복지실천현장에서 윤리적 갈등 시 지침과 원칙을 제공해 주며, 자기규제를 통해 클라이언트를 보호하는 기능을 한다. 또한 전문성을 확보하고 외부통제로부터 보호하며, 일반대중에게 전문가로서의 사회복지 기본 업무 및 자세를 알리는 1차적 수단으로 기능한다. 그리고 선언적 선서를 통해 전문가들의 윤리적 민감화를 고양시키고 윤리적으로 무장시키는 기능을 한다(조운휘, 2011). 바꾸어 말하면, 윤리강령은 사회복지실천의 가치에 바탕을 두고 좀 더 구체적이고 규범적인 용어로 제시한 것이라 할 수 있다(김용민, 2011). 물론 이러한 윤리강령이 전문가 윤리를 모두 설명할 수 있는 것은 아니다. 하지만, 전문가가 활동하는 장과 관계 내에서 전문가가 지켜야 할 윤리적 행동과 실천을 규정하고 있다는 점에서 윤리 혹은 윤리적 책임성의 범위로 이해할 수 있다.

미국은 1951년 미국사회복지사협회(AASW)가 공식적으로 사회복지사의 윤리강령을 채택하였으며, 수차례의 수정・보완을 거쳐 1996년 6대 핵심가치를 마련하였다. 그것은 서비스, 사회정의, 인간존엄성 및 가치, 인간관계의 중요성, 성실성, 능력이다(양옥경, 2000). 반면 우리나라는 1973년 2월에 개최된 사회복지사협회 총회에서 윤리강령의 초안을 제정하기로 결의한 바 있다. 그러나 당시에는 제정되지 못하고 1982년 1월 15일에 전문과 10개 조항을 담아 제정되었다. 이후 1988년 3월에 전문 8개 조항과 주요 용어를 개정하는 내용을 담아 사회복지사윤리강령을 1차 개정하였다.

그러나 이후 수정보완의 의견이 제시되면서 1992년 10월 제 6회 전국사회복지사대회 개최사에서 10개 조항으로 이루어진 사회복지사윤리강령을 공포하였는데(한국사회복지사협회, 1997: 송진옥, 2000 재인용), 여기에는 전문가로서의 사회복지사의 윤리와 클라이언트에 대한 윤리, 그리고 사회복지사의 동료와 기관에 대한 윤리기준이 포함되었다. 이는 1992년 10월 22일 2차 개정과 관련된 것이다.

이후 2001년 12월15일에 제3차 개정이 이루어졌는데, 이때는 사회복지사의 기본적 윤리기준과 사회복지사의 클라이언트에 대한 윤리기준, 사회복지사의 동료에 대한 윤리기준, 사회복지사의 사회에 대한 윤리기준, 사회복지사의 기관에 대한 윤리기준, 그리고 사회복지윤리위원회의 구성과 운영에 관한 윤리기준을 담고 있어 1992년도에 공포된 윤리강령보다 보다 강화되었다.

이후 2021년 7월 5일 제4차 개정이 이루어졌는에 이 때는 사회적 변화를 반영하여 '성 취향'을 '성적 지향'으로 자구수정하였다. 그리고 만 2년이 경과하지 않아, 시대 변화와 세계적 기준에 부응하도록 2023년 4월 11일 제5차 개정이 이루어졌다. 제5차 개정에서는 윤리강령 목적 및 가치와 원칙을 신설하고, 사회복지사 윤리기준을 기존 42개 조문에서 69개 조문으로 확대하였으며, '윤리위원회 구성과 운영'을 삭제하였다. 이중 신설 및 수정된 부분에서는 다양성의 가치를 반영하고 클라이언트의 주체성 강화 및 클라이언트의 이익을 최우선의 가치로서 명확히 한 것을 확인할 수 있다. 또 동료의 클라이언트 관련 윤리기준을 현장 상황에 맞도록 삭제하였다(https://www.welfare.net/welfare/na/ntt/selectNttInfo.do?mi=1080&nttSn=455823).

(2) 사회복지사윤리강령의 목적과 기준

사회복지사윤리강령은 전문, 윤리강령의 목적, 윤리강령의 가치와 원칙, 사회복지사 윤리기준, 선서로 구성되어 있다. 이중 윤리강령 목적 및 가치와 원칙은 제5차 개정에서 신설된 것이다. 먼저 윤리강령의 목적을 보면 다음과 같다(한국사회복지사협회, 2023.8.10. 인출).

첫째, 윤리강령은 사회복지 전문직의 사명과 사회복지 실천의 기반이 되는 핵심 가치를 제시한다.

둘째, 윤리강령은 사회복지 전문직의 핵심 가치를 실현하기 위해 윤리적 원칙을 제시하고, 사회복지 실천의 지침으로 사용될 윤리기준을 제시한다.

셋째, 윤리강령은 사회복지 실천 현장에서 발생하는 윤리적 상황에서 의사 결정에 필요한 사항을 확인하고 판단하는데 필요한 윤리 기준을 제시한다.

넷째, 윤리강령은 사회복지사가 전문가로서 품위와 자질을 유지하고, 자기 관리를 통해 클라이언트를 보호할 수 있도록 안내한다.

다섯째, 윤리강령은 사회복지의 전문성을 확보하고 외부 통제로부터의 전문직을 보호할 수 있는 기준을 제공한다.

여섯째, 윤리강령은 시민에게 전문가로서 사회복지사의 역할과 태도를 알리는 수단으로 적용한다.

위에 기술한 윤리강령의 목적에 대한 가치와 원칙은 인간의 존엄성과 사회정의이다. 이중 인간의 존엄성은 개인적・사회적・문화적・정치적・종교적 다양성을 고려하고, 개인의 인권을 보호하고 존중하며, 클라이언트의 자율성과 자기결정권의 존중과 지원, 클라이언트 역량강화, 사회복지실천과정에 클라이언트의 개입과 참여 보장 등을 반영하는 것을 의미한다. 그리고 사회정의는 개인적・집단적・사회적・문화적・정치적・종교적 차별에 도전하여 사회정의를 촉진하고, 다양성을 존중하는 포용적 지역사회 구현을 위해 노력하며, 억압적이고 불공정한 사회제도와 관행의 변화를 위해 다양한 구성원과 협력하고, 연대하는 것을 의미한다(한국사회복지사협회, 2023.8.10.인출). 이러한 가치를 담은 구체적인 윤리기준은 다음과 같다.

사회복지사 윤리기준(2023년 4월 11일 제5차 개정)

〈윤리기준〉

Ⅰ. 기본적 윤리기준
1. 전문가로서의 자세
2. 전문성 개발을 위한 노력
3. 전문가로서의 실천

Ⅱ. 클라이언트에 대한 윤리기준
1. 클라이언트의 권익옹호
2. 클라이언트의 자기 결정권 존중
3. 클라이언트의 사생활 보호 및 비밀보장
4. 정보에 입각한 동의
5. 기록・정보관리
6. 직업적 경계 유지
7. 서비스의 종결

Ⅲ. 사회복지사의 동료에 대한 윤리기준
1. 동료
2. 슈퍼바이저

Ⅳ. 기관에 대한 윤리기준

Ⅴ. 사회에 대한 윤리기준

출처 : 한국사회복지사협회 홈페이지

① 기본적 윤리

여기서는 전문가로서의 자세와 전문성 개발을 위한 노력, 그리고 전문가로서의 실천에 관한 윤리기준을 규정하고 있다. 그것은 다음과 같다.

첫째, 전문가로서의 자세이다. 이는 사회복지 전문가로서 인간의 존엄성을 존중하고 사회정의를 실현하는 사회복지의 기본 가치를 함양하여 전문가로서의 품위를 지키고 업무에 관한 책임을 다하는 것을 의미한다. 구체적으로, 모은 인간의 존엄과 자유, 평등을 위해 헌신하고 사회적 약자를 옹호하고 대변하는 일에 앞장설 수 있어야 하며, 클라이언트의 성, 연령, 장애, 경제적 지위, 종교, 인종, 국적, 개인적 선호 등을 이유로 차별하지 않아야 한다.

이와 관련하여 문화적 역량과 문화적 민감성을 갖추어야 한다. 이를 위해서는 전문가가 지녀야 할 인격의 중요성과 타고난 성품, 소질 그리고 일에 대한 합당한 태도를 지녀야 하며, 자기인식과 성찰을 통해 개인적으로나 전문가로서 성숙해가도록 노력해야 한다. 이와 함께 사회복지사는 전문가로서 사회정의 실현과 클라이언트의 복지 증진을 위해 노력해야 하며, 나아가 이를 통해 환경적 변화를 도모해야 한다. 또 사회경제적 자원에 대한 평등한 접근과 공평한 분배가 이루어지도록 노력해야 한다.

둘째, 전문성 개발을 위한 노력이다. 앞에서 기술한 바와 같이, 전문가는 오랫동안의 교육과 훈련기간을 통해 체계적인 지식과 기술을 습득하고 그 지식과 기술이 일정한 기준을 통과함으로써 사회로부터 권위를 인정받은 사람을 일컫는다. 여기서 전문가가 갖추고 있는 지식과 기술은 인간과 이들을 둘러싼 환경에 대한 다양하고 광범위한 지식과 기술을 뜻한다. 이것은 변화에 부응하는 것이어야 한다. 즉, 급변하는 사회적 환경과 환경속의 인간을 대하는 만큼 클라이언트를 위해서뿐만 아니라 사회복지사 자신을 위해서 전문성 개발을 위한 다양한 노력을 경주해야 한다. 이를 위해 구체적으로 직무능력을 개발하도록 노력하고 이를 공유하며, 지식을 함양하여 지식기반의 실천을 증진하여야 한다. 이는 클라이언트의 문제해결 및 욕구 충족과 함께 사회정의 실현에 충실히 기여할 것이다.

셋째, 전문가로서의 실천이다. 여기에는 전문가로서의 품위와 자질 유지, 자기관리, 이해 충돌에 대한 대처, 경제적 이득에 대한 실천에 관한 윤리기준이 포함된다. 이중

전문가로서의 품위와 자질을 유지하는 것은 자신의 업무에 대한 책임감과 성실하고 공정한 의무수행의 태도를 견지하고, 부정직하거나 부당한 일을 하거나 혹은 묵인해서는 안되며, 위계적 권력관계에 성적 관계를 형성하거나 혹은 성추행, 성희롱, 성폭력 등에 연루되서는 안된다는 것을 의미한다. 다음 자기관리는 사회복지사가 자신의 신체적·정신적 건강과 안전유지 및 관리 등을 통해 클라이언트에게 최상의 서비스를 제공하기 위해 노력해야 함을 의미한다. 마지막으로, 이해 충돌에 대한 대처는 클라이언트의 이익을 우선으로 하면서 이해충돌 시 아동과 소수자 등 취약한 자의 이해와 권리를 우선으로 해야 함을 의미한다. 또 개인의 신념과 직업적 의무 사이에 이해충돌이 발생할 때는 클라이언트가 적절한 서비스를 받도록 하는 데 우선을 두고 최선을 다할 것을 명시하였다.

넷째, 경제적 이득에 대한 윤리적 대처는 사회복지사가 심리정서적 어려움과 경제적 문제, 사회적 관계의 문제 등 다양한 난관에 봉착한 클라이언트를 차별해서는 안되며, 서비스 제공의 공정성과 합리적 이용료 책정, 그리고 경제적 이득의 경계 등을 의미한다.

아래의 사례는 사회복지사가 클라이언트를 이용하여 부당하게 경제적 이득을 취한 사례이다. 간혹 이와 같은 문제가 발생하여 전체 사회복지사뿐만 아니라 원조전문직에 대한 부정적 영향을 미치고 전문가들로 하여금 소진하게 만드는 경우가 발생하고 있어 교육 영역과 실천영역에서 사회복지사의 전문적 윤리를 강화할 필요성을 실감케 하고 있다. 아래와 같은 사례가 발생하지 않도록 하기 위해서는 서비스 전달체계를 개설하는 것뿐만 아니라 전문가의 복지와 윤리 문제도 함께 개선되도록 해야 한다.

■ **사회복지사가 지적장애인 돈 수천만 원 꿀꺽**

서울북부지법 형사9단독 김경희 판사는 지적장애인의 통장에서 수천만 원을 빼돌려 개인적으로 사용한 혐의(업무상 횡령)로 기소된 사회복지사 조모(53) 씨에게 징역 8월에 집행유예 2년을 선고했다고 31일 밝혔다. 김씨는 2009년 4월부터 지난 해 3월까지 자신이 돌보던 지적장애인 5명의 통장관리를 위임받은 뒤 수십 차례에 걸쳐 총 2,900만 원 상당의 돈을 가로채 개인적으로 쓴 혐의로 기소됐다.

재판부는 "죄질이 좋지 못하지만 초범이고 횡령액 중 상당부분을 반환한 점을 고려했다"고 판결이유를 설명했다. 조씨는 2009년 4월부터 지난 해 3월까지 위임받아 관리하던 지적장애인 5명의 통장에서 수십 차례에 걸쳐 총 2,900여만 원을 빼내 생활비, 신용카드 대금결제, 사채 이자지급 등에 사용한 혐의로 기소됐다.

출처 : 연합뉴스(2012. 1. 31).

■ **청소용역비 상습횡령 사회복지사 2명 영장**

울산 중부경찰서는 31일 기초생활수급자와 장애인에게 지급할 용역비를 상습적으로 가로챈 혐의(업무상 횡령)로 사회복지사 도모(33)·이모(31) 씨에 대해 구속영장을 신청했다. 경찰에 따르면, 도씨 등은 지난 2007년 1월 초부터 지난 해 말까지 기초생활수급자와 장애인 자활공동체 관리업무를 맡으면서 기초수급자와 장애인에게 지급해야 할 청소용역비 3,600만 원을 52차례에 걸쳐 횡령한 혐의를 받고 있다. 경찰 조사결과 이들은 지급해야 할 용역비 중 일부를 떼어가는 수법으로 챙겼고, 횡령한 용역비는 유흥비와 차량 주유비 등에 쓴 것으로 알려졌다.

출처 : 경상일보(2009. 8. 31).

② 클라이언트에 대한 윤리

제5차 개정에서 가장 두드러진 특징 중 하나는 사회복지사의 클라이언트에 대한 윤리를 강화한 점이다. 여기에는 7개의 하위 윤리기준을 담고 있다. 먼저 첫째는 클라이언트의 권익옹호이다. 이것은 클라이언트의 이익을 최우선의 가치로 삼고 실천하여, 클라이언트의 권리를 존중하고 옹호하는 것을 말한다.

둘째는 클라이언트의 자기 결정권 존중이다. 실천과정에서 클라이언트의 자기 결정을 존중하고 또 실천과정에서 이를 행사할 수 있도록 도우며, 의사결정이 어려운 클라이언트에 대한 적절한 조치를 취함으로써 클라이언트의 자기 결정권을 존중하여야 한다.

셋째는 클라이언트의 사생활 보호 및 비밀보장이다. 2011년 9월 30일부터 「개인정보보호법」이 전면 시행되면서 이에 대한 전문가의 윤리는 한층 강화되었다. 그러나 클라이언트의 비밀을 보장하는 것이 오히려 위해롭다고 판단되거나 제3자에게 위협이 된다고 판단되는 경우에는 공공이익의 측면에서 이를 알려야 하는 책임도 있다.

이와 관련된 윤리적 딜레마에 봉착하게 되는 경우 동료나 슈퍼바이저의 자문을 구하는 방법을 활용하고, 관련 법과 규정을 검토하는 과정이 선행되어야 한다.

넷째는 정보에 입각한 동의이다. 이는 클라이언트의 알권리 인정 및 동의를 통해 클라이언트에게 정확하고 충분한 정보를 제공하는 것이다.

다섯째는 기록·정보 관리이다. 사회복지사는 클라이언트에 대한 사회복지실천에 대해 중립적이고 객관적인 기록을 하여야 하며, 기록공개 및 정보보호, 고지된 동의에 대한 윤리기준을 준수하여야 한다.

여섯째는 직업적 경계 유지이다. 이는 클라이언트와의 전문적 관계를 사적으로 이용하거나 업무 외에 별도의 정보통신기술을 사용해 클라이언트와 의사소통하지 않으며, 금전거래나 성적 관계 등 부적절한 행동을 해서는 안되며, 동료의 클라이언트에 대한 서비스 제공 시 원칙을 준수하여야 함을 의미한다. 마지막으로는 서비스의 종결이다. 사회복지사는 클라이언트의 욕구나 이해와 서비스가 부합되지 않는 경우, 개인적 혹은 직업적 사유로 더 이상 서비스를 지속하기 어려운 경우, 클라이언트의 고의적 혹은 악의적, 상습적인 민원제기가 지속적으로 발생하는 경우는 서비스 중단 및 거부권을 행사하여 서비스를 종결할 수 있다.

③ 사회복지사의 동료에 대한 윤리

여기서는 동료와 슈퍼바이저에 대한 윤리기준을 명시하고 있다. 먼저 동료에 대한 윤리로서 전문가는 동료상호간에 존중과 신뢰를 유지하여야 하며, 전문직의 권익과 이익을 위해 상호 협력해야 한다. 그리고 그 행위를 위반하였을 때에는 제반 법률규정이나 윤리기준에 따라 대처함으로써 동료에게 긍정적 영향을 미치며, 민주적인 직무관계를 유지해야 한다. 또 동료들에게 정보통신기술을 사용하여 비윤리적 행위를 해서는 안 되며, 동료가 부당한 조치를 당하면 변호하고 원조하여야 하고 차별과 괴롭힘, 부적절한 성적 행동에 대해 가담하거나 용인해서는 안 된다. 아울러 이런 윤리기준은 슈퍼바이지, 학생, 훈련생, 실습생 등에게도 적용된다는 사실을 인지하여야 한다.

한편 슈퍼바이저 윤리는 전문직의 동료이자 상급자인 슈퍼바이저는 슈퍼바이지가 전문적 업무수행을 할 수 있도록 지원하고 슈퍼바이지 역시 슈퍼바이저의 전문적 지도와 조언을 존중해야 함을 의미한다. 또한 개인의 이익을 위해 지위를 사용해서는 안 되며, 공정한 업무수행 및 평가를 하고 인격적 대우를 해야 한다. 그리고 이런 윤리 기준은 사회복지사 수련생과 실습생에게도 적용되므로 인격적, 성적으로 수치심을 주는 행위를 삼가야 한다.

④ 사회복지사의 기관에 대한 윤리

사회복지사가 속한 소속기관과 전문단체에 대한 윤리를 규정한 것이다. 사회복지사는 개인적 윤리와 클라이언트에 대한 윤리뿐만 아니라 자신이 속한 기관의 사면과 비전을 확인하고 정책과 목표를 실현하도록 노력해야 한다. 또 자신이 속한 기관의 활동에 적극적으로 참여함으로써 기관이 성장과 발전을 이루도록 해야 한다. 이를 위해 기관의 부당한 정책이나 요구가 발생할 경우 이에 대해 전문적 지식과 가치를 기준으로 대응하고 사회복지윤리위원회에 보고하여야 한다. 이것이 전문가와 전문직뿐 아니라 클라이언트와 사회에도 유익한 영향을 끼침으로써 윤리적 책임을 다하는 길이라 할 수 있다.

⑤ 사회복지사의 사회에 대한 윤리

이 윤리기준은 사회복지사가 지역사회를 이해하여 클라이언트가 지역사회에 적응하고 서로 도우며 함께 살아가도록 지원함으로써 지역사회, 국가, 전세계, 구성원의 삶의 질 향상에 기여해야 함을 의미한다. 사회복지사는 정치적 영역이 클라이언트의 삶에 영향을 미치는 점을 고려하여 사회정책의 수립과 법령의 제·개정을 지원하고 옹호함으로써 사회정의를 실현하는데 기여해야 한다. 이는 사회복지사가 클라이언트 개개인의 삶의 질 개선을 위해 노력하지만, 나아가 인간과 자연환경, 생명 등 생태에 미치는 영향까지 생각하고 실천해야 함을 담은 것이다.

3 전문가 윤리의 영향요인

저출산·고령화로 인한 돌봄서비스의 필요성에 대한 인식과 수요의 증가, 그리고 성평등의 쟁점 등 사회적 이슈들이 등장하면서 보편적 복지에 대한 논의도 자연스럽게 확대되고 있다. 또 사회복지 분야에 대한 수요와 복지재정 및 관련 전문가 수가 증가하면서 전문가의 윤리적 책임 또한 더욱 중요해지고 있다.

사회복지실천의 이면에는 분배적 정의에 입각하여 제한된 자원을 어떻게, 누구에게 우선적으로 분배할 것인가와 관련하여 전문성과 전문가의 재량권, 그리고 윤리적 책임이 내재되어 있다. 이런 차원에서 사회적으로는 공공의 자원에 대한 전문적 책무를 어떻게 확인할 것인지에 대한 검증 시스템도 강화되고 있다. 클라이언트의 서비스 만족도와 전문가 슈퍼비전, 시설평가, 감사 등은 그 예라 할 수 있다.

그러나 사회복지직이 다른 어떤 전문직보다 윤리적이고 가치지향적인 만큼 실천 현장에서 윤리적 딜레마와 이슈의 문제가 자주 등장하고 있으며, 간혹 딜레마를 넘어 소진을 경험하는 경우도 발생하고 있다. 이런 혼란과 긴장은 클라이언트에게 직간접적으로 영향을 미칠 수 있기 때문에 전문가의 실천에는 반드시 윤리적인 행동이 수반되게 되는데, 이런 전문가의 윤리적 책임과 관련된 요인을 살펴보면 다음과 같다.

1) 전문가의 가치와 윤리적 민감성

(1) 가치에 대한 인식

최근 사회복지의 책무가 강조되면서 사회복지의 가치와 미션보다는 전문성과 성과에 대한 요구가 높아지고 있으며, 이에 따라 지식과 기술을 함양하고자 하는 노력과 관심도 증가하고 있다. 하지만 이런 지식과 기술은 그 자체로서 빛이 나는 것이 아니라 얼마나 선의를 갖고 도덕적으로 훌륭한 방향으로 발휘되는가에 달려 있다. 다른 말로 하면, 사회복지사가 어떤 가치를 갖고 얼마나 바람직하게 본인의 전문성(지식과 기술)을 실천하고자 하는가에 달려 있는 것이다.

여기서 가치(value)는 의미 있고 바람직한 것을 의미한다. 즉, 선호하는 것 혹은 선택하는 것에 대한 기준이자 잠재적이거나 실제적인 행동을 정당화해 주는 바람직한 상태를 일컫는 개념이다. 따라서 가치는 추상적이면서도 행동에 대한 평가적인 요소가 내재된 개념이라 할 수 있다.

전문가의 윤리에서 이와 같이 가치를 중요시하는 이유는 지식, 기술과 함께 전문직 구성의 3대 요소 중 하나일 뿐만 아니라 가치가 윤리적 요소를 포괄하기 때문이다. 따라서 사회복지사는 전문직이 지향하는 가치를 바탕으로 윤리적 책임감을 갖고 실무에 임해야 한다. 즉, 개인의 가치와 존엄성, 개인에 대한 존경, 그리고 개인의 변화가능성에 대한 가치, 클라이언트의 자기결정과 참여, 비밀보장 등의 가치를 전제로 실천에 임해야 하는 것이다(양옥경, 2000).

그러나 가치는 추상적일 뿐만 아니라 때로는 행동과 불일치한다. 가치는 항상 높은 수준의 바람직한 상태를 요구하지만 행동은 매우 구체적이고 제한적이며, 또 전문직은 그야말로 전문적이고 공적인 가치를 지향하지만 서비스는 실제적이고 개인적인 가치 사이에서 실현되는 경향이 있다(김영란 · 박미은 · 서미경, 2001).

반면 윤리는 가치를 현장에 좀 더 실천적으로 적용하는 것이며, 윤리강령은 이런 실천의 지침 혹은 가이드라인을 제시한 것으로 이해할 수 있다. 따라서 윤리적 책임감이 있는 사회복지사는 전문적 능력인 지식과 기술을 갖추고 윤리강령을 준수하면서 실천하고자 노력하는 전문가를 의미한다(김경희, 2000 재인용).

만약 전문적 능력과 윤리적 책임 중 한 가지가 결여되거나 부족하게 되면 서비스의 질적 저하와 서비스에 대한 클라이언트의 만족감 저하를 초래하게 된다. 그러므로 사회복지사는 항상 가치와 윤리, 그리고 전문성의 관계를 인식하고 이를 실천현장에 적용하려고 노력해야 한다.[3)]

3) 로웬버그(Lowenberg, 1988)는 윤리의식의 기능을 다음과 같이 소개하고 있다. 첫째, 실천가들에게 윤리적 이슈뿐 아니라 윤리적 딜레마에 대한 지침을 제공하며, 정직하지 않고 무능력한 실천가들로부터 많은 사람을 보호하고, 전문가의 자기규제는 정부의 규제보다 우선하기 때문에 정부의 통제로부터 보호하며, 전문직의 내부갈등으로 인한 내부파멸을 예방하고 소송으로부터 보호한다.

(2) 윤리적 민감성

라부인(Rabouin, 1998)은 윤리적 민감성(ethical sensitivity)을 윤리적 이슈의 존재를 인식하고 그 상대적 중요성을 결정할 수 있는 능력이라고 하였으며, 래스트(Rest, 1983)는 특정 상황에 있는 윤리적 이슈를 규명하고 다양한 행위과정을 인식하는 능력이라고 하였다(최명민, 2008 재인용). 즉, 윤리적 민감성은 주어진 상황에 윤리적 이슈가 존재하는지를 파악하고 관련된 다양한 윤리적 문제의 상대적 중요성을 결정할 수 있는 능력이라고 정의할 수 있다.

윤리적 민감성은 옳음에 대한 판단과 결정, 그리고 행위와 관련된 정서적 통제가 함께 작용하는 다차원적인 요소로 구성된다. 이것은 윤리적 이슈에 대한 의사결정을 하는 시작단계에서부터 필요하다. 그러므로 윤리적 민감성이 부족하면 그 이슈를 인지하지 못하고 분석하지도 못하기 때문에 윤리적 의사결정의 단계를 진행하는 과정이나 또는 그에 맞추어 딜렘마를 해결하는 과정에서 어려움이 발생하게 된다. 따라서 사회복지사는 언제나 자신의 윤리적 민감성을 점검하고 클라이언트의 문제에 당면하여 윤리적 이슈를 점검하는 과정을 정례화해야 한다.

사회복지사의 윤리적 민감성은 사회복지사의 연령과 학력, 경력, 그리고 사회복지 수강과목의 수 등과 관련이 있다. 윤리적 이슈가 있는 실천 현장에 노출된 기간과 경력, 그리고 교육이 영향을 미친다. 그러나 실무경험이 많다고 하여 윤리적 민감성이 높은 것은 아니다. 사회복지사의 윤리에 관한 조사연구에 따르면 <사회복지윤리와 철학> 교과목을 수강한 응답자가 수강하지 않은 응답자보다 윤리적 민감성이 높았고, 또 외국의 연구에서도 윤리훈련과정의 사전 – 사후 비교나 수강자 – 비수강자 비교에서 유의미한 차이가 있는 것으로 나타났다(최명민, 2008). 이와 같은 사실은 윤리적 민감성을 높이기 위해서는 지속적인 교육과 훈련이 매우 중요함을 의미하는 것이다. 그러므로 사회복지서비스에 대한 수요와 관련 전문가가 지속적으로 증가하는 상황에서 전문가의 윤리적 민감성을 높일 수 있는 교육 및 훈련을 지속적으로 개발하고 참여하도록 하여야 한다.

이 외에, 사회복지사의 연령과 학력, 근무경력 등과 같은 개인의 인구사회학적 특성은 전문가의 윤리에 영향을 미친다. 김경희(2000)가 서울지역 사회복지관의 사회복지사를 대상으로 윤리적 책임성을 조사한 결과, 전반적으로 사회복지사의 윤리적 책임수준은 높은 편이지만 연령과 직위, 학력, 실무경력, 취업 전 자원봉사, 그리고 전문성 관련요인에 따라 영향을 받는 것으로 나타났다. 즉, 연령이 높을수록 윤리적 책임성이 높으며, 직위가 높고, 자원봉사경험이 있고, 실무경력이 많은 경우 윤리적 책임성이 높은 경향이 있었다. 이것은 사회복지실천에 노출될수록 전문가의 윤리도 강화될 수 있다는 것을 시사한다. 또 윤리는 교육과 훈련을 통해 학습되고 증진될 수 있는 것이므로 사회복지실천의 질적인 제고를 위한 노력 속에 전문가 윤리에 대해서도 좀 더 관심을 가짐으로써 클라이언트와 조직, 사회에 대해 좀 더 책임감 있는 실천이 뒤따를 수 있도록 하는 것이 필요하다.

2) 전문성과 전문적 능력

전문성이란 사회복지사가 자신의 업무수행에서 필요로 하는 전문직 지식과 기술을 의미하여, 전문적 능력은 이런 지식과 기술의 보유 및 활용 정도를 뜻한다(김용민, 2011). 사회복지사의 전문석 능력과 태도는 사회복지사의 윤리와 많은 연관성이 있다.

그러나 사회복지전문직의 지식과 기술 수준의 분류가 명확하지 않기 때문에 전문적 능력과 태도를 규정하는 것도 쉽지 않다. 현장에서는 사회복지사를 초임(entry level) 사회복지사와 선임(advanced level) 사회복지사, 전문(specialist level) 사회복지사로 구분하기도 하고, 또 학력에 기초하여 학사, 석사, 박사와 같은 학위를 기준으로 전문적인 능력을 평가하기도 한다.

그러나 이와 같은 구분은 일정 정도 전문적 능력을 평가할 수는 있지만, 전문적 태도를 평가하고 구분하는 충분조건이라고 보기는 어렵다. 이런 의미에서 포춘(Fortune, 1994)은 학력이나 근무경력 등과 같은 가시적이고 양적인 기준보다는 모든 교과과정에서 사회복지실천을 위해 각 영역에서 필요하다고 생각하는 전문적 능력과 기술을 제시하고 있다(김용민, 2011 재인용).

〈표 4-1〉 전문적 능력의 제 영역

전문적 능력 (지식과 기술)	전문적 발달영역	• 자아인식 • 전문적 성장에 대한 책임 • 효과성 평가 • 사회복지실천 가치와 윤리에 대한 책임 • 다양성에 대한 이해와 그들과 함께 일할 능력 • 사회적 · 경제적 정의실현
	조직영역	• 기관의 사명과 철학, 정책에 대한 이해 • 기관의 공식적 · 비공식적 구조파악 • 관료조직 내에서 기능하는 능력 • 기록유지와 기록능력
	서비스 전달체계 영역	• 기관에 영향을 주는 국가 및 지방정부의 정책이해 • 지역사회에 대한 이해 • 지역복지서비스 전달체계에 관한 지식 및 활용
	기본적 대인관계기술 영역	• 대인관계에 필요한 의사소통기술 • 동료와의 관계형성기술
	개입영역	• 인간행동의 다양성에 대한 지식 및 적용 기술 • 면접기술, 사정, 개입계획 및 개입, 평가, 종결기술 • 집단사회복지실천 • 의뢰 및 사례관리 • 옹호

출처 : Fortune(1994). 김용민 2011 재인용.

사회복지사의 윤리적 책임과 관련이 있는 전문성은 전문가가 되기 위해 정규 교육과정을 이수하였다고 하여 불변하는 것은 아니다. 전문성을 높이기 위해서는 지속적으로 사회복지 관련 신문이나 전문서적을 탐독하는 노력을 해야 한다. 또 사회복지사는 지속적인 교육을 통해 사회복지의 가치를 함양하고 윤리적 책임을 강화해야 한다. 이와 같은 자기규제 및 자기책임은 급변하는 인구사회학적 환경에 대응하는 데 있어 매우 중요하다. 또 사회복지사들의 정기모임에 참여함으로써 최신 정보나 자료를 공유하고 협력하고자 하는 태도를 지향하거나, 위에서 제시한 전문적 발달을 위한 지식과 기술, 조직과 서비스 전달체계, 대인관계 및 개입을 위한 지식과 기술을 갖추는 것도 윤리적 책임을 높이는 유효한 방법이다(김용민, 2011). 이는 전문성과 윤리성 간에 불가분의 관계가 있으므로, 전문성을 향상시키기 위한 지속적인 교육과 이를 뒷받침하는 지원이 필요함을 의미한다.

3) 조직의 문화와 윤리

전문가의 윤리는 비단 클라이언트에 대한 윤리로 한정되는 것은 아니다. 특히 사회복지는 공적 자원을 사회적 약자에게 배분하는 과정과 그 결과를 통해 전문성을 발휘하기 때문에 전문가가 속한 기관과 지역사회, 그리고 사회적 책무에서도 자유롭지 못하다. 지금까지 사회복지전문가의 윤리문제는 주로 정신보건과 장애인복지분야에서 정신장애인의 자기결정권 이슈와 인권보장 문제, 전문직의 도덕적 의무와 온정주의적 태도 혹은 엄격성, 그리고 윤리적 딜레마 문제에 초점을 두어왔다. 하지만 전문가의 윤리적 이슈는 기관과 사회적 차원에서도 발생하고 있고, 이것은 직간접적으로 클라이언트에 대한 서비스에도 영향을 미친다. 그러므로 조직의 차원에서도 윤리문제에 관심을 기울여야 하는데, 여기서는 기관장의 리더십과 조직의 문화 측면에 주안점을 두고 살펴보도록 한다.

전문가가 속한 조직의 윤리는 크게 두 가지로 설명할 수 있다. 하나는 조직에 대한 전문가의 윤리이고 다른 하나는 사회적 책임이 있는 집단으로서의 조직의 윤리이다. 이 중 전자는 조직의 구성원으로서 가치관과 신념, 관심, 행동양식 등을 통해 전문적 집단이자 조직에 미치는 개인의 영향을 의미한다. 즉, 개별 사회복지사의 윤리의식과 관련된 것이라 할 수 있다. 실제 경기도의 사회복지사를 대상으로 한 조사결과에 따르면, 클라이언트와 동료, 기관에 대한 사회복지사의 윤리수준이 높을수록 행동의 준거에 영향을 미치는 공공서비스와 자기규제, 자기분야에 대한 신념, 그리고 자율성에 대한 신념이 높고, 또 직무나 보수, 인사정책, 직무감독, 동료관계를 포함하는 직무만족의 수준 또한 높게 나타났다. 이것은 전문가의 윤리의식이 전문성과 직무만족에 영향을 미침을 의미하는 것이다(김욱, 2009).

한편 후자는 사회복지조직의 전반적인 운영차원에서의 윤리를 의미한다. 이것은 공공성을 특징으로 하는 사회복지서비스의 제공자로서 조직의 윤리가 어떻게 실천되고 유지되는가에 관한 것이다. 한마디로, 조직 혹은 기업의 사회적 책임과 경영의 투명성 및 지속가능한 경영을 밑바탕으로 하는 윤리경영을 뜻한다.

요즘과 같이 사회복지에 대한 관심이 높아지는 때에는 사회복지조직, 활동, 운영의 투명성이 매우 중요하다. 비영리조직에 속하는 사회복지시설의 경우 재원이 공공기관이나 재단, 개인기부자, 협력후원자 등이고 이를 감독하기 위해 지방자치단체가 규제자 역할을 수행한다. 또 서비스 수혜자 및 이용자, 지역사회 등과 같은 이해관계집단이 상호 관계되어 있어, 이들에 대한 기관운영에 관한 보고와 평가의 책임성이 있다. 이에 한국사회복지사협회에서는 2007년도부터 3년 동안 일정 절차와 심사를 거쳐 선정된 기관의 기관장과 중간관리자 실무자에게 윤리경영 전문가 양성교육을 실시하는 사회복지윤리경영 선도 기관 육성사업을 시행해 왔다. 이런 사업의 주된 목적은 전문적 지식을 제공하여 관련 사례를 공유하는 다양한 활동을 통해 윤리경영의 인식을 확산하는 데 있다(한국사회복지사협회, 2010).

이와 같은 조직의 윤리경영 원칙 혹은 방침은 조직리더의 마인드와 조직의 문화와 관련된다. 이것은 사회복지사가 윤리적 행동에 의한 실천을 하도록 유도하는 데 있어 매우 중요하다.

먼저 조직리더의 마인드는 종사자의 인식과 역량, 조직의 방향 및 성과 등 다방면에 영향을 미치는 주요한 요인이다. 기관장의 리더십이 부족한 경우, 조직의 종사자들은 어떤 방향으로 사업이나 프로그램을 발전시켜야 할지 혼란스러워하고 또 클라이언트를 대할 때에는 정보 및 자원에 대한 제공이나 의사결정 면에서 긴장을 경험하게 된다. 결과적으로 조직뿐만 아니라 클라이언트에게도 부정적인 영향을 미치게 된다. 따라서 사회복지관의 기관장은 명확한 리더십을 갖고 전문가에게 방향을 설정해 주어야 한다. 이를 통해 전문가는 자신의 행동에 대한 윤리적 근거와 책임범위를 좀 더 명확히 하게 된다.

기관장의 리더십은 기관의 규정이나 행정절차의 명확성과도 연관된다. 리더의 비전이나 미션이 명확하면, 조직은 그에 부합하는 운영규정 및 절차를 만들게 되고 전문가와 종사자들은 그 기준을 준수하고자 노력한다. 즉, 조직의 역사가 있고 미션과 비전이 명확하여 리더가 그에 적합한 조직의 발전을 지향하고자 할 때 전문가들은 그에 부응하는 책임행동을 하게 되는 것이다(김경희, 2000). 이런 과정들이 순환적으로 클라이언트의 복지에 직간접적으로 영향을 미치기 때문에 전문가의 윤리적 행동은 조직 환경과도 밀접한 관련이 있다고 할 수 있다.

그리고 조직문화는 사회복지사의 시설에 대한 헌신성과 직원들 간의 협력, 소속기관에 대한 자긍심, 직원들 간의 신뢰를 이끌어낼 수 있고, 나아가 윤리적 행동과 효율적인 직무수행, 이용자의 만족도, 서비스 품질 제고 등의 조직성과를 이뤄낼 수 있기 때문에 조직문화와 성과는 밀접한 관련을 갖는다. 그러므로 간접적인 사회복지실천과정이자 영역인 조직의 운영과 관련된 윤리적 이슈 및 갈등 상황, 그리고 이에 대한 의사결정과 위기관리 등에도 관심을 기울여야 한다.

사회복지에서의 윤리문제를 클라이언트에 대한 서비스 영역으로 한정짓는 경향도 있어 간접적 실천으로서의 사회복지행정에 대해서는 윤리적 측면에서의 감독과 자정노력이 부족할 수 있다. 이런 경우 사회복지조직의 관리자는 클라이언트에게 서비스를 제공하는 조직의 종사자들의 능력을 간과하거나 프로그램 개발, 운영계획 수립, 조직구성 및 관리 등에서 윤리적 갈등에 직면할 수 있으며, 조직구성원이나 동료들과의 관계에서 비윤리적 행위를 인지하게 될 수도 있다(정기원, 2003).

하지만 이와 같은 종사자들의 비윤리적 행위는 결과적으로 전문성을 위태롭게 하고 조직에 대한 인식과 성과에도 부정적인 영향을 미치게 된다. 그러므로 조직에서는 직간접적인 실천에서의 윤리를 담보하기 위해 자체적으로 윤리위원회를 설치하거나 윤리감사제도를 도입하는 등과 같은 제도적 장치를 마련하여 사회복지의 직업윤리가 강화되도록 해야 한다.

요약하면 전문가의 윤리는 일순간에 획득되는 것이 아니며 고정된 것도 아니다. 전문가의 윤리는 오랜 기간 축적해온 사회문화적 가치에 대한 인식과 주변 환경의 영향뿐만 아니라 개인의 지속적인 역량강화 노력을 통해 형성되며, 또 변화가능하다. 사회복지사는 누구보다 소수이면서 취약한 클라이언트를 대상으로 도움을 주는 전문가이므로 이와 관련된 자기인식(self-awareness)을 바탕으로 지속적으로 계속교육 및 훈련을 통해 윤리적 역량을 강화하는 노력을 해나가야 할 것이다.

CHAPTER 05 윤리적 결정모델

사회복지사는 클라이언트에 대한 직·간접적인 실천과정에서 수많은 결정을 내려야 한다. 클라이언트가 최선의 선택을 할 수 있도록 원조해야 하지만 매번 그 결정과정이 쉽지 않다. 결정과정이 어려운 이유는 그 선택에 따르는 결과를 예측할 수 없으며, 선택할 수 있는 다양한 결정들이 가지는 각각의 위험과 유익을 수량화할 수 없기 때문이다. 두 개의 선택에서 갈등할 경우, 각 선택이 가져올 위험과 유익이 분명하다면 갈등할 필요가 없다. 그러나 만약 A결정을 선택하였을 경우 '가'에게는 유익이 되지만 '나'에게는 심각한 위험을 초래하게 된다면? 반대로 B결정을 선택할 경우 '가'에게는 위험이 되지만 '나' 혹은 '다'에게는 유익을 가져올 것이라고 예측된다면? 어떤 선택을 해야 할 것인지 심각하게 고민하지 않을 수 없다. 이것이 윤리적 딜레마이다.

사회복지실천의 가장 큰 어려움은 바로 이런 윤리적 문제에 부딪혀서 윤리적 딜레마를 해결해야 하는 경우이다. 물론 윤리적 문제에 대한 윤리적 결정이 반드시 클라이언트에게 만족스러운 결과를 가져온다고 보장할 수는 없다. 이는 위에서 언급했듯이 선택에 따른 결과를 누구도 예측할 수 없기 때문이다. 그러나 적어도 윤리적 딜레마를 해결하기 위해서 윤리적 결정과정에 따라 검토한다면 적어도 실천오류나 비윤리적인 실천은 피할 수 있다

미국의 경우에는 사회복지사들이 실천오류로 법정소송에 휘말리는 경우가 종종 있다. 그러나 우리나라는 사회복지실천 분야에서 윤리적 문제와 관련한 법정소송이 일어난 경우는 찾아보기 힘들다. 이에는 다음과 같은 해석이 가능할 것이다.

첫째, 개업실천(private practice)을 하는 사회복지사들이 소수이기 때문이다. 클라이언트들은 고액 혹은 일정의 이용료를 지불하면서 서비스를 받았음에도 불구하고 서비

스에 문제가 있거나 사회복지사의 실천오류로 더 큰 문제가 발생하였을 경우에 자신의 권리를 보호하기 위해서 법정소송을 제기한다. 그러나 우리나라의 경우, 사회복지사들은 대부분 기관에 소속되어서 서비스를 제공하고, 서비스를 받는 클라이언트들은 기관으로부터 무료로 물질적·정보적·정서적 수혜를 받는 경우가 대부분이다. 그러므로 클라이언트가 자신의 권리를 주장하는 것이 지속적인 지원을 받는 데 불리할 것이라는 불안감에 부당한 처우에도 불구하고 약자로서 침묵하는 경우를 추측해 볼 수 있다.

둘째, 서비스를 제공하는 사람이나 제공받는 양자 모두 윤리적 민감성이 낮기 때문이라고 볼 수 있다. 클라이언트의 입장에서는 사회복지분야에서 윤리문제가 제기된 경우를 쉽게 접할 수 없고, 사회복지사의 실천오류에 문제제기를 하거나 할 수 있다는 것을 모르는 경우가 대부분이다. 한편 사회복지사들은 그들의 실천에서 윤리적 민감성을 자극하고 성장시킬 수 있는 슈퍼비전이 체계화되어 있지 않은 것도 이유로 들 수 있다.

사회복지사로서 윤리적 실천은 단순히 법정소송을 피하기 위한 것이 아니라 전문가의 기본적 책임이다. 그러므로 이 장에서는 윤리적 문제의 발생상황, 윤리적 결정모델과 지침을 학습함으로써 전문가의 자질을 연마해야 할 것이다.

1 윤리적 문제의 발생

사회복지실천에서의 윤리적 문제는 직면한 상황에서 사회복지사가 해야 하는 도덕적으로 옳은 선택은 무엇이며, 비윤리적 행동을 피할 수 있는가에 대한 질문을 제기한다. 윤리적 문제가 발생하는 5가지 상황은 다음과 같다(김정자, 1993).

첫째, 두 가지 이상의 대립적 혹은 경쟁적 가치가 상충될 때, 둘째, 사회복지사의 의무가 서로 충돌될 때(대표적인 예로 기관에 대한 의무와 클라이언트에 대한 의무 사이의 갈등), 셋째, 클라이언트 체계가 다중적이어서 문제상황에 관련된 사람들 가운데 누구의 이익을 최우선적으로 고려해야 할지 명확하지 않을 때, 넷째, 사회복지사가 내린 결정이 클라이언트에게 장기적으로 어떤 결과를 초래할지 모호할 때, 마지막으로 힘 내지 권력이 불균형을 이룰 때이다. 이러한 갈등상황들은 문제에 따라 한 가지 이상이 동시에 발생하기도 하며, 사회복지실천의 초기단계, 계약단계, 개입단계, 종결단계 등 전 과정에 걸쳐 발생할 수도 있다. 이와 같이 복잡한 윤리적 갈등상황에 처한 사회복지사는 합당한 의사결정을 해야 하는데, 이는 이때 내린 결정이 사회복지실천의 전 과정에 지대한 영향을 미치기 때문이다.

1) 가치상충

윤리적 딜레마가 되는 상황에는 반드시 가치상충이 발생한다. 낙태를 원하는 클라이언트가 부모에게 자신의 상황을 알리지 말아달라고 할 때, '태아의 생명보호' 대 '미혼모의 자기결정', '낙태를 원하는 클라이언트의 자기결정' 대 '낙태금지법'을 준수해야 하는 전문가 입장 등이 상충한다. 또한 윤리적 문제에서 상충되는 가치뿐만 아니라 전문가의 가치와 개인적 가치의 상충, 클라이언트의 가치상충 등이 있을 수 있다. 사회복지사의 개인적 가치는 가족, 종교적 영향을 받는다. 기독교 신자인 사회복지사는 안락사나 낙태 등의 윤리적 딜레마 해결과정에서 개인적 가치와 전문가 가치상충의 문제를 해결해야 한다.

2) 충성심과 역할상충

갈등관계에 놓여있는 집단들이 제각기 사회복지사의 충성심을 요구하는 경우에 윤리적 문제가 발생한다. 우리나라의 사회복지사들에게 윤리적 갈등의 상황에서 어떤 선택을 할 것인가에 대한 연구결과 중 충성심의 갈등에 해당되는 내용이다(서미경 · 박미은 · 김영란, 2001). 제시된 사례의 내용은 시로부터 상당한 재정적 지원을 받고 있는 지역사회복지관의 사회복지사가 주민들로부터 시의 쓰레기 매립장 설립을 반대하는 운동에 협조해달라는 요청을 받은 경우이다. 기관의 이익을 위해 시에 대항해달라는 주민의 요구를 거절할 것인지, 아니면 클라이언트의 이익을 우선하여 시에 대항하는 주민운동에 참여할 것인지에 대한 갈등이다. 이와 같은 상황에 놓였을 때 여러분은 어떤 선택을 할 것인가? 다음의 보기 중 선택해 보자.

> ① 주민을 위하여 시와 대항한다. ② 시는 기관재정의 일부를 지원하므로 주민의 요구를 받아들이지 않는다. ③ 시와 정면대응하지 않고 주민에게 비밀리에 방법을 알려준다. ④ 기관회의의 결과에 무조건 따른다. ⑤ 기타

다른 윤리적 갈등(비밀보장, 자기결정 등)에 대한 설문응답에 비해서 '기타'가 월등히 높았다[1]. 연구자들은 이를 사회복지사들이 어떤 특정 체계를 옹호하기보다는 중재자 혹은 조정자의 입장에서 관련체계들 간의 타협점을 이끌어내려는 경향이 있음을 보여주는 것으로 해석하였다. 충성심을 요구하는 집단의 압력 앞에서 사회복지사들이 어떠한 결정을 내려야 할 것인지에 대한 고민을 현실적으로 보여준 흥미로운 결과이다.

3) 다중 클라이언트의 문제

다중 클라이언트의 문제는 전문가의 입장에서 윤리적 문제를 가져온다. 즉, 클라이언트가 한 명이 아니고 두 명 이상일 경우 이들의 이익이 상충될 경우에 누구의 이익을 우선할 것인가의 문제는 개입의 우선순위와 내용에 매우 중요하다. 더구나 한 클라이언트의 유익을 위한 선택이 다른 클라이언트에게 치명적이거나 큰 해를 가져올 가능성이 있는 경우에는 윤리적 딜레마에 부딪힌다.

장애인과 장애인가족에 대한 서비스를 제공하는 경우나, 부부상담을 하는 경우가 이에 해당된다. 예를 들어, 시설에서 퇴소하기를 원하는 장애인의 욕구와 장애인 돌봄을 할 여력이 없는 가족들 사이에서 취약한 장애인이 우선이기는 하나 가족들의 형편과 욕구도 외면하기는 쉽지 않다. 또한 부부 중 한 배우자가 다른 배우자가 알아야 할 중요한 문제에 대해 비밀보장을 요구하는 경우 등이 해당된다.

---

1) 사회복지사들의 응답결과는 ① 25.3%, ② 21.7%, ③ 18.1%, ④ 21.7%, ⑤ 29.2%로 나타났다.

4) 결과의 모호성

윤리적 문제에 대한 개입에서 가장 큰 어려움은 결과를 예측할 수 없는 것이다. 아무리 예상되는 결과들을 신중히 검토했다 하더라도 우리 삶에는 예측하지 못한 변수들이 너무나 많다. 예상치 못한 변수들의 영향으로 긍정적인 결과를 기대했는데 부정적인 결과가, 또는 반대의 경우들이 빈번히 발생한다. 전문가들은 때로 자신이 맡았던 사례들의 경험에 기초해서 클라이언트의 결정에 따른 결과를 쉽게 예측하고자 하는 오류를 범한다. 사회복지실천의 중요한 원칙 중의 하나가 개별화이다. 특정 조건의 클라이언트들이 내릴 결정의 결과들에 대해서 원조전문가가 이미 판단을 내린다면 진정한 개별화가 이루어질 수 없다. 그러므로 윤리적 실천을 위해서는 기존의 성공과 실패의 경험들을 현재의 사례에 적용하고자 하는 태도를 경계해야 한다.

5) 힘과 권력의 불균형

힘과 권력의 불균형은 다양한 클라이언트와 전문가 간에 발생할 수 있다. 사회적으로 소외된 클라이언트들은 그들의 입장을 대변하고, 이익을 옹호해줄 수 있는 자원들의 부족으로, 또는 이익이 상충되는 클라이언트 간, 기관행정가와 사회복지사 간의 힘과 권력의 불균형으로 윤리적 문제가 야기된다.

2 윤리적 결정모델과 원칙들

이 장에서는 콩그레스(Congress, 1999), 리머(Reamer, 1999), 로웬버그와 돌고프(Lowenberg & Dolgoff, 1996)의 윤리적 결정모델을 중심으로 살펴볼 것이다.

1) 콩그레스의 ETHIC 모델

콩그레스의 ETHIC 모델의 ETHIC은 각 단계의 앞 철자를 딴 명칭이다. 콩그레스의 모델은 로웬버그와 돌고프 모델보다 간결하면서도 함축적이다. 콩그레스의 ETHIC 모델을 사례에 적용해서 보다 쉽게 학습해 보도록 하자.

사례 5-1 | ETHIC모델 연습사례

김○○ 사회복지사는 현재 수년 전에 친부로부터 받은 성적인 학대로 어려움을 겪고 있는 이○○(여)에 대한 상담을 하고 있다. 이 클라이언트는 집을 나와 생활하고 있다. 아버지는 성학대와 관련하여 치료를 받았으며, 현재 초등학교 3학년 교사이다. 이○○는 그녀의 아버지가 자기학급의 아이들에게 성적으로 추근대는 문제가 있을 것이라고 의심을 하고 있다. 하지만 이○○는 이 문제와 관련해서 아동보호기관과 접촉하거나 아버지를 대면하기를 원치 않는다. 사회복지사는 클라이언트의 염려에 공감하면서도 아동보호기관에 증거나 문제들을 보고하기를 원하지 않는 클라이언트의 분명한 의사표현으로 인해 고민하고 있다. 그리고 이 문제에 대해서 보고를 해야 할 책임이 있는지에 대해서도 확신이 서지 않는다.

1. Examine : 개인, 사회, 기관, 클라이언트, 그리고 전문직 가치를 검토한다

윤리적 문제와 관련하여 사회복지사의 개인적 가치를 검토해야 한다. 사회복지사 개인의 가치는 직간접적으로 클라이언트의 결정에 영향을 미칠 수 있다. 사회복지사가 완전히 가치중립적일 수는 없기 때문에 윤리적 문제와 관련해서 자신의 가치가 영향을 미치지 않도록 스스로 모니터링할 수 있어야 한다. 또한 윤리문제와 관련해서 사회적 가치도 고려해야 할 것이다. 사회복지 전문직의 가치는 사회적 가치를 기반으로 하지만, 사회적 가치와의 차이는 우선순위와 동일한 가치에 대한 해석이 다르다. 기관의 가치는 기관의 사명 및 목적과 밀접한 관계가 있다. 기관에 소속된 사회복지사가 기관의 가치를 벗어나는 실천을 하기란 용이하지 않다. 마지막으로 클라이언트의 가치를 검토함으로써 다양한 선택의 기회를 고려해야 할 것이다.

위의 사례를 적용하면 성폭력을 가한 아버지와 대면하거나 다른 문제로도 연루되고 싶어하지 않는 클라이언트의 자기결정과 청소년에게 서비스를 제공하는 사회복지사로서 신고의 의무가 상충되고 있다. 문제는 현재 아버지의 학급의 아이들에 대한 성추행의 문제에 대한 확증을 김○○ 사회복지사가 갖고 있지 않다는 것이다. 이미 이○○의 아버지는 딸의 성추행과 관련해서 처벌과 치료를 받은 상태이며, 현재 추가된 성추행의 문제는 없다. 만약 현재 그러한 문제가 없음에도 딸 이○○의 강한 의심만으로 신고를 할 경우, 아버지의 사생활의 침해와 성학대에 노출된 아동에 대한 보호의 가치 등이 충돌한다.

2. Think : 그 상황에 적용되는 윤리강령과 법, 사례결정 등을 생각한다

사회복지사가 가장 먼저 상충되는 가치나 역할 등과 관련해서 검토를 해야 할 것은 윤리강령이다. 만일 사례에서 제기되는 윤리적 문제들에 대해서 일관되게 윤리강령이 동일한 내용의 지침을 제공한다면 윤리적 결정은 2단계에서 내려진다. 가령 무료급식을 담당하는 사회복지사가 급식업체로부터 부당한 이윤을 취한다면? 우리나라의 윤리강령의 I-3-4-다)에서 '다. 사회복지사는 업무와 관련해 정당하지 않은 방법으로 경제적 이득을 취해서는 안 된다'고 명확한 결론을 제시하고 있기 때문에 다음 단계를 진행하지 않아도 된다. 그러나 대부분의 윤리강령은 지침을 제공하는 수준이기 때문에 상충되는 가치나 다중클라이언트 등의 상황에서 여러 개의 윤리강령들이 적용된다. 예를 들어, 낙태를 원하는 청소년의 경우, 클라이언트(청소년)의 자기결정을 최대한 존중해야 하지만, 클라이언트(태아)의 권익옹호를 해야 하는 두 가지 윤리강령 중 선택을 하기란 매우 어렵다. 윤리강령은 각 조항 간의 위계가 없기 때문에 2~3개의 윤리강령이 충돌할 경우, 어떤 윤리강령이 우선한다고 답을 주지 않는다.

또한 윤리문제와 관련된 법을 구체적으로 고려해야 한다. 사회복지사가 클라이언트의 권익을 옹호하는 것이 중요하다 할지라도 불법적인 일에 가담할 수는 없다. 그러므로 관련법들을 검토하여, 합법적인 범위 내에서 상황을 고려해야 한다. 그러나 합법성만을 우선한다면 사회복지실천의 제약이 따르게 되는 경우가 발생하게 된다.

지속적으로 클라이언트의 권리를 침해하거나 실천상의 장애가 되는 법에 대해서는 이 문제를 공론화하여, 개정되도록 노력을 동시에 기울여야 할 것이다.

위의 사례의 경우, 윤리강령의 비밀보장과 관련된 내용을 검토하는 것이 적절하다. 우리나라의 윤리강령에는 Ⅱ-3 사회복지사는 클라이언트의 사생활을 존중하고 보호하며, 전문적 관계에서 얻은 클라이언트 관련 정보에 대해 비밀을 유지한다고 제시되어 있다.

성학대가 의심되는 경우에 비밀보장이 되는가? 그러나 윤리강령은 사회복지실천의 지침은 되지만 구체적인 상황에 대한 해결책을 제시해 주지 않는다. 윤리강령이 결정에 답을 주지 않는다면, 관련된 법들을 검토해야 한다. 관련법들의 주요 내용은 다음과 같다.

첫째, 아동 및 청소년 기관에 근무하는 종사자는 신고의 의무가 있다.

■ **아동 · 청소년의 성보호에 관한 법률**

제34조(아동 · 청소년대상 성범죄의 신고)

① 누구든지 아동 · 청소년대상 성범죄의 발생사실을 알게 된 때에는 수사기관에 신고할 수 있다.

② 다음 각 호의 어느 하나[2)]에 해당하는 기관 · 시설 또는 단체의 장과 그 종사자는 직무상 아동 · 청소년대상 성범죄의 발생사실을 알게 된 때에는 즉시 수사기관에 신고하여야 한다.

둘째, 아동 · 청소년대상 성범죄자의 경우 아동 · 청소년과 관련한 기관에 취업이 제한된다.

2) 1.「유아교육법」 제2조 제2호의 유치원 2.「초 · 중등교육법」 제2조의 학교 3.「의료법」 제3조의 의료기관 4.「아동복지법」 제3조 제10호의 아동복지시설 5.「장애인복지법」 제58조의 장애인복지시설 6.「영유아보육법」 제2조 제3호의 어린이집 7.「학원의 설립 · 운영 및 과외교습에 관한 법률」 제2조 제1호의 학원 및 같은 조 제2호의 교습소 8.「성매매방지 및 피해자보호 등에 관한 법률」 제5조의 성매매피해자등을 위한 지원시설 및 같은 법 제10조의 성매매피해상담소 9.「한부모가족지원법」 제19조에 따른 한부모가족복지시설 10.「가정폭력방지 및 피해자보호 등에 관한 법률」 제5조의 가정폭력 관련 상담소 및 같은 법 제7조의 가정폭력피해자 보호시설 11.「성폭력방지 및 피해자보호 등에 관한 법률」 제10조의 성폭력피해상담소 및 같은 법 제12조의 성폭력피해자보호시설 12.「청소년활동진흥법」 제2조 제2호의 청소년활동시설 13.「청소년복지 지원법」 제29조 제1항에 따른 청소년상담복지센터 및 같은 법 제31조 제1호에 따른 청소년쉼터 14.「청소년보호법」 제35조의 청소년 보호 · 재활센터

■ **아동 · 청소년의 성보호에 관한 법률**

제56조(아동 · 청소년 관련기관 등에의 취업제한 등)

① 아동 · 청소년대상 성범죄 또는 성인대상 성범죄(이하 "성범죄"라 한다)로 형 또는 치료감호를 선고받아 확정된 자(제11조 제5항에 따라 벌금형을 선고받은 자는 제외한다)는 그 형 또는 치료감호의 전부 또는 일부의 집행을 종료하거나 집행이 유예 · 면제된 날부터 10년 동안 가정을 방문하여 아동 · 청소년에게 직접교육서비스를 제공하는 업무에 종사할 수 없으며 다음 각 호에 따른 시설 · 기관 또는 사업장(이하 "아동 · 청소년 관련기관 등"이라 한다)을 운영하거나 아동 · 청소년 관련기관 등에 취업 또는 사실상 노무를 제공할 수 없다.

셋째, 신고의 의무를 다하지 않을 경우 과태료가 부과된다.

■ **아동 · 청소년의 성보호에 관한 법률**

제67조(과태료)

④ 제34조 제2항 각 호의 어느 하나에 해당하는 기관 · 시설 또는 단체의 장과 그 종사자가 직무상 아동 · 청소년대상 성범죄 발생사실을 알고 수사기관에 신고하지 아니하거나 거짓으로 신고한 경우에는 300만 원 이하의 과태료를 부과한다.

관련 법을 검토한 결과 김○○는 신고의무가 있으며, 이를 이행하지 않을 시 과태료도 부과되도록 되어있다. 그러나 현재 이○○의 아버지가 맡은 학급아이들에 대한 성학대의 증거가 명확하지 않은 것이 문제이다. 만약 이○○의 아버지가 어떤 수준의 처벌을 받았는지가 구체적으로 명시되어 있지 않으나 치료감호를 받은 것이라면 현재 교사로서 취업도 제한되어야 한다.

3. Hypothesize : 각기 다른 결정들의 가능한 결과들에 대해서 가정한다

어떤 상황이든, 다양한 대안들이 제시되었든 클라이언트가 내릴 수 있는 결정은 오직 한 가지이다. 어떤 결정을 내리느냐에 따라서 결과가 달라질 수 있는데, 문제는 결과를 정확히 예측할 수 없기 때문에 늘 어려움이 따른다는 것이다. 그러므로 이 단계에서 할 수 있는 최선은 다양한 결정에 따른 결과들을 가정하고, 충분히 검토하는 것이다.

위의 사례를 적용하여, 사회복지사가 비밀보장의 원칙을 고수한다면, 클라이언트 이○○는 아버지의 성학대와 관련하여 연루되고 싶지 않은 심적인 부담을 덜 수 있다. 만약 비밀보장의 원칙을 제한하여 사회복지사가 신고를 한다면, 그 과정에서 아버지의 성학대로 현재도 심리정서적 문제를 겪고 있는 클라이언트의 증상이 악화되는 등의 부정적인 영향을 미칠 수 있는 위험이 있을 수 있다. 그러나 비밀보장원칙을 고수할 경우 현재 성학대의 직접적 혹은 잠재적 위험에 노출되어 있는 아동들의 보호의 문제가 제기된다. 이○○가 강한 의혹을 제기한 데에는 충분한 근거가 있을 수 있으므로 신고를 하지 않을 경우 전문가로서의 책임과 잠재적 위험에 노출된 아동들을 성학대로부터 예방하지 않은 책임을 면할 수 없게 된다.

4. Identify : 가장 취약한 사람에 대한 사회복지헌신의 관점에서 누가 이익을 얻고, 누가 해를 입게 되는지를 확인한다

미국의 윤리강령에서 강조하는 사회정의의 원칙의 내용은 “사회복지사는 특히 사회적으로 취약한 위치에 있는 사람들을 위하여 그들과 함께 활동하고 사회적 변화를 추구한다”이다. 윤리적 문제에는 클라이언트뿐만 아니라 클라이언트 주변의 주요 인물들을 포함하는 다중 클라이언트체계가 포함되어서 결정이 쉽지 않다. 그러므로 사회복지사는 관련상황에서 가장 상처받기 쉬운, 취약한 사람이 누구인가를 파악하고, 그 입장에서 누가 이익을 얻으며, 누가 해를 입는지를 확인한다. 이 사례에서 비밀보장으로 이익을 얻는 사람은 심리적으로 안정감을 갖기 원하는 이○○와 사생활이 보호되는 이○○의 아버지이다. 또한 해를 입는 대상은 신고의무가 있는 사회복지사, 직접적 혹은 잠재적 성학대의 피해아동이다. 그렇다면 이 상황에서 가장 취약한 클라이언트는 누구이며, 누구의 입장에서 이익과 해를 고려할 것인가?

이미 성학대를 받고 후유증으로 문제를 겪고 있는 이○○도 취약한 클라이언트이다. 하지만 이○○는 현재 치료를 받고 있으며, 가해자로부터 보호를 받을 수 있는 상황이다. 반면에 이○○ 아버지의 학급아동들은 자신들이 성학대의 위험에 노출되어 있는지도 모르고 있으며, 혹은 현재 이미 성학대에 노출되어 있음에도 대처를 하지 못할 수도 있으므로 더 취약하다고 볼 수 있다.

5. Consult : 최선의 윤리적 선택에 대해서 슈퍼바이저와 동료들의 자문을 구한다

윤리적 결정은 사례를 담당하는 사회복지사 개인의 업무로만 여길 것이 아니라 적극적으로 슈퍼바이저와 동료의 자문을 구하여야 한다. 자문을 구함으로써 사회복지사가 미처 고려하지 못한 문제들, 법적인 문제들, 사회복지실천지식 등을 파악할 수 있다. 그러므로 윤리적 딜레마를 해결하기 위해서 공식적인 사례회의, 슈퍼비전을 적극적으로 활용하는 것이 바람직하다.

사회복지윤리경영 선도기관 육성사업이 2007년도부터 실시되어, 기관 내 윤리위원회를 설치하는 것을 권장하고 있다. 각 기관의 특성마다 빈번히 제기되는 윤리적 이슈들이 있다면 기관 내 윤리강령에 대한 세부지침들을 제시하고, 윤리위원회를 활발하게 운영하여 사회복지실천현장의 사회복지사들의 윤리적 딜레마를 효율적으로 다루는 데에 도움이 되도록 해야 할 것이다.

2) 리머의 윤리적 결정과정

1. 사회복지 가치와 임무들의 상충을 포함하는 윤리적 이슈들을 확인한다

가치와 임무가 상충되는 윤리적 이슈들을 확인하는 것이 첫 단계이다. 청소년 미혼모가 출산을 할지, 혹은 낙태를 할 것인지를 고민하고 있다. 더군다나 임신사실을 부모에게 알리기 원하지 않는 청소년 미혼모의 경우를 예를 들어보자. 이 사례에서 상충되는 가치들은 무엇인가? 클라이언트의 비밀보장과 자기결정, 청소년 미혼모가 출산이나 낙태를 결정할 경우에 만약의 위험으로부터 보호해야 하는 책임, 청소년 미혼모의 삶의 질과 태아의 생명보호의 가치 등이 충돌하게 된다.

2. 윤리적 결정에 따라 영향을 받게 되는 개인, 집단 및 조직을 확인한다

위의 사례에서 내릴 수 있는 윤리적 결정은 무엇인가? 부모에게 알리는 것과 비밀보장을 유지하는 것, 낙태와 출산, 아이의 양육과 입양 등의 결정들이 발생한다. 물론 상황에 따라 더 다양한 결정들이 생겨나게 된다. 각각의 예상되는 결정들을 놓고 본다면 이 상황에서 가장 민감하게 영향을 받게 되는 것은 청소년 미혼모, 태아라고 할 수 있다.

3. 모든 가능한 행동방침들과 각각의 방침에 포함되는 관계자 및 잠재적 유익과 위험을 임시적으로 확인한다

미혼모가 선택할 수 있는 행동들이 ① 국제입양(공개), ② 국내입양(비공개), ③ 시설입소해서 자녀양육, ④ 원가족 내에서 자녀양육, ⑤ 부모에게 알리지 않고 자녀양육하는 경우라고 할 때, 5개의 행동방침과 관련된 관계자 및 잠재적 유익과 위험을 표로 제시하면 다음과 같다.

〈표 5-1〉 미혼모의 입양과 양육선택에 따른 잠재적 유익과 위험

대 안		단기 결과	중장기 결과
국제/공개입양을 선택	유익	• 직장, 학업을 지속할 수 있음 • 사람들의 시선이나 편견으로부터 자유로움 • 아이양육에 대한 부담을 덜게 됨 • 공개입양이므로 자녀의 성장과 안녕에 대한 정보를 알 수 있음 • 양부모에 대해서 구체적으로 알고, 정보교류를 할 수 있음	• 결혼을 하는 데에 제약이 없음 • 경제적으로 안정됨 • 자녀가 외국에서 다양한 경험과 언어를 익히면서 살 수 있는 기회가 될 수 있음 • 자녀가 어떻게 성장하는지 알 수 있음
	위험	• 자녀의 성장을 보는 것이 오히려 고통이 될 수도 있음 • 자녀를 끝까지 양육하지 못했다는 죄책감이 큼 • 외국인부모들에게서 자녀가 문화적 충격을 받을 수 있음	• 자녀가 정체성의 문제로 고통 받음 • 입양아동에 대한 학대나 방임 등의 문제가 있을 수도 있음 • 결혼해서 비밀에 부치고 싶으나 자녀가 자신을 찾게 될 경우 남편 및 시댁가족들에게 알려질까 두려움

대 안		단기 결과	중장기 결과
국내/ 비공개입양 선택	유익	• 직장, 학업을 지속할 수 있음 • 사람들의 시선이나 편견으로부터 자유로움 • 아이양육에 대한 부담을 덜게 됨 • 한국인부모에게서 자라는 자녀가 정서적으로 더 안정적이며, 성장기에도 문제가 덜할 것임	• 자신이 학업이나 경제적인 면에서 성공할 수도 있음 • 자녀가 한국인으로서 특별한 문제없이 성장할 수 있는 기회가 많음
	위험	• 비밀입양이므로 자녀의 성장과 안녕에 대한 정보를 전혀 모름 • 자녀를 보고 싶어도 전혀 볼 수 없음	• 자녀가 자신이 입양되었다는 비밀이 혹시 알려지게 되면 충격을 받을 것이 걱정됨 • 입양아동에 대한 학대나 방임 등의 문제가 있을 수 있음 • 자녀가 언젠가는 자기를 찾을 것 같은 두려움이 있음
시설입소/ 자녀양육	유익	• 자립을 위한 준비과정의 도움을 받음 • 취업, 교육을 무료로 지원받음 • 보육시설이나 양육의 전문적 도움을 받음	• 자립할 수 있는 기반이 마련됨 • 전문가들의 도움(정보지원, 후원)을 지속적으로 받을 수 있는 기회가 더 많음
	위험	• 미혼모로서 사회적 편견/ 낙인을 받음 • 자녀양육의 부담과 스트레스가 큼 • 시설마다 지원하는 서비스의 질과 수준이 다름	• 전문가에게 지나치게 의존하여, 자립에 방해가 될 수 있음 • 주거문제를 해결하는 것이 쉽지 않음
양친과 동거/ 자녀양육	유익	• 심리적으로 안정을 얻고, 경제적 부담을 덜 수 있음 • 자녀가 조부모의 사랑을 받을 수 있음 • 부모로부터 양육기술을 배움 • 부모가 보육을 지원해 줌으로써 학업, 취업교육 등의 기회를 가질 수 있음	• 손주(손녀)로 인해서 부모와 관계가 더 좋아짐 • 부모로부터 경제적 도움을 얻을 수도 있음 • 심리적으로 안정되어서 자립을 위한 힘을 얻음
	위험	• 부모에게 경제적으로 부담을 줌 • 부모와 갈등이 더 커질 수 있음	• 자립과 독립을 위한 계획이 늦어짐 • 부모에게 심리적 · 경제적 부담이 됨 • 싱글맘으로서 낮은 소득, 자녀양육, 교육 등이 계속 문제로 남음
부모단절/ 자녀양육	유익	• 부모와 갈등의 소지가 없음 • 독립의 의지가 강해짐	부모에게 떳떳함
	위험	• 부모와의 단절이 마음의 부담이 됨 • 의지할 곳이 없어서 외로움 • 취업 시 보육이 부담이 됨	• 부모가 알게 될 경우 충격을 받음 • 자녀가 조부모의 사랑을 알지 못함

4. 관련성을 고려하면서 각각의 행동방침에 대한 찬성과 반대이유를 철저하게 검토한다

① 윤리이론, 원칙, 지침(예를 들면, 도덕의무론적 관점과 도덕목적론적 - 공리주의 관점 및 윤리적 결정지침)

② 윤리강령과 법적 원칙들

③ 사회복지실천이론과 원칙들

④ 개인적 가치(종교, 문화, 민족적 가치, 정치적 이념)와, 특히 자신의 가치와 상충되는 가치

찬성과 반대 이유를 검토할 때에 ①~④ 내용들을 충분히 검토해야 한다. 사회복지실천이론의 검토는 매우 중요하다. 왜냐하면 사회복지실천이론도 시대에 따라 변화하기 때문이다. 과거에는 20~30% 정도의 미혼모만이 양육을 했다면, 현재는 40~50%의 미혼모들이 양육을 선택하고 있다. 클라이언트의 변화에 따라 사회복지실천이론도 발전한다. 미국의 경우, 빈곤의 대물림의 가장 취약한 대상으로서 '미혼모'에 대한 집중지원과 서비스가 발전하였다. 특히 빈곤의 대물림의 원인을 교육중단으로 보고, 미혼모의 교육수준을 높이기 위한 적극적인 개입을 하고 있다. 우리나라에도 미혼모의 교육단절의 문제점을 인식하기 시작하면서 교육권을 보장하기 위한 대안학교 등을 지원하고 있다. 다른 예로서 과거에는 아동학대사실이 발견되면 학대아동을 부모와 분리시켜 위탁가정에 배치하는 정책과 실천방법들이 우선되었다면, 최근의 가족보존원칙은 되도록 아동을 부모와 함께 생활하도록 하고, 가정방문과 사례관리를 통해 아동보호를 하는 것이 장기적으로 아동복지에 더 유익하다고 본다.

5. 동료들과 전문가들(기관직원, 슈퍼바이저, 기관행정가, 변호사, 윤리학자)에게 자문을 구한다.
6. 결정을 내리고, 의사결정과정을 문서화한다.
7. 결정을 검토, 평가, 문서화한다.

3) 로웬버그와 돌고프의 윤리적 결정모델

윤리적 문제의 해결을 위해서 가장 먼저 해야 할 일은 윤리강령을 검토하는 것이다. 위의 두 개의 윤리결정모델은 윤리강령이 적절한 지침을 결정해 주지 못할 때에 고려하게 되는 단계들이다. 로웬버그와 돌고프(Lowenberg & Dolgoff, 1996)는 윤리강령에 적용되는 윤리규칙 스크린과 윤리원칙 스크린을 적용하도록 하고 있다. 로웬버그와 돌고프도 윤리적 결정과정을 제시하기는 하였으나 이 장에서는 윤리규칙과 윤리원칙 스크린을 중심으로 보고자 한다.

(1) 윤리규칙 스크린

윤리규칙 스크린(ethical rules screen)의 적용과정은 다음과 같다.

첫째, 윤리강령을 검토하고, 어떤 기준들이 적용되는지를 결정한다. 이 기준들은 사회복지사의 개인적 가치보다 우선한다.
둘째, 적용가능한 한 가지나 그 이상의 윤리강령 기준들을 따른다.
셋째, 특정한 문제에 대해 강령이 적용되지 않거나 또는 여러 개의 강령기준들이 상충되는 지침들을 제공하는 경우에는 윤리원칙 스크린을 적용한다.

사례 5-2 | 종료된 클라이언트와의 관계

사회복지전공 대학원생 A(여)는 실습기간에 작은 소도시에 위치한 유료 정신건강 클리닉에서 사례관리서비스를 담당하였다. 실습기간이 끝날 즈음 자신이 담당했던 클라이언트들 중 한 명인 B(남)에 대해 관심을 가지게 되었다. B는 A에게 실습 이후에도 연락을 해도 되는지에 대해서 물어왔고, A는 이 요구에 동의했다. 왜냐하면 A는 이 도시를 떠날 것이고, 다시 돌아올 것이라고 생각하지 않았기 때문에 이해갈등이나 이중적 관계의 문제가 일어날 것이라고 생각하지 않았다. B는 기회가 될 때마다 자신의 일상생활의 변화나 사건들에 대해서 A에게 편지를 보냈다. 이후 A 사회복지사는 다시 그 도시로 이사오게 되었고, 이를 알게 된 B는 임상서비스를 다시 시작해줄 것을 요청하였다.

〈위의 사례에 제시된 윤리적 고려점〉

클라이언트와 사회복지사의 전문적 관계의 규정, 이중관계의 부정적인 영향 등에 대한 고려가 있어야 한다.

클라이언트와 사회복지사의 관계는 1차적 관계가 아닌 전문적 관계이다.

가족이나 친구 사이의 관계와 같은 1차적 관계에서는 특별한 한계가 있을 수 없다. 반면 전문적 관계는 도움을 요청한 특정 개인의 행동과 환경에 초점을 둔다. 이 관계는 목표가 달성되면 종결된다.

윤리적 문제가 발생하는 중요한 원인 중 하나는 전문적 관계에서 허용하는 범주를 넘어서는 도움을 클라이언트가 요구하기 때문이다. 비록 관계가 제한적이라 하더라도 사회복지사는 클라이언트에게 어느 정도 감정적 반응은 보일 수 있다. 그러나 전문적 관계에서는 윤리적 문제를 야기할 수 있다. 사회복지사는 객관성을 잃게 되어 클라이언트를 돕는 것이 아니라 오히려 해를 끼칠 위험이 발생할 수 있다.

① 한국사회복지사윤리강령

Ⅱ-1 사회복지사는 클라이언트의 이익을 최우선의 가치로 삼고 이를 실천하며, 클라이언트의 권리를 존중하고 옹호한다. Ⅱ-2-1) 사회복지사는 사회복지 실천 과정에서 클라이언트의 자기 결정을 존중하고, 클라이언트를 사회복지 실천의 주체로 인식하여 클라이언트가 자기결정권을 최대한 행사할 수 있도록 돕는다

클라이언트 B는 사회복지사 A가 자신에게 서비스를 제공해 주기를 원하고 있다. A가 B의 심리적 변화나 문제들을 다른 사회복지사들보다 더 깊이있게 이해하고 있다고 볼 수 있다. 그러므로 클라이언트의 욕구와 원함의 측면에서는 사회복지사 A가 사례를 맡는 것을 고려해 볼 수 있다. 정신건강이 취약한 클라이언트 B는 전문적 관계를 다시 맺는 것이 거절당했을 경우에 심리적인 충격과 기관과 전문가들에 대한 불신의 감정으로 서비스 자체를 거부할 수도 있다. 하지만 인간적이고 사적인 관계가 이미 형성된 사회복지사와의 전문적 관계가 클라이언트에게 장기적으로 유익이 될 수 있을지는 심각하게 고민해야 할 것이다.

② 전미사회복지사윤리강령

> • 사회복지사는 어떠한 전문적 관계에 의해서도 불공정한 이득을 취해서는 안 되며, 자신의 사적인 행동으로 인해 사회복지전문직으로서의 책임을 이행하는 능력에 방해가 되는 일이 일어나지 않도록 해야 한다.
> • 사회복지사는 클라이언트나 이전의 클라이언트였던 사람에게 잠재적으로 위험할 수 있거나 혹은 악용의 위험이 있는 이중 · 다중 관계를 허용해서도, 맺어서도 안 된다. 사회복지사는 분명하고, 적절하며, 문화적으로 민감한 경계를 설정할 책임이 있다.
> • 사회복지사의 1차적인 책임은 클라이언트의 복지를 증진시키는 것이며, 이용되거나 잠재적 해를 입을 위험이 있는 클라이언트나 과거에 클라이언트였던 사람과 이중 또는 다중의 관계를 맺어서는 안 된다.

미국의 윤리강령은 우리나라의 윤리강령보다 조금 더 구체적으로 이 문제에 대한 지침을 제공한다. 사회복지사 A와 클라이언트 B는 이성관계이며, 더군다나 전문적 관계가 종료된 이후에도 지속적으로 B로부터 연락을 받아왔다. 사회복지사 A는 자신이 이 도시로 다시 돌아올 것이라고 전혀 예상하지 못했기 때문에 이러한 관계가 이중관계를 야기할 것이라고 예측하지 못하였다.

우리나라의 윤리강령은 위의 사례와 관련하여 구체적인 지침을 제시하고 있지 않지만 미국의 윤리강령에는 이중적 관계를 되도록 피하도록 하고 있다. 그러므로 윤리규칙 스크린의 두 번째 단계에서 본 사례는 윤리적 결정을 내릴 수 있게 된다. 그러나 만약에 사례에 적용되는 윤리강령들이 상충하여 결정을 내리기 어렵다면 윤리원칙 스크린을 기준으로 윤리적 결정을 내린다.

(2) 윤리원칙 스크린

특정 문제에 대해서 강령이 적용되지 않거나 또는 여러 개의 윤리강령들이 상충되어 결정을 내리기 어려운 경우, 최후의 수단으로 윤리원칙 스크린(ethical principles screen)을 적용한다. 이 장에서는 로웬버그와 돌고프의 7가지 원칙을 소개하고자 한다. 윤리원칙은 위계성을 가지기 때문에 윤리적 쟁점 중 3원칙과 1원칙이 상충될 경우 1원칙을 우선하여 결정을 내리도록 되어 있다. 그러나 학자마다 윤리원칙의 내용이 조금씩 다르고, 원칙의 순위도 차이가 있기 때문에 윤리적 결정과정을 거치지 않고, 윤리원칙을 그대로 적용하는 것은 바람직하지 않다. 예를 들어, 로웬버그와 돌고프의 자율성과 자유는 3순위의 원칙인데 반해서 양옥경의 윤리적 원칙[3]에서는 2순위이다.

■ **로웬버그와 돌고프의 윤리원칙**

① 생명보호의 원칙	② 평등과 불평등의 원칙
③ 자율성과 자유의 원칙	④ 최소손실의 원칙
⑤ 삶의 질의 원칙	⑥ 사생활 보호와 비밀보장의 원칙
⑦ 진실성과 정보개방의 원칙	

① 생명보호의 원칙

생명보호는 다른 원칙들에 가장 최우선한다. 윤리적 원칙을 제시한 여러 학자들의 경우에도 공통적으로 제1원칙이 생명보호이다. 생명보호는 매우 직접적 위협이나 잠재적인 위험의 상황을 모두 포함한다. 더 나아가 기본적인 의식주와 신체적 혹은 정신적 건강을 보호하는 것과 같이 인간의 생명에 위협이 되는 조건들로부터 보호하는 것까지를 모두 포함한다.

② 평등과 불평등의 원칙

평등과 불평등의 원칙은 관계가 동등한 사람들은 평등하게 대우받아야 하고, 동등하지 않은 관계 자체로 인해 문제가 발생하였다면 불평등하게 처우받아야 한다는 것이다. 예를 들어, 성매매를 한 성인과 청소년은 관계 자체가 불평등한 가운데서 문제가 발생한 것이기 때문에 성인과 청소년을 동등하게 취급하지 않는다. 그러므로 청소년을 보호할 의무는 성매매를 한 성인의 비밀보장을 존중할 의무에 우선한다. 성매매자들의 신상공개도 이중처벌 등의 논란의 여지가 많았지만 청소년들을 보호해야 하는 사회적 의무와 책임이 성매매자들의 비밀보장보다 우선한다고 본 것이다.

3) 양옥경의 윤리적 원칙은 다음과 같다.
1. 생명보호의 원칙 2. 자기결정원칙 3. 비밀보장원칙 4. 진실성원칙 5. 균등원칙
6. 객관성원칙 7. 최소손실원칙 8. 효율성원칙 9. 규칙준수원칙

③ 자율성과 자유의 원칙

사회복지사는 사회복지실천과정에서 개인의 자율성과 자유를 존중하는 결정을 내려야 한다. 그러나 개인의 자율성과 자유도 자신이나 타인의 생명을 위협하는 경우에는 허용되지 않는다. 클라이언트의 선택의 결과가 사회복지사가 볼 때에 손실을 가져올 수 있을 것으로 예측되더라도, 그 선택이 자신이나 타인의 생명을 손상시키는 것이 아니라면 최대한 존중해 주어야 한다.

사례 5-3 | 정신장애인의 장래결정

정신장애인이 퇴소 이후에 행정고시를 준비하겠다고 결정하였으나 사회복지사는 클라이언트의 신체적·정신적 수준이 행정고시를 준비하기보다는 직업재활훈련을 받으며 직업재활장에서 일정 소득을 가지는 것이 훨씬 유익이라고 판단하였다. 그러나 정신장애인이 자신의 결정을 주장해서 몇년간 행정고시를 준비하였으며, 지속적으로 실패하였다. 이후 정신장애인은 행정고시가 아니라 9급 공무원시험을 준비하겠다고 고집을 피웠다. 가족들도 직업재활을 강력하게 권유하였으나 본인의 의지가 너무 확고하여 공무원 시험준비를 하게 되었다. 이 경우 클라이언트의 결정이 사회복지사의 판단으로는 바람직하지는 않으나 그 결정이 본인이나 타인의 생명을 위협하는 결정이 아니라면 존중되어야 한다.

④ 최소손실의 원칙

최소손실의 원칙은 손실만 초래될 가능성이 높은 선택의 상황에서, 비록 손실이 발생하더라도 영구적 손실이 가장 최소화되거나 혹은 손실이 가장 쉽게 회복될 수 있는 기회를 선택해야 한다는 것이다. 다음에 제시된 사례는 샴쌍둥이의 분리수술판결을 내린 법원에서 최소손실의 원칙을 적용한 예이다.

사례 5-4 | 샴쌍둥이의 분리수술

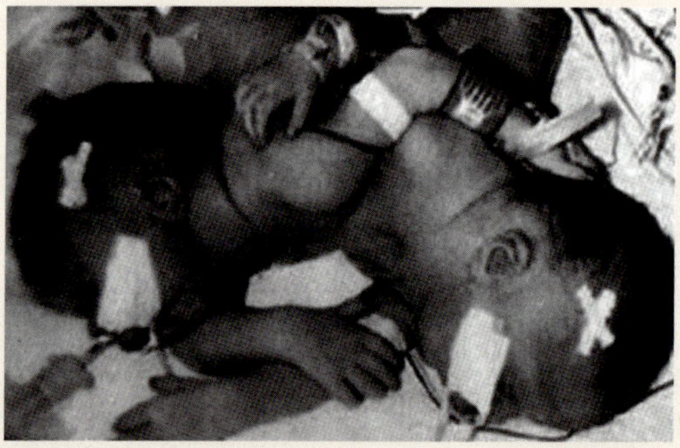

영국에서 몸이 붙은 채 태어난 샴쌍둥이 '조디'와 '메리'의 분리수술문제가 화제가 되었다. '조디'는 정상적인 폐와 심장을 가지고 있으나 '메리'는 폐와 심장이 제 기능을 하지 못해 '조디'의 핵심 신체기관에 의지해 살고 있다. 분리수술을 하면 조디는 건강한 삶을 살 수 있으나 분리하지 않으면 수개월 내에 둘 다 죽게 된다.

영국법원은 한 아이라도 살리자는 뜻에서 수술을 하라는 판결을 내렸지만 로마 카톨릭 신자인 부모와 카톨릭교회, 일부 단체는 법원의 판결을 강력히 비난하고 나섰다. 아이들의 부모는 '우리가 한 아이를 살리기 위해 다른 아이가 죽어야 한다는 것을 받아들이거나 생각할 수가 없다. 우리는 하느님을 믿으며 두 딸에게는 어떤 일이 일어나든 하느님의 결정에 기꺼이 따르겠다'며 분리수술을 거부하였다.

이때 영국법원의 판결에서 수술을 결정하게 된 중요한 원칙이 바로 '최소손실의 원칙'이다. 법원의 입장을 요약하면 다음과 같다. 법원에서 결정을 내리기 위해서 세 가지 중요한 질문이 제기되었다. ① '메리'로부터 분리되는 것이 '조디'에게 가장 유익한 것인가? ② '조디'로부터 분리되는 것이 '메리'에게 가장 유익한 것인가? ③ 이렇게 이익이 갈등상황에 놓여져 있을 때 법정은 균형을 잡을 수 있는가? 다른 사람의 이익을 손상시켜도 좋다고 허락할 수 있는가?이다.

'조디'의 이익 면에서 본다면 수술은 최선이 될 것이다. 수술을 통해서 정상적인 삶을 살게 될 것이 확실하기 때문이다. '메리'의 복지적 측면에서 볼 때는 그녀의 생명을 끝내는 수술을 받는 것이기 때문에 최선일 것 같지는 않다. 그러나 법정의 책임은 각 아동의 최상의 복지를 구현하도록 돕는 것일 뿐만 아니라 '최소손실의 원칙'을 따라야 한다. 비록 '메리'는 생명에 대한 권리를 가졌지만 계속 살아가는 것에 대한 권리는 거의 없다고 보았다. 그러므로 살아있다는 오직 그 하나의 이유만으로 '조디'의 심장에 의지해서 공생적인 삶을 살게 된다면 '조디'의 생명을 단축시키게 될 것이다. 그러므로 법적으로 수술을 실시해야 한다고 결정을 내렸다.

⑤ 삶의 질의 원칙

사회복지사는 개인과 지역사회 주민들의 삶의 질을 보다 향상시키는 기회를 선택해야 한다. 이 원칙의 적용에는 매우 민감하게 생명보호의 문제와 밀접한 경우들이 많다. 특히 안락사의 경우 삶의 질과 생명보호의 원칙이 상충되는 상황이 되는 것이다. 윤리적 원칙에 의하면, 삶의 질의 원칙은 생명보호의 원칙보다는 우선할 수 없기 때문에 생명보호가 우선이다. 본문에 제시된 안락사 허용 판결의 경우는 클라이언트의 삶의 질과 생명보호가 얼마나 민감하게 상충될 수 있는가를 보여주는 예라고 할 수 있다.

사례 5-5 | 안락사 허용 판결

불치병을 앓고 있는 다이앤프리티(47세)는 퇴행성 운동신경세포장애라는 불치병을 앓고 있다. 그는 지금 손발을 사용할 수 없고, 걸을 수도 없다. 언어장애를 겪고 있어 의사표현도 불완전하다. 어른의 사고와 지식을 갖고 있을 뿐 신체조건은 아기보다 못하다. 남의 도움이 없다면 생명유지가 어려운 고통 속에 있다. 자살을 하고 싶어도 스스로는 할 수 없다. 프리티는 이런 삶을 지속하는 것이 무의미하다고 생각해서 안락사를 원하고 있다. 남편과 두 아이도 이를 찬성하고 있다. 프리티는 영국 총리에게 안락사를 금지하는 현행법을 변경해 줄 것과 남편이 자신을 안락사시켜도 자신이 죽은 이후에 남편을 살인교사죄로 처빌하시 말아달라고 검찰에 요청을 하였다. 그러나 검찰은 현행법은 자살보조나 자살교사를 살인으로 간주하고 있다며 거절하였다. 프리티는 '죽음에 이르는 병을 앓고 있는 자신과 같은 환자에게 검찰의 처사는 인권법을 위반한 것'이라고 항변하였다. 정부의 판단에 반발해 제기한 소송에서, 법원은 이를 사법적으로 재검토하라고 판결했다. 판사는 '가능한 한 빨리 다음 단계의 법적 절차(안락사를 허용)가 이뤄지기를 바란다'고 말하자 다이앤프리티는 울음을 터뜨렸다.

⑥ 사생활 보호와 비밀보장의 원칙

사회복지사는 클라이언트의 사생활을 보호하고, 비밀보장의 원칙을 준수해야 한다. 실천현장에서 다른 원칙보다도 사회복지사는 비밀보장과 자기결정에 대해서는 상대적으로 지식을 갖추고 있다. 그러나 여전히 장애인생활시설이나 노인요양시설 등에서의 클라이언트의 사생활보호가 되지 않는 문제, 비공식석상에서 동료와 클라이언트나 사례에 대한 이야기를 하는 등 사생활 보호와 비밀보장과 관련한 민감성의 수준은 더욱 향상되어야 한다.

⑦ 진실성과 정보개방의 원칙

사회복지사는 클라이언트와 다른 사람들에게 진실을 이야기해야 한다. 그러나 진실을 이야기하는 것과 솔직한 것과는 다소 차이가 있다. 이는 사회복지사의 자기노출과도 관련되는데 사회복지사가 클라이언트의 모든 질문에 솔직하게 답할 필요는 없다는 것을 의미한다. 다만, 이야기하는 내용에 대해서는 진실해야 하는 것을 의미한다.

또한 사회복지사는 클라이언트와 관련한 정보들을 충분히 개방해야 한다. 사회복지사가 임의로 정보를 일부러 차단하거나 제한되게 제공해서는 안 된다. 광범위하게는 클라이언트의 기록에의 접근도 포함된다. 그러나 모든 기록을 개방해야 한다는 것을 의미하는 것은 아니다. 예를 들어, 클라이언트의 부모나 교사와 상담한 내용에 대해서 클라이언트가 정보개방을 원한다고 해서 모든 상담기록을 공개하는 것은 오히려 유익하지 않을 수 있다. 정보개방은 클라이언트에게 필요한 정보와 관련된 정보를 충분히 제공해 주어야 하는 것이다.

이 장에서는 윤리적 딜레마를 해결하기 위한 여러 연구자들의 윤리적 결정모델, 윤리적 원칙들을 제시하였다. 윤리적 결정모델은 결과를 예측할 수 없는 상황에서 전문가에게는 윤리적인 선택을 위한 과정을 제시해 준다. 설령 선택의 결과로 예측하지 못한 실패와 부정적인 문제가 발생하더라도 윤리적 결정모델에 따라 충실히 검토하였다면 전문가는 보호받을 수 있다. 이 장에서 제시한 윤리적 결정과정은 각 연구자마다 강조점과 내용들에서 다소 차이는 있지만 다음과 같은 공통점을 가진다.

① 상충되는 윤리적 이슈와 관련하여 개인적·사회적·전문적 가치를 파악한다.

② 윤리강령, 관련법, 사회복지실천이론 등의 내용들을 검토한다.

③ 대안을 설정하고, 각 대안의 유익과 해를 검토한다.

④ 동료 혹은 슈퍼바이저로부터 자문을 구하고, 문서화한다.

PART

03

윤리적 딜레마와 결정

CHAPTER 06 생명보호

인간의 생명은 탄생과 성장, 노화, 죽음으로 이어지는 연속적 과정으로 설명된다. 의학지식과 기술의 발전에 따라 생명 및 의학과 관련한 윤리 영역의 고민이 점차 넓어지고 있다. '생명', '사회복지', '윤리'는 강한 개념 고리로 연결되어 있으며, 인간의 존엄성을 기반으로 숙고해야 할 주제이다(강기정, 김제선, 신규철, 최미경, 최세영, 2021).

생명보호와 관련된 사회복지 윤리 쟁점들로는 미혼모의 임신과 출산, 임신중단에 대한 개입, 영유아복지, 노인복지의 웰 다잉, 의료복지에서의 자기결정권 등이 있다.

사회복지 분야에서의 생명보호 윤리는 클라이언트 및 클라이언트 가족이 겪고 있는 빈곤문제와도 관련이 깊다. 예를 들어 임신중단을 고민하는 미혼모 혹은 기혼여성의 경우 임신중단을 결심하게 된 배경에 빈곤의 문제가 관련되어 있는 경우가 많다. 또한 생명보호 윤리는 클라이언트의 자기결정권 존중과도 관련된다. 임신중단의 경우, 태아의 생명보호와 함께 여성의 자기결정권 존중의 이슈가 상충된다. 연명의료중단 결정 역시 당사자의 자기결정권 존중과 생명보호윤리가 결합된 주제이다(우국희 외, 2014).

생명윤리와 관련된 이슈들에 대해 오랫동안 개인적, 전문적, 사회적 가치가 상충되어 왔다. 대표적으로 임신중단에 대해 법률적 허용한계를 어디까지 두어야 하는지에 대한 논의가 진행되어 왔으며, 생명중단 결정과 관련하여 존엄사를 어디까지 인정해야 할 것인지에 대해서도 다양한 논쟁들이 진행되었다. 근래 들어 이와 관련한 법률들이 개정되거나 새롭게 제정되는 등 여러 가지 변화가 진행되고 있다. 윤리적 차원에서 '생명'은 어떤 경우에도 가장 최우선적으로 보호받아야 할 대상임에는 분명하나, 생명보호와 관련된 여러 상황을 고려할 때 이 원칙을 어디까지 어떻게 적용해야 하는지 결정하기란 쉽지 않은 일이다. 이 장에서는 여러 가지 생명보호 이슈들 중 사회복지 분야에서 많이 발생하게 되는 임신중단과 생명중단 결정 이슈에 대해 사회복지사들이 겪는 윤리적 갈등상황과 윤리적 결정원칙에 대해 살펴보고자 한다.

1 임신중단결정

1) 임신중단의 개념 및 법적 규정

'임신중단'은 '자연분만기 이전에 인공적으로 모체 내에 있는 태아를 제거하는 일, 즉 자궁 내에서 발육 중인 태아를 인위적으로 모체 밖으로 배출시키는 행위'를 의미하며, '낙태', 또는 '인공임신중절'이라는 용어를 사용하기도 한다[1]. 우리나라에서는 1953년부터 「형법」에 의해 자기 낙태죄(제269조 제1항), 동의 낙태죄(제269조 제2항), 업무상 동의 낙태죄(제270조 제1항), 부동의 낙태죄(제270조 제2항)를 규정하여 낙태를 금지해왔으며, 「모자보건법」상 의학적 정당화 사유, 윤리적 정당화 사유, 우생학적 정당화 사유가 있는 경우의 예외상황 이외에는 낙태를 전면 금지시켰다.

그러나 2019년 헌법재판소에서는 이같이 낙태 당사자인 임부와 낙태를 도운 의사를 처벌하는 「형법」 낙태죄 조항들에 대해 헌법불합치 판단을 내렸다. 헌법재판소는 헌법불일치의 이유로 낙태죄 조항은 태아의 생명을 보호하기 위한 것으로 적당한 입법 목적을 달성하기 위한 적합한 수단이지만, 현재의 전면적이고 일률적인 낙태 금지법은 '여성의 자기결정권을 과도하게 제한'하고 '태아의 생명 보호를 실효적으로 하지 못하며', '안전하지 않은 방법으로 낙태를 실행하게' 하므로. 태아의 생명권 보호와 여성의 자기결정권 보호를 조화시킬 수 있는 제도를 법 개정을 통해 마련해야

1) 이와 같은 용어 사용의 차이는 위의 행위를 어떠한 관점에서 바라보는지와 관련된다. '임신중단'이라는 용어는 임신한 여성의 자기결정권 행사를 강조하는 시각이며, '낙태'는 「형법」상의 용어로 불법적 행위라는 관점이 개입된 것으로 볼 수 있다. '인공임신중절'은 「모자보건법」상 매우 제한적으로 적법성을 인정받는 상황에서의 행위를 의미한다(박용철, 2020). '낙태'는 '태아를 떨어뜨려 죽인다'는 부정적 의미를 떠올리게 되므로 여성주의 입장에서는 여성 당사자의 자기 의사와 결정에 의한 의미를 담은 '임신중단' 용어를 사용하는 추세이다(이혜정, 송다영, 2021).

한다고 밝혔다[2]. 「형법」에서 일률적으로 금지한 낙태가 허용되는 예외적 사유를 밝힌 「모자보건법」 제14조 및 「모자보건법 시행령」 제15조는 그 자체가 헌법불합치 판결을 받은 것은 아니지만 그 근간이 되는 「형법」의 헌법불합치 판결로 인해 개정이 불가피하게 되었다. 이 결정에서 헌법재판소는 2020년 12월 31일까지 개선 입법을 요청하였으나 2023년 현재까지 입법이 이루어지지 않아 입법 공백상태에 있다. 헌법재판소의 낙태죄 헌법불합치 결정은 낙태죄의 전면 합법화를 의도한 것이 아닌, 「모자보건법」에 규정된 위법성 조각사유에 해당하지 않는 모든 임신중절행위를 범죄화하고 있던 현 규정에 대하여 태아의 생명보호와 함께 여성의 자기결정권을 조화시킬 방안을 입법부에 위임한 것이라 할 수 있다(정애령, 2023).

헌법재판소는 새로운 입법시 기간과 사유의 측면에서 합법적 낙태의 확대를 요청하였다. 즉 낙태가 합법적으로 이루어질 수 있는 충분한 기간(22주 내외 등)을 설정하고, 다양하고 광범위한 사회적·경제적 사유를 합법적인 낙태의 사유로 포함하며, 낙태 결정 가능 기간과 사회적·경제적 사유를 조합하는 방식(사유와 관계없이 낙태가 가능한 기간의 설정 유무)과 함께 절차적 요건(상담요건과 숙려기간 등의 설정 유무 등)도 함께 검토할 것을 주문하였다.

현재 국회에는 「형법」상 낙태죄의 유지 여부, 낙태 허용 기간, 낙태 사유 등에 있어 상이한 내용을 담은 「형법」 일부개정안과 「모자보건법」 일부개정안 다수가 발의되어 있는 상태이다[3](김민지, 2022). 이 안들은 낙태에 대한 접근 방식에 있어 두 가지 입장으로 분류할 수 있는데, 「형법」상 낙태 죄 부분을 완전히 삭제하고 합법화된 낙태를 지원하는 절차를 「모자보건법」에서 정하는 방식과, 「형법」상 낙태 죄 부분을 수정하고 합법화되는 낙태의 절차와 한계를 「모자보건법」에서 정하는 안이다. 낙태와 관련한 법률을 정비함에 있어서는 낙태 허용 기간의 문제, 숙려기간의 문제, 사회·경제적 사유의 문제, 「모자보건법」상 상담의 문제, 미성년자 시술에 있어 동의의 문제, 의사의 정보 제공 의무 부과의 문제 등 수많은 과제들이 존재한다(연취현, 2023).

2) 헌법재판소 2019.4.11. 2017헌바127 결정.

3) 이 중 정부안을 살펴보면, 「형법」상 낙태죄를 유지하되 의사에 의해 의학적인 방법으로 14주 이내 낙태를 허용하고, 15~24주 이내에는 특정 사유(모체의 건강상 위험, 태아의 유전적 결함, 근친상간 및 강간에 의한 임신 등 기존 「모자보건법」에서 제시한 사유에 더해 사회·경제적 사유 포함)에 한해 허용한다는 입장이다.

「형법」상 낙태죄에 대해 헌법불합치 판결이 내려지면서 임신중단은 현재 불법적 범죄 행위로 다루어지지 않게 되었지만, 그렇다 하더라도 임신중단을 결정하는 데에는 태아의 생명권과 여성의 자기결정권의 충돌 문제가 여전히 존재한다. 태아는 생물학적으로 모체에 종속되어 있지만 생명권과 인간의 존엄성이라는 기본권을 지닌 주체라 할 수 있으며, 「헌법」상으로도 인간의 존엄 및 모성보호 규정에 의해 인권을 보장받고 있다(우국희 외, 2014).

그러나 다른 한편으로 임신은 여성의 몸 속에서 일어나는 현상이고 태아의 발달과 출산 후 양육에 대한 1차 책임은 여성이 질 수 밖에 없는 상황에서 원하지 않는 임신은 여성의 사회적 자유를 제한하고 여성의 몸에 대한 개인적인 자유를 침해하게 되는 것이다. 따라서 원하지 않는 임신을 조절할 수 있는 적절한 방법이 없을 경우, 여성은 임신중단을 피할 수 없게 된다. 임신중단에 대한 윤리적 결정에서 딜레마가 발생하는 이유가 바로 여기에 있다.

2) 임신중단에 관한 논쟁

(1) 임신중단 허용론

임신중단의 허용범위를 넓히고자 하는 입장은 주로 여성주의적 관점에서 제기되었다. 이러한 입장에서는 태아의 보호를 원칙적으로는 인정하지만 임산부의 자기결정권이 태아의 생명법익보다 우선되어야 한다고 주장한다. 개인의 자기결정권은 존엄한 인격권을 바탕으로 하여 인간이 자신의 생활영역에서 인격의 발편과 삶의 방식에 관한 근본적인 결정을 자율적으로 내릴 수 있는 권리를 의미한다. 임신 유지 여부에 관한 결정은 여성의 삶에 있어 근본적이고 매우 중대한 영향을 미치는 문제에 대해 스스로 결정하는 것으로, 여성의 인격권 핵심을 이루는 매우 중요한 기본권이라 할 수 있다(정애령, 2023).

임신중단을 법으로 금지하는 사회에서 임신 유지와 중단의 갈등 상황에 놓인 여성은 자기의 운명을 바꿀 중대한 결정을 내림에 있어 필요한 사회적 소통을 하지 못하고 선택 가능성을 부정당하게 된다. 이러한 상황에서 임산부는 어떠한 사회적 지지나 충분한 정보를 제공받지 못한 채 안전하지 못한 방법으로 임신중단을 실행할 수 있다. 임신중단결정을 법적으로 처벌하는 것은 임신한 여성에게 임신 유지로 인한 신체적 · 심리적 부담, 출산 과정에 수반되는 고통과 위험을 감내하도록 강제하는 것일 뿐만 아니라 이러한 사유들로 말미암아 임신 · 출산 · 육아 과정에서 발생하는 경제적 부담, 직장 등 사회생활에서의 어려움, 학업 계속의 곤란, 경력 단절 등을 포함한 각종 어려움을 강제하는 결과에 이를 수 있다.

임신한 여성이 임신의 유지 또는 종결에 관하여 내린 전인격적인 결정은 그 자체가 자기결정권의 행사로서 원칙적으로 임신기간 전체에 걸쳐 보장받아야 할 권리이다. 피임방법이 완벽하게 효과적이지 않은 상황에서 원치않는 임신을 사회가 강제하는 것은 여성의 결정권을 무시하고 부담을 가하는 것이다. 임신중단 여부의 결정은 개인의 가치판단, 종교적 신념, 개인적 양심에 따라 결정을 내릴 수 있어야 한다(우국희 외, 2014).

(2) 임신중단 금지론

임신중단에 대해 보수적으로 접근하는 입장에서는 "낙태는 살인이다"라는 구호를 내세우며, 태아의 생명권 보장이 우선되어야 한다고 주장한다. 이러한 입장은 기독교 윤리신학에서 강력히 주장하고 있으며, 생명우선론(pro-life)을 따르는 의료전문들에 의해서도 지지된다. 기독교윤리에서는 생명이 신으로부터 부여받은 것이기에 인간이 임의로 처분할 수 없는 영역임을 강조한다. 생명권은 선험적이고 자연법적인 권리로 인간으로 형성 중인 태아에게도 생명에 대한 권리가 인정되어야 한다고 본다. 인간 생명은 수태기에 시작되기 때문에 태아의 생명 또한 보호받아야 하며, 모의 생명이 위험한 경우 외에는 태아의 생명이 임산부의 다른 어떤 이익보다 우선하는 보호를 받아야 한다고 보는 것이다.

우리나라에서도 2019년 낙태죄 헌법불일치 판정이 내려지기 이전까지 「형법」상 낙태죄 조항에 의해 임신중단을 금지해 왔으며 태아의 생명 보호를 임산부의 자기결정권에 비해 우선시했다. 2012년 낙태죄 처벌 조항의 위헌 여부 심리에서의 헌법재판소 판결[4)]을 보면 "태아가 비록 그 생명의 유지를 어머니에게 의지하지만 그 자체로

4) 헌법재판소는 2012년 여성의 자기낙태죄 조항에 대해 합헌 결정을 내린 바 있다. 그 당시 결정(헌재 2012년 8월 23일 선고. 2010헌마402)에서 합헌과 위헌 의견이 각각 4명으로 나뉘면서, 자기낙태죄 조항이 임신한 여성의 자기결정권을 침해하지 않는다고 판단하였다.

모와 별개의 생명체이고 특별한 사정이 없는 한 인간으로 성장할 가능성이 크기 때문에 태아의 성장상태 즉 임신의 경과나 생물학적 분화 단계가 보호 여부의 기준이 될 수 없다"고 하면서 태아의 생명권이 임신한 여성의 자기결정권보다 우선해서 보장받아야 할 권리로 판단하였다(김문정, 2021).

임신중단을 반대하는 입장에서는 기본권 중의 기본권인 '생명권'에 제한을 가하는 임신중단 행위에 대해 '자기결정권'을 '생명권'과 같은 위상의 기본권으로 내세울 수 있는지, 한 기본권 주체의 자유를 보장하기 위해 다른 기본권 주체의 생명에 대한 보호를 포기하는 것이 비례의 원칙에 합당한 것인지 묻는다(연취현, 2023).

인간의 형상과 신체기관을 지니며, 의료적 도움을 받는다면 모체 밖에서도 충분히 생존가능성이 있는 태아를 법적 보호대상에서 제외시켜서는 안 된다고 주장하는 것이다. 이와 같은 입장은 생명의 존엄성을 강조한다는 점에서 의미가 있으며 생명을 최고의 가치로 보호하는 헌법의 사상, 그리고 사회복지 윤리원칙과도 일치하는 측면을 지닌다.

(3) 절충적 경향

임신중단 허용 여부에 대한 논쟁이 대체로 임산부 여성의 자기결정권과 태아의 생명권 간 대립적인 구도에서 문제를 파악하고자 했지만, 태아와 여성은 상호의존적인 관계이며 대립적으로만은 볼 수 없는 특별한 관계에 있다고 할 수 있다. 태아는 엄연히 모와는 별개의 생명체이지만 모의 신체와 밀접한 유대관계를 맺으면서 생명유지와 성장을 전적으로 모에게 의존하고 있다. 일정 경우 임신한 여성들은 자신이 처한 사회경제적 상황을 고려했을 때 임신과 출산 및 육아를 도저히 감당할 수 없고, 자녀를 출산하게 되면 어머니가 될 자신뿐만 아니라 태어날 자녀마저도 불행해질 수 있다는 판단을 하게 된다. 이는 가해자 대 피해자라는 단순한 관계로 임신한 여성과 태아의 관계를 고정시켜서는 태아의 생명 보호를 위한 바람직한 해법을 찾기 어렵다는 점을 시사한다(김문정, 2021).

임신중단 문제를 다루는 절충적 방식으로 임신 기간을 고려하는 방식, 임신중단 허용 기준을 적용하는 방식, 임신중단 결정 이전 필수적으로 상담을 거치도록 하는 방식 등이 있다.

임신기간을 고려하는 기간결정 방식은 임신중단의 사유와 관계없이 일정 기간 이내의 임신중단을 허용하는 것을 의미한다. 임신한 여성의 자기결정권을 가장 덜 침해하는 방식이라 할 수 있으며, 일반적으로 임신 초기 기간인 12주 이내 기간 동안의 임신중단을 허용하는 방식으로 이루어진다.

임신중단 허용기준을 적용하는 적응사유 방식은 임신중단이 허용되는 기준을 규정해 놓는 경우이다. 우리나라의 모자보건법에서 일정한 의학적 · 우생학적 · 윤리적 적응사유가 있는 경우 임신중단을 허용하는 경우가 이에 해당한다. 적응사유로 기존에 인정해 온 '의학적 적응사유', '범죄적 윤리적 적응 사유'와 더불어 '사회적 · 경제적 적응사유'를 들 수 있다. 사회적 · 경제적 적응사유에 대해서는 개념과 범위가 모호하고 객관적 판단이 어렵다는 이유로 활용에 반대하는 의견도 있으나, 임신은 여성의 직장생활, 사회관계, 학업 등 사회적 · 경제적 상황에 상당한 영향을 미치게 되므로 여성이 자신의 삶을 지속해가고 미래를 계획해 갈 수 있도록 사회적 · 경제적 사유를 인정하는 것이 타당하다는 의견이 힘을 얻고 있다.

한편 임신중단을 결정하는 모든 과정에는 상담이 필수적으로 지원되어야 한다. 경험이 풍부한 상담사를 통하여 임신과 출산, 임신중단 방법 및 후유증 등에 관한 의학적 정보를 제공하고, 더불어 출산과 양육, 육아에 관한 사회적 · 국가적 지원제도에 대한 정보를 제공하여 갈등상태의 임산부가 결정을 내리는 데에 도움을 받을 수 있도록 해야 한다. 나아가 임산부의 상황을 확인하여 사회적 · 경제적 임신중단 허용사유에 해당하는지 판단할 수 있다. 상담은 익명으로 이루어지고 어떠한 결론을 유도하지 않도록 유의해야 하지만 상담과정을 통해 임부는 태아의 생명에 대한 책임을 인식할 수 있고 사회적 · 경제적 지원에 대한 정보를 제공받을 수 있다. 궁극적으로 충분한 정보들에 기반하여 숙고한 뒤 최종적인 결정을 자기책임 하에 내릴 수 있도록 해야 한다(강지현, 민영성, 2020).

3) 임신중단결정에 대한 윤리적 의사결정

여기에서는 임신중단과 관련된 사례에 대해 로웬버그와 돌고프(Lowenberg & Dolgoff, 1996)의 윤리규칙 스크린을 적용하여 윤리적 결정을 도출해보고자 한다.

사례 6-1 | 임신중단결정에 대한 윤리적 의사결정 사례

이○○(17살, 여)은 교실에서 문제행동을 일으켜 상담센터에 근무하는 박○○에게 의뢰되었다. 이○○의 부모님은 최근 이혼하셨고, 이○○은 부모의 이혼에 적응하는 데에 어려움을 겪고 있다. 박○○이 상담을 진행하는 과정에서 이○○은 자신이 남자친구와 성관계를 맺었고, 현재 임신 중이라는 사실을 털어놓았다. 이○○의 남자친구는 고등학교를 자퇴한 후 아르바이트를 하고 있으며, 아이를 낳는다 해도 경제적 지원을 해줄 수 없는 상황이다. 이○○은 혼자 아이를 낳아 키울 자신도 없고, 부모나 남자친구로부터 도움을 받을 수도 없는 처지라 임신중단을 원하지만 어떻게 해야 할지 막막하고 불안하기만 한 심정이다. 사회복지사 박○○은 자신이 믿고 있는 종교적 신념에 따라 임신중단에 반대하는 입장이다. 임신중단이 도덕적으로 옳지 않으며, 이를 지지하거나 도움을 주는 일을 해서는 안 된다고 생각한다. 그러나 박○○이 근무하고 있는 상담센터에서는 임신중단에 대한 클라이언트의 자기결정권을 존중한다.

1. 윤리강령을 검토하고 어떤 기준들이 적용되는지 결정한다. 이 기준들은 사회복지사의 개인적 가치보다 우선한다.

이 사례와 관련된 한국사회복지사윤리강령을 살펴보면 전문에서 사회복지사가 '모든 인간의 존엄성과 가치를 존중하고 천부의 자유권과 생존권의 보장활동에 헌신할 것'을 규정하고 있으며, 동시에 '개인의 주체성과 자기결정권을 보장하는 데 최선을 다해야 함'을 규정하고 있다. 이를 볼 때 태아의 생존권 보장과 클라이언트의 자기결정권 존중이 상충되는 상황이라 할 수 있다. 한편 사회복지사는 자신이 속한 기관의 정책인 '임신중단에 대한 클라이언트의 자기결정권 존중' 정책에 따를 의무가 있다.

사회복지사 박○○의 개인적인 가치 체계로는 임신중단을 반대하지만 윤리규칙 스크린에서는 윤리강령의 사회복지사의 개인적 가치체계에 우선한다고 규정하고 있으므로, 사회복지사 박○○의 개인적인 반대의견은 이 사례의 윤리적 의사결정과정에 개입시켜서는 안 된다.

2. 적용가능한 한 가지나 그 이상의 윤리강령기준들을 따른다.

본 사례에서 명확한 것은 사회복지사 박○○의 개인적 가치체계를 윤리적 의사결정에 적용해서는 안 된다는 것이다. 이러한 경우 사회복지사는 ① 임신중단에 대한 자신의 개인적 신념을 클라이언트에게 공개하고 그럼에도 불구하고 상담을 지속할 것인지 클라이언트가 결정하도록 돕거나, ② 임신중단에 대한 사회복지사의 개인적 견해는 공개하지 않고 클라이언트가 임신중단 이외의 대안을 찾을 수 있도록 간접적으로 격려하거나, ③ 상담을 중단하고 클라이언트를 다른 사회복지사에게 의뢰하는 방법 중 선택하여 실천할 수 있다. ①, ②의 방법을 선택할 경우, 사회복지사는 끊임없는 자기인식을 통해 자신의 개인적 견해가 개입과정에 영향을 미치지 않도록 주의해야 한다.

칠먼(Chilman, 1987)은 사회복지사가 임신중단, 혼외정사, 입양 등의 주제에 대하여 자신이 가지고 있는 신념과 가치에 대해 깊이 숙고할 필요가 있으며, 이에 대해 객관적 실천을 수행하기 어렵다고 생각되는 경우 실천을 피하는 것이 바람직하다고 보았다. 즉 ③의 방법처럼 다른 사회복지사에게 의뢰하는 것이 보다 윤리적인 실천방법 중 하나가 될 수 있다.

3. 특정한 문제에 대해 강령이 적용되지 않거나 또는 여러 개의 강령기준들이 상충되는 지침들을 제공하는 경우에는 윤리원칙 스크린을 적용한다.

로웬버그와 돌고프(Lowenberg & Dolgoff, 1996)의 윤리원칙 스크린

1) 생명보호의 원칙
2) 평등과 불평등의 원칙
3) 자율성과 자유의 원칙
4) 최소손실의 원칙
5) 삶의 질의 원칙
6) 사생활 보호와 비밀보장의 원칙
7) 진실성과 정보개방의 원칙

이 사례에서는 클라이언트의 자기결정권 보장과 태아의 생명권 보호라는 강령규칙들이 서로 충돌하고 있다. 이 경우 윤리원칙 스크린을 사용하여 실천방법을 결정할 수 있다. 윤리원칙 스크린에서 '생명보호의 원칙'은 윤리원칙 1에 해당한다. 클라이언트의 자기결정권은 '자율성과 자유의 원칙'이라는 윤리원칙 3에 해당한다. 아이를 출산할 경우 클라이언트 이○○의 삶의 질 저하가 우려되기 때문에 '삶의 질 원칙'인 윤리원칙 5가 적용될 수도 있다. 그러나 한편으로 태아를 클라이언트로 보는 경우 임신중단시 보장받지 못하는 태아의 삶의 질 저하도 우려되므로 윤리원칙 5는 누구를 클라이언트로 보는지에 따라 상반된 결정을 내릴 수 있다.

결론적으로 윤리원칙과 우선순위에 따라 사회복지사 박○○은 태아의 생명보호를 위해 클라이언트 이○○에게 아이를 출산할 경우 필요한 정보와 지원체계에 대해 안내해 줄 수 있다. 클라이언트 이○○의 임산중단 사유에는 경제적 문제가 크게 작용하고 있는 상황이므로, 정부의 경제적 지원과 정서적 지원 서비스들을 연결하고 아이 양육시 경제적 지원을 받을 수 있는 방안과 내용에 대해 안내한다. 미혼모 시설, 미혼모에 대한 지원체계, 청소년 미혼모의 교육권 보장 등에 대해서도 정보를 제공하고, 출산 후 입양을 보내게 될 경우에 대해서도 관련된 절차를 안내한다. 이러한 실천을 통해 궁극적으로 클라이언트가 주체적으로 판단하여 결정을 내릴 수 있도록 돕는다.

2 생명중단결정

의학기술의 발전은 인간의 수명을 연장하고 노년의 삶의 질을 높이는 데에 기여하였다. 그럼에도 불구하고 '죽음'은 인간이 극복할 수 없는 영역이며 궁극적으로 수용해야 할 대상이라 할 수 있다. 근래 들어 웰다잉에 대한 관심이 높아지면서 관련 법적 조항들이 새롭게 제정되고 있으며, 존엄사, 안락사 등에 대한 대립되는 윤리적 입장들도 지속적으로 맞서고 있다(강기정, 김제선, 신규철, 최미경, 최세영, 2021).

이 장에서는 생명중단결정과 관련된 용어들의 정의와 이에 대한 찬반입장에 대해 살펴보고, 우리나라에서 최근 진행되고 있는 법 지침들의 제정 및 개정 내용과 함께 윤리적 의사결정을 위해 어떠한 점을 고려해야 할지 논의해보고자 한다.

1) 안락사/존엄사 용어의 정의

'안락사'나 '존엄사'라는 용어는 학계에 통일된 정의가 존재하지 않을 뿐 아니라 일상에서 문맥상 유사하게 사용되는 경향이 있어 분류가 어렵고 경계가 모호한 개념이지만, 생명윤리 관점에서는 구분될 필요가 있다(양준석, 2023). 이에 생명중단결정과 관련된 개념으로 안락사와 존엄사의 관계에 대해 살펴보고 이와 연관하여 의사조력 자살, 연명의료 중단의 의미에 대해서도 다루어보고자 한다.

우선 안락사(euthanasis)는 그리스어 'euthanatos'에서 기원한 것으로 'eu'는 '좋은', '평온한', '행복한'을 뜻하는 접두어이고 'thanatos'는 '죽음 신'을 의미하는 합성어이다. 고통 없는 편안한 죽음을 의미하며, "회복할 수 없거나 불치병으로 고통 받고 있는 환자를 고통에서 벗어나게 하기 위해 환자의 죽음을 유발시키거나 허용하는 관행이나 행위(이상목, 2005)"를 말한다.

안락사는 죽음에 이르게 되는 과정에서 본인 의지가 작용하는지, 즉 환자의 의지와 동의 여부에 따라 '자의적(voluntary) 안락사', '비자의적(non-voluntary) 안락사', '반자의적(involuntary) 안락사'로 구분할 수 있으며, 죽음에 이르게 하는 수단, 즉 행위에 대한 의사 관여 정도에 따라 '적극적(positive) 안락사', '소극적(negative) 안락사'로 구분하기도 한다(Singer, 1979, 김혜진, 2023 재인용).

자의적 안락사는 생명주체의 자발적 의사에 따르는 것으로 환자가 합리적 정신을 갖춘 상태에서 정보(설명)에 의거하여 본인의 자유로운 요청, 요구, 동의, 승낙에 의해 이루어진다. 비자의적 안락사는 생명주체가 안락사에 대한 의사를 표시할 수 없거나 의사결정이 불가능한 경우에 행해지는 것으로, 태어날 때부터 심각한 결함을 가진 신생아들 혹은 사고나 질병으로 인해 관련된 문제를 이해할 수 있는 능력을 상실한 식물인간이나 심하게 뇌에 손상을 입은 성인들이 그 대상이 될 수 있다. 반자의적 안락사는 생명주체의 의사에 반하여 안락사를 시행하는 경우로 심각한 윤리적 문제를 지닌다. 죽임의 동기가 죽임을 당한 사람의 고통을 덜어주기 위한 것이고 다른 사람이 볼 때 비록 그 사람이 죽는 것이 나을 것이라 생각되는 상황이라도 그가 살기를 원하는 한 어떠한 경우라도 그의 생명 권리는 존중받아야 하기 때문이다(우국희 외, 2014). 한편, 안락사 행위에 대한 의사의 관여 정도에 따라 적극적 안락사와 소극적 안락사로 구분된다. 적극적 안락사는 의사가 약물투여 등의 행위를 수행하는 것으로 한국 <의사윤리지침>에는 적극적 안락사를 금지하고 있다. 제36조(안락사 등 금지)에서는 제1항 '의사는 감내할 수 없고 치료와 조절이 불가능한 고통을 겪는 환자에게 사망을 목적으로 물질을 투여하는 등 인위적, 적극적인 방법으로 자연적인 경과보다 앞서 환자가 사망에 이르게 하는 행위를 하여서는 안 된다.'고 규정하여 적극적 안락사를 금지하고 있다.

관련하여 소극적 안락사에 해당하는 의사조력자살(physician-assisted suicide)은 환자 스스로 생명을 끊는 것을 의사가 도와주는 것을 의미하며, 본질적으로 자살에 해당한다. 불치의 질병으로 회복가능성이 없는 환자가 죽음을 희망하여 자살을 고려한다는 것을 알고 있는 의사가 환자에게 다량의 수면제나 진통제를 제공하거나, 그밖에 죽음에 이르게 하는 치명적인 약물에 대한 정보를 알려주는 방식으로, 의사가 직접 개입을 하지는 않지만 환자 스스로 죽음을 실행하게 되는 경우이다. 우리나라에서 의사조력자살은 「형법」상 자살교사·방조행위(형법 제 252조 제2항)에 해당되어 처벌의 대상이 된다. <의사윤리지침> 제36조 제2항 '의사는 환자가 자신의 생명을 끊는데 필요한 수단을 제공함으로써 환자의 자살을 도와주는 행위를 하여서는 안 된다'고 규정하여 의사조력자살을 금지하고 있다.

한편 안락사와 더불어 자주 혼용되는 용어가 존엄사(death with dignity)이다. 존엄사는 회복할 수 없는 뇌사상태 또는 의식상실 상태에 빠져 죽음에 직면한 환자에게 무의미하게 인공적으로 생명을 연장하는 연명치료를 중단하고 자연적 죽음을 받아들이도록 하는 것으로 환자가 인간으로서 품위 있는 죽음을 맞을 수 있도록 하는 행위로 설명된다(유승룡, 2008).

문헌으로 등장하는 존엄사는 미국 오리건(Oregon)주에서 1997년 제정된 존엄사법(Death with Diginity Act[5])에 기인한다. 일반적으로 존엄사는 사회에서 금기시되는 적극적 안락사의 부정적 이미지와 구별하기 위해 사용되는 소극적 안락사에 대한 대체용어로 이해되기도 한다. 그러나 존엄사는 소극적 안락사보다 더 좁은 의미로서 식물상태와 같이 환자에게 의식이 없고 그의 생명이 단지 인공심폐기에 의해 연장되고 있는 경우 품위 있는 죽음을 위해 생명연장 조치를 중단하는 것을 의미한다고 볼 수 있다.

존엄사는 자연적인 죽음을 받아들이는 자연사의 과정으로, 죽음과정에 인위성이 개입되는 것을 특징으로 하는 안락사와 본질적으로 다르다. 안락사는 고통을 피해 죽음을 추구함으로써 본래 그 시각에 죽지 않아도 될 생명을 인위적으로 죽음에 이르게 하지만, 존엄사는 무의미한 연명치료를 중단하고 자연적 죽음을 받아들이는 자연사이기에 안락사와 분리된 개념으로 다루어질 필요가 있다(조태구, 2022).

이처럼 안락사와 존엄사를 구분하여 이해하는 것은 근래 들어 '조력존엄사'와 같이 불분명한 의미를 지닌 용어가 사용되면서 '연명치료 중단이나 유보에 의한 죽음'과 '의사조력자살에 의한 죽음'이 동일선 상에서 다루어질 수 있게 되는 오류를 피하기 위해서도 필요하다[6].

---

5) 이 법에서는 의사조력자살을 포함하여 인간의 품위를 유지하기 위한 일체의 안락사를 허용하고 있어 존엄사에 대한 개념 규정을 혼란스럽게 만든다는 비판이 존재한다.

6) 2022년 6월 발의된 「호스피스 완화의료 및 임종과정에 있는 환자의 연명의료결정에 관한 법률」 일부개정법률안'은 현재 시행되고 있는 「호스피스 완화의료 및 임종과정에 있는 환자의 연명의료결정에 관한 법률」 내에 '조력존엄사'에 대한 항목을 추가하는 내용을 골자로 하고 있다. 개정안에서는 조력존엄사를 '조력존엄사 대상자가 본인의 의사로 담당의사의 조력을 통해 스스로 삶을 종결하는 것'이라고 설명하고 있어 정의와 조건을 볼 때 실질적으로 의사조력자살과 같은 개념으로 볼 수 있다.

존엄사를 연명의료중단 및 유보(withdrawing life sustaining treatment)의 경우로 한정하여 안락사와 구분된 개념으로 설명할 경우 다음 <표 6-1>과 같이 나타낼 수 있다.

〈표 6-1〉 안락사와 존엄사 구분

<table>
<tr><th rowspan="4">안락사</th><th>의사 행동
환자 의지</th><th colspan="2">소극적</th><th colspan="2">적극적</th></tr>
<tr><td>자의적</td><td colspan="2">환자가 의사의 도움(약물, 정보 등)을 받아 스스로 죽음에 이르는 것
- 의사조력자살</td><td colspan="2">환자의 뜻에 따라 의사가 약물투여 등을 통해 안락사 시행</td></tr>
<tr><td>비자의적</td><td colspan="2">-</td><td colspan="2">환자의 동의를 받을 수 없는 상태에서 환자의 고통과 심각한 장애를 제거하기 위해 안락사 시행</td></tr>
<tr><td>반자의적</td><td colspan="2">-</td><td colspan="2">살인</td></tr>
<tr><th rowspan="2">존엄사</th><td colspan="2">1단계</td><td colspan="3">2단계</td></tr>
<tr><td colspan="2">특수연명의료 중단 및 유보</td><td colspan="3">일반연명의료 중단 및 유보</td></tr>
</table>

출처 : 조태구(2022).

연명의료와 관련하여 우리나라에서는 2016년 「호스피스 완화의료 및 임종과정에 있는 환자의 연명의료결정에 관한 법률」(약칭 「연명의료결정법」)을 제정 공포하였다. 연명의료결정법 제2조에서는 관련된 용어들에 대해 정의를 내리고 있다. 제1항에서 ‘임종과정’이란 ‘회생의 가능성이 없고 치료에도 불구하고 회복되지 아니하며, 급속도로 증상이 악화되어 사망에 임박한 상태’를 말하며, ‘임종과정에 있는 환자’란 ‘담당의사와 해당 분야의 전문의 1명으로부터 임종과정에 있다는 의학적 판단을 받은 자를 말한다‘라고 규정하고 있다. 제4항에서 ‘연명의료’란 ‘임종과정에 있는 환자에게 하는 심폐소생술, 혈액 투석, 항암제 투여, 인공호흡기 착용 및 그 밖에 대통령령으로 정하는 의학적 시술로서 치료효과 없이 임종과정의 기간만을 연장하는 것[7]’을 의미하며, 5항 ‘의료중단등결정’이란 ‘임종과정에 있는 환자에 대한 연명의료를 시행하지 아니하거나 중단하기로 하는 결정’을 의미한다고 명시하고 있다.

7) 「연명의료결정법 시행령」 제2조에서는 대통령령이 정하는 의학적 시술로 체외생명유지술, 수혈, 혈압상승제 투여, 그 밖에 담당의사가 환자의 최선의 이익을 보장하기 위해 시행하지 않거나 중단할 필요가 있다고 판단하는 시술이라고 규정하고 있다.

연명의료는 특수연명의료와 일반연명의료로 구분된다. 특수연명의료는 생명유지에 필수적이며 고도의 의학적 지식과 기술이 요구되는 치료로 인공호흡기, 신장투석과 같은 특수장비가 필요한 치료와 혈압 상승제나 고단위 항생제와 같은 약물을 이용한 의료 등을 의미하며 이러한 의료에는 고액의 의료비가 수반된다. 일반연명의료는 생명유지에 필수적이지만 전문적인 지식과 기술 그리고 특수한 장치가 필요하지 않은 의료로 영양공급과 수액치료, 항생제, 진통제, 안정제 투여와 같은 의료가 이에 해당된다. 일반적으로 연명의료중단을 이야기할 때에는 특수연명의료의 중단을 의미한다고 볼 수 있다.

<의사윤리지침> 제16조에서는 '의학적으로 회생의 가능성이 없는 환자나, 가족 등 환자의 대리인이 생명유지치료를 비롯한 진료의 중단이나 퇴원을 명시적으로 요구하는 경우, 의사가 의학적으로 무익하거나 무용하다고 판단하는 생명 유지치료에 대하여 그러한 요구를 받아들이는 것은 허용된다. 그러나 통증 완화를 위한 의료행위와 영양분 공급, 물 공급, 산소의 단순 공급은 시행하지 않거나 중단되어서는 안 된다'라고 규정하여 연명의료 중단에 대해 허용하고 있으나 통증완화와 영양분공급 등을 중단해서는 안 된다고 규정하고 있으며, 이는 「연명의료결정법」 제19조 제2항에서도 동일하게 명시되어 있다. 「연명의료결정법」에서는 연명의료중단 결정 절차에 대해 다음 [그림 6-1]과 같이 규정하고 있다.

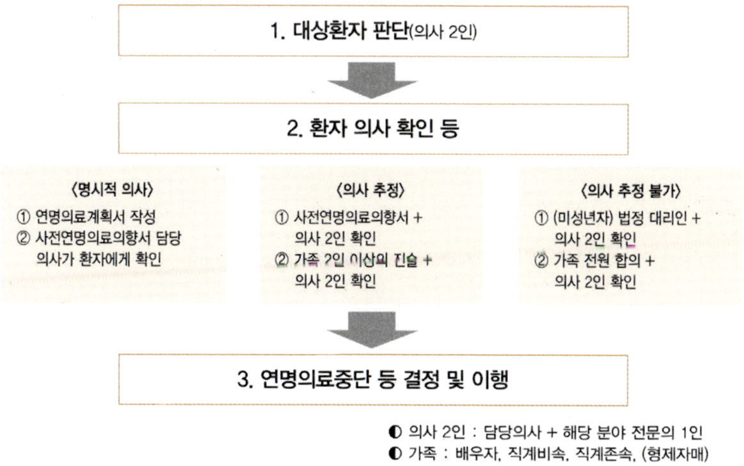

| 그림 6-1 | 연명의료중단 등 결정 절차

출처 : 국가생명윤리심의위원회(2016)(강기정 외, 2021 재인용).

■〈의사윤리지침〉 (2017년 개정)

제16조(회복 불능 환자의 진료 중단)

① 의사는 의학적으로 회생의 가능성이 없는 환자의 경우라도 생명유지치료를 비롯한 진료의 중단이나 퇴원을 결정하는 데 신중하여야 한다.

② 의학적으로 회생의 가능성이 없는 환자나, 가족 등 환자의 대리인이 생명유지치료를 비롯한 진료의 중단이나 퇴원을 명시적으로 요구하는 경우, 의사가 의학적으로 무익하거나 무용하다고 판단하는 생명 유지치료에 대하여 그러한 요구를 받아들이는 것은 허용된다. 그러나 통증 완화를 위한 의료행위와 영양분 공급, 물 공급, 산소의 단순 공급은 시행하지 않거나 중단되어서는 안 된다.

③ 의사의 충분한 설명과 설득 이후에도 환자, 또는 가족 등 환자 대리인이 회생의 가능성이 없는 환자에 대하여 의학적으로 무익하거나 무용한 진료를 요구하는 경우, 의사는 그것을 받아들이지 않을 수 있다

제35조(연명의료)

① 의사는 죽음을 앞둔 환자의 신체적, 정신적 고통을 줄이고 삶의 질을 향상시키는데 최선의 노력을 다하여야 한다

② 의사는 말기환자가 품위있는 죽음을 맞이할 수 있도록 노력하여야 한다.

③ 의사는 말기환자의 의사를 존중하여 치료가 이루어지도록 노력하여야 하며, 적절한 시기에 환자 및 가족과 함께 연명의료 결정 및 호스피스·완화의료 등에 관한 논의를 하도록 노력하여야 한다.

제36조(안락사 등 금지)

① 의사는 감내할 수 없고 치료와 조절이 불가능한 고통을 겪는 환자에게 사망을 목적으로 물질을 투여하는 등 인위적, 적극적인 방법으로 자연적인 경과보다 앞서 환자가 사망에 이르게 하는 행위를 하여서는 안 된다.

② 의사는 환자가 자신의 생명을 끊는데 필요한 수단을 제공함으로써 환자의 자살을 도와주는 행위를 하여서는 안 된다.

■〈호스피스·완화의료 및 임종과정에 있는 환자의 연명의료결정에 관한 법률 (약칭 : 「연명의료결정법」)〉

제1장 총칙

제1조(목적) 이 법은 호스피스·완화의료와 임종과정에 있는 환자의 연명의료와 연명의료중단등결정 및 그 이행에 필요한 사항을 규정함으로써 환자의 최선의 이익을 보장하고 자기결정을 존중하여 인간으로서의 존엄과 가치를 보호하는 것을 목적으로 한다.

제2조(정의) 이 법에서 사용하는 용어의 뜻은 다음과 같다. 〈개정 2018. 3. 27.〉

1. "임종과정"이란 회생의 가능성이 없고, 치료에도 불구하고 회복되지 아니하며, 급속도로 증상이 악화되어 사망에 임박한 상태를 말한다.
2. "임종과정에 있는 환자"란 제16조에 따라 담당의사와 해당 분야의 전문의 1명으로부터 임종과정에 있다는 의학적 판단을 받은 자를 말한다.
4. "연명의료"란 임종과정에 있는 환자에게 하는 심폐소생술, 혈액 투석, 항암제 투여, 인공호흡기 착용 및 그 밖에 대통령령으로 정하는 의학적 시술로서 치료효과 없이 임종과정의 기간만을 연장하는 것을 말한다.

5. “연명의료중단등결정”이란 임종과정에 있는 환자에 대한 연명의료를 시행하지 아니하거나 중단하기로 하는 결정을 말한다.
8. “연명의료계획서”란 말기환자등의 의사에 따라 담당의사가 환자에 대한 연명의료중단등결정 및 호스피스에 관한 사항을 계획하여 문서(전자문서를 포함한다)로 작성한 것을 말한다.
9. “사전연명의료의향서”란 19세 이상인 사람이 자신의 연명의료중단등결정 및 호스피스에 관한 의사를 직접 문서(전자문서를 포함한다)로 작성한 것을 말한다.

제3조(기본 원칙) ① 호스피스와 연명의료 및 연명의료중단등결정에 관한 모든 행위는 환자의 인간으로서의 존엄과 가치를 침해하여서는 아니 된다.
② 모든 환자는 최선의 치료를 받으며, 자신이 앓고 있는 상병(傷病)의 상태와 예후 및 향후 본인에게 시행될 의료행위에 대하여 분명히 알고 스스로 결정할 권리가 있다.
③ 「의료법」에 따른 의료인(이하 “의료인”이라 한다)은 환자에게 최선의 치료를 제공하고, 호스피스와 연명의료 및 연명의료중단등결정에 관하여 정확하고 자세하게 설명하며, 그에 따른 환자의 결정을 존중하여야 한다. 의료행위와 영양분 공급, 물 공급, 산소의 단순 공급은 시행하지 아니하거나 중단되어서는 아니 된다.

제3장 연명의료중단등결정의 이행

제15조(연명의료중단등결정 이행의 대상) 담당의사는 임종과정에 있는 환자가 다음 각 호의 어느 하나에 해당하는 경우에만 연명의료중단등결정을 이행할 수 있다.
1. 제17조에 따라 연명의료계획서, 사전연명의료의향서 또는 환자가족의 진술을 통하여 환자의 의사로 보는 의사가 연명의료중단등결정을 원하는 것이고, 임종과정에 있는 환자의 의사에도 반하지 아니하는 경우
2. 제18조에 따라 연명의료중단등결정이 있는 것으로 보는 경우

제19조(연명의료중단등결정의 이행 등) ① 담당의사는 제15조 각 호의 어느 하나에 해당하는 환자에 대하여 즉시 연명의료중단등결정을 이행하여야 한다.
② 연명의료중단등결정 이행 시 통증 완화를 위한 의료행위와 영양분 공급, 물 공급, 산소의 단순 공급은 시행하지 아니하거나 중단되어서는 아니 된다.

2) 안락사에 대한 찬반론

(1) 찬성론

안락사를 찬성하는 입장은 다음과 같은 이유를 근거로 든다. 우선 개인의 자율성과 자기결정권을 존중해야 한다는 것이다. 찬성론 입장에서는 개인이 자신의 삶에서 중대한 사항에 대해 스스로 자유롭게 결정하고 그 결정을 행동으로 옮길 수 있는 권리가 자율성과 자기 결정권이므로 스스로의 생명을 종결하는 행위도 자기결정권에 의해 보장받아야 한다고 주장한다(양준석, 2023).

한국사회복지사윤리강령 '핵심가치 1. 인간존엄성'의 윤리적 원칙에서 '사회복지사는 클라이언트의 자율성을 존중하고, 자기 결정을 지원한다'고 규정하고 있으며, Ⅱ조 2항 1호에서도 '사회복지사는 사회복지 실천 과정에서 클라이언트의 자기결정을 존중하고, 클라이언트를 사회복지 실천의 주체로 인식하여 클라이언트가 자기 결정권을 최대한 행사할 수 있도록 돕는다'고 명시하고 있다.

그렇다고 모든 죽음에 대한 자기결정권을 존중해야 한다는 의미는 아니다. 회복 불가능한 정도의 질병을 가진 환자가 참기 어려운 고통을 느끼고 있는 경우, 죽음에 대한 판단이 환자의 이성적 판단에 근거하는 경우, 그러한 결정이 타인에게 해를 입히지 않는 경우 자율성 존중의 원칙에 따라 환자의 결정에 따르는 것이 옳다고 본다(우국희 외, 2014).

「연명의료결정법」에서도 제1장 제1조에 해당 법이 '호스피스・완화의료와 임종과정에 있는 환자의 연명의료와 연명의료중단등결정 및 그 이행에 필요한 사항을 규정함으로써 환자의 최선의 이익을 보장하고 자기결정을 존중하여 인간으로서의 존엄과 가치를 보호하는 것을 목적으로 한다.'고 제시하여 환자의 자기결정 존중 가치 보호의 중요성을 강조하고 있다.

한편 삶의 질 측면에서 생명을 인위적으로 지속시키는 것이 오히려 인간 삶의 존엄성을 떨어뜨린다는 주장도 존재한다. 고통을 느끼는 정도는 개인차가 있고 그 고통에 대해 타인이 직접 동일하게 체험할 수는 없지만, 근원적 치료가 불가능한 질환으로 인해 수용하기 어려운 고통을 당하는 환자의 경우 안락사를 통해 고통에서 해방되기를 원할 수 있다고 보는 것이다(김율리, 2022).

환자 본인의 고통 뿐만 아니라 곁에서 간호하고 돌봄을 제공하는 가족도 어려움을 겪게 된다. 환자 간병으로 인한 육체적 피로, 환자의 아픔을 지켜봐야 하는 정신적 고통, 경제활동의 제약과 의료비 지출로 인한 경제적 곤란 등으로 인해 환자의 생명유지가 그들의 삶의 질을 떨어뜨리는 요인이 될 수 있는 것이다. 실제 국내 암환자 가족을 대상으로 연명치료 중단에 대한 태도를 조사한 결과 조사대상의 70%가 환자에게 더 이상의 적극적인 치료가 어려울 경우 연명치료 중단에 동의하겠다는 태도를 보였으며 이러한 비율은 국내외에서 보고된 비율과 큰 차이가 없는 것으로 나타난다

(장지영, 김용석, 2011). 그만큼 죽음을 앞둔 환자의 가족이 느끼는 돌봄 부담감이 크다는 것으로 이는 가족의 삶의 질과 관련된다(우국희 외, 2014).

연명치료 환자의 의료비 부담과 관련하여 사회전체적으로 봤을 때 노인 입원환자의 입원비와 의료비가 전체 의료비의 39%를 상회하고 있으며, 이것은 본인 및 가족에게 큰 부담일 뿐만 아니라 사회전체적으로 한정된 의료자원의 공정한 분배를 막는 문제로 지적되기도 한다(김율리, 2022).

소생 가망성이 거의 없거나 병의 근원적 치료가 불가능한 경우, 상태의 호전을 기대할 수 없는 환자들의 케어를 위해 한정된 의료자원이 소모되어 다른 시급한 곳에 쓰일 수 없는 경우가 있다는 점에서 한정된 의료자원을 소수의 노인환자에게 사용하는 것보다 더 많은 환자들의 생명을 살리기 위해 사용하는 것이 윤리적으로 옳다는 주장이 존재하는 것이다.

2019년 성인 남녀 1,000명을 대상으로 실시된 조사에서도 안락사에 대한 찬성률이 81%, 2022년에는 82%로 나타났음을 볼 때(양준석, 2022) 웰다잉에 대한 관심이 급증하고 있음을 알 수 있다. 초고령사회로의 진입을 눈앞에 둔 우리사회의 경우, 의료기술로 생명이 연장되고 삶의 질이 향상되어 행복할 수 있는 환경이 조성되었다고 하지만 노후를 준비하지 못한 사람들에게는 또 다른 고통의 시작일 수 있음을 의미하는 것으로 볼 수 있다.

(2) 반대론

안락사를 반대하는 가장 핵심적인 주장은 인간의 생명권, 즉 인간존중 사상이라 할 수 있다(양준석, 2023). 인간은 존엄과 가치를 지닌 존재로서 존엄성은 삶의 모든 순간과 과정 속에서도 지켜져야 한다고 본다. 「헌법」 제10조에서는 "모든 국민은 인간으로서 존엄과 가치를 지니며.."라고 명시해 인간다운 삶의 기본권으로서 존엄성의 보장을 대전제로 선언하고 있으며, 인간의 존엄성은 어떤 가치에 의해서도 침해될 수 없고 어떤 개인의 기본권도 다른 사람의 존엄성과 가치를 침해할 수 없다고 규정하고 있다.

따라서 고통을 완화하기 위한 수단으로 시행되는 안락사는 인간의 존엄 가치를 훼손하는 것이기에 허용될 수 없다. 인간의 생명권은 존엄성의 근원이기 때문이다. 생명권은 선험적이고 자연법적인 권리로서 모든 가치와 권리의 기본 중 기본이라 할 수 있다. 생명권은 인간의 존엄에 기초한 것이기에 개인이 자기 생명의 주체라 할지라도 자신의 생명을 임의로 해치거나 처분할 수 없고, 따라서 안락사와 같이 자신의 생명을 자유롭게 포기할 수 있는 권리를 가질 수 없다. 만약 안락사로 인해 말기환자의 남은 인생이 인위적으로 단축된다면 이는 생명의 존엄성을 훼손하는 일이다.

윤리적 결정모델을 제시한 다수의 학자들 역시 인간의 생명권을 최우선의 가치로 다루고 있다. 리머(Reamer, 1999)는 윤리적 지침을 통해 상충하는 가치와 의무들 간의 우선순위를 제시하였다. "인간행동의 기본적인 필수조건(생명, 건강, 음식, 주거, 정신적 균형과 같은)에 대한 위해를 막기 위한 규칙들은 거짓말이나 비밀정보를 누설하거나 레크리에이션, 교육, 재산과 같은 부가적인 조건들을 위협하는 것에 대해 위해를 막는 규칙들보다 우선한다."고 명시함으로써, 인간생명존중이 다른 원칙들에 앞선다는 것을 강조하였다. 로웬버그와 돌고프(Lowenberg & Dolgoff, 1996)의 '윤리원칙 스크린'에서도 생명보호의 원칙은 제 1원칙으로 강조되고 있으며 이는 클라이언트를 비롯한 모든 사람들에게 적용된다고 보았다(우국희 외, 2014).

안락사 반대 입장에서는 '삶의 질 추구' 원칙이 생명권에 앞서는 것은 옳지 못하다고 본다. 이동익(2008)은 학자와 의사들이 임의로 삶의 질 기준에 따라 어떠한 생명에 대해 더 이상 살 가치가 없는 것으로 분류할 수 있는지 의문을 제기하였다. 환자의 상태를 진단하고 죽음에 이르도록 하는 안락사 과정에서 의사와 의료시스템의 관여는 필수적이기에 안락사는 환자 스스로 자신의 죽음을 결정하고 실행하는 순수한 자기결정권의 이행이라 볼 수 없는 것이다(Szasz, 2002).

나아가 '삶의 질을 추구'한다는 명목하에 일반적인 기준에서 삶의 질이 떨어졌다고 판단되는 사람들(지적 능력이 심각하게 손상되었거나 혹은 사회에서 쓸모없다고 여겨지는 사람들, 또는 생명을 향유할 능력이 없다고 여겨지는 사람들 등)에 대한 생명을 경시하는 풍조가 나타날 수 있음을 우려한다. 이는 안락사의 허용 대상범위 확대를 우려하는 목소리와도 연관된다.

해외의 사례들을 살펴보면 네덜란드[8), 벨기에[9) 등에서 안락사법 개정을 통해 안락사 가능 환자의 범위가 초기 법 제정시에 비해 확장되어 가는 추세를 나타내었음을 확인할 수 있다. 법 제정 당시에는 참을 수 없는 육체적 고통을 가진 불치의 성인 환자만을 대상으로 하던 것이 점차 육체적 고통에서 나아가 정신적 고통, 더 나아가 단순히 고령을 이유로 하는 안락사까지 가능하게 되었고, 성인뿐 아니라 미성년자까지 연령층이 확대된 것이다.

이처럼 한 사안을 허용하게 되면 다른 것을 허용하게 되고 경사길을 내려가듯이 진행되어 당초에 수용할 수 없었던 것까지 허용하게 되는 것을 '미끄러운 경사길 이론(Slippery Slope Theory)'이라 부른다. 소수의 환자집단을 넘어서 그 실행이 확대되다 보면 결과적으로 안락사를 요청하지 않은 환자에게까지 시행이 확대될 수 있는 위험에 대해 경고한다.

나아가 말기환자에 대한 의료와 돌봄 시스템을 포함한 경제적·사회적 여건이 충분히 보장되지 않은 상황에서 개인의 안락사 선택이 죽음에 대한 진정한 자기결정권의 실현이라 할 수 있는지 생각해 보아야 한다. 의료와 돌봄에 대한 사회안전망이 갖추어져있지 않은 상황에서 개인은 경제적 궁핍, 간병, 돌봄 부담 등의 현실적 사정으로 죽음을 강요당할 수 있는 것이다(주재경, 2022).

우리나라의 경우 연명의료 중단의 결정 비율이 낮은 편이고 호스피스 인프라가 취약하여 사회적 간병정책이 매우 빈약한 상황이라 할 수 있다. 안락사 허용 여부를 논의하기 이전에 질 높은 생애말기 돌봄 체계 확대가 급선무라 할 수 있으며, 고통과 고난에 대처하기 위한 적절한 통증 완화치료나 호스피스, 돌봄 정책이 갖추어질 필요가 있다(윤영호, 2022).

8) 네덜란드는 1973년부터 판례를 통해 안락사를 허용하였다. 1944년에는 정신적 고통에 따른 안락사 또한 적용된다고 판시하였으며, 2002년에는 '요청에 의한 생명종결 및 조력자살법'을 제정하여 소극적 안락사와 더불어 의사조력자살을 허용하였다. 이 법에서는 12~16세 사이 미성년 환자의 경우 존엄사 결정에 부모 또는 법정 후견인의 동의가 필요하며, 16~18세 사이에는 해당인이 결정 과정에 참여하도록 규정하고 있다.

9) 벨기에의 경우 2002년 '안락사법'이 제정되었고, 불치병으로 육체적 또는 정신적 고통을 겪고 있는 독립된 미성년자도 자발적 의사에 따라 소극적 안락사 및 의사조력자살을 요청하거나 사전의료지시서를 작성할 수 있도록 하고 있다.

3) 생명중단결정에 대한 윤리적 의사결정

이 장에서는 생명중단결정과 관련된 사례에 대해 콩그레스의 ETHIC 모델에 따라 살펴보고, 사회복지사가 취할 수 있는 바람직한 윤리적 결정 대안들을 모색해보고자 한다.

사례 6-2 | 생명중단결정에 대한 윤리적 의사결정 사례

클라이언트 최씨(42세, 여)는 현재 난소암이 간으로 전이된 상태로 병원에 입원 중이다. 그녀는 황달에 걸려 있고, 이로 인해 너무나 고통스러워 앉을 수도 없는 상태이다. 그녀는 죽고 싶지 않지만, 죽음은 그녀의 가까이에 와 있고 분노에 휩싸인 채로 살아가고 있다. 최씨는 병원의 의료사회복지사 김씨에게 더 이상의 치료를 받지 않고 퇴원할 수 있게 도와달라고 하였다. 의사는 최씨의 상태가 치료를 통해 나아질 가능성은 없지만 치료를 중단하고 퇴원한다면 죽음이 앞당겨질 수 있다고 말하였다. 최씨의 남편은 최씨가 오랜 기간 난소암으로 고통을 받았고 이제 간으로 전이가 되어 살 가망성이 없는 상황이니, 차라리 빨리 죽는 것이 낫지 않을까 하는 생각도 든다고 김씨에게 울먹이며 털어놓았다. 입원비와 치료비로 인해 가계의 경제적 부담이 견디기 어려울 정도로 커졌고, 아이들도 아직 학교에 다니고 있어 직장을 그만 둘 수도 없는 상황에서 직장일과 간병을 병행하는 남편은 몸과 마음이 많이 지쳐 있는 상태이다.

1. Examine : 개인, 사회, 기관, 클라이언트, 그리고 전문직 가치를 검토한다.

사회복지사의 개인적 가치는 생명존중의 원칙을 우선적으로 중요하게 여기고 있다. 의사의 진단에 따르면 최씨가 치료를 중단하고 퇴원하게 된다면 죽음이 앞당겨질 수 있는 상황이므로, 가능하면 치료를 지속하도록 하는 것이 생명존중의 가치에 부합한다고 볼 수 있다. 그러나 클라이언트는 치료를 지속한다고 해도 상태가 호전될 수 있는 상황이 아니며 현재의 고통이 지속될 뿐이라는 점, 아울러 치료비용으로 인한 경제적 어려움까지 더해 퇴원을 요청하고 있다. 이는 가족인 남편 또한 같은 생각이다. 여기에는 클라이언트의 자기결정 원칙과 삶의 질 원칙, 더 크게는 인간의 존엄성 원칙이 작용하고 있으며, 클라이언트가 인간으로서의 존엄성을 유지하면서 자신의 삶에 대해 온전한 결정을 내릴 수 있도록 지원하고 협조하는 것이 전문직으로서의 가치라고 볼 수 있다.

2. Think : 그 상황에 적용되는 윤리강령과 법, 사례결정 등을 생각한다.

한국 사회복지사 윤리강령에서는 전문에 사회복지사가 '인간의 존엄성과 가치를 존중하고 천부의 자유권과 생존권의 보장 활동에 헌신'해야 하며, 동시에 '개인의 주체성과 자기결정권을 보장하는 데 최선을 다해야 함'을 선언하고 있다. 또한 클라이언트에 대한 윤리기준 제2항에서 '클라이언트를 사회복지 실천의 주체로 인식하여 클라이언트가 자기결정권을 최대한 행사할 수 있도록 돕는다'고 규정하여 클라이언트의 자기결정권 존중 의무를 강조하고 있다.

한편 본 사례와 관련된 법 규정으로 「호스피스·완화의료 및 임종과정에 있는 환자의 연명의료결정에 관한 법률(연명의료결정법)」에 대해 살펴볼 필요가 있다. 이 법에서는 '암, 후천성면역결핍증, 만성 폐쇄성 호흡기질환, 만성 간경화, 기타 보건복지부령에 의한 질환 중 하나에 해당하는 질환으로 말기환자로 진단 받은 환자 또는 임종과정에 있는 환자와 그 가족에게 통증과 증상의 완화 등을 포함한 신체적·심리사회적, 영적 영역에 대한 종합적인 평가와 치료를 목적으로 하는 의료인 호스피스·완화의료'에 대해 규정하고 있다. 클라이언트 최씨는 암환자로서 일정 절차에 따라 담당의사로부터 말기환자로 진단받을 경우 연명의료계획을 세우고 호스피스 완화의료의 대상이 될 수 있다.

3. Hypothesize : 각기 다른 결정들의 가능한 결과들에 대해서 가정한다.

치료를 지속할 경우 클라이언트 최씨는 생명을 연장할 수 있겠지만 질병으로 인한 고통이 지속되고 병원비로 인한 경제적 부담, 간병으로 인한 배우자의 부담도 증가하게 되는 상황이다. 반면 치료를 중단하게 된다면 최씨는 생명을 잃게 될 가능성이 크다. 비록 고통스럽게 투병 중이긴 하지만 최씨는 죽고 싶지 않다는 마음을 가지고 있으며 그녀를 고통스럽게 하는 요인으로는 질병 뿐만 아니라 가계의 경제적 부담도 크게 작용하고 있다고 볼 수 있다. 치료 중단으로 최씨가 사망하게 된다면 가정의 경제적 부담은 덜어지겠지만 가족은 깊은 슬픔을 겪게 될 것이다.

4. Identify : 가장 취약한 사람에 대한 사회복지헌신의 관점에서 누가 이익을 얻고, 누가 해를 입게 되는지를 확인한다.

본 사례에서 가장 취약한 사람은 클라이언트 최씨라고 할 수 있다. 치료를 지속한다 해도 질병이 나을 수 없는 상황에서 심각한 고통을 겪게 되고 치료비로 인한 가족의 부담이 늘어가게 된다. 반면 치료를 중단할 경우 생명이 단축되어 죽음에 이를 수 있다. 최씨의 남편도 오랜 기간 간병, 직장일, 가정일이 가중되며 매우 취약한 상황에 처해있다. 최씨의 치료를 중단하게 될 경우 가정의 경제적 부담이 어느 정도 덜어지겠지만 이로 인해 최씨의 죽음이 앞당겨질 경우 죄책감과 심적인 고통을 겪게 될 수 있다. 최씨와 남편 모두 오랜 투병 기간으로 인해 지쳐있는 상태이기에 치료중단이라는 선택이 진정한 자기결정권의 실현이라 볼 수 있는지 생각해볼 필요가 있으며, 충분한 정보를 가지고 자발적인 결정을 내릴 수 있도록 지원을 해 줄 필요가 있다.

5. Consult : 최선의 윤리적 선택에 대해서 슈퍼바이저와 동료들의 자문을 구한다.

최선의 윤리적 선택을 위해 사회복지사 김씨는 슈퍼바이저나 동료들로부터 자문을 구할 수 있다. 의사, 간호사, 선임 사회복지사 등으로 구성된 자문회의를 통해 클라이언트 최씨의 의료적 상황을 검토하고 이에 기반하여 최선의 결정을 내릴 수 있는 방안을 고민해야 한다. 특히 본 사례의 경우 호스피스 완화의료와 관련한 병원의 조치를 받을 수 있도록 하고, 필요할 경우 사전 연명의료의향서를 작성하여 등록함으로써 향후 연명치료 거부의사를 문서화시키는 작업 등을 수행할 수 있다. 아울러 가족의 경제적 부담을 덜어줄 수 있는 공공 및 민간의 서비스를 연계해줄 필요가 있다. 무료간병서비스, 후원자 연계, 저소득층 긴급지원제도 등을 활용하여 최씨의 남편이 지고 있는 간병 및 수발 부담이 감소되도록 지원할 필요가 있다.

임신중단과 생명중단결정은 생명을 어떻게 볼 것인가에 대한 논의의 시작과 끝 지점에 있는 이슈들이다. 생명관련 이슈는 태아의 생명권을 인정할 것인가에서 뇌사자의 생명권을 인정해야 하는가에 대한 것까지 이어진다. 비록 의료인처럼 직접적으로 삶과 죽음에 맞닿아 있는 직업은 아닐지라도 사회복지사 역시 이 주제에 대해 명확한 인식과 가치를 갖출 필요가 있다. 사회복지사가 만나게 되는 많은 클라이언트들이 생명과 관련된 이슈를 지니고 있는 경우가 많기 때문이다. 또한 이러한 주제들은 시대와 사회의 상황에 따라 그 허용 기준이 변화하므로, 사회복지사는 이러한 변화에 대해서도 민감하게 인식해야 할 의무가 있다. 의료 및 과학 기술의 발전과 함께 생명 관련 윤리적 사례는 앞으로도 계속 증가할 것이다. 따라서 사회복지사는 인간복제, 유전자조작, 장기이식 등 다양한 생명관련 이슈들에 대해 계속적으로 관심을 기울일 필요가 있다(우국희 외, 2014).

CHAPTER 07 자기결정

사회복지사들은 윤리적 실천과 관련해서 자기결정 혹은 비밀보장을 제일 먼저 떠올릴 것이다. 국내의 윤리강령이 제정되고, 윤리적 실천의 중요성이 강조되기 전에도 클라이언트 자기결정의 존중은 사회복지사들이 기본적으로 지켜야 하는 실천원칙으로 여겨져 왔다. 이는 사회복지실천이론에서 자기결정을 포함한 비에스텍의 7원칙이 일찍이 국내에 소개된 것이 가장 큰 이유이기도 하다. 비에스텍은 1967년에 사회복지실천의 모든 가치 중에서 클라이언트 자기결정이 본질적인 권리이며, 최고의 가치로서 존중되어야 한다고 선언하였다(Biestek, 1967).

그러나 사회복지사들은 클라이언트의 자기결정을 존중해야 한다는 것은 익히 들어서 알지만 막상 실천에 어떻게 적용해야 하는지에 대해서는 막연해 한다. 또한 어떤 경우에 자기결정을 제한할 수 있는 것인지, 사회복지사가 클라이언트를 대신해서 최선의 결정을 내려줄 수는 없는지 등에 대해서는 아직도 논란의 여지가 많다.

그러므로 이 장에서는 자기결정의 개념과 정의, 자기결정을 어렵게 하는 상황과 조건들을 고찰하고, 전문가 입장에서의 자기결정을 제한하는 온정주의에 대해서 학습해 보고자 한다.

〈자기결정의 정의와 시대에 따른 변화〉

자기결정의 철학적 뿌리는 18세기 계몽주의 철학자들에서 찾아볼 수 있다. 그들이 주장하는 인간의 가장 필요한 능력은 이성, 곧 자신의 행동을 결정할 수 있는 능력이다(Freedberg, 1989). 이렇듯 클라이언트의 자기결정은 최종적인 대안의 결정뿐만 아니라 원조 전 과정에서 일어나는 것이며, 당연히 존중받아야 하는 가장 기본적인 권리이다. 이는 전문가가 클라이언트를 그 자신의 삶의 주체자로서 인정하고, 동반자로서 문제해결을 하도록 원조할 때에 가능하다.

자기결정이란 '외부의 강요 없이 자신의 행동이나 상황을 자유롭게 선택할 수 있는 것'이라고 정의할 수 있다(Merriam-Webster's Collegiate Dictionary 11th ed.). 이는 개인의 주권 및 자율성과 밀접한 관련을 가진다.

리치몬드(Mary Richmond, 1922)는 자기결정이라는 용어를 쓰지는 않았지만 대신에 '모든 계획에서 클라이언트를 가능한 충분히 참여하도록 격려할 것'을 사회복지사들에게 강조하였다. 1930년대에 들어서면서 '성장'지향적인 기능주의 사회복지사들과 '과학'지향적인 진단주의 사회복지사 간의 가치와 관점들이 대립되면서 클라이언트의 자기결정의 가치에 대한 입장도 논쟁이 되었다. 그 포문을 마커스(Grace Marcus)가 자기결정을 '경박한 개념'이라고 비판하면서 열었고, 사회복지실천의 기초로서 과학적 결과를 수용하는 정신역동 심리학을 수용하도록 종용하였다. 이에 레이놀즈(Bertha Reynolds, 1939)는 전문직의 기반으로서 과학을 거부하고, 인간의 성장을 위한 클라이언트 – 제공자 관계를 강조하였다. 그녀는 원조란 클라이언트가 자기결정을 할 수 있도록 돕는 것이며, 의식확대를 통해 클라이언트의 짐을 자유롭게 해주는 것이 전문직의 사명이라고 하였다.

이후의 심리사회적 모델과 기능주의의 입장도 차이가 있다. 심리사회모델의 대표학자인 홀리스(Hollis)는 '사회복지사는 클라이언트가 자기 자신이 결정할 수 있는 권리와 능력을 가지고 있음을 인정하여야 한다'고 한 반면에 기능주의 모델의 학자인 스몰리(Smally)는 '사회사업과정의 효과성을 높이기 위해서는 사회복지사가 클라이언트에게 의도적인 선택과 결정을 하도록 권장하여야 한다'고 하였다. 이처럼 기능주의에서 클라이언트의 자기결정권에 대한 전문가의 의도적인 개입을 더 강조하였다.

미국의 경우에는 1960년대의 시민운동, 민족 정체성, 여성주의자들의 운동으로 클라이언트의 권리가 점차 강조되기 시작하였고 1980년대에는 임파워먼트 사회복지실천이 급격히 성장하면서 자기결정의 개념도 광범위하게 확대되었다. 이 시기가 자기결정의 르네상스 시기라고 할 수 있다. 레비(Levy, 1976)는 사회복지사는 클라이언트의 환경과 그의 능력이 허용하는 범위 내에서 클라이언트가 자기결정을 하도록 최대한 허용해야 하고, 가능한 한 허용적인 환경을 조성하며, 클라이언트가 자신의 판단에 따라 시도를 할 수 있을 만큼 준비시키는 원조를 해야 한다고 하였다.

그러나 자기결정이 사회적 승인보다 클라이언트의 해방으로서 간주되면서 자기결정을 향상시키려는 전통적 사회복지실천은 자율성의 이상만을 추구하고, 실제로 그것을 얻을 수 있는 방법은 제공하지 않는다고 비판을 받았다. 반면에 임파워먼트 지향적인 실천가들은 1960년대의 시민권과 자유주의자들의 해방론에 기초해서 클라이언트를 원조하였다. 비록 객관적으로 이러한 방법들이 실질적으로 클라이언트의 삶을 향상시켰는지에 대한 확인의 중요성은 간과된 채, 임파워먼트 사회복지 옹호가 전문직의 새로운 도덕적 이상으로 부상하였다. 이러한 관점은 복지예산 경감과 축소로 사회복지서비스와 혜택들이 위협을 받은 시기에 합일된 주제를 제공하고, 더욱 강조되었다. 결국 자기결정 가치는 사회복지에서 임파워먼트로 대체되어 든든한 위상을 차지하게 되었다(Murdach, 2011). 최근에는 문화적·인종적 배경을 고려하여 자기결정능력을 존중하는 개입의 중요성이 부각되고 있다.

1 윤리강령에 명시된 자기결정

이 장에서는 한국의 1992년, 2001년의 윤리강령과 미국의 1979년, 1996년 윤리강령에서 자기결정의 지침들이 어떻게 변화했는지를 살펴보고자 한다.

1) 미국사회복지사협회의 윤리강령

1996년의 윤리강령은 클라이언트와의 관계에 대한 내용을 매우 심층적으로 다루고, 지침 또한 매우 구체적이다. 특히 이전의 윤리강령에 비해 강조되고 있는 부분은 클라이언트의 비밀보장, 고지된 동의, 이중적 관계의 제한, 성적인 관계의 금지, 신체적 접촉 등에서 사회복지사의 윤리적 책임을 강조하고 있다는 점이 특징이다. 개정 전후의 자기결정과 관련한 내용을 살펴보면 <표 7-1>과 같다.

〈표 7-1〉 NASW의 개정 전후 윤리강령의 클라이언트 자기결정

구 분	1979년(개정 전)	1996년(개정 후)
내 용	II. G. 사회복지사는 클라이언트의 입장에서 자기결정권을 극대화하고자 하는 모든 노력을 기울여야 한다. (www.west.asu. edu)	1.02 자기결정 사회복지사는 클라이언트의 자기결정을 존중하고, 향상시켜야 하며, 클라이언트 스스로 자신의 목표를 확인하고 명확히 할 수 있도록 도와야 한다. 사회복지사는 이러한 경우에 한해서 클라이언트의 자기결정권을 제한할 수 있다 : 사회복지사의 전문적인 판단, 자신이나 타인에 대한 심각하고, 예측가능하고, 즉각적인 위험을 가할 행동이나 잠재적 행동이 있을 경우에는 제한할 수 있다.
	해당 내용 없음	1.14 의사결정능력이 없는 클라이언트 사회복지사가 분별력 있는 의사결정을 내릴 능력이 없는 클라이언트를 대신할 때는 이러한 클라이언트의 권리와 이익을 보호할 수 있는 적절한 조치를 취해야 한다.
변 화	개정 전에는 클라이언트의 결정권을 극대화하는 것으로 표현하였다면 1996년의 윤리강령은 클라이언트의 자기결정을 존중, 향상, 목표를 명확히 하도록 하는 구체적인 행동지침을 제시하고 있다. 또한 클라이언트의 자기결정의 제한을 명시하고 있다는 점과 의사결정능력이 없는 클라이언트에 대한 지침을 제시한 점이 이전의 윤리강령과의 차이점이다.	

2) 한국사회복지사협회의 윤리강령

2001년 윤리강령이 크게 수정된 이후 자기결정 강령의 내용이 이후 개정에서는 큰 변화가 없었으나 2023년 개정에서는 매우 중요한 내용들이 보완되었다. 무엇보다 클라이언트에 대한 인식의 전환이 매우 중요하다는 점이 명시되어 있다. 클라이언트를 수혜자가 아니라 주체자로 인식해야 한다는 것이다. 우리는 이 점을 강조하면서도 실천현장에서 이를 간과하기 쉽다. 취약하고, 변화가 더디며, 우왕좌왕하는 클라이언트를 주체자로 보기보다, 수동적인 존재요, 무언가를 대신 결정해주는 것이 훨씬 수월하고 효율적으로 보여지기 쉽다. 그러나 우리는 설혹 더딜지라도, 클라이언트의 변화와 성장에 발맞추어 이들을 자신들의 삶의, 결정의 주체자로 인정해야 한다.

무엇보다 가장 중요한 변화는 의사결정이 어려운 클라이언트의 이익과 관리에 대한 부분이 처음으로 등장하였다. 이들을 위해 적절한 조치를 취해야 한다는 실천적 의미를 포함시켰다.

〈표 7-2〉 한국의 윤리강령의 개정 전후의 클라이언트의 자기결정

구 분	2021년(개정 전)	2023년(개정 후)
내 용	Ⅱ-1-3 : 사회복지사는 클라이언트가 자기결정권을 최대한 행사할 수 있도록 도와야 하며, 저들의 이익을 최대한 대변해야 한다.	Ⅱ-2-1) 사회복지사는 사회복지 실천 과정에서 클라이언트의 자기 결정을 존중하고, 클라이언트를 사회복지 실천의 주체로 인식하여 클라이언트가 자기결정권을 최대한 행사할 수 있도록 돕는다. Ⅱ-2-2) 사회복지사는 의사 결정이 어려운 클라이언트에 대해서는 클라이언트의 이익과 권리를 보장하기 위한 적절한 조치를 취해야 한다.
변 화	2021년도의 윤리강령은 이전의 자기결정과 관련한 내용이 크게 보완되지는 않았다. 그러나 2023년 4월 개정된 자기결정은 클라이언트를 사회복지실천의 주체로 인식해야 한다는 점과 의사결정이 어려운 클라이언트의 이익과 권리를 보장하기 위한 조치를 명시함으로서 훨씬 구체적이고, 실천적인 내용으로 보완되었다.	

2 자기결정을 제한하는 클라이언트, 전문가 요인

자기결정의 윤리적 이슈를 다룬 연구들은 가족치료사의 자기결정과 정의와 관련한 역할(Antle & Regehr, 2003; Melito, 2003), 의료세팅의 아동과 청소년의 의사결정과 고지된 동의(Kuther, 2003), 노인시설의 인지손상을 입은 치매노인의 자기결정(Healry, 2003), 호스피스 병동의 안락사(Csikai, 2004) 등이다. 자기결정 제한의 가장 큰 요인은 ① 자기결정능력에 대한 평가, ② 클라이언트의 연령, ③ 생활시설의 규제, ④ 전문가의 온정주의 개입 등을 들 수 있다.

1) 자기결정능력에 대한 평가

클라이언트의 자기결정권과 관련해서 명확하면서도 그 한계를 설정하기 어려운 경우는 "클라이언트가 지적 및 정서적 손상 등의 장애를 가지고 있을 경우 자기결정을 할 수 있는 능력을 어디까지 인정해야 하는가?"이다. 이를 위해서는 클라이언트의 자기결정의 능력을 평가해야 하는데, 이때 가장 중요한 것이 인지능력에 대한 사정이다(Willis, 1991).

힐리(Healy, 2003)는 가정건강보호(home health care)의 임상가들을 대상으로 한 연구에서 임상적 불명확성과 이에 대한 다른 전문가들 간의 합의의 어려움 등이 윤리적 긴장감을 가져온다고 하였다. 임상적 불명확성은 임상가가 클라이언트의 자기결정능력이 훼손되었을 경우 어디까지 자율성을 제한하고 클라이언트를 위한 임의의 결정을 내려야 하는지에 대한 임상가들의 판단을 어렵게 만든다. 임상적 불명확성은 다음의 네 가지의 경우이다.

(1) 부분적 인지손상

부분적 인지손상은 어떤 때는 합리적인 의사결정을 하다가도, 종종 이해하기 힘든 판단을 내리는 경우이다. 치매를 앓는 클라이언트가 대표적인 예이다.

(2) 정신건강 문제

우울, 망상, 환상과 같은 정신건강 문제들을 가진 경우이다. 정신과 약을 복용하지 않으려 하는 클라이언트의 경우가 해당된다. 우울은 보통 판단에 잠재적 영향을 미치는 요인으로 확인되기 때문에 우울증 클라이언트의 경우 다루기 쉬운 것처럼 보이기도 하지만 기능적으로 매우 제한되어 있고, 이러한 클라이언트의 의사결정능력을 평가하는 것은 매우 복잡하다.

(3) 건강과 정신건강 문제의 중복

건강과 정신건강 문제의 중복인 경우는 더더욱 복잡한 평가를 요한다(예 우울과 치매를 동반한 경우).

(4) 취약한 의사결정능력의 불명확한 병인

클라이언트가 심각한 상황임에도 불구하고 막무가내로 서비스를 받기를 거부하고 다양한 증상들이 나타나고 있지만 무엇이라고 단정짓기 어려운 경우가 해당된다.

결정능력에 대한 사회복지사의 사정은 클라이언트가 구체적으로 무엇을 할 수 있는가에 초점을 두어야 한다. 전반적인 일상기능의 능력검사에서는 적격판정을 못 받은 사람이 특정 기능의 능력검사에서는 적격판정을 받을 수 있다. 즉, 클라이언트의 결정능력은 유무의 개념이 아니라 연속체 또는 서열상의 어느 지점을 가리키는 개념이다. 예를 들어, 정신과 환자의 결정능력에는 기복이 있을 수 있고, 환자는 자기자신의 보건관리에 대한 결정을 할 수 있으면서도 현금관리에 대한 결정은 하지 못할 수도 있다(High, 1992, 김상균 · 오정수 · 유채영, 2002 재인용).

2) 클라이언트의 연령

우리나라 윤리강령의 기본적 윤리기준 I-1-1)-다 사회복지사는 클라이언트의 성, 연령, 정신 · 신체적 장애, 경제적 지위, 정치적 신념, 종교, 인종, 국적, 결혼상태, 임신 또는 출산, 가족 형태 또는 가족 상황, 성적 지향, 젠더 정체성, 기타 개인적 선호 · 특징 · 조건 · 지위 등을 이유로 차별을 하지 않는다고 명시되어 있다. 그러므로 클라이언트의 연령으로 인해서 자기결정의 권리가 함부로 침해받아서는 안 된다. 그러나 클라이언트의 나이가 너무 어리거나 혹은 많을 때, 임의로 가족이나 전문가가 클라이언트의 주거, 의료서비스 등을 결정하는 경우들이 빈번하게 발생한다.

3) 생활시설의 규제

사회복지생활시설은 여러 명의 생활인들이 함께 살아가기 때문에 생활인들에게 요구하는 시설의 규정들이 있다. 그러나 자칫 시설의 규정과 생활인들의 통제만을 우선시 하다 보면 사생활보호나 자기결정의 권리가 침해되기가 매우 쉽다.

생활시설을 이용하는 대상들의 대부분은 장애인이나 노인 혹은 가족들과의 관계가 단절되거나 소외되어 있는 아동들이다. 생활인들에 대한 학대나 방임 등은 명백한 실천오류로서 법적인 책임을 져야 하지만 일상생활에서 사소하게 지속되는 권리침해 등은 외부로 알려지는 경우가 드물다. 생활시설의 규정만을 우선하기보다 정기적으로 생활인들의 생활시설에 대한 만족도와 사생활보호나 자기결정권리 등의 침해가 없는지에 대한 윤리적 민감성을 가지고 운영을 해야 할 것이다.

보건복지부(2021)는 노인복지시설 인권보호 차원에서 정보접근과 자기결정과 관련한 지침을 다음과 같이 제시하였다. 이는 이전의 지침보다 훨씬 구체화되었으며, 노인의 다양한 욕구에 따른 자기결정의 내용이 보완되었다.

- 입소 계약과정에서 노인의 의사가 자유롭게 표현되며, 존중되어야 한다.
- 가족 등 타인의 강요가 아닌 노인 스스로가 입소 여부를 결정하도록 자기결정권을 보장해야 하며, 그러한 권리가 보장될 수 있도록 지역사회자원연계 등 필요한 노력을 해야 한다
- 노인의 욕구를 파악하고 그 내용을 기반으로 하여 돌봄 및 생활 지원 계획을 수립하며, 노인이 서비스 변경 요청 시 그 의사를 반영할 수 있도록 노력해야 한다.
- 시설 내 모든 서비스의 내용이 사전에 설명되며, 강요나 강압이 아닌 자유 선택에 의해 진행되어야 한다.
- 노인의 권리 변화, 건강과 일상생활의 변화, 수발 및 의료적 처치의 변화 등과 관련하여서는 충분한 시간을 갖고 사전에 노인과 가족에게 통보하고, 의사결정과정에 노인 또는 가족을 참여시키고 이들의 결정을 존중해야 한다
- 노인의 이성교제를 금기시하거나 흥밋거리로 다루지 않아야 하며, 타인의 불편을 초래하지 않는 범위에서 존중되어야 한다.
- 노인의 성적욕구를 인간의 기본욕구로서 선입견 없이 받아들여야 한다.
- 흡연, 음주 등 특정 기호품 사용에 대해 개별적인 욕구가 표현된 경우, 시설에 생활하는 타인의 권리가 침해되지 않는 범위에서 노인본인과 가족의 의사를 반영하여 주어진 시설환경 내에서 해결할 수 있는 방안을 마련해야 한다
- 노인의 의사에 반하는 전원 또는 퇴소를 하여서는 안되며, 불가피한 경우 전원 또는 퇴소 시 그 사유를 통보하고 의사결정 과정에 노인 또는 가족을 참여시켜야 한다.
- 노인 및 보호자의 퇴소 결정은 최대한 존중 되어야 하며, 노인의 퇴소 결정을 번복시키기 위한 회유, 강요, 협박 등의 부적절한 언행을 해서는 안 된다.
- 다른 시설로 전원을 검토하거나 의료기관에 입원할 필요가 있는 노인은 전원 상담 등을 통해 자유로운 의사표현 및 선택을 할 수 있도록 자기결정권을 보장해야 한다.
- 퇴소 후 지역사회 내 서비스 연계가 필요한 경우 생활노인의 욕구를 반영하여 충분한 정보를 제공할 수 있도록 노력해야 한다

사회복지실천현장에서는 점차 대규모의 생활시설보다는 그룹홈이나 소규모 생활시설 등으로 클라이언트의 자립생활 지원을 지향한다. 이와 더불어서 전통적 클라이언트가 아닌 상품을 소비하는 소비자로서 클라이언트를 보는 관점들을 강조한다. 이는 전통적인 의료－재활 패러다임(온정주의 가치중심)에서 자립생활(자기결정 가치중심)

의 패러다임으로 전환되는 변화를 가져왔다. 의료-재활과 자립생활 패러다임의 클라이언트의 문제정의, 해결방법, 가치 등을 비교하면 다음과 같다.

〈표 7-3〉 의료-재활과 자립생활 패러다임의 비교

패러다임의 요소	의료-재활 패러다임	자립생활 패러다임
문제의 정의	• 장애 • 직업기술의 부족	• 전문가들이나 친척들에 대한 의존
문제의 소재	• 개인	• 환경 • 원조과정
문제의 해결방법	• 의사, 치료사, 재활전문가, 사회복지사 등의 원조를 받음	• 동료상담 • 자조집단 • 지지적 서비스 • 옹호 • 소비자 통제 • 장애물 제거
클라이언트의 사회적 역할	• 환자	• 소비자
기대되는 성과	• 기능의 최대화 • 직업고용 • 안전	• 자립생활 • 삶의 질
가치기반	• 온정주의	• 자기결정

출처 : Dejong(1984).

이처럼 클라이언트를 소비자로서 보는 관점이 새로운 것은 아니나 소비자라는 용어가 가지는 가장 기본적인 권리와 책임을 실천현장에서 간과하기 쉽다. 특히 1990년대에 소비자주의는 의사, 정신보건사회복지사, 직업재활상담사, 다른 원조 전문가들의 전문적 우월성에 대한 도전을 해왔다. 이러한 도전은 자기결정을 강조하는 서비스 전달체계의 소비자 중심 모델에 기초한 것이다. 진보적 사회복지사들은 가장 취약한(정신장애, 허약한 노인, 심각한 장애를 가진) 클라이언트일지라도 소비자로서 스스로 자신만의 유용한 자원들을 가지고 있다고 강조한다(Tower, 1994).

4) 전문가의 온정주의 개입

클라이언트의 온전한 자기결정에 대한 비판은 '다른 사람보다 더 현명하고 견문이 넓은 사람은 그들의 이익을 위해서 타인을 위한 의사를 결정할 권리를 가질 수 있고 또한 반드시 그래야만 한다'고 주장한 기원전 4세기의 아리스토텔레스에게서 그 근원을 찾을 수 있다(Reamer, 1983). 많은 사회복지연구들은 클라이언트가 지속적 혹은 일시적인 장애로 이성적이며 정보에 근거한 결정을 내릴 능력이 부족할 경우에 실천가들의 개입가능성에 대해서 논의하여 왔다(Abramson, 1985). 이렇듯 전문가의 온정주의에 대한 개입은 그 역사도 오래되었고, 실천가들에게 상당히 고민스러운 과정이라고 할 수 있다.

온정주의는 "(자신의 자유와 자율성을) 억압당하는 사람이 자신의 복지, 행복, 욕구, 이익, 가치 등을 배타적으로 위한다는 근거로 해서 정당화될 수 있는 개인의 자유로운 행위에 대한 간섭"으로 정의된다(김기덕, 2002 재인용). 그러므로 온정주의는 긍정적 · 부정적인 의미를 모두 내포한다. 긍정적 의미는 국가에 의해 이루어지는 외부적 개입을 개인의 자유에 대한 간섭이 아니라 스스로 자신을 돌볼 수 없는 사람들 혹은 자신을 해칠 수 있는 가능성이 있는 사람들을 보호하는 것이다. 부정적 의미를 가지는 것은 자유로운 개인의 삶에 대해 외부에서 간섭하기 때문이다.

사회복지사의 서비스 제공을 클라이언트가 선행으로 받아들이지 않고 자신의 삶에 대한 간섭으로 여겨 원망하는 경우가 있다. 이러한 경우는 강제적 개입을 하는 과정에서 직면하게 되는 상황으로서 클라이언트의 자기결정권과 사회복지사의 온정주의가 상충하면서 윤리적 딜레마가 발생한다. 이와 같이 위험으로부터 클라이언트를 보호하고자 하는 경향은 사회복지에서 온정주의와 관계된 일련의 복잡한 이슈들을 제기한다.

온정주의적 행동은 클라이언트의 이익을 위해서라면 클라이언트의 자유와 원함도 침해할 수 있음을 의미하기 때문이다. 자기파괴적인 행동을 하는 클라이언트를 제재하거나 그들이 원하지 않는 서비스들을 받도록 강요하고, 클라이언트로부터의 정보를 보류하거나 제한된 정보만을 제공하는 것 등이 온정주의의 예라고 할 수 있다. 때로 사회복지사는 이런 클라이언트를 위해 의사결정을 해야 한다. 이때 그들을 설득하게 되는데 설득에는 사회복지사의 권위와 힘을 사용하여 지시를 내리거나, 법원에서 정신적 무능력을 선포하도록 조치하거나 가장 극단적인 상황에서는 비극을 막기 위해 경찰의 도움을 구하는 것이 포함된다(남기철 · 정선욱 · 조성희 공역, 2011).

그러나 사회복지사들이 온정주의가 정당화되는 상황에 대해 모두 동의하는 것은 아니다(Reamer, 1983). 일부 사회복지사들은 클라이언트가 자신을 해하는 행동을 선택하고, 그에 따르는 위험을 감수할 권리가 그들에게 있다고 믿는다. 그러나 온정주의를 허용하는 사회복지사들은 클라이언트가 올바른 판단을 할 수 없을 때 그 자신으로부터 클라이언트를 보호해야 할 책임이 있다고 주장한다. 이러한 이슈들은 자기결정, 고지된 동의, 클라이언트가 자신의 복지에 관해서 정확하고 고지된 판단을 할 수 있는 능력의 범위를 둘러싸고 앞으로도 지속적으로 논의될 것이다(Culver & Gert, 1982; McDermott, 1975; Reamer, 1987).

온정주의 입장에서 결정을 내리게 되는 사회복지사는 끊임없이 '클라이언트를 위한 최선의 결정'인가를 자문해야 하며, 슈퍼비전과 자문을 통해 자신의 임의적인 결정이 되지 않도록 유의해야 한다. 자칫 유사온정주의(pseudo-paternalism)로 '기관과 사회복지사의 편의와 이익'을 위해 결정을 내렸음에도 겉으로는 '클라이언트를 위한' 결정이라고 포장될 수 있기 때문이다.

궁극적으로 사회복지사는 클라이언트를 대신해서 결정을 내릴 수 없기 때문에 클라이언트 상황을 면밀하게 검토하고, 자문을 구한 뒤 자기결정은 클라이언트의 책임이 되도록 하는 것이 바람직하다. 사회복지사는 클라이언트가 자기결정을 내릴 수 있는 능력을 향상시키고, 최대한 끌어올림으로써 향후에도 자기결정의 권리를 충분히 누릴 수 있도록 해야 하는 것이다.

3 자기결정을 제한하는 심리사회적 요인

자기결정을 제한하는 것은 클라이언트의 인지적 손상으로 인한 판단능력의 제한, 자신에게 해를 가할 수 있는 명백한 경우이다. 그 외에도 클라이언트는 자신의 결정에 다양한 압력과 제재를 받게 된다. 본문에서는 클라이언트의 자기결정에 직간접적으로 영향을 미치는 심리사회적 요인들을 '청소년 미혼모의 입양과 양육의 결정'의 예를 들어 제시하고자 한다.

1) 개인 및 가족 요인

(1) 낮은 자존감

자기결정권은 자존감과 매우 밀접한 관련성을 가진다. 즉, 자존감이 높은 청소년일수록 높은 자기결정능력을 가진다. 대부분의 미혼모들의 심리사회적 특성에 대한 연구를 살펴보면 자존감이 낮은 것으로 보고된다. 한국성문화연구소(2004)의 미혼모들의 자존감에 대한 연구결과에서도 미혼모들의 자기만족도는 평균 이하로 낮은 것으로 나타났고, 자존감에 대한 부정지향 측면에서도 대체적으로 자신감 결여, 자기비하 경향이 나타났다. 이러한 자신감 결여와 자기비하 등의 낮은 자존감의 상태에서 미혼모들은 자신과 자녀의 장래에 대해서 긍정적으로 생각할 여력이 없고, 객관적인 판단을 내리기보다 자포자기적인 결정을 내리기가 쉽다.

(2) 가족들과의 관계와 압력

오웬 · 모티머 · 핀치(Owen · Mortimer · Finch, 1996)는 청소년의 가족, 학교, 직장에서 자기결정이 미치는 영향을 연구한 결과, 부모가 청소년 자녀와 의사결정과정을 공유할 때 긍정적인 결과를 가져오는 것으로 보고하였다. 특히 부모가 제공한 정보와 자녀의 적극적인 참여는 대처능력과 효능감을 강화시킨다. 이렇듯 부모의 역할이 강조되고 있지만 청소년기의 부모-자녀관계는 대체로 갈등적이다. 올슨 등(Olson et al., 1983)

의 연구에서도 나타나듯이 부모와 청소년의 자기보고 결과, 청소년들은 전형적으로 가족과 소원한 관계변화를 경험하는 것으로 나타났다.

미혼모들에게도 원가족과의 갈등과 단절은 가장 큰 스트레스의 원인이다. 이는 미혼모들의 의사결정이 가족들의 정보와 지지가 매우 취약한 가운데 이루어지고 있음을 시사한다. 또는 미혼모들의 연령이 낮을수록 부모들의 강압적인 태도가 미혼모들의 의사결정에 영향을 미친다. 부모들은 자신들의 청소년 자녀가 임신을 하고, 출산을 했다는 사실을 받아들이기 어려울 뿐 아니라 결국 청소년 미혼모가 양육을 하고자 해도 양육의 책임은 부모들의 부담이 된다. 그리고 청소년 자녀들이 학업을 마쳐야 된다는 의식도 강하게 작용해서 자녀들에게 입양을 강력하게 권유한다.

만 18세의 청소년의 경우 보호자의 동의가 필요하지만 자녀양육의 권리를 침해할 수는 없다. 성인 미혼모의 경우에도 본인의 의사와는 달리 가족의 압력에 자기결정이 제한을 받는 경우가 많다. 가족들은 미혼모를 위한 최선의 결정이라고 합리화하지만 이러한 강요에 의한 결정은 오래도록 후회와 해결되지 않는 정서적 문제를 야기한다. 즉, 가족이나 주변의 압력에 의해서 입양을 결정했을 경우에 미혼모들은 자율적으로 의사결정을 한 미혼모들보다 오래도록 해결되지 않는 슬픔을 겪는다(최승희, 2003). 그러므로 사회복지사는 일방적인 가족의 압력으로부터 클라이언트의 권리를 옹호하며, 현실적인 다양한 대안제시를 통해서 가족과 클라이언트의 갈등을 중재할 수 있어야 한다.

2) 기관 및 전문가 요인

아동보호는 정부정책뿐 아니라 아동복지전문가들의 태도와 기대수준이 중요한 변수가 된다. 자기 스스로를 소수자(빈곤, 소수인종)로 인식하는 가족들은 아동보호기관이 자신들을 부정적으로 평가할 것으로 생각하고, 실제로 전문가들은 이들 가족들의 변화능력에 대해서 기대보다는 회의적일 때가 많다. 아동보호전문가들은 사회에서 소수자인 클라이언트나 그의 가족들이 변화에 필요한 자원들을 갖고 있지 않거나 부족할 것이라고 쉽게 판단한다. 이러한 기관과 전문가의 입장은 클라이언트의 자기결정에 직간접적인 영향력을 미칠 가능성이 높다.

(1) 기관의 압력

미혼모 기관과 입양기관의 관계는 매우 밀접하다. 입양기관은 미혼모 기관으로부터 유아를 의뢰받아 입양을 중재하기 때문에 미혼모 기관의 협조가 매우 필수적이다. 또한 미혼모 기관의 입장에서도 정부의 보조금만으로 운영될 수 없어 후원금에 의존하게 되는데, 특히 입양기관의 후원금에 많이 의존한다(이행숙, 2002).

이러한 상호 간의 밀착관계로 인해서 미혼모 기관에서 양육을 결정한 미혼모들을 홀대하거나 입양결정 미혼모들과 비교해서 차별을 받는 경우의 사례가 매스컴에 보도된 적이 있다. 이러한 기관의 정책과 지침들은 사회복지사들로 하여금 미혼모들의 의사를 전적으로 존중하거나 미혼모들의 입장을 옹호하는 실천을 제한한다. 최근에는 양육을 하도록 권장하는 정부정책, 미혼모 시설에서도 입양과 양육결정에 대한 개입이 반드시 제공되도록 함으로써 클라이언트의 자기결정권을 향상시키려는 노력을 기울이고 있다.

(2) 전문가의 온정주의(간섭주의)적 입장 : 설득, 제한된 정보의 제공

경제적 능력도 없고, 양육지원체계도 없는 미혼모가 양육을 주장하는 경우에 사회복지사가 입양을 권고하고, 양육을 포기하도록 설득하며, 제한된 정보를 제공하는 것은 전문가의 온정주의에 해당하는가? 혹은 일정 정도의 경제적 소득이 있고, 개인적 역량이 있는 미혼모가 입양을 결정했을 때 아이의 양육과 안전에 대한 강조를 하면서 양육을 하도록 강력하게 설득해도 되는가?

온정주의가 정당화되는 것은 다음과 같다. ① 간섭을 하지 않을 때 일어날 수 있는 해로운 결과가 돌이킬 수 없는 결과를 가져올 수 있는 경우이다. 자살시도를 하려는 클라이언트를 구하고자 하는 것이 이에 해당된다. ② 일시적으로 클라이언트의 자유를 제한함으로써 보다 넓은 범주의 클라이언트의 자유가 보장될 수 있는 경우이다. 약물이나 알코올중독자를 위한 강제적 서비스 제공이 그 예라고 할 수 있다. ③ 당면한 원조의 필요성이 간섭금지보다 우선하는 경우이다. 예를 들어, 자살하려는 클라이언트를 구하고자 하는 경우이다.

위에 언급한 온정주의가 정당화되는 경우를 미혼모에게 적용해 보면 다음과 같다.

①의 경우는 미혼모의 양육을 허용해서 아동의 방임이나 학대가 일어나는 경우를 가정해 볼 수 있다. 전문가들은 미혼모들의 자녀들이 상대적으로 그러한 위험에 노출될 수 있다고 보고하고 있다. 그러나 위험에 노출되었다고 해서 반드시 그러한 결과가 일어나는 것은 아니기 때문에 양육을 하려는 클라이언트의 결정을 아동의 안전을 위해 제한하는 것은 설득력이 약하다. 반대로 입양을 결정한 미혼모에게 입양부모보다 친모의 양육환경이 더 바람직하다고 강력하게 설득하는 것도 바람직하지 않다. 입양아동들이 정체성의 문제를 안고 살아가기는 하지만 실제로 친모보다 양부모의 양육환경이 못할 것이라고 단정하기 어렵기 때문이다.

②의 경우는 양육을 하고자 하는 미혼모의 자유를 일시적으로 제한하여, 입양하도록 함으로써 학업을 지속하고, 경제·사회적으로 더 나은 삶을 선택하도록 하는 것이다. 입양된 아동이 친모보다 더 나은 환경에서 양육될 수 있는 것을 가정해 볼 수 있다. 그러나 미혼모가 자녀를 포기함으로써 누릴 수 있는 사회·경제적 이익 등은 미혼모 개인의 가치와 밀접한 관계를 가지기 때문에 단적으로 미혼모에게 유익하다고 판단할 수 없다. 그러므로 전문가의 판단에 따라 입양과 양육의 선택을 암묵적으로 종용하는 것은 온정주의적 개입을 정당화하기에는 무리가 따른다.

사회복시사가 정당한 이유를 기초로 온정주의적 가치에 입각해서 개입을 할 수도 있지만 숨겨진 의도를 가진 채 온정주의로 합리화할 수도 있다. 기관과 자신의 이익과 편의를 위해서, 혹은 자신의 개인적인 가족가치와 종교적 가치와 신념을 위해서 특정한 결정을 내리도록 조종하고, 설득하면서도 표면적으로는 '클라이언트를 위해서'라는 명분을 내세우는 것은 유사 온정주의(pseudo-paternalism)에 해당한다. 결론적으로 볼 때, 온정주이적 개입은 부징적 결과들 구체적으로 입증하지 못하고, 예측하기 어려운 상황에서 논란의 여지가 많다.

3) 사회적 요인

대안이 없는 자기결정은 의미를 갖지 못한다. 미혼모의 경우 양육을 원하지만 양육할 수 없는 열악한 환경에 놓여있고 이에 대한 충분한 사회복지지원이 이루어지지 않은 상태에서 입양과 양육의 자기결정은 큰 의미를 갖지 못한다. 입양을 결정하는 미혼모들의 경우 입양결정 이유의 첫째 동기가 "아이의 장래를 위해서", "경제적 능력이 없어서"이다. 그러나 아이와 함께 살 수 있는 시설이 있다면 이용하겠느냐, 아이를 당분간 맡기고 여건이 마련된 후에 아이와 함께 할 수 있는 시설이 있다면 이용하겠느냐는 질문에는 과반수가 넘게 그렇다고 하였다. 이는 입양을 보내는 미혼모들의 50% 이상이 경제적·제도적 지원의 취약성 때문에 원치 않게 자녀를 양육을 포기하고 있음을 보여준다.

미혼모의 자녀양육과 자립지원을 위해서 정부의 지원이 확대되고 있기는 하지만 여전히 우리 사회에서 저소득 모자가정으로 살아가는 것이 녹록치 않으며, 안정적인 양육환경을 보장하기에는 지원수준이 미약하다. 이렇듯 양육을 하기에는 여전히 열악한 환경에서 미혼모에게 양육과 입양의 선택의 결정이 자유롭다고 보기는 어렵다.

또한 사회의 부정적인 시각은 클라이언트의 자기결정을 침해하는 요인이 된다. 사회적 편견이나 낙인, 그로 인한 차별이 자신의 가치에서 중요한 비중을 차지하게 될 경우 사회적 낙인감을 받지 않는 선택을 하려고 할 것이다. 미혼모의 경우에 미혼모에 대한 사회의 부정적인 시각은 미혼모들의 의사결정에 미치는 간접적인 요인이라고 볼 수도 있지만 심리적으로는 가장 큰 압력요인이 될 수 있다. 이는 미혼모의 사회인식에 대한 자기인식이 부정적일수록 입양을 선택할 가능성이 더 높게 나타나는 것에서도 알 수 있다(김원희, 2003). 부정적 시각과 낙인을 느끼는 미혼모들이 미혼모로서 자녀를 양육하겠다는 결정을 내리는 데에는 매우 큰 용기가 요구된다.

4 자기결정을 최대화하기 위한 사회복지실천

1) 클라이언트의 임파워먼트 향상

자기결정은 개인적으로 가치있는 목표들을 달성하기 위한 능력고취적이고 자기-방향(self-directed)적 행동의 반영이다(Powers et al., 1996). 청소년의 자기결정 능력을 향상시키기 위한 개입연구에서는 자기결정의 중요한 요인으로 지배동기(mastery motivation)와 자기효능감(self-efficacy)을 강조한다. 지배동기의 특성은 자신이 인식하는 능력, 자존감, 내적 통제감의 지속, 목표와 보상의 내재화이다. 자기효능감은 특정한 환경에서 원하는 행동을 표현할 수 있는 능력을 가지고 있다고 믿는 것으로서 성취, 역할모델로부터의 대리(vicarious)학습, 가족, 동료, 교사들의 사회적 설득, 자기규제전략을 통해 중재된 동류(physiological) 환류에 의해서 영향을 받는다. 자기효능감을 향상시키는 중요한 방법은 청소년이 자신에게 능력이 있다고 믿는 것을 최대화하는 것이며, 학업성취, 동기, 기능적 안녕 등이 효능감의 중요한 척도가 된다.

청소년의 자기결정능력을 향상시키기 위한 개입 프로그램 중 하나인 TAKE CHARGE는 자신의 개인적 목표를 달성하기 위한 자기결정기술을 가르치고, 후원관계(mentorship) 경험을 제공하며, 자녀의 성취와 긍정적인 특성을 향상할 수 있도록 부모에게 정보와 지지를 제공하는 내용으로 구성되어 있다.

2) 정보제공 및 다양한 대안의 탐색

자기결정을 최대화하기 위한 전략 중 중요한 것은 다양한 대안에 대한 정보를 제공하는 것과 대안을 찾을 수 있는 능력을 향상시키는 것이다. 그러므로 미혼모에게 양육과 입양의 각각의 선택에 따른 객관적이고 충분한 정보를 제공하고, 개별상황에 따른 다양한 대안들을 탐색하는 원조를 제공해야 한다. 또한 각 대안의 유익과 유해를 미혼모 스스로 고려하게 함으로써 미혼모가 후회없는 의사결정을 할 수 있도록 지원해야 한다. 즉, 사회복지사가 일방적으로 정보를 알려주거나 입양과 양육과 관련한 유익과 위험을 제시해 주는 것은 바람직하지 않다. 미혼모 스스로가 정보를 탐색하고, 자신에게 어떤 유익과 위험이 있을지에 대해서 생각하는 힘을 키울 수 있도록 지지하며, 이를 자신들의 언어로 표현하여 스스로의 결정이 될 수 있도록 돕는 것이 좋다. 미혼모가 고려하는 대안이 2~3가지라면, 사회복지사와 함께 탐색해나가면서 5~6개의 대안으로 확장하는 것이다. 이러한 과정을 통해 클라이언트는 자신의 장래를 결정할 능력과 책임이 본인에게 있음을 발견하게 된다.

이 장에서는 클라이언트의 권리이자 사회복지사의 의무이기도 한 자기결정의 개념과 시대적 흐름에 따른 변화를 살펴보았다. 또한 자기결정을 제한하는 조건들과 클라이언트에게 직간접적으로 영향을 미치는 개인, 조직 및 전문가, 사회적 조건들에 대한 탐색을 하였다. 클라이언트가 자기결정을 할 수 있도록 임파워먼트시키며, 충분한 정보를 개방함으로써 다양한 대안을 탐색하도록 원조하는 과정이 중요하다. 또한 전문가의 지식과 경험에 기초해서 클라이언트를 위한 최선의 결정이 되도록 클라이언트의 자기결정을 제한하고자 할 때에는 충분한 윤리적 고려가 따라야 할 것이다.

CHAPTER 08

알 권리

사회복지실천이 추구하는 가장 중요하고 본질적 가치인 인간의 존엄성을 실현하기 위해 사회복지실천영역에서는 비밀보장, 자기결정, 충분한 정보에 근거한 클라이언트의 동의, 알 권리 등과 같은 수단적 가치를 발전시켜 왔다. 의식수준의 향상 및 정보의 다양화 등으로 인하여 사회복지서비스를 받는 클라이언트들은 과거와 달리 사회복지서비스를 정당한 권리로 받아들이고 최근 그 선택과 방법의 결정에 이르기까지 자신의 권리를 행사하고자 하는 주도적인 주체로 변화하고 있는데(김기덕 · 최소연 · 권자영, 2012), 이러한 변화와 함께 사회복지실천현장에서는 클라이언트의 알 권리와 관련된 다양한 이슈들이 등장하고 있다. 이 장에서는 사회복지실천에 있어 알 권리의 개념, 알 권리와 관련된 윤리적 쟁점, 윤리적 갈등을 해결하는 윤리적 결정에 대해 알아본다.

1 사회복지실천과 알 권리

1) 알 권리

알 권리(right to know)는 일반적으로, '일반 국민들과 언론기관이 함께 모든 정보원으로부터 정보를 자유롭게 취득할 수 있는 권리'(한병구, 2000), 또는 '국가의 간섭을 받지 않고 정보를 수집하는 동시에 국가기관이 보유한 정보의 공개를 요구할 수 있는 이행청구의 실현권리'(이재진, 2004)라고 정의된다.

알 권리는 국민 개개인이 중요한 결정을 내리거나 자신의 복지를 위해 충분히 정보를 이용할 수 있어야 한다는 논리를 기본 바탕으로 하는데, 권리로서의 알 권리는 소극적 권리와 적극적 권리로 나눌 수 있다.

소극적 측면에서 알 권리라 함은 일반적으로 접근할 수 있는 정보원으로부터 의사형성에 필요한 정보를 수집하고 수집된 정보를 취사선택할 수 있는 자유 또는 권리와 모든 정보원으로부터 일반적 정보를 수집하고 처리할 수 있는 권리를 말한다(허영, 2003).

적극적 측면의 알 권리에는 정보원으로부터 방해받지 않고 듣고 보고 읽을 자유와 권리를 의미한다(김철수, 1998).

알 권리는 정보수집의 모든 과정을 포괄하며, 알 권리의 대상이 되는 정보는 대체로 ① 주권자인 국민이 국정을 판단하는 데 필요한 정보, ② 국민이 사회인으로서 안전하고 건강하게 문화적인 현대생활을 영위하기 위해 필요한 정보, ③ 국민이 인격상 자기달성을 위해 필요한 정보 등이다(임병국, 1999).

우리나라의 경우, 「헌법」에 알 권리에 대해 명시적으로 규정되어 있지 않으나 「헌법」 제10조 인간의 존엄과 가치 및 행복추구권에서 「헌법」적 근거를 찾기도 하며(김철수, 1998), 학계에서는 알 권리의 헌법적 근거에 대해 견해차이를 보이고 있지만 다양한 판례에서도 알 권리를 「헌법」상의 기본권으로 인정하고 있다.[1] 또한 1996년에 「공공기관의 정보공개에 관한 법률」 등을 제정하여 공공기관이 보유·관리하는 정보에 대한 국민의 공개청구와 공공기관의 공개의무에 관해 규정함으로써 국민의 알 권리를 보장하고 있다. 이처럼 알 권리는 「헌법」상 명문의 규정이 없음에도 불구하고 보호가치가 매우 높은 국민의 중요한 기본권으로 정착되었으며, 각종 기본권에 내포되어 있는 권리로 인식되고 있다(김천수, 2003).

---

1) 우리나라의 경우 알 권리는 「헌법」 유보조항(제21조 제4항)에 근거, 국가안전보장, 질서유지 또는 공공복리를 위하여 필요한 경우에 한하여 법률로써 제한될 수 있으나 그럼에도 불구하고 1991년 헌법재판소의 결정 이후 알 권리를 헌법적 권리로서 인정해 왔다(헌법재판소 1991.5.13. 선고 90헌마133 결정; 이재진, 2004 재인용).

2) 사회복지실천과 클라이언트의 알 권리

의료분야에서 환자의 알 권리는 '환자가 자신의 병명, 병상, 병의 진전 및 예측, 진료계획, 치료와 수술(선택의 자유, 그 내용), 약의 이름과 작용·부작용, 필요한 비용 등에 대해 납득될 때까지 설명을 받을 권리'라는 의미로 사용되고 있다(안선화, 2009). 환자권리장전 제정 등을 통해 환자의 알 권리를 인정하고 또한 실현하게 하고 있다.

「보건의료기본법」 제11조 보건의료에 관한 알 권리[2)]에서는 '모든 국민은 관계법령에서 정하는 바에 따라 국가와 지방자치단체의 보건의료시책에 관한 내용의 공개를 청구할 권리를 가진다'고 명시함으로써 환자의 알 권리를 명문화하여 제시하고 있다.

이처럼 환자가 자신의 질병이나 자신에 행해질 여러 가지 검사, 검사에 소요되는 시간, 투여되는 약의 종류, 효과 및 부작용, 앞으로의 진료방향 등에 대한 설명을 통해 충분히 알게 되는 것은 자기결정 실현의 기본 바탕이 된다. 또한 환자가 진료과정에서 스스로 선택하고 결정하는 것은 환자가 보다 적극적으로 진료에 참여할 수 있게 하는 긍정적 효과를 나타내게 하므로(안선화, 2009), 의료현장에서 환자의 알 권리를 보호하고 또 이를 실천하는 것은 매우 중요하다.

사회복지실천에 있어 클라이언트의 알 권리는 클라이언트가 어떤 결정이나 선택을 위해서 필요한 정보를 요청하고 제공받을 수 있는 권리를 뜻한다. 즉, 클라이언트는 서비스의 내용이나 서비스를 제공받는 과정에서 발생할 수 있는 일, 서비스를 받은 후 나타날 수 있는 부작용뿐만 아니라 서비스를 거부할 권리 등에 대해 자세한 정보를 제공받을 권리가 있다는 것이다. 알 권리는 클라이언트뿐만 아니라 클라이언트와 관련된 사람들의 다양한 이해관계 및 권리와 맞물려 최근 사회복지실천에서 중요시되고 있다.

---

2) 제11조(보건의료에 관한 알 권리)
① 모든 국민은 관계법령에서 정하는 바에 따라 국가와 지방자치단체의 보건의료시책에 관한 내용의 공개를 청구할 권리를 가진다.
② 모든 국민은 관계법령에서 정하는 바에 따라 보건의료인이나 보건의료기관에 대하여 자신의 보건의료와 관련한 기록 등의 열람이나 사본의 교부를 요청할 수 있다. 다만, 본인이 요청할 수 없는 경우에는 그 배우자·직계존비속 또는 배우자의 직계존속이, 그 배우자·직계존비속 및 배우자의 직계존속이 없거나 질병이나 그 밖에 직접 요청을 할 수 없는 부득이한 사유가 있는 경우에는 본인이 지정하는 대리인이 기록의 열람 등을 요청할 수 있다.

클라이언트의 알 권리는 다양한 측면에서 중요성을 가지고 있는데, 우선 클라이언트의 자기결정권 실현을 위한 전제조건이 된다는 측면에서 살펴볼 수 있다. 사회복지에서는 전통적으로 클라이언트의 자기결정권을 중요한 가치로 여겨왔다. 때문에 사회복지실천과정에서 사회복지사는 클라이언트가 스스로 선택과 결정을 할 욕구와 권리가 있다는 것을 존중하여 행동방향을 결정할 수 있는 클라이언트의 잠재력을 인식하고 활용할 수 있도록 도와주어야 한다(Biestek, 1979).

의료영역에서도 환자의 알 권리와 자기결정권은 이의 없이 인정되는 권리 가운데 하나인데 알 권리는 자기결정권에 선행하는 기본적인 권리로 간주된다. 환자는 자신의 병적 상태와 자신에게 행하여질 의료행위에 대하여 알 권리를 갖는데, 환자는 의학과 의료행위에 대한 학문적 내지 임상적 이해의 능력이 부족하여도 자신이 어떠한 상태에 있으며 자신의 신체에 행하여질 것이 무엇인가에 대하여 개괄적으로 알고 있을 권리가 있다. 이러한 점에서 환자의 알 권리는 인격체로서의 존엄과 가치를 유지하는 기능을 수행하는 권리이다(김천수, 2003).

사회복지실천에 있어서도 클라이언트의 알 권리는 자기결정권을 실질적으로 보장하는 기능을 수행한다고 할 수 있다. 클라이언트의 자기결정권이 실제적으로 작동하기 위해서는 클라이언트가 자신의 결정 혹은 선택을 전후한 다양한 정보를 알고 있어야 하기 때문이다. 클라이언트의 자기결정권은 정확하고 자세한 정보에 기반할 때 의미가 있으며 가치가 있다. 타인에 의한 강제적인 결정 혹은 충분하지 않거나 잘못된 정보에 의해 결정을 내리는 것은 진정한 의미에서의 자기결정이 아니다.

따라서 클라이언트의 자기결정권이 실현되기 위해서는 클라이언트가 결정을 내리는 데 필요한 정보를 정확하고 자세하게 알 수 있어야 한다. 이는 사회복지사가 클라이언트의 알 권리를 인정하고 클라이언트에게 적절한 자기결정을 하는 데 필요한 정보와 사실을 전해야 함과 동시에 클라이언트가 정보의 내용을 이해하고 제대로 파악할 수 있도록 개별화된 방법과 과정을 통해 이루어져야 할 필요가 있음을 강조하는 것이다.

두 번째는 사회복지실천에서 중요시하는 윤리적 규범 가운데 하나인 '고지된 동의'가 알 권리를 바탕으로 한다는 점에서 중요성을 찾을 수 있다.

고지된 동의(informed consent)는 현재의 클라이언트 또는 앞으로 클라이언트가 될 가능성이 있는 자로부터 정보를 수집하거나 서비스를 제공하고자 할 때 이들로부터 반드시 사전 동의를 얻어야 한다는 원칙이다(김상균 · 오정수 · 유채영, 2002). 이는 사회복지실천과정에서 클라이언트가 자신이 받는 서비스의 내용이나 선택에 필요한 사실과 정보에 대해 사전에 설명받고 이해한 상태에서 동의해야 한다는 것으로서 알 권리에 바탕을 두는 것으로 이해할 수 있다(이순민, 2012).

클라이언트의 알 권리는 고지된 동의의 형태로 구체적으로 실천된다고 할 수 있는데(김기덕 · 최소연 · 권자영, 2012), 정신보건사회복지 실천영역에서 정신장애인에게 치료 방향에 대한 기본적인 정보를 제공하여 자발적으로 동의한 후에야 비로소 전문가가 개입할 수 있게 함으로써 고지에 입각한 동의를 실천하고 있다. 정신보건영역에서의 고지된 동의는 정신장애인을 의학적 위험상황으로부터 보호하고 전문가들의 정신장애인에 대한 책임을 강화시켜 주는 기능을 가지고 있기 때문에 오늘날 정신보건전문직에서도 중요한 윤리로 인식되고 있다(Beauchamp & Childress, 1994, 서미경, 1998 재인용).

3) 클라이언트의 알 권리와 사회복지사윤리강령

클라이언트의 알 권리는 사회복지사윤리강령에도 규정되어 있는데, 우리나라 사회복지사윤리강령[3)]에는 클라이언트의 알 권리 및 고지된 동의와 관련하여 다음과 같이 명시되어 있다.

3) 2023년 4월 11일 5차 개정 사회복지사윤리강령이다.

Ⅰ. **기본적 윤리기준**

2. 전문성 개발을 위한 노력

2) 지식기반의 실천 증진

나. 사회복지사는 평가나 연구 조사를 할 때, 연구 참여자의 권리를 보장하기 위해, 연구 관련 사항을 충분히 안내하고 자발적인 동의를 얻어야 한다.

다. 사회복지사는 연구 과정에서 얻은 정보를 비밀 보장의 원칙에서 다루며, 비밀 보장의 한계, 비밀 보장을 위한 조치, 조사자료폐기 등을 연구 참여자에게 알려야 한다.

라. 사회복지사는 평가나 연구 조사를 할 때, 연구 참여자의 보호와 이익, 존엄성, 자기 결정권, 자발적 동의, 비밀 보장 등을 고려하며, 「생명윤리 및 안전에 관한 법률」 등 관련 법령과 규정에 따라 연구윤리를 준수한다.

Ⅱ. **클라이언트에 대한 윤리기준**

4. 정보에 입각한 동의 : 사회복지사는 클라이언트의 알 권리를 인정하고 동의를 얻어야 하며, 클라이언트가 받는 서비스의 목적과 내용, 범위, 합리적 대안, 위험, 서비스의 제한, 동의를 거절 또는 철회할 수 있는 클라이언트의 권리 등에 대해 정확하고 충분한 정보를 제공한다.

미국사회복지사윤리강령(NASW)은 클라이언트의 알 권리에 관해 다음과 같이 규정하고 있다.

■ **1.03 충분한 정보에 근거한 동의**

a. 사회복지사는 타당한 정보에 근거한 동의에 기초한 전문적 관계의 맥락 안에서만 클라이언트에게 서비스를 제공해야 한다. 사회복지사는 명확하고 이해하기 쉬운 말로 클라이언트에게 서비스의 목적, 서비스와 관련된 위험, 제3자 지불자의 요청에 의한 서비스의 제한, 관련비용, 합리적인 대안들, 동의를 거절하거나 취소할 수 있는 클라이언트의 권리 및 동의에 따르는 기간 등을 알려주어야 한다. 또한 클라이언트에게 질문할 기회도 제공해야 한다.

b. 클라이언트가 글자를 모르거나 실천현장에서 사용되는 언어를 이해하기 어려워하는 경우, 사회복지사는 클라이언트가 이해할 수 있도록 필요한 조치를 취해야 한다. 즉, 클라이언트에게 상세한 구두설명을 해주고 가능하다면 유자격 통역가나 번역가를 마련해 주어야 한다.

c. 클라이언트가 충분한 정보에 근거한 동의를 할 능력이 부족한 경우에는 사회복지사는 적절한 제3자에게 허가를 구하여 클라이언트의 이해수준에 맞추어 알려줌으로써 클라이언트의 이익을 보호해 주어야 한다. 그리고 이러한 경우에 사회복지사는 제3자가 클라이언트의 희망과 이익에 부합되도록 행동하는지 확인하는 노력을 해야 한다. 사회복지사는 클라이언트가 충분한 정보에 근거한 동의를 할 수 있는 능력을 향상시키도록 합리적인 조치를 취해야 한다.

d. 클라이언트가 비자발적으로 서비스를 받게 되는 경우에는 사회복지사는 서비스의 성격이나 범위에 관해서, 그리고 클라이언트가 서비스를 거부할 수 있는 한도에 관한 정보를 제공해 주어야 한다.

e. 전자매체(컴퓨터, 전화, 라디오 및 텔레비전)를 통해 서비스를 제공하는 사회복지사는 이 서비스에 연관된 한계나 위험을 서비스 수혜자에게 알려야 한다.

알 권리에 따르면 클라이언트는 자신에 대한 내용이 적힌 사례기록을 읽을 수 있는 권리가 있다. 미국의 사회복지사윤리강령은 클라이언트가 자신과 관련된 공적인 사회복지기록을 정당한 이유로 보고자 할 때 이를 허용해야 한다고 규정하고 있다(NASW, 2008; 이순민, 2012).

1.08 기록에 대한 접근

a. 사회복지사는 클라이언트가 자신에 관한 기록에 적절하게 접근할 수 있도록 해야 한다. 기록에 대한 클라이언트의 접근이 심각한 오해를 일으키거나, 클라이언트에게 위해를 끼칠 우려가 있을 경우에는 기록을 설명하거나 기록에 관해 조언을 해주어야 한다. 사회복지사는 기록에 대한 접근이 클라이언트 자신에게 심각한 위해가 될 것이라는 강력한 증거가 있는 예외적인 경우에만 기록 전체 혹은 일부에 대한 클라이언트의 접근을 제한해야 한다. 클라이언트의 요구와 기록의 전부 혹은 일부의 접근을 제한한 합리적인 이유를 클라이언트의 서류철에 기록해야 한다.

b. 클라이언트에게 자신의 기록을 보여줄 때에는 사회복지사는 그 기록 속에 언급되거나 논의되고 있는 다른 개인들의 비밀을 보호할 수단을 강구해야 한다.

2 알 권리와 관련된 상반된 견해와 알 권리의 제한

1) 알 권리에 대한 상반된 견해

전술한 바와 같이 알 권리는 자기결정권에 선행하는 기본적인 권리이며 자기결정권을 보장하는 실질적인 기능을 수행한다. 헌법적 권리로 인정되어 각종 기본권에 내포되어 있는 권리로 인식되고 있지만, 알 권리에 대해 찬성의 입장만 있는 것은 아니다.

알 권리를 찬성하는 입장에서는 국민의 자기결정권이 보장되기 위해서는 알 권리의 존중이 전제되어야 한다고 주장하지만, 알 권리를 반대하는 입장에서는 많은 정보공개로 인해 불필요한 논쟁이 발생하여 행정비용과 시간낭비 등이 발생하며, 정보공개에 대한 우려로 정보의 기록과 문서를 최소화하게 되어 결국에는 알 권리가 신장되지 않을 것이라고 주장한다(김기덕 · 최소연 · 권자영, 2012).

2) 알 권리의 제한과 윤리적 쟁점

알 권리에 대해서는 찬성하는 입장과 반대하는 입장이 공존하지만 사회복지실천에서는 기본적으로 클라이언트의 알 권리를 존중하고 이를 보호하며 사회복지사는 클라이언트의 알 권리를 인정하고 클라이언트에게 사실을 알릴 윤리적 의무가 있다.

그러나 클라이언트의 알 권리가 언제 어디서나 항상 인정되는 것은 아니기 때문에 정보를 요구하는 클라이언트의 요청에 사회복지사가 항상 응해야 하는 것도 아니다. 이처럼 클라이언트의 알 권리가 제한되어야 하거나 정보제공이 유보될 상황이 발생할 수 있다.

리머(Reamer, 1990)는 이해 당사자 및 관련된 사람들의 권리와 복지를 객관적으로 평가하여 보고 누구의 권리와 안녕이 가장 우선시되어야 하는지, 알 권리가 제한될 경우 누구의 권리와 이익이 가장 침해를 받게 되는지 충분한 평가를 내린 후에 클라이언트의 알 권리를 제한하는 결정을 내릴 수 있다고 하였다(김기덕 · 최소연 · 권자영, 2012 재인용).

다음에서 클라이언트의 알 권리와 관련된 윤리적 쟁점과 알 권리가 제한되는 경우를 살펴보겠다.

(1) 알 권리와 비밀보장원칙이 상충될 때

사회복지실천에서 클라이언트의 알 권리는 매우 중요하지만 이 알 권리가 단지 클라이언트에게만 해당되는 것은 아니다. 클라이언트 외에 제3자의 경우에도 인간으로서의 기본적 권리를 고려할 때 자신의 일생에 중대한 영향을 미칠 수 있는 정보에 대해 알 권리가 있다. 예를 들면, 클라이언트가 누군가를 해칠 의도 및 계획을 가지고 있음을 알게 된 사회복지사는 클라이언트의 비밀을 보장하기보다는 타인이 해를 입지 않도록 사실을 알리고 보호해야 한다. 즉, 클라이언트의 비밀보장 권리는 절대적인 권리일 수는 없어서, 클라이언트의 비밀보장 권리가 제3자의 자유나 안녕 혹은 그의 기본적인 권리를 심각하게 위협하는 경우에는 클라이언트의 비밀보장 권리를 더 이상 존중할 수 없으며 그의 비밀정보를 누설하여 제3자에게 알려야 하는 상황,

즉 클라이언트의 비밀보장 권리보다 제3자의 알 권리를 더욱 존중해야 하는 상황이 발생할 수 있다(박인선, 1993).

알 권리와 비밀보장원칙이 상충되는 경우는 학교현장에서 자주 발생한다. 학교사회복지사 및 학교상담자들은 학교 이외의 실천현장에 비해 더 자주 윤리적 갈등에 직면하게 되는데 그 이유 중 하나는 이들의 클라이언트가 미성년자인 학생이라는 점이다. 학교사회복지사나 학교상담자들은 미성년자인 학생들의 비밀을 보호해야 하는 윤리적 의무와 함께 부모의 알 권리를 보장해야 할 책임이 있기 때문에 윤리적 갈등이 일어날 수 있다(Wagner, 1981).

우리나라의 경우 담임교사가 학생에 대한 전반적인 지도를 하기 때문에 학교사회복지사가 학생 클라이언트와 상담한 내용에 대해 정보를 공유할 것을 자주 요청하는데 이런 경우 판단에 어려움이 발생한다(강진령 · 이종연 · 손현동, 2007).

사회복지사는 사회복지실천에서 관계를 맺는 클라이언트뿐만 아니라 클라이언트와 관계된 사람 혹은 다수의 대중 등 제3자의 알 권리에 대해서도 존중하고 고려해야 하지만 알 권리와 비밀보장원칙이 상충되는 상황에서 적절한 판단을 내리기 위해 다양한 노력을 기울여야 한다. 다음의 사례는 알 권리와 비밀보장원칙이 상충되는 경우이다.

사례 8-1 | 입양인의 알 권리와 친부모의 비밀보장

입양되어 해외에서 자란 A는 성인이 된 후 자신의 뿌리를 찾기 위해 한국의 입양기관에 자신의 친부모에 대한 정보를 알려달라고 요청하였다.

그러나 A의 친부모는 A를 입양기관에 맡기면서 비밀보장을 요구했기 때문에 입양기관의 사회복지사는 A에게 친부모에 대한 정보를 알려주어야 하는지, 알려주지 말아야 하는지 판단해야 하는 상황에 놓여 있다.

입양실무에서 클라이언트의 비밀보장 권리는 거의 절대적으로 존중되어왔는데, 과거 입양아, 친부모, 양부모 등 입양삼자에 대한 완전한 비밀보장원칙이 중시되었던 것과 무관하지 않다. 그러나 최근 들어 알 권리에 대한 관심이 증대되어 위와 같은 윤리적 갈등이 발생하게 되었다.

위의 사례를 보다 구체적으로 분석해 볼 필요가 있다. 우선 입양아 A를 클라이언트로 본다면, 클라이언트의 알 권리를 인정하여 친부모에 대한 정보를 제공할 경우, 비밀보장을 약속받은 친부모의 비밀이 공개되는 위험이 있기 때문에 A의 알 권리만을 인정할 수는 없다. 또한 입양의 경우 입양아 A 혹은 친부모, 또는 양부모 어느 한 쪽만을 클라이언트로 볼 수 없고, 입양삼자라고 불리는 세 체계 모두 클라이언트로 보아야 한다. 따라서 위의 사례에서 입양아 A는 알 권리를 가지는 클라이언트이지만 동시에 친부모는 비밀보장의 권리를 가지는 클라이언트이기도 하다.

따라서 위의 사례에서 윤리적 쟁점은 다중의 클라이언트 체계 내에서 한쪽의 알 권리와 다른 쪽의 비밀보장원칙이 충돌하는 것이라고 볼 수 있다.

클라이언트의 알 권리라는 측면에서 분석해 보면, 입양아 A는 자신의 출신배경과 친부모에 대해 알 권리가 있고 성장한 후 자신의 뿌리를 찾겠다는 결정을 할 경우 이를 위해 필요한 정보에 접근할 권리가 있다(김기덕 · 최소연 · 권자영, 2012). 그러나 친생부모의 입장에서는 비밀보장원칙에 의하여 자신의 개인신상이 공개되지 않을 권리를 가진다.

이처럼 알 권리와 비밀을 보장받을 권리가 충돌하는 경우 알 권리 또는 비밀보장 권리는 부분적으로 제한을 받을 수 있다. 우리나라의 경우 과거에 일반적으로 비밀입양이 이루어졌는데, 입양실무자가 비밀입양원칙하에서 입양삼자의 비밀보장 권리를 존중할 경우, 양부모는 불임 등 사회적 낙인과 친부모라는 위협적인 존재로부터 벗어나 안전한 상태에서 아동을 친자처럼 키울 수 있고, 친생부모는 그들이 입양보낸 아동을 잊고 새출발을 할 수 있으며 아동은 사생아 등 사회적 낙인으로부터 벗어나 양부모를 친부모처럼 동일시하며 자랄 수 있었다.

이처럼 비밀입양원칙이 입양삼자 모두의 요구에 부응하는 것이며 입양서비스가 추구하는 최선의 결과를 가져올 수 있다고 믿었다(박인선, 1993). 때문에 과거 우리나라

입양현장에서는 입양인 친생부모에 대해 개인신상의 보호와 비밀보장원칙에 근거하여 입양인이 친생부모에 대해 정보공개를 요구하더라도 이를 받아들이지 않았다.

그러나 비밀보장 권리의 윤리적 한계 및 알 권리에 대한 사회적 관심 고조[4], 입양인의 성장과 발달에 대한 새로운 관점 등으로 인해 도전받게 되었고, 2011년 8월 「입양특례법」[5]이 공포되고 이후 개정됨에 따라 아동권리보장원 또는 입양기관의 장은 친(부)모의 동의를 받아 정보를 공개하도록 하며, 친생부모가 정보의 공개에 동의하지 아니하는 경우에는 친생부모의 인적사항을 제외하고 정보를 공개하도록 하였다. 또한 친생부모가 사망하거나 그 밖의 사유로 동의할 수 없는 경우와 의료상 목적 등 특별한 사유가 있는 경우에는 친생부모의 동의 여부와 관계없이 입양정보를 공개할 수 있도록 했다.

이와 같은 입양인의 알 권리 명시는 입양기관의 자의에 의한 정보공개 여부에 따라 고통과 불이익을 당해왔다는 점에 비추어 볼 때, 입양인의 알 권리 확보라는 차원에서 큰 진전이라고 볼 수 있다(김기덕 · 최소연 · 권자영, 2012). 또한 입양에 대한 기존 가치관에 큰 전환을 요구하는 것이다(이미선, 2004). 그러나 이 경우에도 입양인의 알 권리가 절대적으로 보장되는 것은 아니며 친생부모의 동의나 의료적 목적 등에 따라 제한받을 수 있다.

---

4) 입양서비스에서 알 권리는 입양인에게만 있는 것은 아니다. 양부모 그리고 친생부모에게도 알 권리가 있다. 일반적으로 입양서비스에서 입양삼자의 알 권리를 인정한다는 것은 양부모는 특정 아동을 자신의 자녀로 받아들이고 그 아동을 보다 잘 이해하며 키우기 위해서는 아동의 배경을 알 권리가 있고, 친(부)모는 자신의 선택의 결과, 즉 자녀가 안녕이 보장되는 상황에 처해있음을 알 권리가 있으며 아동은 그의 건전한 정체감 형성을 위하여 그의 출신배경과 입양사유를 이해하고 알 권리가 있다고 보는 것이다. 실제로 입양삼자의 비밀보장 권리보다 알 권리를 우선하는 경우가 입양삼자 모두에게 보다 더 바람직할 수 있다(박인선, 1993).

5) 제5장 입양아동 등에 대한 정보의 공개
제36조(입양정보의 공개 등) ① 이 법에 따라 양자가 된 사람은 아동권리보장원 또는 입양기관이 보유하고 있는 자신과 관련된 입양정보의 공개를 청구할 수 있다. 다만, 이 법에 따라 양자가 된 사람이 미성년자인 경우에는 양친의 동의를 받아야 한다. <개정 2019. 1. 15.>
② 아동권리보장원 또는 입양기관의 장은 제1항에 따른 요청이 있을 때 입양아동의 친생부모의 동의를 받아 정보를 공개하여야 한다. 다만, 친생부모가 정보의 공개에 동의하지 아니하는 경우에는 그 친생부모의 인적사항을 제외하고 정보를 공개하여야 한다. <개정 2019. 1. 15.>
③ 제2항의 단서에도 불구하고 친생부모가 사망이나 그 밖의 사유로 동의할 수 없는 경우에는 양자가 된 사람의 의료상 목적 등 특별한 사유가 있는 경우에는 친생부모의 동의 여부와 관계없이 입양정보를 공개할 수 있다.
④ 제1항부터 제3항까지의 규정에서 정한 정보공개의 청구대상이 되는 정보의 범위, 신청 방법과 절차, 그 밖에 필요한 사항은 대통령령으로 정한다.

(2) 클라이언트를 위하거나 부정적인 결과를 피하기 위해

클라이언트의 알 권리가 제한되거나 알 권리와 관련하여 윤리적 갈등이 발생하는 또 다른 상황은 클라이언트를 위해서 혹은 부정적인 결과를 피하기 위한 경우이다.

사례 8-2 | 말기암 진단을 받은 환자의 알 권리와 사회복지사의 진실을 말할 윤리적 의무

클라이언트 B는 예후가 나쁜 말기 암진단을 받았다. B는 아직 본인의 병명을 모르고 있는데, 가족들은 B가 자신의 병을 알게 되면 심리적으로 충격을 받아서 앞으로 투병생활이 더 어려워질 것이라고 하면서 이를 알리지 말아달라고 의료사회복지사 K에게 부탁하였다. 병원에 입원해 있는 동안 클라이언트 B는 자신에게 어떤 치료가 행해질 것인지, 왜 그러한 치료를 하는지 자꾸 물어보면서 자신의 병명이 무엇인지 알려달라고 하였다. 사회복지사 K는 클라이언트 B에게 클라이언트가 암에 걸렸다는 사실을 이야기해서 죽음을 준비하고 생을 마감할 수 있는 시간을 가질 수 있도록 사실대로 말을 해주어야 할지, 아니면 가족의 부탁을 들어주어야 할지 혼란스럽다.

앞의 사례는 클라이언트의 알 권리가 인정되고 사회복지사의 진실을 말할 윤리적 의무가 요구되는 경우이지만 클라이언트에게 진실을 말함으로써 오히려 클라이언트에게 부정적인 결과가 초래될 수 있어서 클라이언트의 알 권리를 제한해야 하는지 결정하기 모호한 경우이다.

클라이언트는 자신의 질병에 대해 알 권리가 있다. 사회복지사는 클라이언트와 다른 사람들에게 진실을 이야기하고 모든 관련정보들을 충분히 개방할 윤리적 의무가 있다. 거짓을 말하는 것, 즉 다른 사람으로 하여금 거짓을 믿도록 하기 위해 일부러 사실을 왜곡하는 것은 모든 인간에게 부여된 존엄성을 위배하는 것이며, 클라이언트에게 진실을 말해야 하는 것은 일반적인 관계에서 진실을 말해야 하는 의무보다 훨씬 더 강력한 전문가 의무이다(Loewenberg & Dolgoff, 1996).

그러나 위의 사례처럼 클라이언트의 알 권리를 존중하여 진실을 말하였을 경우, 클라이언트가 치료를 중단하거나 극단적인 행동을 할 위험이 있고 심리적으로 충격을 받아 병세가 악화될 가능성이 있다면 클라이언트에게 진실을 말하는 것이 오히려 클라이언트를 위하는 일이 되지 않을 수 있기 때문에 사회복지사들은 윤리적 갈등상황에 처하게 된다.

다양한 문화적 배경을 가진 클라이언트와 일하는 사회복지사의 진실을 말하는 것과 같은 윤리적 이슈는 점점 더 복잡해진다. 아시아계 미국인 환자가 많은 병원의 사회복지사의 경우를 생각해 보자. 일본에서 태어나 미국에서 살고 있는 여성 클라이언트를 담당하는 의료사회복지사는 클라이언트가 예후가 좋지 않은 암환자인 경우 이 사실을 클라이언트에게 말하지 않고 대신 위궤양과 같은 덜 위험한 진단을 사용하기도 한다는 사실을 알고 있다. 이런 문화는 자신이 위중한 병에 걸렸다는 것을 모르는 채 예후에 대한 희망을 가지고 있을 때 질병과 더 잘 싸울 수 있다는 신념에서 나오는 것이다. 잘못된 진단을 알고 있는 클라이언트가 의사가 한 말이 사실인지 당신에게 확인하려고 할 때 사회복지사는 일본의 전통을 존중하여 거짓을 말할 것인지 아니면 서구문화에 근거하여 진실을 말할 것인지 윤리적 갈등에 처할 수 있다(Wheeler, 1993, Loewenberg & Dolgoff, 1996 재인용).

이러한 경우 클라이언트의 알 권리는 제한될 수 있을까? 클라이언트에게 부정적인 결과가 초래될 위험으로부터 클라이언트를 보호하기 위해 정보를 유예하거나 거짓정보를 제공하는 것은 합당한가?

클라이언트를 위해서 혹은 부정적인 결과를 피하기 위하여 사회복지사가 알고 있는 정보의 제공을 유보하거나 또는 선의의 거짓말을 해야 하는 것이 필요한 경우도 발생한다(김기덕 · 최소연 · 권자영, 2012). 이러한 경우 사회복지사는 이해당사자 및 관련된 사람들이 권리와 복지를 객관적으로 평가하여 보고 누구의 권리와 안녕이 가장 우선시되어야 하는지, 알 권리가 제한될 경우 누구의 권리와 이익이 가장 침해를 받게 되는지 충분히 평가한 후에 클라이언트의 알 권리를 제한하는 결정을 내릴 수 있다(Reamer, 1990).

3 알 권리와 관련된 윤리적 갈등과 해결

지금까지 알 권리의 개념을 비롯하여 사회복지실천에서 알 권리와 관련된 윤리적 쟁점들을 살펴보았다. 이 절에서는 사회복지실천과정에서 알 권리와 관련된 윤리적 갈등에 직면했을 때 이를 해결하는 윤리적 결정에 대해 살펴본다. 2편에서 고찰한 바와 같이 콩그레스(Congress)는 사회복지사들이 가능한 한 효과적이면서 빠르게 윤리적 결정을 할 수 있도록 윤리결정모델(ETHIC Decision Making Model)을 개발했다. 여기서는 앞 절에서 제시된 사례 8-2에 대해 콩그레스의 ETHIC 모델을 적용함으로써 윤리적 갈등상황에서 사회복지사가 취할 수 있는 바람직한 윤리적 결정의 대안을 모색해보고자 한다.

1. Examine : 개인, 사회, 기관, 클라이언트 그리고 전문적 가치를 검토한다

사례 8-2에서 사회복지사는 죽음을 앞 둔 말기암 환자에게 남은 시간 동안 자신의 생을 정리하고 돌아볼 수 있는 시간을 가질 수 있도록 사실대로 진단명을 말해주어야 하는지, 아니면 가족의 요청대로 말기암이라는 사실을 알리지 말아야 할지 윤리적 갈등을 경험하고 있다. 콩그레스의 윤리결정 모델에 따르면 이러한 윤리적 갈등상황에서 사회복지사는 개인, 사회, 기관, 클라이언트 그리고 전문적 가치를 검토해야 한다.

다양한 분야에서 일 하는 사회복지사들은 클라이언트가 진실을 알 수 있도록 알 권리를 보호하는 것, 혹은 가족의 의견을 존중하는 것 등 다양한 가치를 가질 수 있다. 사례의 사회복지사 K는 '클라이언트의 알 권리'를 개인적으로 가장 중요한 가치로 삼고 있다. 사회복지사 K는 클라이언트가 자신이 말기암 환자라는 사실을 분명히 알게 됨으로써 '알 권리' 자체를 존중받는 것도 중요하지만 자신의 상황에 대해 정확하게 알게 됨으로써 현재 자신은 무엇을 할 수 있는지 혹은 해야 하는지, 그렇게 함으로써 자신이 원하는 미래를 맞을 수 있도록 준비하고 결정할 수 있는 시간과 기회를 갖게 되는 것이 진정으로 클라이언트를 위하는 일이라고 생각하고 있다.

알 권리를 통해 자기결정권이 실현되며 본질적으로 인간의 존엄성이 보장된다고 생각하는 것이다. 이 경우 클라이언트가 자신이 말기암 진단을 받았다는 사실에 대해 알게 되면 의료적 서비스 외에 다양한 사회복지 서비스에 대해 정확히 알게 되고 이를 이용하게 됨으로써 자신의 여생에 대해 준비하고 정리할 수 있는 시간과 기회를 갖게 된다. 예를들면 클라이언트에게 사실을 알리게 되면 클라이언트는 호스피스 서비스에 대한 소개도 받음으로써 이를 이용할 수도 있지만 제대로 알리지 않은 경우에는 서비스의 이용기회조차 박탈당하게 되는 것이다.

사회적 가치를 검토해 보면, 우리나라를 비롯한 동양문화권에서는 이러한 경우에 클라이언트에게 진실을 말하지 않는 것이 오히려 클라이언트가 남은 생을 편안하게 보낼 수 있다고 생각하여 거짓말을 하거나 정보제공을 유보하는 경향이 있다. 그러나 최근 알 권리에 대한 사회적 관심과 요구, 그리고 실증적 연구들로 인해 이와 같은 가치는 도전받고 있다. 즉, 사회의 가치는 변화하고 있으며 최근의 경향을 따르자면 사회 역시 클라이언트의 알권리에 대한 가치를 더 중시한다고 볼 수 있다.

터케트(Tuckett, 2004)에 의하면, 환자가 자신의 진단과 병의 진행, 예후 등에 관해 진실을 들을 경우 알권리가 충족되어 치료를 견디고 좋은 결과를 가져오는데 도움이 된다(안선화, 2009 재인용). 또한 본인이 암에 걸렸을 경우 그 사실을 직접 듣고 싶다는 응답자가 90%가까이 된다는 연구결과(이해균, 2008)는 환자 혹은 클라이언트들이 자신에 대해 정확히 알고 스스로 결정하고 싶은 욕구를 가진다는 것을 나타내주는 것이다.

이제 기관과 전문적 가치가 무엇인지 생각해보자. 의료사회복지사가 속한 병원, 그리고 전문가로서의 의료사회복지사의 가치는 일관된다. 환자가 자신의 삶에 대해 포기하지 않고 적극적으로 치료에 임할 수 있도록 도와주는 것, 그리고 그 과정에서 인간으로의 존엄성을 유지하면서 자신의 삶에 대해 온전한 결정을 내릴 수 있도록 지원하고 협조하는 것이 기관과 전문가의 가치이다.

2. Think : 그 상황에 적용되는 윤리강령과 법, 사례결정 등을 생각한다

2023년 4월에 개정된 우리나라 사회복지사윤리강령에는 클라이언트의 알 권리와 관련하여 다음과 같이 명시되어 있다.

> Ⅱ. **클라이언트에 대한 윤리기준**
> 4. 정보에 입각한 동의
> 사회복지사는 클라이언트의 알 권리를 인정하고 동의를 얻어야 하며, 클라이언트가 받는 서비스의 목적과 내용, 범위, 합리적 대안, 위험, 서비스의 제한, 동의를 거절 또는 철회할 수 있는 클라이언트의 권리 등에 대해 정확하고 충분한 정보를 제공한다.
>
> 5. 기록 · 정보 관리
> 2) 사회복지사는 클라이언트가 자신과 관련된 기록의 공개를 요구하면 정당한 비공개 사유가 없는 한 정보에 접근할 수 있도록 해야 한다.

우리나라 사회복지사윤리강령에는 '사회복지사는 클라이언트의 알 권리를 인정하고 동의를 얻어야 하며, 클라이언트가 받는 서비스의 목적과 내용, 범위, 합리적 대안, 위험, 서비스의 제한, 동의를 거절 또는 철회할 수 있는 클라이언트의 권리 등에 대해 정확하고 충분한 정보를 제공한다'고 명시되어 있다. 따라서 클라이언트에게 행해지는 서비스의 내용과 관련된 충분한 정보를 제공해야 한다. 이 원칙을 적용하게 되면 사회복지사 K는 클라이언트 B가 말기암이라는 사실과 그로 인한 치료의 내용 및 앞으로의 서비스 내용에 대해 사실대로 이야기해야 한다. 물론 의학적 측면에서 병의 경과와 치료, 부작용 등에 대한 정보는 의사가 설명할 의무가 있다. 사회복지사는 사회복지 서비스와 관련된 내용에 대해 정확하고 충분한 정보를 제공해야 하는 것이다.

3. Hypothesize : 각기 다른 결정들의 가능한 결과들에 대해서 가정한다

사회복지사 K는 클라이언트 가족의 요청대로 클라이언트 B에게 말기암이라는 사실을 알리지 않고 제공되는 서비스에 대해서도 제한된 정보만을 제공하거나 정보의 제공을 유보하여 사실을 알리지 않을 수도 있다.

그러나 클라이언트의 병세가 악화되면서 이상증후를 느끼게 될 클라이언트는 결국 자신에 대해 전문가와 가족들이 거짓말을 해 왔으며 자신을 속였다는 사실을 알게 되어 더욱더 심리적으로 충격을 받을 수 있게 된다. 또한 자신의 여생에 대해 돌아보고 정리할 수 있는 권리를 빼앗은 결과가 될 수 있다.

4. Identify : 가장 취약한 사람에 대한 사회복지헌신의 관점에서 누구에게 이익이 되고 누가 해를 입을지를 확인한다

자신이 말기 암이라는 사실을 알게 된다면 대부분의 사람들은 심한 충격에 빠질 것이다. 부정과 거부, 우울 등을 경험하면서 치료에 부정적이거나 치료를 거부할 수도 있다. 그러나 많은 연구에 의하면 오히려 진실을 알게 됨으로써 사실을 수용하고 적극적으로 치료에 임하게 된다고 한다. 따라서 단기적인 관점에서는 클라이언트 B가 심리적 충격을 받을 수 있지만 장기적 관점에서 본다면 적극적으로 치료를 받을 수도 있고 자신의 삶에 대해 정리하고 준비하는 시간을 갖게 됨으로써 존엄한 죽음을 맞이할 수 있게 된다.

5. Consult : 최선의 윤리적인 선택에 대하여 슈퍼바이저나 동료의 자문을 구한다

최선의 윤리적 선택을 위해서 사회복지사 K는 슈퍼바이저나 동료들로부터 자문을 구할 수 있다. 사회복지사 K는 이 사례에 대해 자문을 구했고, 그가 일하는 기관에서는 이러한 윤리적 갈등상황을 논의하기 위한 회의가 소집되었다. 의사와 변호사, 간호사 및 선임 사회복지사로 구성된 자문회의에서는 클라이언트의 알권리를 존중하여 클라이언트에게 사실대로 알릴 수 있도록 의료진은 가족을 설득하며, 사회복지사는 클라이언트가 받을 심리적 충격과 어려움을 고려하여 클라이언트를 정서적으로 지지하고 지원할 수 있도록 개입하기로 하였다.

이 절에서는 알 권리의 개념, 사회복지실천과 클라이언트의 알 권리에 대해 개념적으로 살펴본 뒤 클라이언트의 알 권리와 관련된 사회복지사윤리강령을 검토하였다. 또한 알 권리와 관련된 상반된 견해와 알 권리가 제한되는 상황을 살펴보고 이와 관련된 윤리적 쟁점을 차례로 고찰하였다. 마지막으로 알 권리와 관련된 윤리적 갈등을 해결하기 위해 사례를 콩그레스의 ETHICS 모델로 분석해 보았다. 클라이언트에 대한 정보를 보호하고 비밀을 보장하는 것은 사회복지사의 윤리적 의무이자 사회복지실천의 중요한 원칙 가운데 하나이다.

반면에 클라이언트를 포함한 제3자의 알 권리 역시 사회복지실천이라는 경계를 넘어 인간으로서 갖는 기본적인 권리라는 측면에서 보호되고 또 실현되어야 하는 가치이자 권리이다. 때문에 사회복지실천에서는 클라이언트의 비밀보장과 제3자의 알 권리가 충돌하거나 클라이언트의 알 권리 실현을 위해 제3자에 대한 정보가 공개되게 하거나, 공공에게 해를 줄 가능성이 있을 경우 등 다양한 측면에서 윤리적 갈등이 발생할 수 있다.

알 권리는 헌법에서도 보장하고 있는 국민의 기본적인 권리이기 때문에 알 권리와 관련된 윤리적 갈등 상황에서는 법적인 한계 및 절차 등을 고려하여 결정을 내려야 한다. 사회복지사의 윤리강령 및 윤리적 모델만으로는 한계에 부딪힐 수 있다. 급변하는 사회환경 및 사회복지환경에 따라 사회복지사가 처하게 되는 윤리적 갈등의 내용 또한 복잡하고 다양해지므로 사회복지사는 이러한 환경에 전문직의 직업정체성을 유지하면서도 적절하고 유연하게 대처할 수 있도록 노력해야 할 것이다.

CHAPTER 09 비밀보장

사회복지실천현장에서는 다양한 윤리적 갈등이 발생할 수 있는데 리머(Reamer, 1995)는 사회복지서비스의 직접적 실천과정에서 사회복지사들이 경험하는 윤리적 갈등과 지역사회 및 사회정책과 계획, 그리고 행정과 같은 간접적인 실천과정에서 사회복지 관리자들이 경험하는 윤리적 갈등으로 구분하였다. 비밀보장은 직접적 실천과정에서 사회복지사들이 빈번하게 경험하는 윤리적 갈등영역 가운데 하나이다. 이 장에서는 사회복지실천에 있어 비밀보장의 개념, 비밀보장과 관련된 윤리적 쟁점, 윤리적 갈등을 해결하는 윤리적 결정에 대해 알아본다.

1 사회복지실천과 비밀보장

1) 비밀보장의 개념

비밀보장(confidentiality)이란, 대인서비스 조직에서 일하는 전문가가 클라이언트와의 전문적 관계에서 확보한 정보를 누설하거나 그러한 정보를 획득하게 된 목적 외의 다른 목적으로 사용하지 말아야 할 의무를 말한다(김기덕, 2002).

사회복지실천에서 비밀보장은 사회복지사가 클라이언트와의 전문적 관계에서 신뢰를 바탕으로 얻은 정보를 클라이언트의 동의없이 제3자에게 누설하지 않는다는 것을 의미한다. 비밀보장의 원칙은 사회복지실천과 같은 전문적 관계에서 매우 중요한데 사회복지사에 대한 클라이언트의 신뢰를 증가시키는 데 큰 역할을 하기 때문이다(이순민, 2012).

전문직의 가치는 하나의 직업이 사회적 차원에서 전문직으로 인정받는 과정에서 주어지는 것인데, 일반적으로 전문직이 속한 사회의 가치를 반영하게 되므로 사회복지실천에서 중요시하는 가치는 사회가 중요시하는 가치와 깊은 관계를 가지게 된다. 비밀보장은 개인의 사생활보호라는 사회적 가치에 근거하여 클라이언트나 클라이언트를 대신해서 법적으로 동의할 권한을 인정받은 사람의 동의를 얻었을 경우에만 사회복지사는 비밀정보를 공개할 수 있는 비밀보장원칙이 만들어졌다(Lowenberg & Dolgoff, 1996).

사회복지전문직의 윤리원칙인 비밀보장은 사회복지사윤리강령에도 규정되어 있는데, 2023년 4월 개정된 우리나라 사회복지사윤리강령에는 비밀보장과 관련하여 다음과 같이 명시되어 있다.

> Ⅱ. **클라이언트에 대한 윤리기준**
>
> 3. 클라이언트의 사생활 보호 및 비밀 보장
>
> 사회복지사는 클라이언트의 사생활을 존중하고 보호하며, 전문적 관계에서 얻은 클라이언트 관련 정보에 대해 비밀을 유지한다. 그러나 클라이언트 자신과 타인에게 해를 입히거나 범죄행위와 관련된 경우에는 예외로 할 수 있다.
>
> 5. 기록 · 정보 관리
>
> 3) 사회복지사는 클라이언트에 대한 문서 정보, 전자 정보, 기타 민감한 개인 정보를 보호해야 한다.
>
> 4) 사회복지사가 획득한 클라이언트 관련 정보나 기록을 법적 사유 또는 기타 사유로 제3자에게 공개할 때는 클라이언트에게 안내하고 동의를 얻어야 한다.

미국사회복지사윤리강령은 다음과 같이 사생활과 비밀보장에 관한 규정을 제시하고 있다.

> ■ **1.07 사생활보호와 비밀보장**
>
> a. 사회복지사는 클라이언트의 사생활을 존중해야 한다. 사회복지사는 서비스를 제공하거나 사회복지에 대한 평가 또는 조사연구를 수행하는 데 필수적인 경우를 제외하고는 클라이언트에게 사적인 정보를 요청할 수 없다. 사적인 정보가 공개되면 비밀보장의 기준이 적용된다.
>
> b. 클라이언트를 대신하는 법적 대리인으로부터 동의를 얻을 경우에는 사회복지사는 비밀정보를 공개할 수 있다.
>
> c. 사회복지사는 전문적 이유로 인한 강요된 경우를 제외하고는 전문직 서비스 과정에서 얻게 된 모든 정보에 대해 비밀보장을 해야 한다. 클라이언트나 혹은 확인된 제3자에 대해 예측되고, 심각하고, 임박한 해를 막기 위해 정보의 공개가 불가피하거나, 클라이언트의 동의없이 법이나 규제에 의해 정보의 공개가 요구되는 경우에, 사회복지사의 비밀유지라는 일반적 기대는 적용되지 않는다. 어느 경우에나 사회복지사는 바람직한 목적을 달성하는 데 필요한 최소한의 비밀정보 – 즉, 비밀누설이 직접적으로 목적에 적절한 정보 – 만을 공개해야 한다.

d. 사회복지사는 가능한 한 비밀정보가 공개되기 전에 공개사실과 그로 인해 예상되는 결과에 대해서 클라이언트에게 알려야 한다. 이것은 비밀정보의 공개가 법적 요청에 의한 것이든 클라이언트의 동의에 기초한 것이든 상관없이 적용된다.
e. 사회복지사는 비밀보장의 성격이나 비밀보장에 대한 클라이언트의 권리의 한계에 관해서 클라이언트나 다른 관련 당사자들과 의논해야 한다. 또한 클라이언트와 함께 비밀정보가 요구될 수 있는 상황이나 법적으로 비밀정보의 공개가 요청되는 상황들을 검토해야 한다. 이러한 논의는 사회복지사와 클라이언트의 관계에서 가능한 한 빨리 그리고 관계의 전과정을 통해서 필요할 때마다 수행되어야 한다.
f. 사회복지사가 가족, 부부, 집단에 대하여 상담서비스를 제공할 때 각 개인의 비밀보장 권리나 타인과 공유하는 정보의 비밀보장 의무에 관해서 당사자들간에 합의를 구해야 한다. 그러나 동시에 가족, 부부, 집단 상담의 참가자 개개인에 대해서 그러한 합의의 이행이 완전히 보장될 수는 없음을 전원에게 알려야 한다.
g. 사회복지사는 가족, 부부, 결혼, 집단 상담을 받는 클라이언트에게 상담 참가자들 간의 비밀정보의 공개에 관한 사회복지사, 고용주 및 기관의 정책을 알려야 한다.
h. 사회복지사는 클라이언트가 공개할 권한을 주지 않는 한 제3자 지불자에게 비밀정보를 공개해서는 안된다.
i. 사회복지사는 프라이버시가 보장되지 않는 어떤 실천현장에서도 비밀정보를 논의해서는 안된다. 또한 공적이나 반공적인 장소, 가령 복도나 대기실, 승강기, 식당 등에서 비밀정보에 관해 논의해서는 안된다.
j. 사회복지사는 법적절차의 진행 중 법률이 허용하는 한도 내에서 클라이언트의 비밀을 최대한 보호해야 한다. 법정이나 법적 권한을 가진 기관이 사회복지사에게 클라이언트의 동의없이 비밀정보나 면책정보의 공개를 명령하는 경우 그러한 공개가 클라이언트에게 해가 될 때에는, 사회복지사는 법정에 그 명령을 철회하거나 가능한 한 그 범위를 좁게 한정하거나 또는 그 기록을 일반이 검열할 수 없게 비공개로 유지하도록 요청해야 한다.
k. 사회복지사는 언론매체 관계자로부터 클라이언트의 정보를 요청받을 때 클라이언트의 비밀을 보호해야 한다.
l. 사회복지사는 클라이언트의 서면정보, 전자정보, 그리고 기타 민감한 정보에 대한 비밀을 보호해야 한다. 또한 클라이언트의 기록을 안전한 장소에 보관하며 그 기록에 접근할 권한이 없는 타인이 이용할 수 없도록 합리적 조치를 취해야 한다.
m. 사회복지사는 컴퓨터, 전자메일, 팩시밀리, 전화, 전화응답기 또는 다른 전자나 컴퓨터 기술을 통해서 다른 관계자에게 전달된 정보의 비밀을 보장하며 유지하기 위해 주의해야 한다. 신상정보 공개는 가급적 피해야 한다.
n. 사회복지사는 클라이언트의 기록의 이송이나 처리에 있어서 클라이언트의 비밀을 보호하면서 기록과 사회복지실천 자격에 관한 주 법령에 일치하는 방법을 취해야 한다.
o. 사회복지사는 업무의 종료, 자격상실 또는 사망시에 클라이언트의 비밀이 유지될 수 있도록 적절한 주의를 기울여야 한다.
p. 사회복지사는 교육이나 훈련을 목적으로 클라이언트에 관하여 논의할 때 클라이언트가 비밀정보의 공개에 동의하지 않는 한 그의 신상정보를 누설해서는 안된다.
q. 사회복지사는 자문가와 함께 클라이언트에 관해 논의할 때 클라이언트가 비밀정보의 공개에 동의하지 않거나 또는 공개를 해야 할 강력한 필요가 없는 한 신상정보를 누설해서는 안된다.
r. 사회복지사는 고인이 된 클라이언트의 비밀도 앞에서 언급한 기준에 따라 보호해야 한다.

사생활보호의 가치는 전문가의 윤리원칙으로 규정되기도 하지만 우리나라를 비롯한 많은 나라에서는 「헌법」이나 기타 법률로 정하여 개인의 사생활보호의 권리를 법적으로 보호한다. 우리나라 「헌법」 제17조에 "모든 국민은 사생활의 비밀과 자유를 침해받지 아니한다"고 명시함으로써 개인의 사생활보호의 권리를 보호하고 인정하고 있다. 사회복지의 경우 「사회보장기본법」, 「아동복지법」, 「정신보건법」 등에서도 비밀보장에 대해 규정하고 있다.

사회복지실천에서 비밀보장은 사회복지사의 윤리원칙뿐만 아니라 성공적인 사회복지실천에 필요한 관계의 요소로서도 중요하다. 일반적으로 비밀보장이 될 것이라는 클라이언트의 믿음이 사회복지사에 대한 신뢰를 증가시킨다. 클라이언트는 사회복지사가 자신에 관한 정보를 소중히 다루고 비밀을 보장한다고 믿을 때 개입과정에 적극적으로 참여하게 된다. 사회복지실천과정에서 클라이언트는 자신이 원하는 도움이나 원조의 필요성 때문에 자신의 사적인 정보까지도 사회복지사에게 털어놓게 된다(엄명용 외, 2011).

반면 사회복지사와 클라이언트 간에 비밀보장이 지켜지지 않으면 전문적 도움을 필요로 하는 사람들이 도움을 요청하지 않을 수 있고, 이미 사회복지사와 관계형성을 하기 시작한 사람들도 충분하게 이야기를 하지 않을 수 있으며, 안정된 신뢰관계가 손상받을 수 있다. 즉, 비밀정보가 노출된 클라이언트는 자신이 믿었던 전문가에게 배신감을 느낄 수 있다(Loewenberg & Dolgoff, 1996).

따라서 클라이언트에 대한 비밀보장은 효과적이고 성공적인 사회복지실천의 전제조건이 되는 사회복지사와 클라이언트 간 신뢰관계 형성 및 유지라는 측면에서도 매우 중요하다고 할 수 있다. 사회복지실천과 유사한 상담영역에서도 비밀보장은 상담의 기본 원칙 중 하나로 지켜지고 있는데, 이는 상담에서 신뢰를 쌓는 핵심이기 때문이다(Lasky & Riva, 2006).

그렇다면 클라이언트의 비밀보장이 정당화되는 윤리적 근거는 무엇일까? 일반적으로 비밀보장의 원칙에 대한 도덕적 정당성은 크게 세 가지로 제시되고 있다(김기덕, 2002).

첫째, 사생활보장의 권리(the right of privacy)를 들 수 있다. 비밀보장의 원칙은 인간이 가진 고유한 자유와 자율성에 대한 존중, 그리고 그것으로부터 파생된 권리 가운데 하나인 사생활 보장 권리에서 윤리적 근거를 찾을 수 있다. 인간은 자율적인 존재로서 자신의 고유한 사생활을 가질 수 있는 자격과 능력을 가지고 있으며, 이러한 사생활에 대한 존중은 자신의 생각, 계획, 자신과 관련된 비밀 등을 스스로 통제해나갈 수 있을 때 비로소 가능해질 수 있다는 것이다(Bok, 1983).

둘째는 클라이언트와 사회복지사 사이에 맺은 비밀보장원칙은 서로에 대한 약속이므로 이를 어기는 것은 도덕적으로 타당하지 않다는 것이다. 이는 비밀보장의 원칙으로 인하여 사회복지사와 클라이언트가 맺는 전문적 관계에 좀 더 깊은 신뢰감이 형성됨으로써 사회복지실천노력의 효과를 극대화할 수 있다는 것이다. 세 번째는 비밀보장의 원칙이 엄격하게 지켜짐으로써 사회복지실천이 바람직한 결과를 가져오게 된다는 결과론적 윤리론에 따른 주장이다.

2) 비밀보장의 범위와 유형

일반적으로 비밀이란 다른 사람에게 알려지지 않은 개인적 삶에 속하는 사실이나 조건, 지식을 의미하는데, 자연적 비밀(natural secret), 약속에 의한 비밀(promised secret), 신뢰에 의한 비밀(entrusted secret)로 나눌 수 있다(Biestek, 1979).

자연적 비밀은 '드러나게 되면 대상자의 명예를 손상시키거나 해를 주는 정보'이다. 약속에 의한 비밀은 말하는 사람이 듣는 사람과 비밀보장의 확인과 약속을 한 것이다. 신뢰에 의한 비밀은 정보가 공개되지 않을 것임을 사전에 명시적으로나 암묵적으로 이해함으로써 비밀을 지킬 사람에게 전달되는 정보이다. 사회복지실천에서 비밀보장에는 세 가지 유형의 비밀이 모두 포함되지만 대부분 신뢰에 의한 비밀이다. 따라서 사회복지사는 비밀을 지켜야 한다는 명시적 계약뿐만 아니라 암묵적 계약도 지켜야 한다(김상균 · 오정수 · 유채영, 2002).

사회복지실천과정에서 알게 되는 클라이언트에 대한 정보에는 외부에 드러나서는 안 되는 비밀정보와 같은 내용도 포함되지만 클라이언트의 일상을 둘러싼 사소한 내용도 포함된다. 이는 사회복지사는 클라이언트와 관련된 그 어떠한 정보일지라도 소중히 다루며 비밀보장의 대상이 된다는 것을 염두에 두어야 함을 의미한다.

그렇다면 비밀이 보장되는 범위는 어디까지인가? 사회복지사가 신뢰관계에 근거하여 얻은 모든 정보에 해당될까? 비밀보장의 범위는 단순히 사회복지사가 클라이언트와의 전문적 관계에서 얻은 직접적인 정보에 한정되지 않는다. 핀(Finn, 1992)은 사회복지사를 포함한 휴먼서비스(human service) 전문가의 비밀보장의 범위는 다음의 네 가지를 포함한다고 하였다(Collingride, Miller, & Bowles, 2001 재인용).

첫째, 비밀보장의 내용은 전문가와 클라이언트 사이의 언어적 의사소통 내용에만 국한되지 않는데, 전문가의 판단뿐만 아니라 관찰을 통해 얻어진 의견까지 포함된다. 둘째, 비밀보장의 의무기한은 전문가와 클라이언트로서의 관계가 종결된 이후까지 지속된다. 셋째, 비밀보장의 의무는 항상 절대적인 것은 아니며 상황에 따라 다른 윤리적 고려가 우선시되는 상황이 있을 수 있다. 넷째, 비밀보장의 의무는 특정한 상황에서 법에 의해 해지될 수 있다.

비밀보장과 관련하여 유의해야 할 점은 사회복지사와 클라이언트의 현재 관계에 국한되지 않고 전문가와 클라이언트로서의 관계가 종결된 이후까지 지속된다는 것이다. 우리나라 「사회보장기본법」과 「아동복지법」에서도 "사회복지사업 또는 사회복지업무에 종사하였거나 종사하고 있는 자는 그 업무수행의 과정에서 알게 된 다른 사람의 비밀을 누설하여서는 아니된다"와 "아동복지사업 또는 아동복지전담기관을 포함하여 아동복지업무에 종사하였거나 종사하는 자는 그 직무상 알게된 비밀을 누설하여서는 아니된다"와 같이 과거에 사회복지업무에 종사했던 사람에게도 비밀보장 의무를 적용하였다.

비밀보장의 범위를 다루면서 비밀보장은 항상 절대적인 것은 아니며, 상황에 따라서는 제한을 받을 수 있음을 설명하였다. 비밀보장의 범위를 어떻게 정하느냐에 따라 절대적 비밀보장과 상대적 비밀보장으로 유형화될 수 있다. 먼저 절대적 비밀보장은 사회복지사가 신뢰관계에 근거하여 얻은 클라이언트의 정보를 어떠한 상황에서 절대로 누설하거나 공개하지 않는 것이다. 그러나 실제로 사회복지사가 클라이언트와 관련된 정보를 절대적으로 보장한다는 것은 거의 불가능하다(박인선, 2004). 사회복지사의 의지로 클라이언트에 대한 정보를 공개하지 않을 수는 있지만 법률이나 기타 다른 윤리적 의무와의 충돌 등으로 인하여 정보를 공개할 수밖에 없는 상황이 발생하기 때문이다.

비밀보장의 두 번째 유형은 상대적 비밀보장이다. 이는 클라이언트가 정보공개에 동의를 하거나 제3자 혹은 클라이언트에게 해를 입히는 것을 방지하기 위해, 사회적 공익을 위해 혹은 더 나은 개입을 위해 클라이언트의 정보가 공개될 수 있다는 제한 속에서 클라이언트의 비밀을 보장하는 것이다.

절대적 비밀보장은 현실적으로 불가능하며, 일반적으로 원조전문직에서는 상대적 비밀보장이 이루어지고 있는데 비밀보장의 이러한 상대적 특성으로 인해 사회복지실천에서 윤리적 갈등이 발생하게 된다.

3) 비밀보장의 법적 의무

우리나라뿐만 아니라 여러 나라에서 사회복지실천 시 비밀보장에 관해 윤리강령을 제정함으로써 클라이언트의 사생활보호 가치를 실현하고 윤리적인 사회복지실천이 이루어지도록 하고 있다. 그러나 비밀보장은 전문직 윤리에 근거한 윤리적 의무에 그치는 것이 아니라 법에도 규정되어 있다. 우리나라 「사회보장기본법」 제38조 개인정보 등의 보호에서 "사회보장업무에 종사하거나 종사하였던 자는 사회보장업무 수행과 관련하여 알게 된 개인·법인 또는 단체의 정보를 관계법령에서 정하는 바에 따라 보호하여야 한다"고 명시하여 비밀보장의무를 법으로 규정하고 있다. 「사회복지사업법」 제47조 비밀누설의 금지에도 "사회복지사업 또는 사회복지업무에 종사하였거나 종사하고 있는 자는 그 업무수행의 과정에서 알게 된 다른 사람의 비밀을 누설하여서는 아니된다"고 규정하였다.

〈표 9-1〉 사회복지관련법에 명시된 비밀보장조항

법	조 항	내 용
「사회보장기본법」[6]	제38조 개인정보 등의 보호	사회보장의 업무에 종사하는 자는 사회보장과 관련해 알게 된 개인·법인 또는 단체의 비밀을 관계법령에서 정하는 바에 따라 보호하여야 한다.
「사회복지사업법」[7]	제47조 비밀누설의 금지	사회복지사업 또는 사회복지업무에 종사하였거나 종사하고 있는 자는 그 업무수행의 과정에서 알게 된 다른 사람의 비밀을 누설하여서는 아니된다.
	제54조 벌칙	6. 제47조의 규정에 위반한 자는 1년 이하의 징역 또는 1천만 원 이하의 벌금에 처한다.
「아동복지법」[8]	제65조 비밀유지등의 의무	제65조(비밀 유지 등의 의무) 아동복지사업을 포함하여 아동복지업무에 종사하였거나 종사하는 자는 그 직무상 알게된 비밀을 누설하거나 직무상 목적 외의 용도로 이용하여서는 아니 된다. 〈개정 2016. 3. 22., 2020. 12. 29.〉
	제71조 벌칙	6. 제65조를 위반하여 비밀을 누설한 자는 3년 이하의 징역 또는 3천만 원 이하의 벌금에 처한다. 〈신설 2020. 12. 29.〉
「정신건강복지법」[9]	제91조 비밀누설의 금지	정신질환자 또는 정신건강증진시설과 관련된 직무를 수행하고 있거나 수행하였던 사람은 그 직무의 수행과 관련하여 알게 된 다른 사람의 비밀을 누설하거나 공표하여서는 아니 된다.

비밀보장의무를 윤리적 차원에서 규제하는데 그치지 않고 법적 책임을 부여한 이유는 클라이언트가 전문가를 신뢰할 수 있는 기반을 마련함으로써 서비스의 접근가능성을 증진시키려는 것이다(김상균·오정수·유채영, 2002).

그러나 사회복지사에게는 클라이언트와 공유하게 된 정보에 대한 비밀을 보장해주는 윤리적 의무가 있는 동시에 클라이언트와 관련된 정보를 올바르게 사용해야 하는 사회적 의무도 있는데, 이처럼 클라이언트의 정보에 대한 비밀보장과 사회적 공익 또는 공공의 보호라는 측면 때문에 클라이언트의 비밀보장과 관련하여 윤리적 딜레마가 발생하기도 한다. 따라서 클라이언트의 비밀을 보장하기 어려운 상황들을 어떻게 다룰 것인가에 대해서 사회복지사들은 윤리적 민감성을 기르는 것이 필요하다(김기덕·최소연·권자영, 2012).

6) 「사회보장기본법」 법률 제11690호 2013.03.23.
7) 「사회복지사업법」 법률 제11856호 2013.06.04.
8) 「아동복지법 법률」 제11690호 2013.03.23. 일부개정.
9) 「정신건강증진 및 정신질환자 복지서비스 지원에 관한 법률」 제19464호, 2023. 6. 13. 일부개정

2 비밀보장과 관련된 윤리적 쟁점

사회복지사가 신뢰관계에 근거하여 얻은 정보를 누설하지 않는다는 윤리원칙이 사회복지실천에 있어 비밀보장이다. 그런데 클라이언트에 관한 모든 정보에 대해 비밀보장이 적용될 수는 없다. 클라이언트의 비밀을 보호함으로써 오히려 클라이언트가 해를 입게 되거나 클라이언트 이외 제3자가 해를 입게 되는 경우가 발생하기 때문이다. 따라서 비밀보장원칙은 절대적으로, 무조건적으로 적용될 수는 없다. 사회복지실천과정에서 다양한 윤리적 쟁점이 발생하게 되는데 비밀보장과 관련한 중요한 윤리적 쟁점으로는 비밀보장과 사생활보호, 비밀보장의 제한, 고지된 동의 등이 주로 논의되고 있으며 차례로 살펴보면 다음과 같다.

1) 비밀보장과 사생활보호

비밀보장(confidentiality)과 사생활보호(privacy)는 서로 연결되어 있는 개념이지만 다른 의미를 지니기 때문에 구분되어야 한다. 비밀보장은 대인서비스(human service) 조직에서 일하는 전문가가 클라이언트와의 전문적 관계에서 획보한 정보를 누설하거나 그러한 정보를 획득하게 된 목적 외의 다른 목적으로 사용하지 말아야할 의무를 말한다.

이에 비해 사생활이란 한 개인이 그 생활 중 타인에게 노출시키거나 간섭받지 않으면서 혼자만의 생활로 간직할 수 있는 부분을 말한다. 즉, 사생활보호는 어떤 상황이나 관계에서도 기본적으로 내재된 인간의 도덕적 권리인 것이다. 클라이언트의 사생활보호는 사회복지사와의 전문적 관계형성 이전부터 이미 존재하며 전문적 관계 외의 더 광범위한 관계에서도 보편적으로 존중받는 기본적 권리라는 점에서 비밀보장과 구분된다(박인선, 2004).

2) 비밀보장의 제한

사회복지사가 클라이언트와의 전문적 관계에서 알게 된 정보들에 대해 절대적인 비밀보장은 현실적으로 불가능하다. 다양한 이유에서 사회복지사는 클라이언트에 관한 정보를 공개해야 하는 상황에 놓이게 된다. 즉, 비밀보장이 제한되거나 비밀보장의 예외가 적용되는 것이다. 사회복지실천과정에서 비밀보장의 제한과 관련하여 발생하는 상황은 다양하지만 일반적으로 클라이언트 자신에게 이익을 주거나 보호하기 위해서, 제3자를 보호하기 위해서, 미성년 클라이언트의 부모나 보호자의 요청에 응하는 경우, 법적 명령에 따르는 상황 등이다.

(1) 비밀유지가 클라이언트를 보호하거나 제대로 돕는 것이 아닌 경우

클라이언트가 자살을 구체적으로 계획하고 있다고 사회복지사에게 이야기하였다. 사회복지사는 비밀보장의 원칙에 따라 이 내용을 비밀에 부쳐야 하는가 아니면 클라이언트의 생명이 위태로울 수 있으므로 가족이나 관련기관에 알려서 자살의 위험으로부터 클라이언트를 보호해야 하는가?

'클라이언트에 대한 비밀을 보호해야 한다'는 원칙을 무조건적으로 단순히 적용한다면 사회복지사는 클라이언트의 자살계획에 대해 그 누구에게도 말을 해서는 안 된다. 이런 경우 비밀보장원칙을 지키느냐 마느냐 하는 것은 전적으로 사회복지사 개인의 의지에 달려 있다. 그러나 클라이언트에 대한 비밀보장원칙을 지키는 것이 결국 클라이언트를 위험에 빠뜨리게 하거나 파국적 결과를 초래하는 것이라면 클라이언트에 대한 비밀보장원칙을 지키는 것이 의미가 없다고 생각할 수도 있다.

이러한 이슈에 대해 윤리적 절대주의 시각과 윤리적 상대주의 시각은 각각 다른 접근을 하게 되는데 윤리적 절대론의 시각을 가진 사회복지사는 '모든 사람은 비록 그 결과가 부정적이라 할지라도 자신에 관한 결정을 내릴 절대적인 권리가 있다고 믿으며… 또한 비밀보장은 사회복지사들이 항상 지켜야 하는 1차적인 전문적 가치라고 생각한다… 클라이언트가 누구이고, 그가 처한 상황이 어떠한지에는 전혀 관심이 없고, 오직 비밀보장과 클라이언트의 자기결정권은 절대적으로 지켜져야 한다'고 생각한다(Loewenberg & Dolgoff, 1996, 정기원, 2003 재인용). 따라서 윤리적 절대주의 시각에서는 가족이나 관련전문가에게 클라이언트의 자살에 대해 알리지 말라는 클라이언트의 요구를 절대적으로 존중하고 비밀을 보장한다.

그러나 윤리적 상대주의 시각을 지닌 사회복지사는 클라이언트의 가족이나 관련 전문가에게 클라이언트의 자살에 대해 알렸을 때의 결과와 클라이언트의 비밀보장권을 존중해 이를 알리지 않았을 때의 결과를 비교하여 클라이언트의 자살계획을 가족에게 알려야 한다고 판단하거나 클라이언트가 가족에게 직접 알리도록 설득할 것이다. 이러한 결정은 클라이언트에게 발생할 어떤 심각한 결과를 예방하는 것이 클라이언트의 비밀보장을 존중해야 하는 원칙을 지키는 것보다 더욱 중요하게 고려되기 때문이다(Loewenberg & Dolgoff, 1996, 정기원, 2003 재인용).

이처럼 동일한 상황에 대해서도 윤리적 이론의 입장에 따라서 사회복지사의 행동이나 선택은 달라질 수 있다. 이러한 이슈와 관련하여 한국사회복지사윤리강령은 비밀보장원칙이 제한되는 경우 및 정보공개에 앞선 고지의무에 대해 다음과 같이 명시하고 있다.

> **Ⅱ. 클라이언트에 대한 윤리기준**
> 사회복지사는 클라이언트의 알 권리를 인정하고 동의를 얻어야 하며, 클라이언트가 받는 서비스의 목적과 내용, 범위, 합리적 대안, 위험, 서비스의 제한, 동의를 거절 또는 철회할 수 있는 클라이언트의 권리 등에 대해 정확하고 충분한 정보를 제공한다.

이는 일반적으로 사회복지사는 클라이언트의 고지된 동의없이 제3자에게 비밀정보를 공개해서는 안 됨을 의미한다. 따라서 사회복지사는 클라이언트와 관계를 형성하고 사회복지실천활동을 시작할 때 비밀보장의 한계나 정보공개의 필요성 등을 미리 설명해야 한다. 이런 방법을 통해 사회복지사는 개입을 지속하면서 클라이언트에게 필요한 도움을 제공할 수 있고, 클라이언트에게 파괴적인 결과를 가져오는 것을 막을 수도 있다.

한편 부부상담이나 가족치료, 집단상담 등 두 명 이상의 사람들에게 서비스를 제공할 때 각각의 성원은 클라이언트가 되는데 특정한 또 다른 클라이언트를 보호하기 위해 비밀보장원칙을 제한해야 하는 경우도 발생하게 된다. 예를 들어, 가족치료를 하는 사회복지사에게 남편이나 아내, 자녀는 모두 클라이언트이다. 남편이 아내를 속이고 있다는 것을 알게 된 사회복지사는 아내에게 이 사실을 알려야 하는지 남편의 비밀을 지켜줘야 하는지 갈등할 수 있다. 미국사회복지사윤리강령(NASW, 2008)에는 가족 및 부부상담에서 제기되는 비밀보장 및 그 제한에 대해 다음과 같이 제시하고 있다.

1.07 사생활보호와 비밀보장

f. 사회복지사가 가족 · 부부 · 집단에 대해 상담서비스를 제공할 때는 비밀보장에 대한 각 개인의 권리, 그리고 다른 사람들과 공유하고 있는 비밀정보를 보호하기 위한 의무와 관련해 당사자들 사이의 동의를 구해야 한다. 사회복지사는 모든 참여자가 이러한 동의를 존중할 것이라고 보장할 수는 없음을 가족 · 부부 · 집단상담에 참여한 사람들에게 통지해야 한다.

g. 사회복지사는 자신의 상담에 관련된 당사자들 사이에 비밀정보 공개에 관한 사회복지사 · 고용주 · 기관의 정책을 가족 · 부부 · 집단상담과 관련된 클라이언트에게 통지해야 한다.

부부상담이나 가족치료, 집단사회복지실천 등 여러 사람이 함께 참여하고 있는 경우 각각의 성원은 모두 클라이언트가 되는데, 사회복지사는 모든 성원이 클라이언트로 간주되며 동등한 권리를 갖는다는 것을 명확히 해두어야 하며, 클라이언트 간에 이해관계가 상충될 수 있다는 점을 예상하여 모든 이해관계의 상충을 최소화하기 위해 적절한 조치를 취해야 한다.

집단상담 혹은 집단사회복지실천 시 사회복지사는 처음부터 집단구성원들과 비밀유지에 대해 의논해야 하며(Cohen & Phillips, 1995), 모든 집단구성원들의 비밀유지에 대해서 사회복지사는 보장할 수 없다고 집단성원에게 알려야 한다. 특히 개인상담과 달리 집단상담에서는 자기개방이 상담의 핵심이기 때문에 내담자는 자신의 사적인 정보를 집단지도자뿐만 아니라 집단성원들과 공유하도록 권유받게 되는데 공유되어진 사적인 정보에 대해 집단지도자는 비밀보장을 준수할 책임이 있지만 집단참여자의 비밀보장 준수는 집단성원의 의지에 많이 의존하므로 집단상담에서 비밀보장은 중요한 이슈가 된다. 미국상담학회(ACA) 윤리규정에서는 집단에 가입된 사람들에 대한 비밀보장의 중요성과 한계를 분명하게 설명해야 함을 언급하고 있다(고향자 · 김소라, 2008).

(2) 제3자 보호와 비밀보장

클라이언트 이외의 사람에게 해를 입히거나 위협이 되는 정보에 대해 사회복지사는 클라이언트의 비밀을 보장해야 할까? 제3자를 보호하기 위해 정보를 공개해야 할까? 이러한 상황 역시 '클라이언트에 대한 비밀을 보호해야 한다'는 원칙을 무조건적으로 단순히 적용한다면 제3자에게 해가 되거나 위협이 되는 정보일지라도 클라이언트의 비밀보장원칙에 따라 이를 공개해서는 안 된다. 그러나 전술한 바와 같이 비밀보장원칙은 절대적인 것이 아니며 상황에 따라서 제한받을 수 있는데, 비밀보장이 제한받게 되는 두 번째 상황은 클라이언트의 정보를 보호함으로써 제3자가 해를 입거나 위협을 받게 되는 경우이다. 비밀보장에 관한 윤리적 쟁점과 관련하여 가장 잘 알려진 사례는 타라소프(Tarasoff) 사건이다.[1)]

사례 9-1 | 타라소프 사례

버클리 캘리포니아 주립대학 병원에서 상담을 받는 프로센짓 포다르(Prosenjit Poddar)는 담당 심리상담가에게 과거 여자친구인 타라소프가 여행에서 돌아오면 그녀를 살해할 계획이라고 말했다. 상담가는 학교경찰에게 알렸고 경찰은 포다르를 일시적으로 구금했으나 사리분별이 가능해 보이고 그녀에 대한 접근금지를 약속하자 그를 풀어주었다. 두 달 후 타라소프가 여행에서 돌아오자 몇 개월 후 포다르는 타라소프를 죽였고 타라소프의 부모는 포다르의 위협을 자기 딸에게 알리지 않았다며 캘리포니아 대학을 상대로 소송을 제기했다. 캘리포니아 대법원은 잠재된 희생을 경고하지 못한 것은 무책임한 일이라는 판결을 내렸다. 상담가는 자신의 클라이언트인 포다르와의

1) 타라소프 사건 및 판결내용에 대해서는 Congress(1999). Collingridge, Miller, & Bowles(2001)을 참고하여 정리하였다.

관계가 비밀보장 관계였기 때문에 자신은 죄가 없다고 주장하였지만 법원은 "보호받을 수 있는 비밀보장특권은 공적인 위험이 시작될 때 끝난다"라고 결정하였다. 법원은 최종적으로 정신보건전문가는 클라이언트가 다른 사람을 위해할 계획을 가지고 있다는 사실을 알았을 때 고지된 위험으로부터 제3자를 보호할 의무가 있다는 판결을 내렸다.

타라소프 판례(Tarasoff v. Board of Regents of the University of California, 1976)는 사회복지사나 심리상담가 등의 전문가는 상담 중 클라이언트가 다른 사람을 해하려는 의도를 알게 되었을 때, 피해를 막기 위해서 클라이언트의 정보를 공개할 의무가 있다는 것을 시사하는 것이다. 타라소프 판결은 새로운 윤리적 딜레마를 제기했을 뿐 아니라 실천상에서의 변화를 가져왔고 전문기관에서 클라이언트를 다루는 새로운 방법을 만들어내었다. 이 사례를 통해 상담관련 전문가들은 클라이언트의 위험행동을 감지하였을 때 비밀보장의 의무보다는 생명보호의 의무가 우선되어야 한다는 원칙을 만들게 되었다(이순민, 2012).

미국사회복지사윤리강령(NASW, 1996)은 비밀보장의 한계에 "사회복지사들은 클라이언트나 다른 확인된 사람에게 심각하고, 예측되고, 즉각적인 해를 끼치는 것을 막기 위해 비밀을 누설해야 하는 경우를 제외하고는 비밀을 보장해야 한다"고 함으로써 비밀보장이 제한될 수 있음을 명시하고 있다. 따라서 클라이언트가 누군가를 죽이거나 해를 입히겠다고 말했을 경우, 심각하고 피할 수 없는 해를 막기 위해 비밀을 지키지 않아도 된다는 것이 윤리적으로 허용된다(Congress, 1999). 즉, 클라이언트의 정보를 보호함으로써 제3자가 해를 입거나 위협을 받게 되는 경우에는 비밀보장이 제한된다고 할 수 있다. 그러나 비밀보장의 적용이나 비밀보장의 제한 역시 절대적이며 단순한 것은 아니다. 비밀보장의 의무보다는 생명보호가 더 중요하기 때문에 생명을 보호하기 위해 비밀보장이 제한될 수 있다는 주장이 항상 지지를 받는 것은 아니기 때문이다.

일반적으로 잠재적 위험으로부터 제3자를 보호하기 위한 비밀정보의 개방은 다음과 같은 네 가지 필요조건에 의해 정당화된다(Reamer, 1999, 김상균 · 오정수 · 유채영, 2002 재인용).

- 사회복지사는 클라이언트가 제3자에게 폭력의 위협을 했다는 증거를 갖고 있어야 한다.
- 사회복지사는 폭력행위가 예측가능하다는 증거를 가지고 있어야 한다.
- 사회복지사는 폭력행위가 임박하다는 증거를 갖고 있어야 한다.
- 사회복지사는 잠재적 희생자를 밝힐 수 있어야 한다.

한편 타라소프 판례에서 "비밀을 지키지 않음으로 해서 타인에게 생길 수 있는 위험을 피할 수만 있다면, 환자와 정신치료사 관계의 비밀보장을 보호하고자 하는 정책은 보류되어야 한다. 즉, 많은 사람들이 위험하다면 비밀유지특권은 유지될 수 없다"고 법원이 판결하였는데, 비밀보장과 관련되는 개념 가운데 비밀유지특권이 있다.[2)]

(3) 미성년 클라이언트의 비밀보장

학교사회복지사는 고등학교 1학년 C와 상담하는 과정에서 C가 약물을 사용하고 있다는 사실을 알게 되었다. C는 자신이 곧 치료를 받을 계획이니 부모님에게는 이 일을 비밀로 해달라고 부탁하였다. C의 부모는 C와 상담을 하면 그 내용을 알려달라고 학교사회복지사에게 요구하였다. 학교사회복지사는 C에 대한 비밀보장을 지켜야 하는가? 아니면 미성년 클라이언트의 보호자로서 상담정보에 대해 알기를 원하는 부모의 알 권리를 존중해서 이 사실을 알려야 하는가?

아동 및 청소년 대상의 사회복지실천과정에 클라이언트가 미성년자이기 때문에 발생하는 윤리적 갈등 가운데 하나가 비밀보장과 관련된 것이며, 특히 부모 및 담임교사, 학교당국의 입장과 충돌하기 쉽다. 사회복지사는 미성년자 클라이언트의 비밀보장권리와 부모의 알 권리 모두를 보호할 의무가 있지만 두 가지를 동시에 만족시킬 수는 없기 때문에 한 가지를 선택해야 하지만 결정을 내리기 쉽지 않다. 학교상담자를 대상으로 수행된 국내연구에서도 클라이언트가 미성년자이기 때문에 비밀보장과 관련된 윤리적 갈등상황을 많이 겪는 것으로 나타났다(최선외, 2012).

청소년 입장에서 볼 때, 청소년들이 학교상담자나 학교사회복지사에게 도움을 요청하기 어려워하는 요인 중 하나가 상담의 비밀보장에 대해 회의적이기 때문이라는

2) 비밀유지특권은 이후 '법적 명령과 비밀보장'에서 자세히 다룬다.

결과(이상균, 2000)임을 고려한다면 청소년과 관련된 실천현장에서 비밀보장은 매우 중요하면서도 민감한 이슈라고 할 수 있다.

클라이언트가 미성년자인 경우에는 보호자의 알 권리를 인정하는데, 이에 따라 비밀보장이 제한되지만 절대적인 것은 아니다. 보호자에게 알리는 것보다 클라이언트와의 관계유지가 클라이언트에게 더 많은 도움을 주는 것이 명백하거나 또는 클라이언트나 주위사람에게 심각한 수준의 해를 입히지 않는 때에는 보호자에게 알리지 않을 수 있다. 그러나 비밀유지가 클라이언트를 비롯하여 주변 사람들에게 심각한 피해를 가져오는 결과를 초래하는 것이 분명하다고 판단될 경우에는 보호자에게 알려야 한다(Reamer, 1999).

그러나 부모나 보호자에게 클라이언트와의 상담내용을 공개할 경우 신뢰를 바탕으로 한 사회복지사와 클라이언트와의 관계가 위험에 처할 수 있으므로 보호자에게 연락하기 전에 클라이언트 스스로 부모나 보호자에게 직접 이야기하도록 격려하는 것도 좋다(이순민, 2012). 이처럼 일반적으로 미성년 클라이언트에 대한 정보는 클라이언트 자신이나 주변 사람에게 위험이나 해를 초래하지 않는 한에는 비밀보장원칙을 적용하지만 심각한 비행이나 주변사람에게 심각한 해를 입히는 것과 관련된 정보에 대해서는 비밀보장에 제한이 따른다.

(4) 법적 명령과 비밀보장

클라이언트와 관련하여 정보를 공개하라는 법원의 명령을 받았을 때 사회복지사는 클라이언트에 대한 비밀보장원칙을 주장하며 정보공개를 거부할 수 있을까? 우리나라 「형사소송법」 제149조는 “변호사, 변리사, 공증인, 공인회계사, 세무사, 대서업자, 의사, 한의사, 치과의사, 약사, 약종상, 조산사, 간호사, 종교의 직에 있는 자 또는 이러한 직에 있던 자가 그 업무상 위탁을 받은 관계로 알게 된 사실로서 타인의 비밀에 관한 것은 증언을 거부할 수 있다”고 규정함으로써 일부 전문가 집단의 증언거부권을 인정하고 있다.

이처럼 전문가 집단에게 자신의 클라이언트와 관련된 특정한 정보의 일부 혹은 전부를 공개하도록 요구하는 법적인 의무에서 면제되는 특권을 비밀유지특권(privileged communication)이라고 한다(Promislo, 1979, 김기덕, 2002 재인용).

개인이 가지고 있는 사생활에 대한 권리의 중요성과 함께 인간을 다루는 전문직 관계에서 비밀보장이 가지는 실천적 이익을 충분히 인식하여 미국사회는 법률로써 이들 전문직 집단에게만 부여하는 일종의 특별한 권리를 부여한 것이다(김기덕, 2002).

대부분의 국가에서 국민은 증언의 의무가 있는데, 우리나라의 경우에도 「민사소송법」 제303조에서 증인의 의무를 규정하고 있다. 그런데 법이 정하는 특정 전문가 집단은 법적 소송절차에서 증언할 의무가 면제되는 것이다.

그렇다면 특정 전문가 집단은 누구인가? 사회복지사는 특정 전문가 집단에 포함되어 증언거부를 할 수 있을까? 우리나라 「형사소송법」과 「민사소송법」에는 증언거부권을 행사할 수 있는 전문가를 규정하고 있다. 증언거부권자의 범위에 관하여 한정적 해석에 따르면, 형사소송에 있어서는 사회복지사가 위 규정에 의한 증언거부권자에 포함되지 않으므로 법정에서 증언을 거부할 수 없다.

■「형사소송법」 제149조 업무상비밀과 증언거부

제149조(업무상비밀과 증언거부)

변호사, 변리사, 공증인, 공인회계사, 세무사, 대서업자, 의사, 한의사, 치과의사, 약사, 약종상, 조산사, 간호사, 종교의 직에 있는 자 또는 이러한 직에 있던 자가 그 업무상 위탁을 받은 관계로 알게 된 사실로서 타인의 비밀에 관한 것은 증언을 거부할 수 있다. 단, 본인의 승낙이 있거나 중대한 공익상 필요있는 때에는 예외로 한다.

그러나 「민사소송법」 제315조에서는 증언거부권자를 '변호사·변리사·공증인·공인회계사·세무사·의료인·약사, 그 밖에 법령에 따라 비밀을 지킬 의무가 있는 직책 또는 종교의 직책에 있거나 이러한 직책에 있었던 사람'으로 규정하므로 사회복지사는 증언거부권을 가진다고 볼 수 있다[3].

3) 그러나 「민사소송법」에 증언거부권을 행사할 수 있는 대상으로 '사회복지사'를 명시적으로 제시하지 않았으므로 클라이언트가 정보공개를 허락하지 않았고 반드시 증언을 해야 할 필요가 없다고 판단된다면 정보공개나 증언을 거부할 수 있도록 판사에게 요청을 하는 것이 현재로서는 안전하다고 할 수 있다. 손현동(2007)은 현행법상 학교상담자들이 증언거부권을 보장받고 있다고 보기 어렵기 때문에 학교상담자들이 법원의 요청이나 명령이 있을 경우 클라이언트의 정보를 공개하는데 주의를 기울여야 함을 강조하였다. 한국상담심리학회 윤리강령에 의하면 클라이언트의 허락없이 클라이언트에 대한 사적인 정보를 밝힐 것을 요구 받을 때, 정보를 요구하지 말것을 법원에 요청하고 요청이 받아들여지지 않는 다면, 최소한의 정보만을 밝히도록 하고 있다.

■「민사소송법」 제315조 증언거부권

① 증인은 다음 각 호 가운데 어느 하나에 해당하면 증언을 거부할 수 있다.

1. 변호사 · 변리사 · 공증인 · 공인회계사 · 세무사 · 의료인 · 약사, 그 밖에 법령에 따라 비밀을 지킬 의무가 있는 직책 또는 종교의 직책에 있거나 이러한 직책에 있었던 사람이 직무상 비밀에 속하는 사항에 대하여 신문을 받을 때
2. 기술 또는 직업의 비밀에 속하는 사항에 대하여 신문을 받을 때

② 증인이 비밀을 지킬 의무가 면제된 경우에는 제1항의 규정을 적용하지 아니한다.

따라서 사회복지사는 소송의 성격에 따라 증언거부권의 존부가 달라진다고 하겠다. 한편 클라이언트처럼 정보를 제공한 사람의 동의가 있으면 증언거부권을 철회하고 증언을 할 수 있다. 즉, 클라이언트가 자신에 관한 정보를 법정에서 증언해도 된다고 동의할 경우 전문가는 법정에서 증언해야 한다. 예를 들어, 클라이언트에 대한 사회복지사의 증언내용이 클라이언트에게 해를 줄 수도 있다는 것을 알면서도 클라이언트가 증언에 동의한다면 사회복지사는 법정에서 증언해야만 한다(Loewenberg & Dolgoff, 1996).

비밀유지특권이 법에 따라서 보장되기도 하지만 부분적이고 상황에 따라 달라지기 때문에 법적 명령과 비밀유지와 관련된 윤리적 문제가 제기된다. 법원에 출두하여 클라이언트에 대해 증언하라는 법원의 명령을 받았을 때 사회복지사가 증언거부권을 행사하지 않고 클라이언트에 관한 증언을 하는 경우 이는 국가의 사법작용에 협력하는 행위이므로 윤리적으로 정당하다고 볼 수도 있지만, 사회복지사에게 증언거부권이 인정되고 있고 그 증언이 공공의 이익과 관계가 없는 이상 클라이언트의 동의없이 비밀정보에 관해서 증언하는 것은 원칙적으로 비밀누설금지의무의 위반이라고 보는 견해도 있다(김상균 · 오정수 · 유채영, 2002).

따라서 사회복지사는 소송의 종류와 사회복지사가 증언거부권을 행사할 수 있는 법적 근거를 고려하여 신중하게 판단해야 한다. 현재까지 「정신건강복지법」이나 「아동복지법」 등 비밀누설의 금지 및 위반에 대한 규정은 있으나 사회복지관련법에서 사회복지사의 증언거부권을 규정하고 있지는 않으므로 클라이언트에 대한 비밀보장이 제한될 수 있다. 클라이언트에 대한 비밀보장이 윤리적 차원에서 강조되고 있지

만 법적 측면에서 볼 때 법정에서의 증언거부권이 인정되지는 않고 있으므로 클라이언트에 대한 정보를 공개하는데 더욱 더 면밀한 주의가 요구된다.

한편 사회복지사가 정보공개를 거부하기 위해 노력했음에도 불구하고 법원이 사회복지사에게 정보공개를 명할 수 있는데 이 경우 클라이언트를 비롯한 관계자들에게 최소한의 손실을 가져올 수 있는 정도의 정보공개가 될 수 있도록 주의를 기울여야 한다. 비밀유지특권에 관한 문제들은 법에 대한 정확한 지식과 자문이 요구되며, 동시에 비밀보장과 관련된 문제들은 윤리적인 해결이 필요하다(Loewenberg & Dolgoff, 1996).

3) 고지된 동의

고지된 동의(informed consent)는 현재의 클라이언트 또는 앞으로 클라이언트가 될 가능성이 있는 자로부터 정보를 수집하거나 서비스를 제공하고자 할 때 클라이언트로부터 반드시 사전 동의를 얻어야 한다는 원칙이다(김상균 · 오정수 · 유채영, 2002).

이는 클라이언트의 자기결정의 가치를 구체화한 윤리적 규범(Manning & Gaul, 1997, 서미경, 1998 재인용)이면서 동시에 클라이언트의 비밀보장과 관련된다. 클라이언트에 대한 정보는 클라이언트의 동의가 있을 때 공개될 수 있다. 그러므로 클라이언트에 대한 정보공개 요구가 있을 때 사회복지사는 클라이언트에게 동의를 받는 절차를 거쳐야 한다.

고지된 동의와 관련하여 쟁점이 되는 것은 여러 가지가 있으나 크게 두 가지로 볼 수 있다. 일반적으로 많은 사회복지기관에서 클라이언트에 대한 접수단계에서 정보공개에 대한 동의서를 일괄적으로 받아두지만 이것이 진정한 의미의 고지된 동의라고 볼 수 있을까 하는 것이다.

로웬버그와 돌고프(Loewenberg & Dolgoff, 1996)에 의하면, 이렇게 동의를 미리 받아두는 것이 동의절차를 지킬 수는 있을지 모르지만 고지된 동의에는 위배된다. 일반적으로 클라이언트들은 접수과정에서 정보사용에 대한 동의에 대해 사회복지기관이 제공하는 서비스를 받기 위한 전제조건으로 생각하여 신중한 고려없이 무조건 동의할 수 있기 때문이다.

두 번째는 이른바 고지된 동의의 기본적 요소라 불리는 지식, 자발성, 능력에 관한 것이다. 이는 클라이언트가 충분한 정보를 제공받아서 지식을 갖추고 강제가 아닌 자발적으로 동의를 해야 하고, 또한 동의를 할 수 있을 능력을 갖추고 있어야 고지된 동의가 이루어진다는 것을 의미한다.

지식은 '적절한 정보를 어디까지 제공하는가'와 관련된다. 개입의 종류, 개입이 필요한 이유, 절차, 동의하지 않을 때 어떻게 되는지에 대한 정보를 충분히 제공받아야 동의가 의미있는데, 정보의 양적·질적 적절성을 결정하는 것이 쉽지 않다. 사회복지사는 클라이언트가 너무 많은 정보에 압도당하는 것을 원하지 않고 동시에 의미 있는 결정을 할 수 있도록 충분한 정보를 제공하려고 하기 때문에 윤리적 갈등이 발생할 수 있다. 정보가 너무 많으면 오히려 클라이언트에게 혼란을 초래하여 결정을 내리기 어려워할 수 있다. 또한 정보가 불충분한 경우에는 동의 후에 나타나는 결과에 대한 책임성 등의 문제가 발생할 수 있다.

고지된 동의의 두 번째 요소는 자발성이다. 자발성은 고지된 동의가 어떠한 형태의 강요도 없는 자유로운 상황에서 이루어져야 한다는 것을 의미한다. 동의는 자유로운 상태에서 이루어질 때만이 의미가 있는데, 교도소 재소자나 정신병원에 입원한 정신장애인처럼 비자발적 클라이언트의 경우 동의가 자발적으로 이루어지기 어렵다. 클라이언트의 자유가 제한받는 현장에서 일하는 사회복지사들은 윤리적 갈등에 직면하게 되는데, 그런 상황에서 가능한 많은 선택권을 클라이언트에게 주는 것이 유일한 대안이지만 이것으로는 비자발적 현장에서 일하는 사회복지사들의 윤리적 딜레마를 완전히 해결할 수는 없다(Loewenberg & Dolgoff, 1996).

고지된 동의는 동의를 하는 사람에게 그런 능력(competence)이 있다는 것을 전제로 한다. 따라서 고지된 동의 이전에 클라이언트에게 동의능력이 있는가 하는 것이 평가되어야 한다. 즉, 사실을 이해하고 정보를 합리적으로 다루어 다른 대안들과 비교하여 가장 적합한 것을 현실적으로 평가할 수 있는 능력이 있어야 한다는 것이다. 그러나 개인의 동의능력은 상황마다 다르므로 한 순간에 평가하기 어렵고 또한 동의능력이 없다고 하는 것은 그 개인에게 자신의 인생에 대한 결정능력이 없다고 평가하는 것이므로 이는 매우 핵심적인 논란을 일으킬 수 있다(서미경, 1998).

어떤 사람들은 훌륭한 임상실천을 통하여 고지된 동의와 관련된 모든 문제가 해결될 수 있을 것이라고 주장한다. 클라이언트가 결정과정에 충분히 참여한다면 동의문제는 제기되지 않을 것이다. 그러나 아무리 공적인 계약이라 하더라도 사실 고지된 동의와 관련된 모든 문제가 해결될 수는 없다(Loewenberg & Dolgoff, 1996).

이러한 쟁점과 관련하여 윌슨(Wilson, 1983)은 비밀정보를 공개하고자 할 때는 정보공개와 관련해서 다음과 같은 여덟 가지의 사항들이 클라이언트에게 충분히 설명되어야 한다고 했는데 그 여덟 가지는 다음과 같다. ① 정보를 원하는 사람, ② 정보를 요구하는 이유, 즉 어떠한 목적에서 정보를 원하는가, ③ 정보를 원하는 쪽에서 그 정보를 어떻게 사용하고자 하는가, ④ 정보를 요구하는 쪽에서 본인의 동의없이 제3자에게 그 정보를 회람시킬 의향이 있는지 여부, ⑤ 공개되는 정보가 구체적으로 무엇인지, ⑥ 정보공개에 동의나 거부했을 때 나타날 수 있는 반향, ⑦ 동의 소멸시점, ⑧ 정보공개에 대한 동의를 취소하는 방법 등이다(김기덕, 2002 재인용).

2023년 4월 개정된 한국사회복지사윤리강령은 정보공개와 관련해서 고지된 동의를 얻어야 한다고 명시하고 있다.

Ⅱ. **클라이언트에 대한 윤리기준**

4. 정보에 입각한 동의
   사회복지사는 클라이언트의 알 권리를 인정하고 동의를 얻어야 하며, 클라이언트가 받는 서비스의 목적과 내용, 범위, 합리적 대안, 위험, 서비스의 제한, 동의를 거절 또는 철회할 수 있는 클라이언트의 권리 등에 대해 정확하고 충분한 정보를 제공한다.

5. 기록・정보 관리
   4) 사회복지사가 획득한 클라이언트 관련 정보나 기록을 법적 사유 또는 기타 사유로 제3자에게 공개할 때는 클라이언트에게 안내하고 동의를 얻어야 한다.

3 비밀보장과 윤리적 결정

지금까지 비밀보장의 개념을 비롯하여 사회복지실천에서 비밀보장과 관련된 윤리적 쟁점들을 살펴보았다. 지금부터는 사회복지사가 사회복지실천과정에서 비밀보장과 관련된 윤리적 갈등에 직면했을 때 이를 해결하는 방법에 대한 윤리적 결정에 대해 살펴보고자 한다. 물론 사회복지사윤리강령이 윤리적 쟁점이 제기될 때, 결정을 도와주고 행위를 이끌어 줄 원칙이나 기준을 제공하지만 실천현장에서 겪는 다양한 문제들을 모두 다룰 수는 없으며 구체적이지 않은 부분도 있다. 또한 윤리강령은 사회복지전문직이 중요시하는 가치나 의무가 상충될 때 어떠한 것이 가장 중요하며 다른 것에 우선하는지에 관해서는 규정하지 않기 때문에 이와 관련된 윤리적 갈등은 더욱 해결하기 어렵게 된다. 따라서 사회복지사는 윤리강령이 제시하는 기본적인 원칙 이외에 특정 상황에서 윤리적 갈등을 해결할 수 있도록 합리적이고 체계적으로 구성된 윤리적 결정모델을 익혀야 한다. 이 절에서는 비밀보장과 관련된 사회복지실천의 윤리적 갈등상황에 대해 로웬버그와 돌고프(Loewenberg & Dolgoff, 1996)의 윤리규칙 스크린(Ethical Rules Screen : ERS)을 적용해 보았다.

사례 9-2 | 클라이언트의 비밀보장 요구와 생명존중

학교사회복지사 강씨는 고등학교 1학년 A와 상담하면서 현재 임신 6주째라는 사실을 알게 되었다. A는 자신이 알아서 해결할테니 부모님에게는 이 일을 비밀로 해달라고 부탁하였다. 임신중절수술을 원하며 친구들에게 정보를 구해 수술을 받을 계획이라고 하였다. 자신이 수술을 받고 학교에 다시 다닐 수 있도록 도와달라고 했다. 학교사회복지사 강씨는 A에 대한 비밀보장을 지켜야 하는가? 비밀을 지키려고 하니 출산 및 건강, 학업 등 다양한 문제를 혼자 해결할 수 없기 때문에 적절하지 않다고 생각하였고, 그렇다고 A가 비밀유지를 부탁하였기 때문에 부모님이나 학교당국에 알려서 상황에 대처하는 것도 적절하지 않다는 생각이 들면서 어떤 결정을 내려야 할지 혼란을 느끼고 있다.

1. 윤리강령을 검토하고 어떤 기준들이 적용되는지를 결정한다. 이러한 기준들은 사회복지사 개인의 가치체계보다 우선되어야 한다

우리나라 사회복지사윤리강령에는 클라이언트의 비밀보장과 관련하여 다음과 같이 규정되어 있다.

> Ⅱ. **클라이언트에 대한 윤리기준**
> 3. 클라이언트의 사생활 보호 및 비밀 보장
> 사회복지사는 클라이언트의 사생활을 존중하고 보호하며, 전문적 관계에서 얻은 클라이언트 관련 정보에 대해 비밀을 유지한다. 그러나 클라이언트 자신과 타인에게 해를 입히거나 범죄행위와 관련된 경우에는 예외로 할 수 있다.
>
> 5. 기록・정보 관리
> 3) 사회복지사는 클라이언트에 대한 문서 정보, 전자 정보, 기타 민감한 개인 정보를 보호해야 한다.
> 4) 사회복지사가 획득한 클라이언트 관련 정보나 기록을 법적 사유 또는 기타 사유로 제3자에게 공개할 때는 클라이언트에게 안내하고 동의를 얻어야 한다.

2. 적용가능한 한 가지나 그 이상의 윤리강령 기준들을 따른다

두 가지 강령이 적용가능하다. 하나는 A에 대해 비밀을 지키는 것이고 다른 하나는 A가 부모님에게 이 사실을 말하거나 사회복지사가 이야기를 할 수 있도록 A의 동의를 얻는 것이다. A에 대해 비밀을 지키는 것이 기본적인 원칙이다. 그러나 비밀을 지킬 경우 어떠한 결과가 발생하는지 예측해 보면, A가 임신중절수술을 받고 학업을 지속할 수 있도록 비밀을 지켜주는 것이 A를 위해 바람직하지 않다. 2021년에는 임신중절수술이 비범죄화되었으나 법개정이 진행되지 않으면서 수술을 받기에 현실적인 어려움이 있다. 이러한 상황에서 A가 불법 혹은 적절하지 않은 방법으로 임신중절수술을 받게 될 경우 A는 제대로 의학적 처치와 돌봄을 받을 수 없기 때문에 A의 건강은 나빠지고 위험에 빠질 수도 있다. 따라서 A의 비밀을 유지하여 혼자서 이 문제를 감당하게 하는 것은 결국 A에게도 좋은 결과를 가져오지 않는다. 그러나 사회복지사 입장에서는 어떤 한 가지를 선택하기가 어렵고 곤란한 상황이다.

3. 특정한 문제에 대해 윤리강령이 적용되지 않거나 또는 여러 개의 강령기준들이 상충되는 지침을 제공하는 경우에는 윤리원칙 스크린을 활용한다

두 가지 강령은 동시에 적용가능한 것이 아니다. 따라서 한 가지 강령을 선택해야 한다. 두 개의 강령이 서로 상충되므로 <윤리원칙 스크린(Ethical Principle Screen : EPS)>을 활용하였다. A의 비밀을 보호하는 것은 '윤리원칙 6 사생활보호와 비밀보장의 원칙이며'이며, 부모님에게 이 사실을 알려 적절한 의료적 조치를 받게 하는 것은 태아의 생명과 클라이언트의 건강을 보호하는 '윤리원칙 1 생명보호의 원칙'에 해당된다. 사회복지사는 윤리원칙 1이 윤리원칙 6에 우선적으로 적용되므로 생명보호의 원칙을 따라야 한다. 따라서 A의 비밀을 보호하여 생명보호의 원칙을 위반하지 않도록 하였다. 결국 A의 상황을 부모님에게 알리고 적극적인 대처를 하는 것이 필요한데, A의 비밀을 공개할 경우 클라이언트의 동의가 필요하므로 이 상황에 대해 부모와 의논하도록 A를 설득시켰다. A가 직접 이 사실을 부모님께 말하는 것이 어려워 사회복지사에게 부모님께 말씀드려달라는 부탁을 받고 사회복지사는 A의 부모님을 만나서 현재의 상황에 대해 말씀드리고 대책을 마련하였다.

이 절에서는 사회복지실천현장에서 발생할 수 있는 다양한 윤리적 갈등 가운데 직접적 실천과정에서 사회복지사들이 자주 경험하는 비밀보장과 관련된 윤리적 갈등에 대해 살펴보았다. 구체적으로는 사회복지실천에 있어 비밀보장의 개념과 유형을 알아보고 비밀보장과 관련된 윤리적 쟁점과 관련하여 비밀보장과 사생활보호, 비밀보장의 제한, 고지된 동의 등의 이슈에 대해 살펴보았다. 마지막으로는 비밀보장과 관련된 윤리적 갈등이 발생했을 경우 사회복지사들이 구체적으로 어떻게 해결할 수 있는지를 로웬버그와 돌고프의 모델을 적용하여 사례분석을 하였다.

비밀보장은 사회복지사처럼 대인서비스 조직에서 일하는 전문가에게는 클라이언트와의 신뢰관계 형성 및 문제해결을 위해 필요한 가장 중요한 원칙 중 하나이지만 알 권리, 사생활보호, 공공성의 원칙 등 다양한 이슈와 상충되면서 빈번하게 윤리적 갈등이 발생되기도 하는 영역이다. 정보통신의 발전과 정보의 전산화 등으로 인해 클라이언트의 정보를 보호하는 것이 어려워지고 있지만 반대로 이러한 환경에 적절히 대처하기 위해서는 사회복지사들이 클라이언트의 정보를 보호하고 비밀보장의 원칙을 준수하는 것이 더 중요해지고 있다. 사회복지사는 비밀보장과 관련하여 발생할 수 있는 다양한 상황에 유연하게 대처할 수 있도록 전문적인 지식과 기술습득뿐만 아니라 법적인 지식과 절차 등에 대해서도 소홀히 해서는 안 될 것이다.

CHAPTER 10 이중관계

한국사회복지사윤리강령에서는 "사회복지사는 사회복지 전문직의 사명을 실천하기 위하여 전문적 지식과 기술을 개발하고, 사회적 가치를 실현하는 전문가로서의 능력과 품위를 유지하기 위해 노력한다."라고 선언하고 있다. 사회복지사는 클라이언트의 권익옹호를 최우선으로 하는 전문적 관계를 형성하고 유지할 책임이 있다(오정수, 유채영, 김기덕, 홍백의, 황보람, 2022).

사회복지사가 지녀야 할 근본적인 윤리는 클라이언트의 복지와 안녕을 위해 최선의 이익을 도모하고 착취적 요소는 없는지 살펴 해를 최소화하며, 클라이언트가 마땅히 받아야 하는 적절한 존중과 자율적 선택에 대한 자신의 객관성을 유지하는 것이다. 만약 사회복지사가 객관성 유지에 실패한다면 사회복지실천 고유의 목적을 상실하게 되어 또 다른 문제가 야기될 수 있다. 객관성 유지는 사회복지사가 클라이언트와 전문적 관계를 유지하는데 있어 적절한 경계를 지키는 것과 관련된다. 경계를 넘어 클라이언트와 비전문적인 관계를 형성하게 되는 것을 이중관계(dual relationship) 또는 다중관계(multiple relationship)라 부르며, 이는 비밀보장과 관련된 위반에 이어 매우 흔하게 발생하는 윤리적 문제로 지적된다(최수아, 2017). 이중관계는 전문가의 객관성, 유능성, 서비스의 효과성을 떨어뜨리게 되고 힘의 남용으로 인한 클라이언트 착취의 위험이 높아질 수 있다(공유정, 2008).

이중관계가 빈번하게 일어나는 이유로는 이중관계의 범위가 넓고 관계를 명확히 규명하기 어렵다는 개념의 모호성과 인식의 어려움이 지적된다(박외숙, 2008). 사회복지실천과 관련된 행동이 전문적 관계의 범주에 포함되는지 사적 관계에서 일어나는 일인지 판단하기 쉽지 않은 경우가 있으며, 처음엔 클라이언트를 위하는 차원에서 시작되었으나 실천 과정 안에서 의미가 점차 모호해지면서 이중관계의 문제가 발생할 때까지 알아차리기 힘들 수 있다. 또한 이중관계와 관련하여 어느 정도까지 허용할 수 있는지에 대한 구체적인 지침이 없고 '되도록 피하는 것이 바람직하지만 클라이언트에게 잠재적 유익함이 있다면 허용될 수 있다'는 입장도 존재하기 때문에 사회복지사의 전문적 판단에 어려움이 있다(Hill, 2001).

특히 '정'을 중시하는 우리나라 문화에서는 이러한 판단에서의 어려움이 더욱 크다. 객관성, 합리성, 공정성을 지닌 냉정한 판단을 내리기 어렵고 공과 사를 구분하지 못하는 경계의 파기는 사회복지사와 클라이언트의 관계에 부정적 영향을 미치게 된다(강선경, 2010; 고향자, 김소라, 2008).

본 장에서는 이 같은 이중관계의 개념과 유형, 이중관계와 관련된 윤리적 규정, 이중관계와 관련된 논의 및 이중관계 상황에서 사회복지사의 대처는 어떠해야 할지에 대해 다루어 보고자 한다.

1 이중관계의 개념과 유형

1) 전문적 관계

사회복지실천에서 사회복지사와 클라이언트의 관계는 의도적 목적성, 시간 제한성, 클라이언트에 대한 헌신, 권위와 통제의 특성을 지니는 전문적 관계라 할 수 있다(엄명용, 김성천, 오혜경, 윤혜미, 2000).

사회복지사는 전문적 관계를 활용해 클라이언트가 개입에 개방적으로 임하고 변화과정에 참여하도록 원조한다. 긍정적인 전문적 관계는 개인, 가족, 또는 집단을 효과적으로 원조하기 위한 전제조건이 된다. 전문가는 사려 깊고, 의도적이며, 윤리적이고, 책임감 있는 행동을 통해 전문적 관계를 형성하고 발전시켜 나가야 한다. 전문가는 해야 할 일을 알고, 그 일을 신뢰할 수 있어야 하며, 개인적 편견이나 감정 문제로 인해 업무수행이 방해받지 않도록 해야 한다(Sheafor, Horejsi, & Horejsi, 1997).

한국사회복지사윤리강령에는 "사회복지사는 전문가로서의 품위와 자질을 유지하고, 자신이 맡고 있는 업무에 대해 책임을 진다."[Ⅰ-3-1)-가]라는 전문가로서의 자세에 대한 윤리기준을 제시하고 있으며[Ⅰ-3-1)~4)], 클라이언트에 대한 윤리기준, 특히 '직업적 경계유지'에 대해 '사회복지사는 클라이언트와의 전문적 관계를 자신의 개인적 이익을 위해 이용해서는 안 된다', '사회복지사는 어떠한 상황에서도 클라이언트와 사적 금전거래, 성적관계 등 부적절한 행동을 해서는 안 된다.'를 포함한 5개 조항들[Ⅱ-6-1)~5)]을 통해 명시하고 있다.

미국 NASW 윤리강령에서도 "전문가로서 사회복지사의 윤리적 책임"에 대해 적임능력(4.01), 차별(4.02), 사적인 행위(4.03), 부정직·사기·기만(4.04), 손상(4.05), 잘못된 설명(4.06), 권유(4.07), 공적의 인정(4.08) 등에 대한 윤리표준을 제시하고 있다. 또한 클라이언트에 대한 사회복지사의 윤리적 책임에 대해서도 이해의 상충(1.06), 성적 관계(1.09), 신체적 접촉(1.10), 성희롱(1.11), 인격을 손상시키는 언어(1.12), 서비스 비용의 지불(1.13) 등 임상실천 과정에서의 전문적 관계에 대한 윤리표준을 구체적으로 언급하고 있다(오정수 외, 2022).

2) 경계문제와 이중관계

전문적 윤리의 관점에서 전문가의 역할과 권위가 만들어 내는 클라이언트와의 경계 사이에서 발생하는 모든 문제를 '경계 문제(boundary issue)'라고 부른다. 경계(boundary)는 관계에 있어 편안함을 가질 수 있는 한계를 의미하는 것으로, 한 개인이 신체적 심리적으로 필요한 공간과 다른 사람의 공간 사이의 구분을 의미한다(Whitfield, 1993).

인간관계에서 타인으로부터 통제되거나 조작, 남용, 침해되지 않도록 나를 보호하기 위해 설정된 육체적, 정서적, 정신적 제한선이라 할 수 있다. 경계는 우리 몸을 중심으로 외부적 경계와 내부적 경계로 구분된다. 외부적 경계는 몸이 만들어내는 육체적 경계로써 생명의 보호, 건강하고 행복한 생활에 필수적인 요소이며, 내부적 경계는 한 개인의 사고와 감정, 행위를 보호하고 자신의 것과 외부의 것이 섞이지 않게 하여 자신의 정체성을 유지할 수 있게 해준다(김대군, 2015).

외부적 경계에 비해 내부적 경계는 눈에 보이지는 않지만 자신을 둘러싼 타인과의 명확한 심리적 경계를 유지함으로써 자신만의 상징적 울타리를 만들어 주고, 경계를 통해 허락 없이 클라이언트의 내적 테두리에 침입하지 않게 됨으로써 클라이언트로 하여금 안전감을 느끼게 한다. 경계를 넘지 않는 것은 나와 타인을 안전한 공간에 머물게 한다는 의미와 상대를 존중한다는 의미를 담고 있다. 즉 경계는 자신과 타인에 대한 정체성 유지 뿐만 아니라 상대를 배려하고 진정으로 존중하는 모습을 포함한다. 사회복지사가 클라이언트의 이익을 위해 노력하는 것, 해를 끼치지 않는 실천, 존중과 배려, 클라이언트의 사고와 감정을 보호하고 공정성을 실천하는 것, 사회복지사의 성실성과 진실성을 실행하는 과정이라 할 수 있다(최수아, 2017).

사회복지실천시 클라이언트와 사회복지사의 관계는 사적인 관계가 아닌 전문적인 관계이며, 사회복지사와 클라이언트의 전문적 관계에서도 적절한 경계와 원칙이 유지되어야 한다. 하지만 사회복지사가 클라이언트의 친구, 동업인, 고용주, 연인, 가족 구성원 등의 역할을 맡게 될 경우 전문적 의무에 있어 실제적 또는 잠재적인 갈등에 직면하게 되면서 경계문제가 발생하게 된다. 실천 현장에서 신체적인 접촉, 개인적인 정보 공유, 전문적 관계 종료시기 결정 등에 있어 사회복지사가 전문적인 관계의 경계를 항상 명확히 유지하기란 쉽지만은 않은 일이다.

사회복지사와 클라이언트의 관계에서 경계가 불명확해지고 원조 전문가 역할 외에 제2의 역할을 맡게 될 경우 이중관계(dual relationship)가 발생하게 된다. 이중관계는 상담자가 자신의 욕구를 충족시키기 위해 상담의 목적과 경계를 주도하는 모호한 관계(Crag, 1991) 또는 전문가와 클라이언트 사이의 전문적 경계를 넘어선 상태(Kagle & Giebelhausen, 1994)라고 정의된다. 상담자가 자신의 개인적 욕구를 충족시키기 위해 내담자와 한 가지 이상의 역할에 관여할 경우 전문적 관계의 손상이 발생하게 된다(Corey, Corey & Callahan, 1993). 이처럼 이중관계는 전문적 관계를 손상시켜 상담자의 욕구를 충족시키는 반면 클라이언트에게 해를 끼칠 가능성을 내포하고 있다.

사회복지실천 장면에서 이중관계를 피해야 하는 이유에 대해 다음과 같이 설명할 수 있다. 첫째, 사회복지사가 호감과 인정을 받고 싶어하는 욕구 혹은 친밀한 관계를 깨뜨리는 것에 대한 두려움으로 인해 클라이언트를 변화시키는 데에 필요한 직면을 하지 못할 가능성이 있다. 둘째, 이중관계 때문에 사회복지사가 객관성을 잃어 전문가로서의 정확한 판단을 내리기 힘들 수 있다. 셋째, 이중관계 내에서 권력의 차이로 인해 사회복지사가 클라이언트를 착취하게 되거나 클라이언트가 자기표현을 하지 못하고 자신을 보호할 수 없는 처지에 놓일 수 있다(정명희, 전대성, 장갑수, 이영희, 박주현, 박선태, 2020). 이중관계로 인해 사회복지사는 클라이언트와의 관계에서 객관성을 잃기 쉬우며 클라이언트의 어떤 문제에 대해 부정확하게 사정(assessment)하거나, 사회복지사로서 소진을 경험하게 될 수 있다(Davidson, 2005).

3) 이중관계의 유형

이중관계는 여러 가지 상황에서 발생할 수 있는데, 친밀한 관계, 개인의 이익 추구, 정서적·의존적 욕구, 이타적인 행동, 예기치 못한 상황으로 나누어 볼 수 있다(Reamer, 2003). 친밀한 관계에는 성적인 관계, 신체적 접촉, 과거 연인에게 제공하는 상담, 친밀한 행동 등이 포함되며, 개인의 이익에는 금전적인 이익, 상품이나 서비스, 유용한 정보가 포함된다. 정서적·의존적 욕구란 내담자와의 확장된 관계, 내담자의 의존성 증가, 개인적 삶과 전문가로서의 삶에 대한 혼동, 내담자와 뒤바뀐 역할 등으로 나타날 수 있으며, 이타적인 행동에는 부탁을 들어주거나, 전문적이지 않은 서비스를 제공하는 것, 선물을 주거나 특별한 시간을 내는 등의 행동이 포함된다. 예기치 못한 상황이란 지역사회 내의 행사에 참여하거나 회원에 가입하는 것, 지인이나 친구로서의 관계 맺기 등을 포함한다.

이를 정리하면 다음 <표 10-1>과 같다.

〈표 10-1〉 이중관계의 유형

범주	예시
친밀한 관계	• 성적인 접촉이나 다정한 몸짓 • 성적 관계 : 현재 또는 과거 클라이언트와의 성적 행동 • 과거 성적 파트너와의 상담 • 클라이언트의 친척이나 지인과의 성적 관계 • 슈퍼바이저, 수련생, 학생, 동료와의 성적 관계 • 신체적 접촉 • 〈사례〉 신체적 긴장상태를 호소하는 클라이언트에게 마사지를 해 줌
개인적 이익	• 사회복지사의 이익과 관련된 이해 상충 • 서비스 교환 • 사업 및 재정 관계 : 금전적인 이득 • 조언과 서비스 : 클라이언트의 지위, 전문성, 지식 • 호의와 선물 • 이해 상충 : 이기적 동기에서 클라이언트에게 물품 판매 등 • 〈사례〉 사회복지사가 클라이언트를 의뢰한 서비스 제공 기관과의 재정적 이해관계
정서적 의존적 욕구	• 사회복지사 자신의 정서적 욕구 해결 목적 • 현재 또는 과거 클라이언트와의 우정 • 비관습적 개입 : 비윤리적이고 부주의한 개입 • 사회복지사의 욕구 충족을 위한 자기개방 • 애정 어린 의사소통 • 지역사회에서 클라이언트 접촉 : 사회복지사의 관계 욕구와 소망 • 〈사례〉 자신이 참석하는 자조모임을 클라이언트에게 소개
이타주의적 동기	• 선의의 동기 • 클라이언트에게 선물하기 • 지역사회 환경에서 클라이언트와 만남 : 결혼식, 장례식 등 • 클라이언트에게 편의 제공 : 업무와 무관하게 사회복지사의 승용차 동승 • 클라이언트의 특유한 요청 또는 상황에 맞춤 • 클라이언트에게 자기 개방 • 〈사례〉 클라이언트의 자선동아리 일일찻집 티켓 구매
불가피하고 예상치 못한 상황	• 예상치 못하고, 초기 통제력이 거의 없거나 전혀 없는 상황 • 지리적 근접성 : 작은 지역사회에서 겹치는 사회적 관계 • 예측치 못한 이해 상충 : 부부상담 후 양육권소송 중인 소환 • 전문적 만남 : 가까운 동료의 기관사업 평가위원 배정 • 사회적 만남 : 헬스클럽이나 문화센터에서의 우연한 마주침 • 〈사례〉 사례회의에서 대학 동창의 부부상담 사례 발견

출처 : 오정수 외(2022)

전문적 관계를 넘어서 위와 같은 이중적인 관계를 맺게 될 경우, 사회복지사-클라이언트간의 전문적 관계는 손상을 입게 되며 한번 손상된 전문적 관계는 재성립되기 어렵다. 이는 사회복지사가 클라이언트의 안녕을 최우선으로 여겨야 하는 의무를 저버리는 것이며, 힘의 원리상 상대적으로 약자일 수밖에 없는 클라이언트의 입장에서 피해를 볼 가능성이 커진다고 할 수 있다(고향자, 김소라, 2008).

2 이중관계에 관한 윤리규정

1) 한국

현대사회에서 성공적으로 자리잡은 전문직들은 법적 책임과 구별되는 사회적·규범적·윤리적 책임을 스스로 천명하고 이를 사회적으로 승인받는 과정을 거쳐 왔다. 이러한 사회적 과정이 낳은 결실이 바로 전문직 윤리강령(Code of Ethics for Profession)이다.

사회복지 윤리강령은 사회복지 전문직 정체성의 척도이고 윤리적 책임의 기준이며 사회복지실천의 관계론, 실천론 등 전 영역에 걸쳐 사회복지사를 안내하는 중요한 지침이자 도구이다. 사회복지사와 같이 직접적으로 인간을 다루는 휴먼서비스 전문직의 경우 보다 섬세하고 높은 수준의 윤리강령이 요구된다(최명민, 황보람, 김기덕, 김욱, 유서구, 이순민, 2019).

이러한 윤리강령은 단순히 추상적인 선언에 그치는 것이 아니라 개별 사회복지사와 사회복지 조직에 있어 실제적인 기능과 역할을 담당하게 되며, 사회복지사가 행할 수 있는 불완전한 실천으로부터 클라이언트를 보호하는 역할을 하며 동시에 사회복지 전문직의 전문직 자율성을 제고하고 외부로부터의 통제나 규제로부터 전문가를 보호하는 기능을 갖고 있다(김기덕 외, 2012).

오늘날 사회복지현장의 다양한 이슈와 복잡한 사회문제는 이를 다루는 사회복지사의 빠른 대응과 전문성을 요구하고 있다. 서비스 제공 및 문제해결 과정에서 사회복지사는 종종 역할갈등 및 판단교착의 상태에 직면하고 있으며, 이러한 갈등을 적절히 다루고 해결하지 못할 경우 사회복지 실천의 정당성 확보나 사회적 기대에 부응하지 못하는 문제가 발생한다. 사회복지사의 전문적, 윤리적 역할 수행을 위해 사회복지사의 판단기준과 행동원칙을 제시하는 윤리강령의 중요성이 커지고, 변화된 사회에 적용가능한 윤리강령의 필요성이 높아지고 있다.

한국사회복지사윤리강령은 1982년 제정되었고 이후 2022년까지 4차례 개정되었으나 2021년 4차 개정은 자구 수정에 그쳐 실질적으로는 2001년 3차 개정된 윤리강령을 지침으로 사용해 왔다. 20년 동안 변화한 사회복지환경을 반영하지 못한다는 학계와 현장의 인식에 따라 한국사회복지사협회는 2023년 5차 개정을 진행하였다.

5차 개정된 사회복지사윤리강령에서는 사회복지 전문직의 실천에 있어 중요하게 여겨지는 '인간존엄성의 존중'과 '사회정의 실현'을 핵심가치로 선정하고 가치를 실현하기 위한 구체적 원칙을 제시하였다. 내용적 측면에서는 국내외 사회복지현장의 변화와 문화적 특성과 해외 사회복지사윤리강령의 사례 등을 고려하고 현 시대에 적절하고 현장에 기반한 용어를 사용하여 사회복지사가 현장에서 활용할 수 있도록 보다 구체적인 표현을 사용하여 조항들을 수정 · 보완하였다.

특히 이중관계와 관련하여 제2조 '클라이언트에 대한 윤리기준' 중 6항 '직업적 경계유지' 항목을 새로 규정하여 전문적 관계에서의 경계유지 중요성을 강조하고 이에 관한 지침들을 보다 구체적으로 명시하였다.

하위 규정들은 모두 5개로 내용을 살펴보면 1호 "사회복지사는 클라이언트와의 전문적 관계를 자신의 개인적 이익을 위해 이용해서는 안 된다", 2호 "사회복지사는 업무 외의 목적으로 정보통신기술을 사용해 클라이언트와 의사소통을 해서는 안 된다", 3호 "사회복지사는 어떠한 상황에서도 클라이언트와 사적 금전 거래, 성적 관계 등 부적절한 행동을 해서는 안 된다", 4호 "동료의 클라이언트를 의뢰받을 때는 기관 및 슈퍼바이저와 논의하는 과정을 거쳐야 하며, 클라이언트에게 설명하고 동의를 얻은 후 서비스를 제공한다", 5호 "사회복지사는 정보처리기술을 이용하는 것이 클라이언트의 권리를 침해할 위험성이 있다는 사실을 인식하고 직업적 범위 안에서 활용한다"이다.

그 밖에도 개정된 윤리강령에서는 사회복지실천시 발생할 수 있는 성적인 관계를 금지하는 조항을 여러 상황과 범위에서 규정하였다. 제1조 '기본적 윤리기준'의 3항 '전문가로서의 실천' 1호 바에서 "사회복지사는 클라이언트, 학생, 훈련생, 실습생, 슈퍼바이저, 직장 내 위계적 권력 관계에 있는 동료와 성적 관계를 형성해서는 안 되며, 이들에게 성추행과 성희롱을 포함한 성폭력, 성적·인격적 수치심을 주는 행위를 해서는 안 된다."고 명시하고 있으며, 제3조 '사회복지사의 동료에 대한 윤리기준'의 1항 '동료' 9호에서 '사회복지사는 슈퍼바이지, 학생, 훈련생, 실습생, 자신의 전문적 권위를 행사하는 다른 동료와의 성적 행위이나 성적 접촉과 성적 관계에 관여해서는 안 된다'고 규정하고 있다.

■ 〈한국사회복지사윤리강령 내 이중관계 관련 규정〉 (2023년 5차 개정)

제2조 제6항 직업적 경계 유지

1) 사회복지사는 클라이언트와의 전문적 관계를 자신의 개인적 이익을 위해 이용해서는 안 된다.
2) 사회복지사는 업무 외의 목적으로 정보통신기술을 사용해 클라이언트와 의사소통을 해서는 안 된다.
3) 사회복지사는 어떠한 상황에서도 클라이언트와 사적 금전 거래, 성적 관계 등 부적절한 행동을 해서는 안 된다.
4) 동료의 클라이언트를 의뢰받을 때는 기관 및 슈퍼바이저와 논의하는 과정을 거쳐야 하며, 클라이언트에게 설명하고 동의를 얻은 후 서비스를 제공한다.
5) 사회복지사는 정보처리기술을 이용하는 것이 클라이언트의 권리를 침해할 위험성이 있다는 사실을 인식하고 직업적 범위 안에서 활용한다.

제1조 제3항 제1호

바. 사회복지사는 클라이언트, 학생, 훈련생, 실습생, 슈퍼바이지, 직장 내 위계적 권력 관계에 있는 동료와 성적 관계를 형성해서는 안 되며, 이들에게 성추행과 성희롱을 포함한 성폭력, 성적·인격적 수치심을 주는 행위를 해서는 안 된다.

세3소 제1항 제9호

사회복지사는 수퍼바이지, 학생, 훈련생, 실습생, 자신의 전문적 권위를 행사하는 다른 동료와의 성적 행위나 성적 접촉과 성적 관계에 관여해서는 안 된다.

2) 미국

미국 사회복지사윤리강령의 경우 1920년 메리 리치몬드가 경험적인 윤리강령을 초안으로 제시한 바 있으며, 미국 사회복지사협회(NASW)에서 1960년 첫 번째 윤리강령을 개발하였고, 이후 몇 번의 개정작업을 거쳐 최근 2021년 개정이 이루어졌다. 미국 사회복지사협회윤리강령에서 이중관계에 대한 규정이 처음 등장한 것은 1993년으로, "현재 진행 중인 클라이언트와의 성적인 관계를 금지한다"라는 조항이다. 이후 1996년에 "현재의 클라이언트, 혹은 미래의 클라이언트, 그리고 클라이언트와 관련이 있는 가족, 친족, 클라이언트의 친구 등과의 성적인 관계를 금지한다"라는 조항과 "클라이언트를 이용할 위험이 있거나 잠재적 해를 끼칠 위험이 있는 경우에는 현재나 과거의 클라이언트와 이중, 다중의 관계를 맺어서는 안 된다"라는 조항이 첨가되었다(우국희 외, 2015).

현재 미국사회복지사협회의 사회복지사윤리강령은 사회복지사와 클라이언트 간의 이중관계 뿐만 아니라 사회복지사와 동료, 슈퍼바이저, 후원자, 지원봉사자, 실습생, 지역주민까지 포함하여 이들과의 이중관계도 금지하고 있다. 성적 관계에 대해 네 개 조항을 할애하여 그 대상(현재, 과거 클라이언트 모두 포함)과 범위(합의 혹은 강제 모두 포함), 위험성(잠재적 위해, 전문적 경계 유지의 어려움) 등에 대해 자세히 규정하고 있으며, 슈퍼비전, 교육훈련, 평가조사 상황에서의 이중관계를 금지하고, 클라이언트의 이익보호를 위해 이중관계를 맺어서는 안 된다는 것을 규정하고 있다.

이처럼 미국 사회복지사협회의 윤리강령은 클라이언트의 고지된 동의, 사생활보호 및 비밀보장, 경계구분 등 클라이언트 보호를 위한 조항들이 매우 구체적으로 명시되어 있으며, 협회의 윤리강령과 일관된 기관의 윤리정책을 마련할 의무를 명시하고 특히 성적 관계에 대해 비교적 상세하게 규정하고 있다(Reamer, 2013). 그러나 비(非)성적인 관계에 대해서는 여전히 명확한 기준을 제시하고 있지 못하다는 한계를 지닌다.

■ **미국사회복지사윤리강령 내 이중관계 관련 규정**

1.06 이해 상충

a. 사회복지사는 전문적인 재량과 공정한 판단을 방해하는 이해 상충을 경계하고 피해야 한다. 사회복지사는 실제 또는 잠재적 이해 상충이 발생하면 클라이언트에게 알리고, 클라이언트의 이익을 최우선으로 하고 클라이언트의 이익을 최대한 보호하는 방식으로 문제를 해결하기 위한 합리적인 조치를 취해야 한다. 경우에 따라 클라이언트의 이익을 보호하기 위해 클라이언트에 대한 적절한 의뢰와 함께 전문적 관계를 종결해야 할 수도 있다.

b. 사회복지사는 자신의 개인적, 종교적, 정치적 또는 사업상의 이익을 위해 전문적 관계를 부당하게 이용하거나 타인을 착취해서는 안 된다.

c. 사회복지사는 클라이언트에 대한 착취 또는 잠재적 피해의 위험이 있는 클라이언트 또는 이전 클라이언트와 이중 또는 다중 관계를 맺어서는 안 된다. 이중 또는 다중 관계를 피할 수 없는 경우 클라이언트를 보호하기 위한 조치를 취해야 하며, 명확하고 적절하며 문화적으로 민감한 경계를 설정할 책임이 있다.(이중 또는 다중관계는 사회복지사가 전문적, 사회적, 사업적 관계 등 두 가지 이상의 관계에서 클라이언트와 관계를 맺을 때 발생한다. 이중 또는 다중 관계는 동시에 또는 연속적으로 발생할 수 있다.)

d. 사회복지사는 서로 관계가 있는 두 명 이상의 사람들(예 부부, 가족)에게 서비스를 제공할 때, 어떤 개인을 클라이언트로 간주할 것인지 모든 당사자에게 명확히 해야 한다. 서비스를 받는 다양한 개인에 대한 사회복지사의 전문적 의무의 성격, 서비스를 받는 개인 간에 이해 상충이 예상되거나 잠재적으로 상충되는 역할을 수행해야 할 것으로 예상되는 사회복지사는(예 사회복지사가 클라이언트와 관련된 자녀 양육권 분쟁 또는 이혼 소송에서 증언을 요청받는 경우) 관련 당사자에게 자신의 역할을 명확히 하고 이해 상충을 최소화하기 위해 적절한 조치를 취해야 한다.

e. 사회복지사는 개인적 또는 업무와 무관한 목적으로 기술(소셜 네트워킹 사이트, 온라인 채팅, 이메일, 문자메시지, 전화, 비디오 등)을 사용하여 클라이언트와 소통하는 것을 피해야 한다.

f. 사회복지사는 전문 웹사이트나 기타 미디어에 개인 정보를 게시하면 경계혼란, 부적절한 이중관계 또는 클라이언트에게 해를 끼칠 수 있음을 인지해야 한다.

g. 사회복지사는 개인적 소속으로 인해 클라이언트가 웹 사이트, 소셜 미디어, 기타 형태의 기술에서 사회복지사의 존재를 발견하게 될 가능성이 높아질 수 있음을 인식해야 한다. 사회복지사는 인종, 민족, 언어, 성적 지향, 성 정체성 또는 표현, 정신적 신체적 능력, 종교, 이민자 지위, 기타 개인적 소속을 기반으로 하는 그룹과의 전지적 커뮤니케이션에 관여하는 것이 특정 클라이언트와 효과적으로 일하는 능력에 영향을 미칠 수 있음을 인식해야 한다.

h. 사회복지사는 경계 혼란, 부적절한 이중 관계 또는 클라이언트에 대한 피해를 방지하기 위해 소셜 네트워킹 사이트 또는 기타 전자 매체에서 클라이언트의 요청을 수락하거나 클라이언트와 개인적인 관계를 맺지 않아야 한다.

1.09 성적 관계

a. 사회복지사는 합의에 의한 것이든 강제적인 것이든 관계없이 현재의 클라이언트와 성적 접촉을 해서는 안 되며, 이는 정보통신기술을 사용하거나 직접 대면하여 부적절한 성적 의사소통을 하는 것이나 상관없이 모든 상황에 적용된다.

b. 사회복지사는 클라이언트에 대한 착취 또는 잠재적 피해의 위험이 있는 경우 클라이언트의 친척 또는 클라이언트와 친밀한 개인적 관계를 유지하는 사람들과 성적 행위 또는 성적 접촉을 해서는 안 된다. 클라이언트의 친척 또는 클라이언트와 친밀한 개인적 관계를 유지하는 사람들과의 성적 행위나 성적 접촉은 클라이언트에

게 해를 끼칠 가능성이 있으며, 사회복지사와 클라이언트가 적절한 전문적 경계를 유지하기 어렵게 만든다. 명확하고 적절하며 문화적으로 민감한 경계를 설정하는 데 대한 책임은 클라이언트나 클라이언트의 친척 또는 클라이언트와 친분이 있는 사람이 아닌 사회복지사가 전적으로 진다.

c. 사회복지사는 잠재적 해를 가할 수 있으므로, 이전 클라이언트와 성적 행위나 성적 접촉을 해서는 안 된다. 사회복지사가 이러한 금지사항을 어기는 행동을 하거나 특수한 상황임을 내세워 이러한 금지사항으로부터 예외를 주장하려면, 이전 클라이언트가 고의든 그렇지 않든 착취나 강제를 당하거나 조종을 당하지 않았다는 것을 입증할 전적인 책임은 클라이언트가 아닌 사회복지사에게 있다.

d. 사회복지사는 과거 자신과 성적 관계를 가진 바 있는 사람에게 임상서비스를 제공해서는 안 된다. 이전 성적 파트너였던 사람에게 임상서비스를 제공할 경우 그에게 잠재적 해를 입할 가능성이 있고 사회복지사와 그 파트너가 적절한 전문적 경계를 유지하기 어려울 수 있다.

1.10 신체적 접촉

사회복지사는 신체적 접촉을 해서는 안 된다. 그러한 접촉(달래거나 어루만짐)의 결과 클라이언트에게 심리적 상처를 줄 가능성이 있기 때문이다. 클라이언트와 적절한 신체적 접촉을 유지해야 하는 경우 신체적 접촉에 대해 명확하고 적절하며 문화적으로 민감한 경계를 설정할 책임이 있다.

2.06 성적 관계

a. 사회복지사는 슈퍼바이저나 교육자의 역할을 담당할 때 (구두, 문서, 전자적 혹은 신체적 접촉을 포함) 슈퍼바이지, 학생, 훈련생, 자신이 전문적 권위를 행사하는 다른 동료와의 성적 행위나 성적 접촉을 해서는 안 된다.

b. 사회복지사는 이해 상충의 가능성이 있는 경우 동료와의 성적 관계를 피해야 한다. 사회복지사는 동료와 성적 관계에 빠지거나 빠질 우려가 있을 때 필요에 따라서 이해 상충을 피하기 위해 전문적 책임을 이양할 의무가 있다.

3.01 슈퍼비전과 자문

b. 사회복지사는 슈퍼비전이나 자문을 제공할 때 명확하고 적절하며 문화적으로 민감한 경계를 설정할 책임이 있다.

c. 사회복지사는 슈퍼바이지를 착취하거나 해를 끼칠 위험이 생길 경우 소셜 네트워킹 사이트나 다른 전자적 미디어를 사용할 때 발생할 수 있는 이중관계를 포함해 슈퍼바이지와 이중 및 다중의 관계를 맺어서는 안된다.

3.02 교육 및 훈련

d. 사회복지사는 교육자, 학생 실습지도자의 역할을 담당하는 경우 소셜 네트워킹 사이트나 기타 전자적 미디어를 사용할 때 발생할 수 있는 이중관계를 포함해 학생을 착취하거나 해를 끼칠 위험이 있는 이중 및 다중의 관계를 맺어서는 안 된다. 교육자나 실습지도자는 명확하고 적절하며 문화적으로 민감한 경계를 설정할 책임이 있다.

5.02 평가와 조사

p. 평가 또는 연구에 참여하는 사회복지사는 참가자와의 이해 상충 및 이중관계를 경계하고 피해야 하며, 실제 또는 잠재적 이해 상충이 발생하면 참가자에게 알려야 하고, 참가자의 이익이 최우선이 되도록 문제해결 수단을 강구해야 한다.

3) 영국

영국사회복지사협회(BASW)의 사회복지사윤리강령은 1975년 처음 제정된 이후 1996년, 2002년, 2012년, 2014년에 걸쳐 개정되었다. 영국사회복지사윤리강령 2002년 개정판에서는 제3조 제4항에 이중관계와 관련하여 '현재 혹은 이전 서비스 이용자, 연구 참여자, 학생, 슈퍼바이저 또는 동료와의 모든 관계에서 갈등의 위험을 최소화할 수 있는 명확하고 적절한 전문적 경계를 설정할 의무가 있다'고 규정하고 있다.

또한 '전문적 경계를 해쳐 전문적 관계에 의도치 않은 해나 손상을 입힐 수 있는 어떠한 행동도 피해야 한다.', '현재의 서비스 이용자, 학생, 슈퍼바이지, 연구 참여자 등 전문적 관계 혹은 사회복지사에게 권위가 부여되어 불평등한 권력관계에 있는 어떤 사람들과도 어떤 유형의 친밀한 관계 또는 성적 관계를 맺어서는 안 된다.', '착취, 이익을 취하는 것에 대한 잠재적인 가능성에 대해 신중한 고려 없이 이전 서비스 이용자와 친밀한 혹은 성적인 관계를 맺어서는 안 된다'고 규정하고 있다(우국희 외, 2015).

하지만 현재 적용되는 2014년 개정 영국사회복지사윤리강령에서는 이중관계에 대한 구체적인 지시사항 없이 원칙으로만 규정하고 있다. 일반적 원칙 세 번째인 '전문적 진실성(professional integrity)'의 3번 내용으로, '전문적 경계 지키기(maintaining professional boundaries)'가 제시되어 있으며, '사회복지사는 사적 이익, 재정적 이득 등의 어떠한 이유로도 자신의 지위를 남용해서는 안 되며, 이것은 서비스를 이용하는 클라이언트, 동료, 고용주에게 적용된다'고 규정하고 있다.

4) 일본

일본사회복지사협회(JASW)는 1960년에 결성되어 1986년 윤리강령을 발표하였다. 1986년판 일본사회복지사윤리강령에는 이중관계와 직접적으로 관련된 조항이 없지만, 클라이언트와의 관계 조항에서 '사회복지사는 직무수행 시, 클라이언트에 대한 서비스를 최우선으로 생각하여 자기의 사적 이익을 위해 이용하는 일이 있어서는 안 되며, 전문 직업상의 지식이나 기술이 비인간적 목적에 이용되지 않도록 스스로 경계할 필요가 있다'고 규정하였다(우국희 외, 2015).

일본사회복지사협회 사회복지사윤리강령의 최신판은 2020년 개정판으로, 여기에도 이중관계와 관련하여 직접적으로 언급된 조항은 담고 있지 않다. 다만 윤리기준 제1조 '이용자에 대한 윤리책임' 제1항에서 '사회복지사는 이용자와의 전문적 원조관계를 소중히 하고 그것을 자기 이익을 위해 이용하지 않는다'고 규정하고 있다.

3 이중관계에 관한 논쟁

사회복지사와 클라이언트간의 이중관계는 윤리적으로나 법률적으로 부적절한 일이다. 무엇보다 명확한 것은 클라이언트와의 성적 관계가 비윤리적이라는 점이다. 사회복지사는 어떠한 상황에서도 클라이언트와 부적절한 성적인 관계를 가져서는 안 된다. 클라이언트는 매우 상처받기 쉬운 상황이기 때문에 전문가와 성적인 관계가 설정될 경우 클라이언트가 입게 되는 피해가 크고 전문가 자신도 돌이킬 수 없는 윤리적 손상과 때론 법적인 문제를 경험하게 된다. 종결이 이루어진 과거 클라이언트라 할지라도 언제든지 같은 문제 또는 다른 문제를 겪으면서 이로 인해 전문가를 찾게 될 가능성이 있기 때문에 시간이 얼마나 흘렀는지와 무관하게 성적인 이중관계를 맺는 일을 피해야 하며, 이중관계를 피해야 하는 대상 또한 기관으로부터 서비스를 제공받는 모든 클라이언트에 해당한다고 보는 것이 적절하다(오혜경, 2010).

그러나 클라이언트와의 다양한 개인적 관계형성을 피하기 어려운 현대사회의 상황을 고려할 경우 성적 관계를 제외한 비(非)성적 이중관계에 대해서는 논란이 존재한다. 비성적인 이중관계도 비윤리적이라는 입장이 유력하지만(Kagle & Giebelhausen, 1994), 어떤 여건에서는 상담관계를 촉진시키는 치료적 역할을 하여 클라이언트의 이익에 도움이 될 수도 있다는 주장 또한 존재하는 것이다(박외숙, 고향자, 2007; Moleski & Kiselica, 2005).

클라이언트와 맺는 개인적 관계의 부정적 영향을 우려하는 입장에서는 이중관계로 인해 클라이언트와의 관계가 객관성을 잃게 되고 클라이언트의 문제에 대해 부정확하게 사정을 하거나 사회복지사로서 소진될 수 있다고 주장한다. 이중관계가 설정될 경우 사회복지사와 클라이언트 관계에서 보다 많은 권력을 가진 사회복지사가 클라이언트를 착취할 위험이 있으며, 착취를 하지 않는다 할지라도 객관성을 유지하기 힘들고 필요한 순간 직면을 사용하지 못하게 될 수도 있다.

이중관계에서는 관계마다 다양한 현실이 존재하고 그 안에서 사회복지사와 클라이언트간 서로에 대한 인식이 다르게 됨으로써 혼란을 초래하고, 의도하지 않게 수집된 많은 정보로 인해 객관적 사정이 어려워진다. 나아가 친밀한 관계의 대부분이 비성적 관계로부터 시작되어 성적 관계로 진전되므로, 비성적인 이중관계도 언제든 성적 관계로 변화할 수 있다는 위험성을 가진다.

반대로 이중관계가 치료적 관계수립에 효과적이고 서비스의 효율성을 높일 수 있다는 의견도 존재한다(Zur & Lazarus, 2002). 지역사회에서 지속적이고 포괄적인 서비스를 제공하는 오늘날 사회복지실천의 추세에서 클라이언트와 사회복지사간 다양한 개인적 관계 형성은 불가피하며, 이를 잘 활용할 경우 클라이언트에게 보다 효율적으로 원조를 제공할 수 있다는 것이다. 인구가 적은 소도시나 농어촌 지역사회에서 이중관계를 피하는 것은 현실적으로 불가능하고 이를 무조건 피하려 하는 것은 바람직하지도 않으며, 이중관계를 통해 얻을 수 있는 다양한 정보를 통해 서비스의 효율성을 높일 수 있다고 본다. 클라이언트에 대한 존중, 전문가로서의 책임감과 의무를 견지한다면 클라이언트에게 불이익을 주는 일 없이 서비스를 제공할 수 있다는 의견이다.

4 사회복지실천시 전문적 관계에 대한 지침

사회복지실천시 사회복지사와 클라이언트간 전문적 관계를 유지하기 위해 어떻게 해야 하는지에 대한 지침은 다음과 같다(이순민, 2015; 정명희 외, 2020).

첫째, 사회복지사는 정기적으로 클라이언트와의 관계에 대해 동료 사회복지사와 논의함으로써 자신이 전문적 관계의 경계를 잘 유지하고 있는지 확인할 필요가 있다. 사회복지사는 클라이언트의 최대 이익 뿐만 아니라 자신을 위해서도 클라이언트와의 관계에 대해 다른 사람의 관점에서 바라보는 것이 바람직하다.

둘째, 사회복지사는 정신적·심리적으로 약해져 있을 경우 경계위반이 일어나기 쉽기 때문에 자신의 정서적인 욕구를 잘 살펴보아야 한다. 사회복지사가 자신의 욕구를 간과하다 보면 클라이언트의 욕구를 제대로 보지 못하고 넘어갈 확률이 높아지며, 사회복지사와 클라이언트 간 경계를 위반할 가능성도 높아진다. 사회복지사와 클라이언트 간 경계혼돈이 오는 신호는 다음 <표 10-2>와 같다(Davidson, 2005).

셋째, 사회복지사는 이중관계의 문제점을 잘 인식하고 클라이언트와의 관계에서 한계나 경계를 설정해야 한다. 이중관계에 대한 충분한 지식을 갖추고 가능하면 이중관계가 발생할 수 있는 상황을 피함으로써 클라이언트에게 해를 줄 수 있는 행동을 미연에 방지해야 한다. 또한 어떠한 상황에서도 클라이언트와 성적인 행동을 해서는 안 된다. 현재 전문적 관계가 종결된 상황이라 할지라도 법적인 처벌 가능성이 있으므로 이전 클라이언트와의 성적 행동에 유의해야 한다.

넷째, 사회복지사는 클라이언트와의 전문적 관계에 악영향을 미치고 경계위반을 일으킬 수 있는 역전이(counter-transference)에 대해 주의해야 한다. 역전이는 사회복지사가 클라이언트나 클라이언트와의 관계를 자신의 과거 인물이나 그 인물과의 관계로 느끼고 무의식적으로 반응하는 것으로, 사회복지사는 과거 경험한 관계로부터 파생된 감정으로 인해 클라이언트에 대해 왜곡된 인식을 갖게 되고 긍정적인 전문적 관계를 유지하기 어려울 수 있다. 역전이는 사회복지사의 클라이언트에 대한 객관성을 잃게 만들고, 클라이언트를 부정확하게 사정하며, 경계를 위반하게 만들 가능성이 높다.

〈표 10-2〉 사회복지사와 클라이언트 간의 경계 혼돈 신호

- 사회복지사의 중립성이 점진적으로 사라짐
- 다른 클라이언트에 대한 정보를 특정 클라이언트에게 누설함
- 사회복지사 자신에 대한 정보를 거리낌 없이 누설함
- 특정 클라이언트의 선택에 대해 매우 분노하거나 슬퍼함
- 직장에 있지 않을 때에도 특정 클라이언트에 대한 생각을 과도하게 함
- 특정 클라이언트의 행동을 변화시키기 위해 이례적으로 많은 투자를 함
- 클라이언트의 사회복지사에 대한 의존도를 증가시킴
- 클라이언트를 유익한 지지체계와 분리되도록 조장함
- 특정 클라이언트와 직접 만나거나 전화를 하는 데에 보통보다 많은 시간을 보냄
- 하루 일과가 끝나면 클라이언트와 만나 시간을 보내려고 함
- 클라이언트를 일반적이지 않은 장소에서 만나거나 클라이언트의 집에서 만남

- 청구비용에 대해 지나치게 관대함
- 선물을 주고 받음
- 클라이언트의 좋은 특성과 자기 배우자의 덜 좋은 특성을 비교함
- 클라이언트에 대한 공상을 함
- 특정 클라이언트의 다음 면접을 기다림
- 특정 클라이언트와 약속이 있을 때 무슨 옷을 입을지 고민함
- 클라이언트의 하루하루 삶의 세부사항을 지시함
- 클라이언트 삶의 어떤 결정을 내리는 데에 있어 사회복지사가 전문가라고 생각함
- 클라이언트의 자기주장을 용납하지 않음
- 클라이언트에 대해 질투함
- 클라이언트와의 관계에 대해 물으면 방어적이 됨
- 클라이언트와의 신체적 접촉이 시작됨

출처 : Davidson(2005).

다섯째, 사회복지사는 클라이언트에 대한 자기노출의 한계를 정해 놓아야 한다. 어떤 클라이언트는 사회복지사가 자신과 비슷한 가치나 경험을 가지고 있는지 확인하려 하기도 하고, 단순한 호기심에서, 사회복지사로서의 자질이나 능력이 있는지 알고 싶어서, 또는 사회복지사와 사적인 친분을 쌓고 싶어서 사회복지사의 개인적 신상에 대해 묻기도 한다. 이와 같은 개인적 질문에 대해 어느 정도까지 정보를 노출하는 것이 전문적 관계의 경계를 지키는 것인지 정답은 없지만, 사회복지사는 클라이언트에게 개인정보를 노출함으로 인해 전문적인 관계의 경계를 혼란스럽게 해서는 안 된다.

사회복지사들이 다양한 이중관계의 문제에 처하지 않기 위해서는 분명한 자기인식과 내적 성숙을 갖추어야 한다. 이중관계로 인해 초래될 수 있는 위험과 피해를 인식하고 자신의 신념과 행위가 클라이언트에게 어떠한 영향을 미치는지 자신의 욕구를 충족시키기 위해 전문적 관계를 잘못 이끌어가고 있는 것은 아닌지 검토하는 자세를 가져야 한다. 이중관계를 평가하는 초점은 이중관계 그 자체가 아니라 그 이면에 가려진 잠재적 착취, 해로운 영향력으로 인한 치료적 힘의 남용에 있다고 할 수 있으므로(Tomm, 2002), 이중관계 자체에 문제를 두고 무조건 피해야 한다기보다는 이면에 가려진 해악을 통해 이중관계의 유해성 여부는 따질 수 있는 전문가의 윤리적 안목이 필요하다. 그 과정에서 분명한 것은 사회복지사는 클라이언트의 이익을 최우선으로 생각해야 한다는 점이다.

5 사례분석

여기서는 이중관계와 관련된 사례에 대해 콩그레스(Congress, 1999)의 ETHIC 모델을 적용하여 살펴보고 사회복지사가 취할 수 있는 바람직한 윤리적 결정의 대안들을 모색해 보고자 한다(우국희 외, 2015).

사례 10-1 | 이중관계 문제와 관련된 윤리결정사례

B는 아동상담 담당 사회복지사이다. 어느 날 B의 명성을 듣고 찾아왔다는 H씨와 그의 딸을 면담하던 도중, 사회복지사 B는 H씨가 자신의 자녀를 가르치고 있는 담임교사의 가까운 친척이라는 것을 알게 되었다. H씨는 그 담임교사로부터 B를 소개받았다고 하면서 자신의 딸을 특별히 신경써서 상담해달라고 부탁했다.

1. Examine : 개인, 사회, 기관, 클라이언트, 그리고 전문직 가치를 검토한다.

윤리적 문제와 관련하여 직간접적으로 클라이언트의 결정에 영향을 미칠 수 있는 사회복지사의 개인적 가치를 검토해야 한다. 사회복지사 B는 어린 시절부터 도움이 필요한 사람들이 주변에 있으면 적극적으로 나서서 도와주곤 했다. H씨와 그 딸의 경우에도 B의 도움을 통해 H씨와 딸의 관계가 개선될 여지가 있어 계속 도움을 주고 싶은 심정이다. 한국 사회에서는 일반적으로 누구의 소개로 왔다고 하면 좀 더 신경쓰게 되는 것이 사실이고, 게다가 딸의 담임교사가 소개해주었다고 하니 H씨에게 잘 해주면 내 딸에게도 담임교사가 더 신경써줄 것 같아 더 잘해주고 싶은 마음이 든다.

그러나 B가 소속된 기관에서는 아는 사람에게 서비스를 제공하는 것을 엄격히 금하고 있다. 사적으로 연결된 사람에게 서비스를 제공하게 되면 다른 클라이언트와 차별이 발생하게 되어 민원의 소지가 높기 때문이다. 자칫 이런 문제가 소문이라도 나게 되면 기관의 명성에도 악영향을 미칠 수 있다. 사회복지사의 전문적 가치에 따르면 클라이언트 H와 사회복지사 B는 이중관계가 성립되어 전문적 관계에 손상을 입을 수 있는 상황이다. H와 B가 직접적으로 연결된 사이는 아니지만, 딸의 담임교사와 연계되어 있기 때문에 B가 H의 사례에 임하는 데에 부담감을 느낄 수 있고 전문적 실천에 방해가 될 소지가 충분하다.

2. Think : 그 상황에 적용되는 윤리강령과 법, 사례결정 등을 생각한다.

한국사회복지사윤리강령 제2조 6항 1호에서는 '사회복지사는 클라이언트와의 전문적 관계를 자신의 개인적 이익을 위해 이용해서는 안 된다.'라고 규정하고 있다. B가 H에게 서비스를 제공하게 되면, 이는 자신의 딸에게 갈 이익을 염두에 둔 행동임을 배제할 수 없다. 따라서 사회복지사 개인의 이익을 위해 전문적 관계를 이용해서는 안 된다는 규정을 어기게 된다.

3. Hypothesize : 각기 다른 결정들의 가능한 결과들에 대해 가정한다.

만약 B가 H에게 계속 서비스를 제공한다면, B는 H에게 다른 클라이언트보다 더 많은 신경을 쓰게 될 것이다. 이것이 B의 전문적 실천에 긍정적으로 작용할지 부정적으로 작용할지 장담할 수는 없는 상황이다. 자칫 H의 마음을 상하게 할 경우, 자신의 딸에게 피해가 갈 수 있기 때문에 최대한 좋은 분위기로 H와의 관계를 이끌어가게 될 것이다. 만약 이와 같은 사실이 동료나 기관에 알려질 경우 B가 규정을 위반한 것에 대해 질책 혹은 징계가 내려질 가능성이 있다. 또한 H에게 차별적인 대우를 하는 것은 결과적으로 다른 클라이언트에게 손해를 입히는 셈이 될 수 있다.

B가 H에 대한 서비스 제공을 중지한다면, H는 기분이 나빠질 것이다. 또 이와 같은 사실이 딸의 담임교사에게 알려질 경우 담임교사도 서운해할 것이고 이것이 딸에게도 영향을 미칠 수 있다. 그러나 왜 서비스를 제공할 수 없는지 충분히 설명하고 다른 기관을 소개하여 상담을 받도록 연계한다면 H도 상황을 이해해 줄 것으로 생각된다.

4. Identify : 가장 취약한 사람에 대한 사회복지 헌신의 관점에서 누가 이익을 얻고 누가 해를 입게 되는지 확인한다.

이러한 관계에서 가장 상처입기 쉬운 사람은 H와 그의 딸이다. 그러나 위에서 살펴본 대로 H에게 상담을 제공한다 해도 그것이 전문적 실천의 관점에서 반드시 긍정적으로 작용한다는 보장은 없다. B가 H에게 서비스를 제공하지 않고 다른 전문가를 소개할 경우 H는 심적으로 상처를 받을 수 있겠지만 전문적 실천의 관점에서는 바람직한 일이다. 여기서 B의 딸에게 불이익이 갈 수도 있지만 B의 딸은 사회복지실천에서는 간접적 관계에 있는 사람으로 볼 수 있다.

5. Consult : 최선의 윤리적 선택에 대해서 슈퍼바이저와 동료들의 자문을 구한다.

최종판단을 위해 B는 기관의 슈퍼바이저와 동료들로부터 자문을 구할 수 있다. 슈퍼바이저는 기관의 윤리규정과 전문적 관계유지 차원에서 타 기관 의뢰를 바람직한 방안으로 제시하였다. 동료들도 괜히 상담을 지속하면서 마음의 부담감을 가지기보다 클라이언트에게 상황을 잘 설명하고 다른 기관에 의뢰하는 것이 좋다는 의견을 제시하였다. 나아가 필요하다면 클라이언트에게 이것이 B의 개인적인 의견이 아니라 기관의 방침이자 전문가로서의 윤리 기준임을 설명하는 자리에 동석해줄 수 있다는 지지적 의사를 표시하였다.

CHAPTER 11 문화적 다양성과 윤리

우리나라에 노동과 결혼을 통한 이주자들이 증가하면서 인간의 기본적인 삶의 질과 직접적인 연관을 갖는 사회복지서비스 분야에서도 많은 변화가 나타나고 있다. 이들의 경제적 빈곤과 심리사회적 부적응, 갈등, 그리고 정체성의 혼란과 인권의 문제 등 다양한 문제가 표출되면서 사회복지분야에서도 인간의 보편적 권리이자 기본적 권리에 대한 보장의 중요성에 입각하여 다양한 서비스를 제공하기 시작했다. 종합사회복지관을 비롯한 가족센터, 주민센터 등 다양한 지원기관에서 다양한 서비스가 개발·지원되고 있다.

다문화사회복지가 확대되면서 다문화가족이 경험하는 일상생활의 어려움, 가족갈등, 자녀양육, 성역할, 사회적 편견, 취업, 한국생활적응 준비, 자녀들의 학업과 학교적응, 언어, 심리정서적 문제와 한국인으로서의 정체성 문제 등에 대한 대처의 필요성과 중요성도 커지고 있다. 이것은 곧 관련분야 종사자의 사회문화적 다양성에 대한 인식과 민감성, 그리고 가치기반과 윤리의 점검 및 재교육의 필요성을 의미하는 것이다.

인간의 기본권과 사회복지의 배분적 정의, 차별철폐에 대한 가치기반을 바탕으로 사회복지실천을 수행하는 사회복지사들도 윤리적 측면에서 이미 오래전부터 문화적 다양성에 대한 도전을 받아 왔으며, 이에 대한 철저한 준비와 교육이 더욱 중요하고 필요해지는 상황에 직면하고 있다. 그러므로 여기서는 먼저 다문화사회로서의 우리사회 실태를 살펴보고, 인구구성의 다양화 현상을 경험하면서 함께 고민해야 할 문화적 다양성에 대한 윤리적 고려를 알아보도록 한다.

1 다문화 실태

1) 국제결혼 실태

우리 사회는 혼인의 지연과 출산율 저하, 독신 선호, 국제결혼의 증가 등으로 인한 급속한 가족의 변화를 경험하고 있다. 이 중 국제결혼가족은 전지구화와 저출산·고령화 현상, 농촌거주 기피현상 등이 맞물리면서 급속히 증가한 가족형태이다. 2000년도 이전에는 노동을 통한 이주현상이 대부분을 이루었던 데 비해, 2000년 이후부터는 결혼을 통한 이주가 두드러지면서 이제는 다문화 혹은 다양성이라는 말이 낯설지 않게 되었다. 통계청(2021)에서 제시한 “다문화인구동태 통계”에 따르면, 2021년 현재 전체 혼인 건수는 192,507건이며, 이중 다문화 혼인의 비중은 13.926건으로 약 7.2%를 차지하고 있다.

〈표 11-1〉 다문화 혼인 건수 및 전체 혼인 중 다문화 비중, 2019~2021년 (단위 : 건, %)

	전 체			다문화 혼인, 이혼[1]			출생기준 한국인 간의 혼인[2]		
	2019	2020	2021	2019	2020	2021	2019	2020	2021
혼인 건수	239,159	213,502	192,507	24,721	16,177	13,926	214,438	197,325	178,581
(비중)	100.0	100.0	100.0	10.3	7.6	7.2	89.7	92.4	92.8
이혼 건수	110,831	106,500	101,673	9,868	8,685	8,424	100,963	97,815	93,249
(비중)	100.0	100.0	100.0	8.9	8.2	8.3	91.1	91.8	91.7

출처 : 통계청(2021). 2021년 다문화 인구동태 통계.

[그림 11-1]에 나타난 바와 같이 전체 혼인 건수 중 다문화 혼인 건수의 비율은 2011년도에 9.3%, 2015년도에 7.4%로 지속적으로 감소하다가 2016~2019년까지는 7.7~10.3%까지 증가하였다. 그러다가 다시 2020년에 7.6%, 2021년도에 7.2%로 감소한 것으로 나타난다.

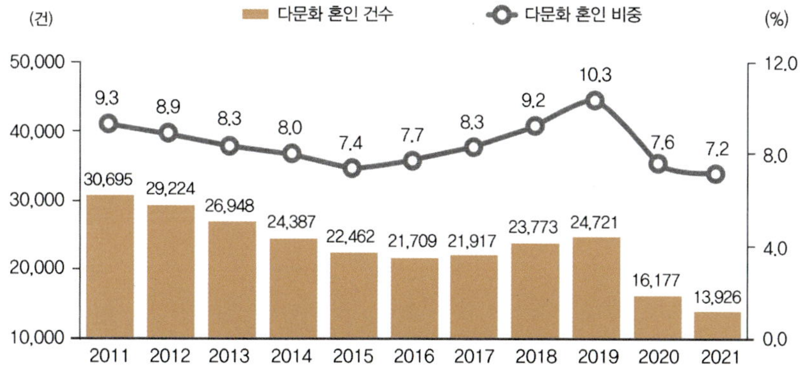

| 그림 11-1 | 다문화 혼인 건수 및 전체 혼인 중 다문화 비중 추이, 2011~2021년

1) 다문화 이혼 : 남녀 어느 한쪽이 외국인 또는 귀화자인 경우, 또는 남녀 모두 귀화자인 경우
2) 출생기준 한국인 간의 이혼 : 남녀 모두 출생기준 한국인인 경우

출처 : 통계청(2021). 2021년 다문화 인구동태 통계.

국제결혼과 노동을 통한 이주자들의 국내유입 및 정착이 점차 줄어들고 있기는 하지만, 전체 인구는 상당히 증가하였으며, 관련하여 부작용 또한 나타나고 있다. 단일민족의 정체성이 확고한데다 가부장제와 성별주의, 외모주의, 정상과 비정상에 대한 차별적 인식이 여전히 만연하고, 또 다문화에 대한 부정적이고 왜곡된 인식이 커서 그에 따른 갈등과 어려움이 나타나고 있다.

이와 관련하여 정부는 국제결혼에서 제기되어온 불법과 인권침해 문제를 예방하기 위해 국제결혼중개업과 관련된 법안, 다문화가족지원법 등을 마련하여 다양한 정책과 서비스를 제공하고 있다. 민간단체에서는 국제결혼여성의 국내적응을 돕고 가족관계를 지원하기 위해 '한글교실'과 '한국의 문화 익히기', '배우자를 대상으로 하는 다문화 이해 돕기' 등과 같은 다양한 실천적 접근을 하고 있다. 이와 같은 정책적 · 실천적 접근은 급속히 증가한 다문화가정에 대한 이해를 통해 다문화사회가 된 우리 사회를 이해하고 준비하며, 나아가 국적, 피부색, 성별로 인한 차별을 예방하는 데 주안점을 둔 것이다.

그러나 일부에서는 가정폭력, 빈곤문제, 문화적 차이 등으로 인해 심각한 가족갈등이 나타나고 있다. 통계청(2021)에 따르면, 2011년도에는 전체 이혼 중 약 12.6%가 다문화 이혼이었으나 점차 감소하여 2021년도에는 다문화가족의 이혼건수가 8,424건으로 8.3%를 차지하였다. 이는 전년 대비하여 약 3.0%인 261건이 감소하였으나 전년에 비하면 0.1%가 증가한 것이다.

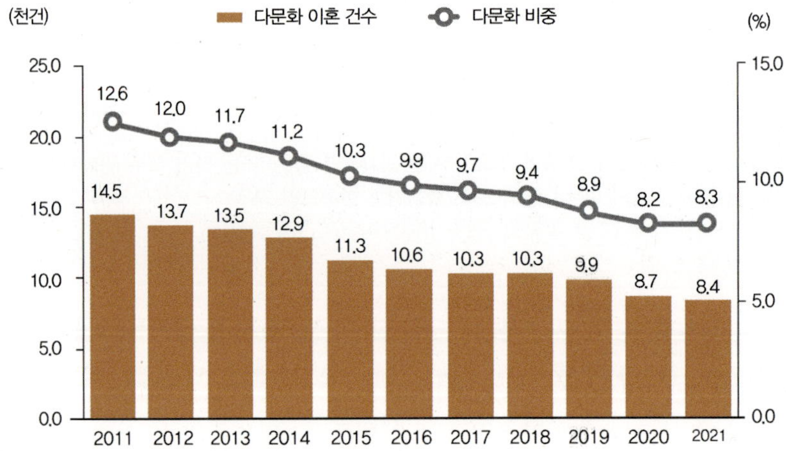

| 그림 11-2 | 다문화 혼인 건수 및 전체 이혼 중 다문화 비중 추이, 2011~2021년

출처 : 통계청(2021). 2021년 다문화 인구동태 통계.

이들 가족 중 미성년 자녀가 있는 경우도 36.35%에 이르고 있다. 또 가족갈등으로 인해 자녀들 또한 학교 부적응, 학업중단 등과 같은 문제들을 보이고 있다. 언어와 문화적 차이로 인한 부적응 문제까지 더해져 아동들이 학교중단, 가출, 빈곤 등의 심각한 문제에 봉착하는 사례들이 많아 이에 대한 보호와 지원이 필요한 실정이다.

〈표 11-2〉 미성년자녀 유무별 비중, 2019~2021년 (단위 : 건, %)

	전 체			다문화 이혼[1]			출생기준 한국인 간의 이혼[2]		
	2019	2020	2021	2019	2020	2021	2019	2020	2021
건수*	108,307	103,711	99,053	9,522	8,295	8,071	98,785	95,416	90,982
계	100.0	100.0	100.0	100.0	100.0	100.0	100.0	100.0	100.0
미성년자녀 있음	45.2	43.4	41.6	37.2	36.8	36.3	46.0	44.0	42.0
미성년자녀 없음	54.8	56.6	58.4	62.8	63.2	63.7	54.0	56.0	58.0

출처 : 통계청(2021). 2021년 다문화인구 동태 통계.

2) 애로점

결혼을 통해 국내로 들어오는 이주여성들이 급속히 증가하면서 이들의 적응 문제도 불거지기 시작했다. 결혼을 통한 이주여성들이 증가한 원인으로는 저출산과 결혼 대상으로서 농촌총각에 대한 기피현상, 그리고 만혼경향 등이 거론되고 있지만, 그 이외에도 이주자의 성별화 현상과 이주과정 중의 금전거래 문제도 간과할 수 없다. 즉, 국제결혼의 증가가 빈곤의 여성화로 인한 이주의 여성화 현상과 빈곤 타파를 위한 결혼 이주 현상과 함께 진행되고 있는데, 이것은 세계화와 신자유주의적 경제 질서의 영향으로 아시아에서 유독 이주의 여성화 현상이 가속화되고 있고 이들이 주로 노동자나 성산업 종사자 혹은 국제결혼을 통해 이루어지고 있기 때문이다(한국염, 2005).

한편에서는 한국남성과 외국여성의 결혼을 지나치게 부정적으로 규정하는 경향이 있다는 인식도 있지만, 사실 문화적 차이뿐만 아니라 연령 차이, 결혼전 기대와 다른 데서 오는 실망감, 그리고 사회적 인식 때문에 일부 여성들은 결혼 과정이나 적응과정에서 상당한 어려움을 경험하고 있으며 심각한 인권침해의 문제를 겪고 있다. 문화적 차이로 인한 부적응 외에도 그동안 사회적으로 드러나지 않았던 이주여성들의 가정폭력과 성폭력 등의 문제는 이를 방증하는 것이라 할 수 있다.

〈표 11-3〉 가정생활에서 힘들다고 여기는 문제

구 분	자녀 양육	가사 노동	남편과의 관계	언어 문제	인종 차별	시댁과의 관계	문화 적응	경제적 문제	기 타	응답자	무응답	전 체
빈도 (비율)	6 (15.4)	1 (2.6)	8 (20.5)	8 (20.5)	2 (5.1)	3 (7.7)	4 (10.3)	3 (7.7)	4 (10.3)	39 (100)	168	207

출처 : 양정화(2005), 김기현(2009) 재인용.

한편 국제결혼가정은 결혼 전 친밀관계를 형성하는 과정이나 결혼을 준비하는 단계를 충분히 경험하지 못하기 때문에 막상 결혼한 이후에는 부부간이나 시댁과의 관계에서도 상호 이해의 문제나 부적응을 좀 더 심각하게 경험할 수 있다.

농촌지역에 거주하는 국제결혼여성들을 대상으로 한 연구들(손은록, 2004; 신경희, 2005)에 따르면, 이들은 부부간에 의사소통과 애정적 요인, 문화적 차이로 갈등을 겪기도 한다. 배우자가 긍정적인 정서를 표현하는 데 있어 미흡하거나 독단적인 성격인 경우 혹은 가부장적인 시집의 분위기 등으로 인한 갈등을 경험하는 것이다.

이와 함께 한국인 간의 결혼에서 발견되는 재정문제와는 다른 문제도 이들 부부 및 가족생활에 영향을 미친다. 국제결혼의 전제로서 여성이 친정으로 일정 금액을 송금하기를 원하거나 혹은 이를 남편이 약속하는 경우가 종종 있는데, 만약 결혼 후 이를 이행하지 못하거나 시댁과의 재정관리 문제가 생기는 경우 신뢰의 문제가 발생하여 갈등하게 되기도 한다.

종교적 갈등이 발생하기도 한다. 예를 들어, 가톨릭이 국교인 필리핀 이주여성의 경우는 배우자나 그 가족과 종교가 다르거나 혹은 종교활동에 대해 다른 이해를 하고 있다면, 이 때문에 부부갈등을 겪거나 지역사회에 적응하는 데 애로점을 경험할 수 있기 때문이다.

이 외에도 여성결혼이민자는 언어문제와 경제적 문제, 자녀문제에서 애로점을 겪고 있으며, 남성결혼이민자 역시 경제적 문제와 언어문제를 한국생활에서 가장 힘든 점으로 생각하고 있다. 그리고 한국생활에 적응하고 생활의 안정을 위해 자녀양육 및 학습지원서비스와 한국어교육, 한국사회적응교육 등의 복지서비스를 필요로 하고 있다.

이 중 특히 자녀 문제는 매우 심각한 실정이다. 국제결혼가정은 자녀 양육 및 육아 지원 방식을 비롯하여 우리 사회에 만연한 순혈주의로 인한 자녀들의 따돌림 문제, 학교 부적응 문제, 언어 및 학습 문제를 경험하고 있다. 국제결혼한 여성들은 '위장결혼' 혹은 '돈 때문에 결혼한 여성'이라는 부정적 인식으로 편견과 차별을 경험하며, 그 2세 아동들도 학교에서 동급생과 교사, 학부모들에게 차별을 경험하는 경우가 종종 보고된다. 이런 문제의 이면에는 다문화에 대한 이해와 인식이 부족한 문제가 전제되어 있다(박홍식, 2009). 따라서 학교와 지역사회에서의 인식개선을 위한 좀 더 적극적인 정책적·실천적 접근이 필요하며, 학교에서 인권교육과 문화교육이 함께 이루어져야 한다.

2 다문화사회와 사회적 가치

우리 사회는 지금 실생활에서 다양한 문화를 경험할 뿐만 아니라 정책과 제도에서도 이것을 포용하고 포괄해가는 과정을 겪고 있다. 기존의 우리 문화와 제도에 어느 정도까지 혹은 어떤 내용을 포함해야 하는지 혹은 그것을 동화라고 해야 할지 혹은 통합이라고 해야 할지도 명확하지 않은 상황에서 우리는 현 사회를 다문화사회라고 칭하고 있다.

이런 다문화사회의 출발은 무엇보다 다양한 가족의 증가 현상에서 찾아볼 수 있다(김혜영, 2008). 양부모가 있는 2세대의 핵가족이 전형적인 가족이며, 고학력 여성과 여성의 경제활동 증가로 인한 맞벌이가족의 증가, 국제결혼으로 맺어진 다문화가족과 조손가족, 재혼가족, 그리고 한부모가족의 증가와 북한이탈주민가족의 출현으로 가족의 유형이 다양해지고 있다. 단일민족의 정체성을 가진 민족이라는 인식이 깊게 뿌리 박힌 우리 사회에서 이런 다양성은 곧 문화적 차이를 수반하며, 법과 제도, 서비스뿐만 아니라 문화적 향유의 권리에 대한 이해와 수용, 그리고 이를 대하는 태도이자 마음가짐의 변화를 요한다. 전 지구화로 인한 세계인구의 노동력 이동으로 나타나는 다문화 현상을 경험하면서 나타나는 문화 간의 갈등과 교섭 현상에 대해 학자들은 다음과 같은 다양한 사회적 가치를 제시하고 있다.

1) 상호관용과 상호보살핌

신자유주의의 경제적 전 지구화(globalization)로 인해 어느 사회든 피해갈 수 없는 전 세계적 현상이라 할 수 있는 다문화에 직면하여 지속가능한 공동체의 사회적 가치로서 '상호관용(tolerance)'과 '상호보살핌'이 필요하다(이수안, 2009).

세계화로 노동인력이 전 세계적으로 분산되고 이동하게 되면서 다문화는 필연적으로 재현된다. 이런 다문화의 사회구성을 통합하는 필수적인 요소로서 관용이 필요하다. 여기서 관용은 사전적 의미로는 '남의 잘못 따위를 너그럽게 받아들이거나 용서함'을 뜻한다. 또한 묵인, 허용, 인내, 감수 등과 부분적으로 뜻을 공유하기도 하며, 상호관용은 어느 일방이 은혜를 내리는 식의 관용이 아니라 양측이 주체로서 서로 이해하고 받아들이고 견뎌내는 것을 의미한다(김용환, 1993).

다원주의 혹은 다문화사회의 구성요소인 차이를 문명화하는 과정에서 역사와 문화, 정체성이 서로 다른 집단들 간의 평화로운 공존이 이루어져야 한다. 즉, 개인들 간의 실제적 상호작용과 호혜적 접촉에 대한 상이한 가치를 서로 수용하고 조정하며, 이런 조정에 대해 평화로운 방식으로 반응해야 하는데, 이를 가능하게 하는 것은 관용이다(Walzer, 2004, 이수안, 2009 재인용).

이주를 통해 문화접변현상이 발생하고 이 과정에서 서로 다른 문화와 가치로 인해 갈등을 경험할 때 이주민을 수용하고 또 이주를 내면화하면서 서로 다른 층위에서 다양한 내용을 수용하고 포섭한다면 문화적응을 이루어나갈 수 있다.

한편 '정성을 기울여 두루 보살펴 주는 행위'를 뜻하는 보살핌은 사실 돌봄 서비스를 필요로 하는 아동과 노인, 약자에 대한 육체적 보살핌뿐만 아니라 감정과 정신적 보살핌도 포함하고 있다는 점에서 복합적이다. 그동안 주로 여성이 담당해오면서 그 노동의 가치를 인정받지 못해왔지만, 최근 우리 사회가 고령화 사회로 진입하면서 보살핌 관련 사회서비스가 확대되고 있으며, 아울러 정서적·정신적 노동의 가치와 그 중요성에 대한 관심이 증가하면서 보살핌의 형태나 방향에 대한 재고의 필요성도 등장하고 있다. 즉, 성별과 계층적 관점에서 본 일방적 보살핌이 아니라 사회문화적으로 보살핌이 필요한 인구가들이 증가하면서 개인적 측면뿐만 아니라 사회적이고 정책적인 보살핌도 필요하게 된 것이다.

2) 인정

우리는 다인종, 다문화, 다종교 등 이질적인 요소들이 어울리면서 경계가 무너지고 섞이는 융합과 통섭(consilience)의 시대를 살아가고 있다. 그 과정에서 차이와 다름으로 인한 불편함과 차별을 극복하고 균형과 조화를 이루어나가야 하는 과제를 안고 있다.

과거에는 동질성과 공동체 의식에 기초한 동질윤리가 지배적이었다. 여기서 동질성이란 인간관계에서의 삶의 방식과 문제해결방식을 '같음'의 기반 위에 두는 것으로서 공동체성과 수직적 위계질서를 두 축으로 한다. 즉, '같은 피', '같은 동네', '같은 학교 출신'이라는 공동체 의식과 공동체 내의 연령이나 성별에 따른 높고 낮음과 같은 수직적 위계질서에 기반한다(최성식, 2008).

하지만 이 윤리도 의식과 생활에 맞게 변화되어야 할 상황에 이르렀다. 이제는 정과 의리가 법과 질서를 앞서는 '우리끼리', '우리 지역끼리'보다는 새로운 윤리로서 서로 다른 타자들과 함께 하고 또 다름과 차이를 대하는 윤리도 알고 배워가야 할 시점이다. 차이의 윤리는 관계와 소통을 전제로 한다. 오직 '다름'만을 강조하는 경우 소통이 불가능하기 때문에 유사한 점과 다른 점을 소통하고 균형과 조화를 이루어나갈 때 차이도 정당화될 수 있다.

또 다름과 차이를 수용하기 위해서는 먼저 상호인정(recognition)이 이루어져야 한다. 동일하다는 전제에서 비롯되는 단일민족의 정체성을 넘어 타자의 가치와 정체에 대한 인정은 다문화사회를 살아가는 우리 시대의 필수적인 요소이다. 물론 인정을 위해서는 인정하는 자와 인정을 받는 자가 존재하기 때문에 그 내부에 다시 힘의 논리가 작용하면서 인정의 대상이 되는 타자에게 상처를 주거나 억압을 할 수 있다. 또 문화적 지배와 불인정, 경멸 등과 같은 문화적 부정의(cultural injustice)를 해결하는 과정에서 도덕적 및 문화적 상대주의의 딜레마가 발생할 수도 있다(송재룡, 2009).

그러나 상호인정을 이루어나가는 과정에서 수용되는 다양한 소수자 집단의 고유한 정체성과 문화적 특성에 대한 수용은 인정을 위한 투쟁의 과정을 통해 획득할 만한 가치가 있다는 점에서 한계와 딜레마에도 불구하고 이루어나가야 할 과제라 할 수 있다.

3) 상호문화성

다문화사회로의 변화와 흐름의 핵심은 다양성이다. 이런 다양성을 이해하고 존중하며 상호 소통하는 데에는 상호문화성에 대한 이해가 필요하다. 여기서 상호문화성(interculturality)이란, 개인·문화 간 상호적 관계를 전제로 타자와의 관계, 타문화를 통해 주체와 자기 문화를 인식하는 것을 의미한다. 즉, 타자의 정체성과 타 문화에 대한 인정과 긍정을 통해 나의 정체성과 인정을 찾을 수 있는 것이다. 이를 위해서는 다른 사람과 다른 문화를 통해 자신과 자신의 문화, 우리와 우리의 문화를 되돌아보고 공통점과 차이점을 찾아가야 한다. 이와 같은 상호관계를 통해 공통적 의미의 지평을 공유해나가면 점차 각각의 문화는 주관성을 넘어 보편성을 지향하게 된다. 이런 의미에서 상호문화성은 고정적이고 동질적인 개념이 아니라 가변적이고 복합적이며 개방적인 개념이라 할 수 있다(이화도, 2011).[1)]

이러한 상호문화성을 바탕으로 하는 상호문화주의는 문화 간 차이와 보편성뿐만 아니라 타자와의 경계와 접촉 사이에서 발생하는 상호 간의 간섭과 방해, 의존, 침투까지 모두 중요시한다. 또한 다양한 집단 간의 인정투쟁뿐만 아니라 집단과 환경 간의 관계도 중시한다. 이것은 단일문화와 다문화, 동화정책과 인정정책을 수렴하고자 하는 시도에서 비롯되는 것이다. 그러므로 상호문화성은 다문화교육과 인식개선에 있어서 매우 중요한 근거와 기준을 제공한다. 단순히 타 문화를 알리고 정보를 제공하는 수준을 넘어 타 문화가 자 문화에 어떤 영향을 미치고 있으며, 우리는 어떻게 영향을 미치고 있는지를 이해할 수 있도록 하기 때문이다. 이런 의미에서 서구에서는 다문화교육에 있어 문화적 다양성의 인식과 사회통합, 편견의 타파, 공동체 의식의 함양을 중시하고 있다(김현덕, 2010).

1) 20세기 초 독일 사회학자 짐멜(Georg Simmel)에 의해 완성된 상호문화의 개념은 19세기 말부터 20세기 초 유럽과 아메리카의 이주흐름을 배경으로 향후 이주흐름의 필연성과 그 속에서 함께 살아가야 하는 존재로서의 이방인 인식, 그리고 다양성 인정에 대한 인식론적 접근에서 비롯된 개념이다. 초기에는 주목받지 못했지만, 미국에서 동화주의 문화변용정책의 부정적 폐해에 대한 대안으로 상호문화교육국(Bureau of Intercultural Education)을 설립하면서 주목받기 시작했으며, 이후 시민운동과 의사소통이론이 접목되면서 상호문화적 가치가 재도입되었으며, 상호문화성 개념으로 발전하였다(박영자, 2012).

예를 들어, 독일은 다문화교육보다 상호문화교육을 활용하며, 나아가 문화 간 소통과 관계능력으로서의 상호문화능력(inter-cultural competence)을 기르는 것을 지향한다(이화도, 2011). 우리나라도 점차 다문화교육과 인식개선의 중요성이 커지고 있는 상황에서 이와 같은 상호문화성을 바탕으로 하는 다문화 이해와 사회통합을 이루어나갈 필요가 있다. 즉, 상호 관계맺기를 통한 공생보다는 관계를 맺는 방식과 과정에서 상호성을 만들어냄으로써 '다양성 속의 통일성'을 창출해나가야 할 것이다(박영자, 2012).

4) 차별배제와 권리의 인정

다문화사회를 원칙적으로 정의하면 독자적이고 동등한 권리를 누리는 단체, 조직체, 기관의 사회적·정치적·사상적·문화적·경제적 이해관계들이 무제한적이고 정당성을 갖춘 다양한 형태로 표출되는 다원화된 사회를 의미한다. 즉, 개방적인 법적 보장과 각 문화에 대한 이해를 통해 평등권을 보장하고 차별을 금지하는 사회를 뜻한다(박지원, 2009).

이를 위해서는 민족과 종교, 피부색 등의 차이에 기인하는 사회적 낙인과 편견으로부터 소수자를 보호하고, 복지자원의 분배에 있어서 차별로부터 보호하는 것이 병행되어야 한다. 무엇보다 인권의 존중이 지켜져야 하는 것이다. 여기서 인권은 '사람이 사람답게 살 권리'로서 인간으로서의 존엄성과 가치, 자유와 권리를 의미한다. 즉, 생명권과 신체의 자유와 안전에 대한 권리, 표현의 자유, 종교의 자유, 거주이전의 자유 등을 포괄하는 자유권과 성별, 종교, 장애, 나이, 출신 지역과 국가, 용모, 피부색으로 인해 차별받지 않을 권리를 의미하는 평등권, 그리고 근로 및 공정하고 유리한 근로조건을 향유할 권리, 사회보장의 권리, 문화·과학·예술 활동을 권리를 포함하는 사회권을 보장하는 것을 의미한다(김기현, 2009).

이와 같은 인식에 기초하여 유럽연합의 기본권 헌장 제21조에서는 차별금지원칙을 규정하고 있다. 여기에는 성별, 인종, 피부색, 민족적 혹은 사회적 출신, 유전적 특징들, 언어, 종교, 세계관적 확신, 정치적 견해 혹은 그 이외의 다른 견해, 어떤 소수민족에의 소속, 재산, 출생, 장애, 연령 혹은 성적 지향으로 인한 차별금지를 명시하고 있다.

차별금지원칙은 유엔인권협약에 따른 것이다. 협약 제14조에서는 유엔인권협약 속에 규정된 자유와 권리의 향유가 성별, 인종, 피부색, 언어 등의 차이에 관계없이 보장되어야 함을 명시함으로써 소수자 보호 및 다양성 보호에 초점을 두고 있다.

이 중 문화적 다양성의 보장은 사회통합에 있어 매우 중요한 요소 중 하나이다. 국가의 민족적·지역적 다양성과 함께 공동의 문화유산을 강조하는 것은 국가의 문화적 발전과 사회통합에 기여하기 때문이다(박지원, 2009). 이러한 문화적 다양성의 보장은 곧 문화적 권리의 향유로 실현되는데, 여기서 문화적 권리(cultural rights)란 사회구성원으로서 인간이라면 누구나 갖고 있는 문화적 욕구의 충족을 통해 삶의 질을 향상시켜나갈 수 있는 기본 권리를 의미한다. 즉, 문화적 활동을 자유롭게 행하고, 타인의 문화적 활동의 성과와 문화적 유산을 향유하며, 승계하고, 문화성이 풍부한 환경에서 생활할 권리 혹은 이익이라고 할 수 있다.

문화적 권리는 1948년 국제연합(UN) 회원국들이 세계인권선언 제273조에서 모든 사람은 공동체의 문화생활에 자유롭게 참여하고 예술을 감상하며, 과학의 진보와 그 혜택을 향유할 권리를 가진다고 규정하면서 천명되었다. 또 1966년 12월 UN이 채택한 "경제적·사회적·문화적 권리에 관한 국제규약"에서도 문화적 권리보장이 인권 보호의 목표임을 분명히 한 바가 있다. 즉, 언제나 경제성장의 그늘에 가려진 문화 및 문화적 권리가 실상은 기본적 인권임을 밝히면서 이의 향유를 통한 삶의 질을 보장하는 것이 곧 인권 보호의 지향점 중 하나임을 명확히 한 것이다(유현도, 2008).

이와 같은 문화적 권리는 1960년대부터 거론되었지만, 실제 활발하게 논의되기 시작한 것은 1980년대 이후 소수민족, 소수언어, 문화유산, 문화예술 창작의 자유 등과 같은 권리들에 대한 권고안과 선언문들이 제출되면서부터이다. 즉, 다양한 인구집단의 출현과 그로 인한 사회경제적 문제들이 부각되면서 소수자들이 향유해온 문화, 즉 전통과 예술과 역사 등도 인정하고 보호하며, 향유할 수 있도록 해야 한다는 시각이 싹트기 시작하였다.

이러한 과정을 거쳐 현재에는 집단보다는 개별적으로, 그리고 보편성보다는 다양성의 시각에서 문화적 권리를 향유할 수 있도록 지원해야 한다는 논의에 이르고 있다. 우리나라도 1980년대 이후 소수자의 권리에 대한 인식이 싹트면서 '차이'와 '다름'에 대한 담론에 이어 '긍정적 다양성(affirmative diversity)'에 관심을 두고 있으며, 지역복지 차원에서 다양한 문화적 배경을 가진 사람들이 자신들만의 정서와 문화적 욕구를 표출하고 이를 통해 만족감과 행복감을 느끼도록 하는 데 초점을 두고 있다.

최근 다문화가족이 증가하면서 문화적 다양성이 증폭되는 상황에서 이와 같은 문화적 권리의 향유가 사회통합과 상호소통의 통로로서 매우 중요하다. 이와 같은 이유로 각 지역사회마다 다양한 문화행사를 개최하여 문화적 향유권을 행사하고 즐길 수 있도록 하고 있으며, 나아가 이를 통해 지역사회 통합을 촉진하는 데 기여하도록 하고 있다. 만약 이러한 권리의 보장이 없다면 다문화주의는 몰가치적 문화상대주의로 쉽게 변할 수 있고, 또 문화적 다양성의 존중이라는 미명 아래 폐쇄적인 문화집단의 성원들에게 비인간적인 폭력이 행사되는 것을 방조하게 될 것이다(소병철, 2010).

3 문화적 다양성과 윤리 : 문화적 유능감

1) 문화적 유능감의 개념

미국과 마찬가지로 우리나라도 윤리강령에 이미 인종과 민족, 국적에 따른 차별을 금지하는 반차별조항(anti-discrimination provision)을 포함시키고 있다. 우리나라는 윤리강령에 지역과 인종, 성, 연령, 민족, 국적, 결혼 지위, 성적 선호, 경제적 지위, 정치적 신념, 정신적·신체적 문제에 근거하여 차별해서는 안 된다는 반차별조항을 둠으로써 차별에 대한 엄정한 잣대를 마련하고 있다.

하지만 미국의 윤리강령과 다른 점은 문화적 유능감에 관한 특별한 조항은 두고 있지 않다는 점이다. 미국은 1996년도에는 문화적 유능감에 대한 항목(section)을 추가하면서 사회복지사들이 문화를 이해하는 것과 모든 문화에는 강점이 있다는 점을 강조했다.

다문화사회에서 사회복지사는 클라이언트의 문화에 대해 알고 이런 문화와 사람들 간의 차이에 대해 민감해야 한다. 즉, 문화적으로 유능한 실천을 해야 하는 것이다. 클라이언트의 문화에 대해 알려고 노력하고 이런 정보를 자신의 실천에 반영하려고 해야 한다. 다른 문화에 대해서뿐만 아니라 같은 문화권 내 사람들 간의 차이에 대해서도 알려고 노력해야 한다.

우리나라도 문화적으로 다양한 사회가 되어가고 있으므로 문화적 다양성과 문화적 유능감에 대한 근거를 마련할 필요가 있다(Congress, E., & Kim Wook, 2007). 여기서 문화적 유능감(cultural competence)은 서로 다른 문화적 배경과 특정 인구집단의 역사적 배경과 시간에 따라 개념과 의미가 달라지는 특성을 갖는다. 따라서 이러한 문화적 유능감에 대한 정의는 학자마다 조금씩 다른데, 먼저 크로스(Cross, 1989)는 문화적 역량 혹은 유능감을 서비스를 제공하는 기관과 전문가가 문화적 맥락 안에서 클라이언트를 효과적으로 원조하게 하는 일련의 전문적 행동과 특성을 지칭하는 것으로, 학문적 기술과 대인관계기술의 총체라고 정의하였다.

그린(Green, 1982)은 사회복지사가 문화적으로 자신과 다른 배경을 지닌 클라이언트를 도울 때, 클라이언트가 속한 문화권에서 적절하다고 인정될 수 있는 방법으로 원조할 수 있는 능력으로 정의하였다(최혜지, 2011 재인용). 그리고 NASW(2001)의 지침에서는 문화적 유능감을 '모든 문화, 언어, 계층, 인종, 민족적 배경, 종교, 그리고 다양한 요인들을 가진 사람들에 대해 각자의 존엄성을 보호하고, 개인과 가족, 지역사회의 가치를 인식하고 확신하는 방식으로 개인과 체계가 효과적이고 정중하게 반응하는 과정'으로 정의하였다(최원희 외, 2008).

이와 같은 정의를 요약하면, 문화적 유능감은 문화적 역량과 혼용되고 있으며, 개인적 차원뿐만 아니라 조직과 체계의 차원에서 클라이언트의 사회문화적 배경의 차이로 인한 언어, 문화, 계층, 인종, 피부색, 종교 등의 다름을 인식하고 그 다름과 차이를 반영하여 클라이언트를 존중하는 방식으로 대하는 모든 것을 의미한다고 할 수 있다.

2) 문화적 유능감의 함양

문화적 유능감은 사회복지사 개인뿐만 아니라 기관차원에서도 요구되고 있다. 즉, 사회복지사가 문화적 존재로서 자기인식을 증진하고, 다양한 소수집단의 역사 및 문화에 대한 이해를 바탕으로 문화적으로 적절한 대인관계기술을 개발시키려고 노력해야 한다. 나아가 조직과 체계 차원에서 조직의 정책과 실천원칙에 문화적 소수자의 특수성을 반영하여 정책수혜에 대한 평등한 접근을 보장하도록 해야 한다(Sue, 2006, 최원희 외, 2008 재인용).

이와 같은 개인적·조직적 차원의 문화적 유능감 기준에 비춰보면, 우리나라는 아직 개인적·조직적 차원 모두 미흡한 실정이다. 최혜지(2011)와 최원희 외(2008)가 다문화서비스를 제공하는 기관의 사회복지실천가를 대상으로 조사한 바에 따르면, 개별 사회복지사의 다문화교육경험과 기관의 언어적 접근성, 그리고 문화적 유능감 증진을 위한 교육기회가 제한된 것으로 나타나고 있다. 따라서 다문화사회에서 나타날 수 있는 다양한 사회문화적 차이로 인한 윤리적 갈등과 딜레마를 해결하기 위해서는 무엇보다 문화적 유능감을 증진시키는 노력이 필요하다.

NASW의 윤리강령에서는 사회복지실천가가 문화적 유능감을 갖추기 위해 필요한 것으로서, 다음과 같은 몇 가지 사항들을 제언하고 있다(NASW, 1999; Sue, 2006, 최원희 외, 2008 재인용).

① 사회복지사는 모든 문화 안에 존재하는 강점을 인지하면서 인간행동과 사회에서의 문화를 이해하며, 그 기능을 알아야 한다.
② 사회복지사는 클라이언트의 문화에 대한 기본 지식을 가지고 있어야만 하며, 클라이언트의 문화와 문화적 집단 및 사람들 사이의 차이에 대해 민감한 서비스를 제공하는 유능감을 보일 수 있어야 한다.
③ 사회복지사는 인종과 민족, 출신국, 피부색, 성별, 성적 지향, 연령, 결혼상태, 정치적 신념, 종교, 정신적 또는 신체적 장애에 대한 고려와 함께 사회적 다양성의 본질과 차별을 이해하도록 교육받아야 한다.

수(Sue, 2006)는 문화적 역량을 갖추기 위한 목표로서 다문화 실천가들이 인간행동에 대한 자신의 가정과 가치, 편견에 대해 인식할 것과 문화적으로 다양한 배경을 지닌 클라이언트의 세계관에 대해 이해하고 비심판적인 태도로 수용하고 인정할 것을 강조하였다. 이것은 문화적으로 다양한 배경을 가진 클라이언트와 효과적으로 일하기 위해 먼저 사회복지사가 타 문화에 대한 자신의 개인적 혹은 전문적 가치관과 편견,

신념을 인식하고, 나아가 타문화를 좀 더 이해하고자 노력함으로써 클라이언트의 문화에 적절한 개입방법을 선택할 수 있어야 함을 의미한다(최혜지, 2011).

아래의 사례는 인천 남동구에서 다문화가족이 우리나라에서 자국문화를 경험하도록 하는 행사를 개최한 사례이다. 외국의 문화를 우리나라에서 경험하도록 한 지방자치단체들의 프로그램과 사업은 다문화가족 구성원의 문화적 다양성을 수용하는 사례 중 하나로서 의미가 있다고 할 수 있다.

■ 한류와 다문화! 맛으로 소통하는 화합의 한마당 잔치

인천 남동구는 천여 명의 다문화가족 및 지역구민이 참여한 가운데 다문화가족 어울림 한마당을 개최했다. 이는 남동구가 매년 급증하고 있는 다문화가족의 안정적인 지역사회 정착을 위한 주민들과 소통의 기회를 마련코자 진행된 것으로 다문화가족들의 중국 사자춤, 태국 전통춤, 페루 전통춤, 러시아의 민속 춤 등 각 나라의 특색 있는 전통공연과 중국의 오색팔찌 만들기, 베트남 모자 만들기, 태국우산 만들기, 몽골 전통가옥 게르 만들기 등 11개 부스에서 운영된 각 국의 문화체험 구역이 2천여 명의 다문화가족 및 지역 주민들이 참여한 가운데 큰 인기를 끌었다.

일본의 냉우동, 러시아 블린느, 중국의 짜오즈 등 11개국의 음식을 맛볼 수 있는 음식체험과 중국의 대형칠교놀이, 콩쥬놀이, 우리나라 대형 윷놀이 등 8개국의 전통놀이를 체험할 수 있는 한마당은 참가자들을 즐겁게 했다. 관계자는 "이번 다문화가족 어울림 한마당을 각 국의 문화와 음식체험 등을 통해 다문화가족과 구민이 하나가 될 수 있는 남동구 만남의 장으로 설정하여 매년 이 행사를 개최해 나갈 방침"이라고 밝혔다. (일부 생략)

출처 : 낙섬뉴스(2011. 9. 6).

이와 같은 문화적 다양성의 표출을 통한 권리 향유의 기회를 마련하는 것은 다문화가족의 삶의 질 향상에 기여한다. 앞으로 더욱 상호문화성과 인정, 차별 배제의 가치를 실현하기 위해 우리사회의 구성원으로서 문화적 표현의 자유를 보장하고, 문화적 향수의 기회와 조건을 충족할 수 있도록 하는 적극적 복지를 지향하며, 문화정체성과 문화유산에 대한 집단적 권리를 인정하여야 한다. 또 문화적·정서적 체험의 기회를 제공하고 또 자신들의 문화적 정체성과 욕구를 드러내고 경험할 수 있도록 하여야 한다. 이는 주로 지역사회복지관과 관련 단체들, 그리고 정부의 적극적인 노력을 통해 보장될 수 있다. 그러므로, 기관 및 조직의 차원에서 문화적 역량과 유능감을 갖추는 것이 무엇보다 중요하다고 할 수 있다.

4 문화적 다양성과 윤리적 갈등 및 갈등 해소 : 사례에 대한 적용

지금까지 문화적 다양성으로 인한 가치 및 윤리적 이해의 한계에서 비롯되는 윤리적 갈등문제를 해소하기 위해 문화적 유능감을 함양할 필요성이 있음을 기술하였다. 여기서는 실제 문화적 차이로 인한 윤리적 갈등의 사례를 어떻게 이해하고 접근할 수 있는지 사례를 통해 알아보고자 한다.

사례 11-1 | 소통의 어려움과 성격 등의 차이로 갈등을 겪는 사례

우즈베키스탄에서 온 내담자는 결혼 전 결혼정보업체로부터 배우자가 40대의 연령에 사무직의 좋은 직장에 다니는 것으로 소개를 받았다. 그러나 결혼 후 한국에 입국해 보니 50대의 연령이어서 내담자와 25세 정도 차이가 났고 직업도 사무직이 아닌 자유업으로 소득이 일정하지 않은 상태였다. 또한 경제적으로 어려운 형편에 부모님을 모시고 살고 있는 상황이었다.

게다가 내담자는 한국생활에 적응하기 위해 한글교육이나 한국어 교육을 받기 위해 외출을 하기를 희망하는데 내담자의 남편은 바깥출입이 잦은 것을 원치 않아 성격 및 연령 차이로 인한 갈등을 겪고 있는 상황이다.

출처 : 김혜진(2007).

앞의 사례는 결혼을 할 때 상대 배우자에 대해 결혼정보업체로부터 들어서 알고 있던 정보가 결혼 이후 많은 부분 불일치한 것으로 나타난 경우이다. 이 여성의 배우자는 결혼 당시 소개한 나이와 직업, 경제력, 동거가족 등 여러 가지 사항에 대한 거짓정보를 제시하고 이 여성을 소개받았으며, 이 여성은 결혼한 이후에야 비로소 이 사실들을 알게 되었다. 만약 이러한 내담자가 사회복지사에게 찾아와 거짓말을 한 배우자에 대한 실망과 결혼을 계속 유지해야 하는지에 대한 고민을 상담하고자 한다면 상담자는 어떻게 상담에 임해야 할 것인가? 게다가 내담자는 한국생활에 적응하면서 열심히 살아보려는 마음을 먹고 한국어 교육을 받고자 하는데도 외부출입을 원치 않아 갈등을 겪고 있다면 어떻게 도와주어야 할까? 여기에는 내담자의 결혼에 대한 인식 및 문화적 차이뿐만 아니라 연령으로 인한 세대 간의 차이와 성격 등의 복합적인 요인이 연관되어 있다. 또 사회복지사의 결혼 및 가족에 대한 가치관과 부부문제의 해결방법에 대한 지식과 기술도 영향을 미친다. 이에 대한 구체적인 해결방안을 모색하기 위해 제4장에서 제시한 로웬버그와 돌고프의 윤리적 원칙에 비추어 살펴보면 다음과 같다.

■ 로웬버그와 돌고프의 윤리적 원칙

1) 생명보호의 원칙
2) 평등과 불평등의 원칙
3) 자율성과 자유의 원칙
4) 최소손실의 원칙
5) 삶의 질의 원칙
6) 사생활 보호와 비밀보장의 원칙
7) 진실성과 정보개방의 원칙

위의 사례는 개인의 결혼에 대한 인식문제 외에도 남녀 간 인식차와 문화적 인식 등 다양한 요인들이 내재된 경우이다. 이 사례를 접하면서 사회복지사는 로웬버그와 돌고프의 원칙 중 평등과 불평등의 원칙, 자율성과 자유의 원칙, 그리고 진실성과 정보개방의 원칙 등을 다음과 같이 적용해 볼 수 있을 것이다.

1) 평등과 불평등의 원칙

성평등에 기초하여 남녀 간 평등과 부부간 평등이 강조되고 있다. 위의 사례에서 비록 연령차가 크다고 할지라도 모두 성인이고 평등관계에 있는 부부이기 때문에 외출과 학습에 대한 자유와 스스로 결정할 수 있는 권리를 제한함으로써 불평등한 관계를 초래하고 있다. 따라서 평등의 원칙을 저해한다고 볼 수 있다.

2) 자율성과 자유의 원칙

신체적 자유를 포함하는 이동의 자유, 그리고 외부의 구속이나 제약을 받지 않고 자신의 행동을 스스로 제어하는 것을 뜻하는 자율성을 침해한다는 점에서 윤리적 원칙에 어긋난다고 볼 수 있다. 위의 사례에서 아내는 한국사회에 적응하기 위해 일상생활 중 일정 시간을 내어 학업을 위한 외출을 계획하고 있고, 이 행동을 스스로 제어할 수 있다고 보여짐에도 불구하고 외출을 꺼려 갈등을 초래하는 것은 개인의 자율성과 자유를 침해할 수 있는 소지가 크다고 볼 수 있다.

3) 진실성과 정보개방의 원칙

위의 여성은 결혼을 앞둔 남녀가 서로 정직하고 진실함으로써 쌍방에 대한 신뢰를 바탕으로 결혼이 성립되어야 한다는 전제를 남편이 어긴 것에 대해 불만을 가지고 있다. 실제 국제결혼가정에서 이와 같은 문제가 종종 제기되는데, 이것은 결혼에 대한 준비와 태도가 미흡한 데서 비롯될 뿐만 아니라 남녀 간 결혼에 대한 잘못된 인식과도 연관이 있다. 배우자의 직장과 경제 상황, 가족과의 동거상황 등에 대한 부정확한 정보는 아내의 결혼과 배우자에 대한 불신을 초래하고 향후에도 부부갈등의 원인이 될 수 있다. 따라서 배우자의 진실성과 올바른 정보개방의 원칙을 지키지 못한 것에 대한 진심어린 고백과 배우자의 수용이라는 절차를 통해 불신을 완화하고 진실된 관계를 재정립하는 계기를 마련할 필요가 있다.

다문화가족을 이루게 되는 국제결혼은 국적의 경계를 뛰어넘은 남녀 간의 사랑에 기반한 결혼이다. 그런데 위의 사례에서처럼, 결혼시점에서 신실성의 원칙을 저스르거나 가정생활 중 자유와 평등의 원칙에서 벗어날 때 사회복지사는 먼저 결혼과 가족, 부부간 관계에 대한 자신의 가치를 검토해야 한다. 사회복지사의 결혼에 대한 인식은 어떠한지, 그 인식이 사회적 가치의 맥락에 있는지, 혹은 본인의 원가족 경험의 영향을 받지는 않는지 등과 같은 가치에 대한 점검은 클라이언트에게 영향을 미칠 수 있다는 점에서 매우 중요하다.

아울러 과거와 달리 급변하는 결혼 및 가족에 대한 인식과 가치관도 고려해야 한다. 사회복지사의 우선적인 자기인식(self-awareness)을 바탕으로 클라이이언트의 결혼과 가족에 대한 가치와 사회화에 대해 함께 점검해보는 과정을 진행시키는 것이 필요하다. 특히 문화가 다르고 생활양식이나 가족관계 및 유지에 대한 가치관에서 좀 더 큰 차이가 나타날 수 있는 만큼, 위와 같이 진실성과 신뢰를 바탕으로 하지 못한 결혼에 대해 내담자가 어떻게 생각하고 있는지, 그리고 이에 대한 가족의 인식과 대처방향에 대해 어떤 고민을 갖고 있는지를 논의해간다면, 결혼 및 가족에 대한 검토를 통해 현재의 문제에 대한 사정 및 이를 바탕으로 한 해결방안의 모색에 한 걸음 다가갈 수 있을 것이다.

다음의 사례 11-2를 통해 한국에서는 가사분담이 잘 이루어지지 않는 데 비해 중국에서는 남성이 가사일을 잘 도와주고, 가정 내 여성의 지위가 높으며, 여성도 경제활동을 반드시 해야 한다는 인식이 높은 사회적 분위기 속에서 성장해왔기 때문에 한국의 상황을 이해하기 힘들고 불합리하다고 인식하고 있음을 알 수 있다.

사례 11-2 | 직장일과 가사를 병행하는 중국 여성의 사례

중국에서 온 내담자는 고부갈등으로 힘들어 하고 있다. 중국에서는 며느리의 위치가 높으며, 남편이 가사일을 적극적으로 분담한다. 중국에서는 일을 하지 않으면 나이가 들었을 때 의료보험이나 혜택이 없기 때문에 반드시 여자도 일을 해야 한다. 그런데 한국에서는 남편이 일을 하나도 안 하고 시어머니가 다 하는데다 내담자가 직장을 다니면서 집안일까지 해야 하기 때문에 한국에서의 가정생활을 힘들어 하고 있다.

출처 : 김혜진(2007).

위의 문제는 가족 내 성평등과 세대 간 관계에 대한 사회화와 생활양식, 그리고 경제활동에 대한 인식과 노후 등에 대한 가치관의 차이를 반영하고 있다. 가족 내 개인주의 성향이 강해졌다고는 하지만, 여전히 우리나라는 다른 나라보다 결혼을 가족과 가문의 일로 인식하는 집단주의 성향과 부계 성향이 강하다. 따라서 그 어떤 문화보다 고부간의 갈등이라는 어려운 문제를 경험해온 역사도 오래되었다고 할 수 있다. 이런 문화적・역사적 차이를 위의 내담자는 어린 자녀가 있는 상태에서 일을 병행하는 것에 대한 어려움, 자신의 모국과는 달리 부모세대가 자녀를 전적으로 돌봐주지 않는 것에 대한 아쉬움, 그리고 직장과 가사를 병행하는 것에 대한 부정적 피드백으로 경험하고 있다.

이 문제를 로웬버그와 돌고프가 제시한 윤리적 원칙에 적용해 보면, 여러 가지 원칙 중 평등과 불평등, 자율성, 그리고 삶의 질의 원칙을 고려해 볼 수 있다. 남녀 간의 성평등과 세대 간의 평등, 외출을 통한 활동의 자유, 한글 학습 및 정보습득을 통해 가정과 사회에 적응하여 삶의 질을 높이고자 하는 자율적 결정의 자유 등의 측면에서 재고할 수 있을 것이다.

사례 11-3 | 남편의 폭력으로 고통받는 사례

베트남에서 결혼중개업소를 통해 20살 연상의 남편을 만나 결혼한 후 한국으로 온 내담자는 현재 경기도의 한 도시에 거주하고 있다. 결혼한 지 만 2년이 넘었으며, 한 살된 아기가 있다. 내담자는 가족센터를 통해 상담 의뢰되었다. 결혼하여 한국으로 입국한 후 결혼중개업소를 통해 들었던 남편에 대한 인적사항, 즉 나이와 학력, 동거가족 사항이 불일치하여 다소 실망하기는 하였으나 현 상태에 적응하여 잘 살아야겠다고 생각했다. 그러나 남편이 일주일에 한 두번씩 폭음을 하고 돌아와 폭력을 행사하고 그 빈도가 잦아지는 상황이 되면서 계속 이렇게 살아야 할지 고민이며, 우울해지고 자존감도 낮아지고 있다. 지역주민들 이야기로는 시아버지도 술을 많이 마셨고 시어머니를 때렸다고 하여 걱정이다. 인근에는 함께 베트남에서 이주하여 온 친구들이 있지만, 남편이 외출을 못하게 하여 만나지는 못하고 있다. 간혹 바깥에서 국제결혼한 여자가 외국으로 가버렸다는 얘기를 듣고 와 내담자에게 얘기하면서 때리거나 폭언을 할 때에는 내담자도 그렇게 하고 싶다는 생각이 들기도 하지만, 아기가 어리고 또 아직 국적취득을 못한 상태여서 어떻게 해야 할지 걱정이 많다.

위의 사례 11−3에 윤리적 딜레마 해결모델 중 하나인 콩그레스의 ETHIC 모델을 적용하여, 단계별로 확인하고 점검해야 할 사항을 정리해보면 다음과 같다.

■ ETHIC 모델

1. Examine : 관련된 개인과 사회의 가치관, 클라이언트와 기관, 그리고 전문적 가치를 검토한다.
2. Think : NASW 윤리강령의 어떤 윤리적 기준이 법과 사례결정뿐만 아니라 상황에 적합한지를 생각한다.
3. Hypothesize : 다르게 결정할 때 수반되는 결과에 대해서도 가정해 본다.
4. Identify : 가장 상처받기 쉬운 사람에게 헌신한다는 관점에서 누구에게 이익이 되고 누가 해를 입을지를 확인한다.
5. Consult : 가장 윤리적 선택을 위하여 슈퍼바이저나 동료의 자문을 구한다.

1. Examine : 개인, 사회, 기관, 클라이언트의 전문적 가치를 검토한다.

가정폭력의 문제를 겪고 있는 국제결혼여성의 사례와 관련된 윤리적 고려의 첫 단계로서, 먼저 관련된 개인과 사회의 가치관, 클라이언트와 기관 및 전문적 가치를 검토한다. 개인적 차원에서는 폭력에 대한 허용 수준을 점검하고, 우리나라의 가정폭력에 대한 인식 및 가치 수준, 그리고 클라이언트가 본인의 나라에서 사회화를 통해 내재화한 폭력에 대한 인식 수준을 점검한다. 그리고 마지막으로, 사회복지의 전문적 가치 차원에서 클라이언트가 경험하고 있는 폭력에 대한 평가와 원인 및 관련 정보를 사정할 수 있다.

2. Think : 그 상황에 적용되는 윤리강령과 법, 사례 결정 등을 생각한다.

위의 사례에는 NASW 윤리강령 중 사회정의와 개인의 존엄성 및 가치의 윤리를 적용하여 볼 수 있을 것이다(http://blog.daum.net/wpc255/11). 즉, 위의 클라이언트와 같은 폭력의 발생에 대한 윤리적 판단에 있어 우선적으로 고려할 것은 폭력이 개인의 존엄성과 가치의 윤리를 위배하고 있다는 점이다. 특히 가난한 동남아시아 국가에서 결혼을 통해 이주해온 외국인 여성에 대한 폭력의 이면에는 권력의 불평등이 내재되어 있을 가능성이 있다. 즉, 외국인 아내에 비해 한국인 남편과 그 가족은 경제적 지위뿐만 아니라 사회문화적 적응에서 수월하고, 언어적 의사소통에서 상대적으로 용이하고 우월한 위치에 있다는 점에서 더욱 그러하다. 게다가 폭력은 평등과 정의에 위배되는 것이므로 가정폭력의 문제를 단순히 개인 대 개인의 갈등해결방법으로 축소해석하기보다는 좀 더 근본적으로 가치관과 인식의 문제로 접근할 필요가 있으며, 이와 관련된 법적 근거 및 적용의 가능성도 함께 고려해야 한다.

3. Hypothesize : 각기 다른 결정들의 가능한 결과들에 대해서 가정한다

가정폭력의 피해자인 클라이언트는 이 문제를 해결하기 위해 몇 가지 해결방안을 강구할 수 있을 것이다. 예를 들면, 가정폭력에 맞대응하거나 혹은 폭력의 원인에 대한 성찰을 바탕으로 부부상담을 받을 수 있다. 그러나 폭력의 정도가 심각하고 상습적이라면, 집을 떠나 일시보호시설에 머물 수 있다. 나아가 부부관계가 매우 나빠져 상호 간의 신뢰를 회복하기 어려운 단계에 이르러 배우자 중 한 사람 혹은 두 사람 모두 이혼을 원할 수도 있다. 이와 같이 가정폭력에 대한 클라이언트의 대안이 여러 가지일 수 있으므로, 사회복지사는 각각의 해결방안에 수반되는 결과를 예측하고 가능한 문제와 해결점을 충분히 검토하여 클라이언트와 논의해야 한다. 이를 위해서는 무엇보다 정확한 사정(assessment)과 함께 다양한 가능성에 대한 가설을 수립해 보아야 한다.

4. Identify : 가장 취약한 사람에 대한 사회복지 헌신의 관점에서 누가 이익을 얻고, 누가 해를 입게 되는지를 확인한다.

가정폭력의 사례이기 때문에 당연히 가정폭력의 피해를 경험한 내담자가 가장 상처받기 쉽다고 생각할 것이다. 그러나 이 가정 안에는 또 다른 피해자가 있을 수 있다. 즉, 부모의 가정폭력을 목격하거나 혹은 경험한 아동이 있다면, 그 역시 상당한 피해를 겪었을 것이다. 위의 사례에서, 가정폭력으로 누가 상처를 받았는지, 그리고 화해와 별거, 이혼 등의 여러 가지 대안 중 특정 해결방안을 선택할 때 누가 가장 취약해질지를 다중적으로 고려할 필요가 있다. 예를 들어, 이혼을 선택할 경우, 국제결혼한 배우자가 국적취득이 된 상태인지, 안 되었다면 이혼 후 신분 문제는 어떻게 되며, 자녀양육은 가능한지 등에 대한 다각적인 검토를 통해 결과적으로 누가 가장 취약한 상황이 될 것인지를 판단해야 한다.

5. Consult : 최선의 윤리적 선택에 대해서 슈퍼바이저와 동료들의 자문을 구한다

위의 사례는 기존의 가정폭력 피해여성과는 다른 차이점이 있다. 국적의 문제 때문에 자칫 이혼 후에는 국내에 머물 수 없거나 혹은 자녀와 이별을 해야 할 가능성이 있기 때문이다. 그러므로 이와 같이 중대한 사안이 존재할 때에는 윤리적으로 적합한 선택문제와 함께, 특히 법적인 문제가 발생하지 않도록 하기 위하여 슈퍼바이저나 동료의 자문을 구해야 한다. 즉, 사례회의를 통해 새로운 정보나 이해를 구하고, 현행법과 제도를 확인함으로써 자칫 클라이언트가 위기에 처하지 않도록 해야 한다.

위에서 윤리적 원칙을 적용한 사례는 클라이언트가 외국인이라는 것을 전제로 한 것이다. 그러나 한국인들 간에도 분명 개인 간 혹은 가족 간의 문화적 차이가 존재하며, 그것은 사실 당연한 현상이다. 지금까지 이와 같은 문제는 개성 혹은 가문, 가풍으로 명명되면서 한쪽이 다른 한쪽에 순응할 것이 강조되어 왔다. 또한 동질성과 공동체의식의 테두리 속에서 개인의 차이를 인정하지 않거나 소홀히 한 점이 많았다. 그러나 외국인의 이주가 증가하면서 문화적 다양성에 대한 인식과 여기서 비롯되는 어려움들이 배가되고 있는 만큼, 이에 대한 사회적 관심과 가치관의 제고 및 윤리적 접근이 필요하다. 특히 사회복지사는 일선에서 사회적 약자를 가장 먼저 대하고 있으므로, 문화적 다양성에 대한 역량을 강화하고 이에 유연하게 대처할 수 있는 지식과 기술을 습득하여야 한다.

CHAPTER 12 사회복지연구 및 정보 윤리

사회복지는 사회문제를 겪는 개인, 가족, 지역에 대한 개입을 통해 문제를 해결하고 개인과 사회의 안녕을 증진시키고자 한다. 따라서 사회문제와 개입 방법에 대한 연구가 요구된다. 사회복지는 개입과 연구의 대상이 존엄성과 기본권을 가진 인간이며, 개입의 결과가 장기적으로 개인과 사회 전반에 영향을 미칠 수 있다는 점에서 사회복지 연구의 윤리는 더욱 중요하다. 따라서 다음에서는 사회복지연구의 윤리문제를 살펴보도록 하겠다.

또한 최근의 정보통신기술의 발달은 사회복지정책과 실천에 있어 새로운 윤리적 이슈를 제기하고 있다. 디지털 정보격차와 SNS 및 사회복지정보 활용과 관련된 이슈가 증가하고 있는 만큼 본 장에서는 이를 다룰 것이다.

1 사회복지연구와 윤리

연구윤리란 "연구자가 연구를 할 때 마땅히 지켜야 할 원칙과 도리"로 연구자는 연구의 전 과정에서 연구윤리를 준수해야 한다(한국연구재단, 2023). 연구의 전 과정(제안, 계획, 수행, 보고, 검토, 확산 등)에서 연구의 핵심가치인 객관성, 정직성, 개방성, 공정성, 책무성, 관리 등을 지켜야 한다(한국연구재단, 2019).

연구의 객관성은 특정한 동기가 연구자의 연구 수행에 영향을 미치지 않도록 해야 한다는 것이며, 정직성은 연구의 전 과정에서 연구자료와 데이터를 사실 그대로 활용하고 보고해야 한다는 뜻이다. 개방성은 연구수행을 통해 획득된 데이터와 결과를 투명하게 공개해야 하며, 공정성은 연구자원배분과 업적 평가 등에서 친분이나 이해관계에 영향을 받지 않아야 한다는 것을 말한다. 책무성은 연구수행 과정이나 연구결과의 타당성을 입증할 수 있어야 하며, 관리는 연구의 가치가 잘 환산되고 연구자들의 활동이 진작될 수 있도록 연구공동체를 운영해야 한다는 뜻이다(한국연구재단, 2019).

사회복지연구는 인간을 대상으로 설문조사, 인터뷰, 중재, 관찰을 하거나 개인정보의 수집·이용 등을 하는 인간대상 연구에 해당한다. 우리나라의 인간대상 연구는 「생명윤리 및 안전에 관한 법률(이하 「생명윤리법」)」에 의해 규제되고 있는데, 「생명윤리법」 제2조 1호는 인간대상 연구를 "사람을 대상으로 물리적으로 개입하거나 의사소통, 대인접촉 등의 상호작용을 통하여 수행하는 연구 또는 개인을 식별할 수 있는 정보를 이용하는 연구로서 보건복지부령(「생명윤리법 시행규칙」)으로 정하는 연구로 정의하고 있다.

인간대상 연구는 연구과정에서 연구대상자에게 불편과 부담을 줄 수 있고, 자칫 연구 대상자의 신체적·정신적 건강이나 사회적·경제적 측면에 피해를 입힐 수 있기 때문에 연구자는 연구대상자의 인간으로서의 존엄과 가치가 침해되지 않도록 하고, 연구대상자의 자율성을 존중해야 하며, 연구대상자를 위험으로부터 보호해야 한다(한국연구재단, 2023).

1) 연구윤리의 역사

연구윤리에 대한 강조는 1949년 '뉘른베르크 강령(Nuremberg Code)'에서 시작된 것으로 알려져 있다(양옥경, 2007; 홍성동, 2011). '뉘른베르크 강령[1]'은 1964년 세계 의사회의 '헬싱키 선언', 그리고 이를 구체화한 1979년 인간피험자 보호를 위한 윤리원칙과 지침인 '벨몬트 보고서'로 이어졌다. 벨몬트 보고서는 인간대상 연구의 3가지 기본원리로 '인간 존중', '선행', '정의'를 정하고, 사회적 약자를 보호해야 함을 강조하

1) 뉘른베르크 강령은 제2차 세계대전 중 나치 독일에 가담한 연구자들이 강제수용소에서 실시한 수많은 비윤리적이고 잔혹한 인체 실험에 대한 반성에서 출발하였다(손영화, 2023).

였다(손영화, 2023). 2005년 유네스코는 생명윤리에 대한 국가, 개인, 집단, 공동체, 기관의 행위에 지침을 제공하기 위해 '생명윤리와 인권에 관한 보편선언'을 채택하였다(국가생명윤리정책원, www.nibp.kr).

우리나라는 생명과학기술의 생명윤리와 안전을 확보하고 인간의 존엄과 가치를 보장하기 위해 2004년 교육부에서 「생명윤리법」을 제정하고 2005년부터 시행하였다(법제처, www.law.go.kr). 교육부는 2023년 7월 「연구윤리 확보를 위한 지침」을 전부 개정하여 연구부정행위의 종류와 대학의 책무를 보다 명확히 하였다. 「연구윤리 확보를 위한 지침」의 적용대상을 "사람 및 기관 중심"으로 규정하고, 대학 등에서 수행하는 모든 연구물(학위 · 학술 논문, 국가연구개발사업 등)을 포함하도록 하였다(교육부훈령 제449호). 사회복지연구는 인간대상 연구로서 「생명윤리법」 및 「연구윤리 확보를 위한 지침」을 준수하여야 한다.

2) 인간대상 연구의 기본원칙

사회복지연구는 인간대상연구이다. 인간대상연구를 수행할 때 연구자는 다음의 원칙을 지켜야 한다(한국연구재단, 2023).

(1) 연구대상자에 대한 존중과 보호

연구자는 인간대상 연구를 수행함에 있어 연구대상자에 대한 존중과 보호를 가장 중요하게 여겨야 하며, 인간대상연구가 인간의 존엄과 가치를 침해하는 방식으로 수행되지 않도록 한다.

(2) 연구대상자의 인권과 복지에 대한 우선 고려

인간대상연구가 아무리 과학적 · 사회적으로 의미가 있다고 하더라도 연구대상자 개인의 권리와 이익보다 우선될 수 없다. 연구대상자의 인권과 복지를 우선 고려해야 한다.

(3) 연구대상자의 자율성 존중과 연구대상자의 자발적 동의 획득

연구자는 연구참여 여부에 대한 결정에 있어 연구대상자의 자율성을 존중하며, 연구에 대한 충분한 정보와 설명을 제공하고 연구 참여에 대한 자발적인 동의를 받은 후에 연구대상자를 연구에 참여시켜야 한다.

(4) 연구대상자의 사생활과 개인정보 보호

연구대상자의 사생활을 보호해야 하며, 사생활을 침해할 수 있는 개인정보는 연구대상자가 동의하거나 법률에 특별한 규정이 있는 경우를 제외하고는 비밀로서 보호해야 한다.

(5) 연구대상자의 안전 고려와 위험 최소화

연구 참여가 연구대상자에게 불편과 부담을 줄 수 있고, 연구대상자의 신체적·정신적 건강이나 사회적·경제적 측면에 피해를 발생시킬 수 있다. 따라서 연구대상자의 안전을 충분히 고려하고 위험을 최소화해야 한다.

(6) 취약한 연구대상자의 보호

자신의 이익을 보호할 능력이 상대적으로나 절대적으로 없거나 부족한 취약한 연구대상자가 있다. 연구자와 위계 혹은 의존 관계에 있거나(지도학생, 부하직원, 집단시설의 수용자 등), 의사소통에 문제가 있거나 처해 있는 사회적·경제적 상황이 열악한 경우(외국인, 이주민, 장애인, 빈곤층 등), 혼자서는 법적으로 유효한 동의를 할 수 있는 능력이 없거나, 능력이 불완전한 경우(18세 미만의 아동, 치매 노인 등), 사생활과 관련된 개인정보 노출이 낙인과 오명으로 이어질 우려가 있는 경우(범죄피해자와 가해자, 사회적 기피질환자 등)는 취약한 연구대상자에 해당한다.

취약성 여부는 연구의 맥락을 종합적으로 고려하여 판단해야 한다. 취약하다고 판단되는 경우 반드시 그 사람을 연구대상자로 해야 하는지, 취약하지 않거나 덜 취약한 사람으로 대체할 수는 없는지를 고민해야 한다. 불가피하게 취약한 사람을 연구대상자로 하는 경우 특별히 보호하기 위한 대책을 마련해야 한다.

(7) 인간대상 연구 관련 보편적인 국제 기준 준수

연구자는 인간대상 연구를 수행함에 있어 생명윤리와 안전을 확보하기 위해 필요한 국제협력을 모색해야 하고, 보편적인 국제 기준을 수용하기 위해 노력해야 한다.

3) 인간대상 연구와 기관생명윤리위원회(IRB)(한국연구재단, 2023)

(1) 기관생명윤리위원회의 의의

기관생명윤리위원회는 「생명윤리법」에 근거하여 인간대상연구를 수행하는 연구자가 소속되어 있는 교육기관, 연구기관, 병원 등에 설치·운영되는 위원회이다.

(2) 기관생명윤리위원회의 구성

기관생명윤리위원회는 5명 이상의 위원으로 구성된다. 하나의 성별을 가진 위원만으로 구성되어서는 안되며, 사회적·윤리적 타당성을 평가할 수 있는 경험과 지식을 갖춘 사람이 1명 이상 반드시 포함되어야 한다.

(3) 기관생명윤리위원회의 역할

기관생명윤리위원회는 연구자가 제출한 연구계획서의 윤리적·과학적 타당성, 연구대상자로부터 적절한 절차에 따라 동의를 받았는지 여부, 연구대상자의 안전에 관한 사항, 연구대상자의 개인정보 보호 대책, 그 밖의 기관에서의 생명윤리 및 안전에 관한 사항을 심의하고 연구수행을 승인할지를 결정한다.

기관생명윤리위원회는 신규연구계획의 심의 뿐만 아니라 승인받은 연구계획의 변경, 수행 중인 연구에 대한 중간보고와 지속, 연구 종료보고와 결과보고, 미준수 보고, 문제발생 보고, 연구대상자 개인정보의 제공에 대한 심의와 재심의 및 이의신청을 다룬다.

기관생명윤리위원회는 연구에 참여할 연구대상자를 보호하는 것을 목적으로 하기 때문에 연구 수행을 완료하였거나, 이미 수행 중인 연구에 대해 사후에 기관생명윤리위원회의 심의를 받는 일은 절대로 불가능하다.

(4) 기관생명윤리위원회의 심의 면제가 가능한 연구

인간대상연구의 연구계획서는 기관생명윤리위원회의 심의를 받는 것이 원칙이지만, 「생명윤리법」의 심의면제 조건에 해당하는 경우 심의를 받지 않을 수 있다. 심의면제 대상인지 여부는 기관생명윤리위원회의 확인을 받으면 된다. 연구대상자 및 공공에 미치는 영향이 미비하면서, 개인식별정보를 수집·기록하지 않고, 일반대중에게 공개된 정보를 이용하는 연구이거나, 취약한 개인이나 집단을 대상으로 하지 않으면서 기존의 자료나 문서를 이용하는 연구는 심의면제가 가능한 인간대상연구에 해당한다.

주의할 점은 심의면제가 가능하더라고 연구대상자나 환경을 조작하는 연구, 연구대상자를 직접 대면하는 연구는 동의를 획득해야 한다.

4) 연구단계에서 요구되는 윤리

연구를 수행하는 각 단계마다 윤리적 쟁점이 발생할 수 있다. 이에 유의하여 윤리적인 연구를 수행하여야 할 것이다.

(1) 연구계획과 설계

연구가 윤리적으로 진행되기 위해서는 본격적인 연구진행에 앞서 연구자 자신에 대한 점검, 연구주제에 대한 검토, 자료수집기관과의 협의가 이루어져야 한다. 먼저 연구자 자신이 능력 있고 균형 잡힌 시각을 지니고 있어야 한다(성태제·시기자, 2012).

자신이 설정한 연구 가설을 증명하기에 적절한 연구방법을 선택하고, 연구절차를 구체화해야 한다. 연구 수행에 소요되는 기간을 충분히 설정하고, 연구대상자 포함기준과 제외기준을 마련한다. 합리적인 근거와 중도탈락의 비율을 고려하여 연구대상자 수를 산출하며, 연구대상자의 자발적인 참여를 보장할 수 있는 방법으로 연구대상자를 모집하며, 연구대상자나 그 대리인으로부터 동의를 얻을 준비를 해야 한다. 동의서와 설명문의 내용은 충분한 정보를 담고 있어야 하며, 필요하면 참관인과 통역자 등 보조인력의 참여를 보장한다(한국연구재단, 2023).

연구참여자는 연구참여로 인해 신체적 위험(통증, 상해 혹은 질병의 초래 가능성), 심리적 위험(스트레스, 불안, 바람직하지 않은 감정 변화 등), 사회적 위험(개인 사생활 노출, 사회적 낙인, 경제적 불이익 등)이 발생할 수 있다. 반면 연구참여로 건강상태의 향상 등 직접적인 이익 혹은 특정 학문의 발전 및 사회의 이익을 위한 기여 등의 간접적 이익을 얻을 수 있다. 연구자는 위험을 최소화하고 이익을 최대화할 수 있는 연구 절차를 마련하고, 연구의 위험에 대한 대처방안도 준비한다(국가생명윤리정책원, 2018). 또 연구수행과정에서 이해상충[2] 관계가 있는지 확인하고, 이해관계의 유형에 맞게 예방조치를 취한다(한국연구재단, 2019).

(2) 연구의 수행

인간대상 연구를 수행하는 경우 정보, 이해, 자발성, 개인정보보호에 유의하며 사전동의(informed consent)를 획득해야 한다(한국연구재단, 2019).

① 충분한 설명에 근거한 동의

충분한 설명에 근거한 동의 혹은 고지된 동의(informed consent)는 연구참여 의사결정에 영향을 미칠 수 있는 사실을 충분히 알려준 후에 잠정적 연구대상자로 하여금 연구참여 여부를 결정하게 하는 절차를 말한다(최성재, 2005; 조진호, 2006; 성태제 · 시기자, 2012).

인간존중의 사상은 연구대상자가 자신들에게 일어날, 또는 일어나서는 안 될 것을 선택할 기회를 가져야 한다는 것을 요구하며, 이는 충분한 정보에 근거한 동의를 통해 구현될 수 있다[The National Commission for the Protection of Human Subjects of Biomedical and Behavioral Research(이하 NCPHSBBR), 1979; 조진호, 2006]. 또한 충분한 정보에 근거한 동의는 연구과정에서 발생가능한 불의의 사고나 예기치 못한 결과로부터 연구자와 연구기관을 보호해 줄 수 있다(최성재, 2005; 조진호, 2006).

충분한 정보에 근거한 동의가 성립하기 위해서는 참여의 자발성, 동의권자의 판단능력 등 적합성, 충분한 정보의 제공과 상대편의 이해라는 조건이 성립되어야 한다. 참여의 자발성이란 연구에 참여할 것을 자유롭게 결정할 수 있는 상황에서의 연구참

2) 이해상충이란 연구의 타당성이나 환자의 치료와 같은 일차적 이해(primary interset)에 관한 판단이 재정적, 인적 이득과 같은 이차적 이해(secondary interest)에 의해 부당하게 영향을 받는 일련의 조건을 말한다(연구윤리정보센터, 2021).

여를 의미한다. 예를 들어, 병원의 환자, 교도소의 수감자, 학교의 학생, 정부의 지원을 받는 기초생활수급자의 경우 연구자의 권위와 영향에 민감할 수밖에 없으며, 비자발적인 동의가 발생하기 쉽다. 동의권자의 판단 능력 또한 중요한데, 아동 혹은 정신질환자의 경우 관련된 정보가 주어지더라도 책임 있고 성숙한 결론을 내릴 수 없다. 특히 아동의 경우 연령과 발달 특성을 고려하여, 성인에게 제공되는 동의서의 양식과는 달라야 하며, 연구대상자가 동의서를 읽을 수 없는 경우 공정한 입회자가 동의의 전 과정에 참여하여야 하며, 조사 시작 전까지 조사에 관해 가족, 친구 등과 의논할 충분한 시간을 줄 수 있어야 한다(조진호, 2006). 아동이 연구에 참여하도록 종용받거나 강압을 느낄 환경 또한 조성해서는 안된다(이세원, 2020). 요컨대 아동과 정신장애인 등 판단능력이 부족한 연구대상자의 상황을 가장 잘 이해하고 그들의 최선의 이익을 위해 행동하는 보호자, 후견인 등의 동의를 구하기 위해 노력하여야 한다[3]. 이들 제3자에게는 이후에도 연구참여를 중단할 수 있게 연구의 진행상황을 관찰할 기회가 주어져야 한다.

단, 연구대상자가 누구인지를 알 수 없어 동의 획득이 불가능하거나, 동의를 획득하지 않아도 연구대상자 보호에 문제가 없을 것으로 기관생명윤리위원회가 승인한 경우 예외적으로 연구대상자로부터 동의를 획득하지 않을 수 있다(한국연구재단, 2023).

동의는 서면동의를 원칙으로 한다. 즉 동의서에 연구자와 연구대상자가 각자 성명, 서명, 날짜를 자필로 적어야 한다(한국연구재단, 2023). 하지만 연구대상자가 온라인 상에서 동의서와 설명문에 준하는 연구참여 안내문을 읽어본 후 참여를 원하는 경우에 설문조사에 응하도록 설계된 연구와 같이 사실상 동의를 획득하지만, 동의서를 작성하지 않더라도 연구대상자 보호에 문제가 없을 것으로 기관생명윤리위원회가 판단하여 승인하는 경우 동의를 획득하되 동의서를 작성하지 않을 수 있다(한국연구재단, 2023).

간혹 속임기법[4]을 쓰는 연구의 경우 연구 참여 후에 동의를 얻는, 사후 동의를 구

3) 동의권을 행사할 수 있는 대리인의 순위는 연구대상자의 법적 대리인(아동에 대한 친권을 가진 부모, 성년후견인), 연구대상자의 배우자, 연구대상자의 직계존속, 직계비속의 순위로 결정한다(한국연구재단, 2023). .

4) 속임기법(deception) 혹은 위장연구는 정보의 제공을 보류하거나, 가장된 친분을 형성하거나, 거짓말을 하거나, 공모자를 활용하여 연구참여자의 반응을 얻어내는 행위를 의미한다(성태제 · 시기자, 2012). 연구의 설계나 특성을 미리 알려주면 연구참여자가 사회적으로 바람직하게 보이고 싶은 마음에 자신의 반응이나 행동을 꾸밀 수 있다. 이러한 경우 연구자가 정보를 숨기거나 사실과 다르게 알리고 연구를 수행할 수 있다(김현아 외, 2013).

하게 된다. 사후 동의를 구할 수 밖에 없는 경우 사후 동의를 반드시 얻어야 하며, 연구대상자가 동의하지 않으면 연구대상자로부터 수집한 자료를 폐기하는 절차와 방법을 마련해야 한다(한국연구재단, 2023).

② 사생활 보호의 권리

사생활 보호의 권리는 자신을 위해 시간과 상황(공간)을 선택하고 자신의 태도, 신념, 행동, 의견을 어느 정도 타인과 같이 공유할 것인가를 결정하는 자유를 말한다(최성재, 2005). 종교적 성향, 성관계 정보, 지능, 인종적 편견, 수입 등 조사를 통해 수집하고자 하는 정보가 민감할수록, 관찰의 장이 가정집, 화장실 등 사적이고 제한적일수록 사생활 자유가 침범될 가능성이 높다(최성재, 2005).

사생활 보호의 권리를 보장하기 위해 연구대상자의 익명성과 비밀유지를 조사 전 과정에서 고려해야 한다. 사생활에 관련된 정보나 민감정보는 연구에 필요한 최소한의 정보만을 수집하고, 민감정보 수집·이용에 대해 연구대상자에게 사전에 정보를 분명히 제공해야 한다. 녹음이나 녹화를 하는 경우 사전에 연구 대상자 동의를 구하고 파일을 적절하게 관리해야 한다. 연구 참여 사실이 다른 사람에게 노출되지 않도록 하거나, 독립적인 공간에서 연구를 진행하는 등 비밀보장과 익명화 방안을 마련해야 한다(한국연구재단, 2023).

연구대상자가 제공한 정보와 연구대상자를 분리하여, 연구결과가 공개되더라도 연구대상자의 이름은 번호나 가명으로 대치하여 누구인가를 확인할 수 없게 해야 한다. 또 연구결과는 통계적으로 처리하여 집합적으로 공개되어야 하며, 연구대상자의 이름, 주소 등이 있는 원자료의 경우 그 접근을 엄격하게 제한하여야 할 것이다(Frankfort-Nachmias & Nachmias, 2000, 최성재, 2005 재인용).

③ 실험집단과 통제집단의 선정

연구대상자의 선정은 공정하게 이루어져야 한다. 특정 계층(공공부조 수급자, 소수민족과 특정 인종, 또는 시설 수용자 등)이 연구주제와 직접적으로 관련이 있기 때문이 아니라, 그들이 단지 시간이 많고 행정적으로 접근하기 쉬우며, 조종하기 쉽다는 이유로 체계적으로 선택된 것은 아닌지 여부를 세밀히 검토해야 한다(NCPHSBBR, 1979). 잠재적인 이득(건강 또는 복지와 긍정적으로 관련되는 것들)이 있는 실험의 경우 선호하는 대상으로 선정하고, '탐탁치 않은' 이들을 골라서 위험한 연구를 수행해서도 안 된다 (NCPHSBBR, 1979).

연구를 위해 실험집단과 통제집단을 선정하는 경우 동의 획득 과정에서, 실협집단과 통제집단이 있는 비교연구라는 점, 연구대상자를 실험집단과 통제집단으로 나누는 기준, 무작위 배정을 한다면 이를 위한 구체적인 방법과 각 군에 배정되는 비율, 실험군과 통제집단의 차이를 알려주어야 한다(한국연구재단, 2023). 그리고 통제집단이 실험집단에게 이루어진 중재(조치, 개입)을 원하는 경우 추후 통제집단에게도 동일한 개입을 하는 것이 필요하다(성태제 · 시기자, 2012; 한국연구재단, 2023).

④ 설문지의 구성 및 분석

설문지의 주요 개념 및 문항은 가치중립적으로 기술되어야 하며, 특정 집단에 유리하도록 편견이 작용해서는 안 된다. 또한 특정 조사결과를 유도하는 방식으로 기술되어서도 안 된다.

설문문항이 연구대상자에게 유해할 가능성이 있는지 검토해야 한다. 연구목적과 무관한 문항이 있는지, 연구대상자에게 지나친 불편감이나 부담을 줄 가능성은 없는지를 검토한다.

심리평가척도를 설문지에 사용하는 경우 정확한 원 출처를 확인하고 명시하여야 한다. 심리평가척도가 비영리적 목적으로 개발되었다면, 저작권자가 개발한 그대로의 저작물을 저작권자를 명확히 밝히면서 사용한다. 영리적 목적의 심리평가척도는 원저작자, 번역자, 해외 출판사 모두의 허락을 구하는 것이 필요하다(문성원, 2019).

(3) 연구의 종료

연구계획상의 종료시점과 연구참여자가 기대하는 종료시점이 항상 일치하지는 않는다. 연구참여자에게 미치는 부정적인 영향을 최소화하기 위해서는 종료시점을 미리 공지하여 실험이 종료된 이후 연구참여자가 받는 충격이나 피해가 없도록 세심하게 고려해야 할 것이다(성태제 · 시기자, 2012).

「생명윤리법」 시행규칙 제15조에 따르면 인간대상연구자는 인간대상연구와 관련된 기록(연구계획서, 서면동의서, 개인정보의 수집·이용 및 제공현황, 종료보고서)을 연구가 종료된 시점부터 3년간 보관해야 한다. 이후에는 사전에 계획된 일정과 방법에 따라 연구 자료를 폐기한다(한국연구재단, 2023).

(4) 연구결과의 보고

연구결과는 정직하고 구체적이며 명확하게 보고되어야 한다. 연구의 진실성을 위해하는 위조·변조·표절, 부당한 저자 표시, 부당한 중복게재, 연구부정행위에 대한 조사 방해 행위 등이 있어서는 안된다.

'위조'는 존재하지 않는 연구 원자료 또는 연구자료, 연구결과 등을 허위로 만들거나 기록 또는 보고하는 행위를 말하며, '변조'는 연구 재료·장비·과정 등을 인위적으로 조작하거나 연구 원자료 또는 연구자료를 임의로 변형·삭제함으로써 연구 내용 또는 결과를 왜곡하는 행위이다.

'표절'은 일반적 지식이 아닌 타인의 독창적인 아이디어 또는 창작물을 적절한 출처표시 없이 활용함으로써, 제3자에게 자신의 창작물인 것처럼 인식하게 하는 행위를 말한다.

'부당한 저자 표시'는 연구내용 또는 결과에 대하여 공헌 또는 기여를 한 사람에게 정당한 이유 없이 저자 자격을 부여하지 않거나, 공헌 또는 기여를 하지 않은 사람에게 감사의 표시 또는 예우 등을 이유로 저자 자격을 부여하는 행위가 해당한다.

'부당한 중복게재'는 연구자가 자신의 이전 연구결과와 동일 또는 실질적으로 유사한 저작물을 출처표시 없이 게재한 후, 연구비를 수령하거나 별도의 연구업적으로 인정받는 경우 등 부당한 이익을 얻는 행위를 의미한다.

'연구부정행위에 대한 조사 방해 행위'는 본인 또는 타인의 부정행위에 대한 조사를 고의로 방해하거나 제보자에게 위해를 가하는 행위를 뜻한다. 그 밖에 각 학문분야에서 통상적으로 용인되는 범위를 심각하게 벗어나는 행위를 해서는 안될 것이다(교육부 훈령, 제449호, 제11조).

5) 연구윤리와 사회복지사윤리강령

이상의 연구윤리는 사회복지사윤리강령에도 구체화되어 있다.

(1) 한국사회복지사협회윤리강령

연구와 관련된 한국사회복지사의 윤리강령은 제2조 전문성 개발을 위한 노력의 제1항 '직무능력 개발'과 제2항 '지식기반의 실천 증진'에서 찾을 수 있다(사회복지사윤리강령, 2023년 4월 개정). 사회복지사는 클라이언트에게 최상의 서비스를 제공하기 위해 지식과 기술을 개발하는데 최선을 다하며, 사회복지의 지식기반 실천 증진에 기여하고, 평가나 연구 조사를 할 때 연구윤리를 준수해야 함을 명시하고 있다.

■ 2023년 사회복지사윤리강령 내 전문성 개발을 위한 노력 규정

1) 직무 능력 개발

가. 사회복지사는 클라이언트에게 최상의 서비스를 제공하기 위해, 지식과 기술을 개발하는 데 최선을 다하며 이를 활용하고 공유할 책임이 있다.

나. 사회복지사는 사회적 다양성의 특징(성, 연령, 정신·신체적 장애, 경제적 지위, 정치적 신념, 종교, 인종, 국적, 결혼 상태, 임신 또는 출산, 가족 형태 또는 가족 상황, 성적 지향, 젠더 정체성, 기타 개인적 선호·특징·조건·지위 등), 차별, 억압 등에 대해 교육을 받고 이에 대한 이해를 증진하기 위해 노력한다.

다. 사회복지사는 변화하는 사회복지 관련 쟁점에 대응할 수 있도록 실천 기술을 향상하고, 새로운 실천 기술이나 접근법을 적용하기 위해 적절한 교육, 훈련, 연수, 자문, 슈퍼비전 등을 받도록 노력한다.

라. 사회복지사는 사회복지 실천에 필요한 정보통신 관련 지식과 기술을 습득하기 위해 노력하며, 이를 사용하는 과정에서 발생할 수 있는 윤리적 문제를 인식하고 정보통신 관련 지식과 기술을 활용하도록 한다.

2) 지식기반의 실천 증진

가. 사회복지사는 사회복지 실천 과정에서 평가와 연구 조사를 함으로써, 사회복지 실천의 지식 기반형성에 기여하고, 궁극적으로 사회복지 실천의 질적 향상을 위해 노력한다.

나. 사회복지사는 평가나 연구 조사를 할 때, 연구 참여자의 권리를 보장하기 위해, 연구 관련 사항을 충분히 안내하고 자발적인 동의를 얻어야 한다.

다. 사회복지사는 연구 과정에서 얻은 정보를 비밀 보장의 원칙에서 다루며, 비밀 보장의 한계, 비밀 보장을 위한 조치, 조사자료폐기 등을 연구 참여자에게 알려야 한다.

라. 사회복지사는 평가나 연구 조사를 할 때, 연구 참여자의 보호와 이익, 존엄성, 자기 결정권, 자발적 동의, 비밀 보장 등을 고려하며, 「생명윤리 및 안전에 관한 법률」 등 관련 법령과 규정에 따라 연구윤리를 준수한다.

(2) 미국사회복지사협회 윤리강령

미국사회복지사협회는 윤리강령에 평가와 조사에 관한 보다 구체적인 윤리 지침을 제시하고 있다(NASW, 2021). 사회복지사는 지식의 개발을 위해 평가와 연구를 장려하며, 증거기반 실천을 하며, 평가나 연구는 윤리적인 절차를 밟아 진행하여야 한다고 명시하고 있다. 연구참여자에게 충분한 정보를 제공하고, 서면 동의를 받으며, 연구참여자를 위험으로부터 보호하고, 그들의 이익과 비밀이 보장되도록 하며, 조사결과는 위조나 변조없이 정확하게 보고되어야 한다고 규정하고 있다.

■ 2021년 미국사회복지사윤리강령 내 평가 및 연구 규정

5.02 평가 및 연구

a. 사회복지사는 정책, 프로그램 실행, 실천 개입을 모니터링하고 평가해야 한다.
b. 사회복지사는 지식 개발에 기여하기 위해 평가와 연구를 장려하고 촉진해야 한다.
c. 사회복지사는 사회복지와 관련된 새로운 지식을 비판적으로 검토하고 최신 정보를 파악해야 하며, 평가 및 연구 증거를 전문적 실천에 충분히 활용해야 한다.
d. 평가 또는 연구에 참여하는 사회복지사는 발생할 수 있는 결과를 신중하게 고려해야 하며 평가 및 연구 참여자 보호를 위해 개발된 지침을 따라야 한다. 기관 심의위원회에 문의해야 한다.
e. 평가 또는 연구에 참여하는 사회복지사는 참여 거부로 인해 묵시적 또는 실제적 박탈이나 불이익이나 참여에 대한 부당한 유인은 없으면서, 참여자의 복지, 프라이버시 및 존엄성을 충분히 고려하여 참여자로부터 서면으로 자발적인 사전 동의를 얻어야 한다. 사전 동의에는 연구 참여의 성격, 범위 및 기간에 대한 정보와 연구 참여의 위험 및 이익에 대한 정보가 포함되어야 한다.
f. 평가 또는 연구를 용이하게 하기 위해 전자 기술을 사용하는 경우, 사회복지사는 연구참여자에게 해당 기술에 대한 고지된 정보를 제공해야 한다. 연구 참여자가 해당 기술을 사용할 수 있는지 평가하고, 적절한 경우 평가 또는 연구에 참여할 수 있도록 합리적인 대안을 제시해야 한다.
g. 평가 또는 연구 참여자가 고지된 동의를 할 수 없는 경우, 사회복지사는 참여자에게 적절한 설명을 제공하고, 가능한 범위 내에서 참여자의 동의를 얻고, 적절한 대리인의 서면 동의를 받아야 한다.
h. 사회복지사는 연구에 대한 엄격하고 책임 있는 심의를 통해 장래의 과학적, 교육적 또는 응용적 가치를 고려하여 동의 면제가 정당하다고 판단되지 않는 한, 그리고 동의 면제를 해야지만 효과적인 연구가 가능하고 다른 대안이 없는 경우가 아니라면, 특정 형태의 자연주의 관찰 및 기록 연구와 같이 동의 절차가 없는 평가 또는 연구를 설계하거나 수행해서는 안된다.
i. 사회복지사는 연구 참여자에게 언제든지 불이익 없이 평가 및 연구를 철회 할 수 있는 권리가 있음을 알려야 한다.
j. 사회복지사는 평가 및 연구 참여자가 적절한 지원 서비스를 이용할 수 있도록 적절한 조치를 취해야 한다.
k. 평가 또는 연구에 참여하는 사회복지사는 부당한 신체적 또는 정신적 고통, 피해, 위험 또는 박탈로부터 연구참여자를 보호해야 한다.

l. 서비스 평가에 참여하는 사회복지사는 수집된 정보를 전문적인 목적으로만, 그리고 이 정보와 전문적으로 관련된 사람들과만 논의해야 한다.
m. 평가 또는 연구에 참여하는 사회복지사는 참여자와 그로부터 얻은 데이터의 익명성 또는 비밀 유지를 보장해야 한다. 사회복지사는 참여자에게 비밀 유지의 한계, 비밀 유지를 위해 취하는 조치, 연구 데이터가 포함된 기록이 파기되는 시기를 알려야 한다.
n. 평가 및 연구 결과를 보고하는 사회복지사는 공개를 허용하는 적절한 동의를 얻지 않는 한 개인 정보를 생략하여 참여자의 비밀을 보호해야 한다.
o. 사회복지사는 평가와 연구를 정확하게 보고해야 한다. 결과를 위조하거나 변조해서는 안 되며, 나중에 발표된 데이터에서 오류가 발견되면 표준 출판 방법을 사용하여 이를 수정하는 조치를 취해야 한다.
p. 평가 또는 연구에 참여하는 사회복지사는 참여자와의 이해 상충 및 이중 관계를 경계하고 피해야 하며, 실제 또는 잠재적 이해 상충이 발생하면 참여자에게 알려야 하고, 참여자의 이익을 우선시하는 방식으로 문제를 해결하기 위한 조치를 취해야 한다.
q. 사회복지사는 자신과 학생, 동료에게 책임감 있는 연구 관행에 대해 교육해야 한다.

2 기술지원사회복지와 윤리

기술의 발달로 사회복지사들이 사용하는 정보 기술과 정보의 양이 증가하고 있으며, 의사소통과 상호작용의 방식도 여러 형태의 SNS의 등장과 함께 다양해지고 있다. 기술의 발달은 다양하고 방대한 정보를 전산을 통해 관리하는 사회복지정보화를 가능하게 하였으며, 사회복지 급여의 수급과 중지를 결정하거나, 사각지대를 발굴하는 효율적인 수단으로 기능하고 있다. 코로나19 이후 사회복지서비스에서도 비대면 서비스가 확대되었으며(이동석, 2021), 정보통신의 발달은 행정, 복지, 의료, 교통 등 도시의 기능별 정보를 연계하여 지속가능한 서비스를 제공하는 스마트 시티 논의까지 이어지고 있다(이혁규 · 박예종, 2023). 요컨대 정보통신기술의 광범위하고 빠른 성장은 사회복지사의 활동에 전방위적으로 영향을 미치고 있으며, 윤리적 이슈가 제기되고 있다.

미국 사회복지사협회에서는 컴퓨터, 모바일, 태블릿, 비디오와 여러 디지털 기술, 인터넷과 온라인 소셜 미디어, 채팅방, 문자메세지와 이메일등 다양한 형태의 전자, 디지털 플랫폼을 활용한 사회복지실천을 “기술지원사회복지서비스(technology-assisted social work services)”라고 부르며 기술지원사회복지서비스 관련 사회복지사윤리강령을 구체적으로 명시하고 있다(NASW. 2021). 이 절에서는 미국 사회복지사협회의 정의에 따른 기술지원사회복지와 윤리의 문제에 대해 서술하겠다.

1) 기술지원사회복지

(1) 디지털정보격차

우리나라는 장애인, 저소득층, 고령층, 농어민, 북한이탈주민과 결혼이민자를 정보취약계층으로 분류하고 매년 디지털 정보격차 실태조사를 발표하고 있다. 2022년 디지털 정보격차 실태조사에 따르면 일반국민의 디지털 정보화 수준을 100이라고 보았을 때 장애인의 디지털 정보화 수준은 82.2, 고령층은 69.9, 저소득층은 95.6, 농어민은 78.9, 북한이탈주민은 91.8, 결혼이민자는 90.2로 일반국민에 비해 낮다(과학기술정보통신부 · 한국지능정보사회진흥원, 2022).

디지털 정보격차는 정보 접근성의 차이를 넘어서 개인적 삶의 다양한 측면에 영향을 미치며 사회적 불평등으로까지 이어질 수 있다. 연대성에 기반하여 사회통합을 지향하며, 취약계층의 마지막 보루라 할 수 있는 사회복지의 이용이 디지털 정보 격차로 제한될 경우 사회불평등은 더욱 가속화되며, 취약계층의 삶은 더욱 어려워진다. 따라서 사회복지정책 및 실천은 디지털 정보 격차를 고려하여 설계되고 실행되어야 할 것이다.

(2) SNS

SNS는 인터넷 공간 안에서 자신의 의견과 경험을 글, 사진, 동영상 등 여러 형태로 다른 사람들과 공유하고 상호작용할 수 있게 한다. 자신을 아는 사람뿐만 아니라 모르는 사람들과도 시간과 공간을 넘어서 관계를 맺을 수 있게 한다. 페이스북, 트위터, 인스타그램, 카카오스토리, 블로그 등 SNS의 형태도 다양해지고 있으며, 점차 많은 사람들이 SNS를 이용하여 다른 사람과 관계를 맺고 유지하며, 다양한 정보를 얻고, 의견을 표출하고 있다. 사회복지기관과 사회복지사들의 SNS 사용도 마찬가지로 증가하고 있다.

그런데 사회복지기관 혹은 사회복지사의 SNS는 클라이언트와의 이중관계가 발생할 가능성을 높인다. 상담자이면서 서비스 제공자인 사회복지사와 클라이언트가 SNS 친구가 되는 이중관계가 발생가능한 것이다. 또 클라이언트의 불필요한 사생활 및 개인정보가 노출될 수 있다(김민 · 최말옥, 2015). 사회복지사의 활동을 SNS로 공유하는 과정에서 클라이언트의 사생활을 보호하지 못하고 비밀 유지의 의무를 어길 가능성도 높아진다.

(3) 사회복지정보

정보 기술의 발전으로 여러 분야에서 방대한 자료를 수집하고 활용하고 있다. 사회복지분야도 사회복지정보시스템을 구축하여 수급자의 선정과 관리 뿐만 아니라 사각지대 발굴에도 활용하고 있다. 보건의료정보는 빅데이터로 수집되어 질병 예측에서 보험료 산정까지 다양하게 활용되고 있다. 방대한 개인정보를 데이터베이스화하는 사회복지정보화는 비용이 저렴하고 효율적이며, 수작업보다 정확하고, 데이터마이닝과 프로파일링을 활용한 유형화와 예측이 가능하며, 편견이 개입될 여지가 적다는 장점이 있다(김수영, 2016).

그러나 사생활 노출과 민감정보의 유출(가족관계, 건강정보 등)에 따른 낙인과 차별이 발생할 수 있다(김수영 2016; 최지혜 외, 2020). 새로운 감시도구로 기능하거나, 부정확한 데이터로 피해가 발생할 수 있으며, 수집 의도와 다른 목적으로 데이터를 활용할 가능성이 있다(김수영, 2016). 데이터 소유권에 대한 논의 없이 보건의료정보와 같은 개인정보를 영리적 목적으로 활용할 수도 있다(최지혜 외, 2020). 무엇보다도 성찰적 판단, 인간적 소통, 실재의 삶에 근거하지 않고, 수치적 데이터만으로 판단하거나 정보시스템의 결정을 실행하는 것으로 사회복지사(사회복지공무원)의 역할을 제한할 우려가 있다(김수영, 2016).

데이터를 캡처하고, 수집, 저장 및 처리하는 장치가 점점 저렴해지고, 컴퓨터의 연산능력을 더욱 빨라지고 있다는 점에서 데이터의 오용과 불공정한 처우를 확인하고 금지할 수 있는 사회적 논의가 더욱 필요해지고 있다(Bormida, 2022). 빅데이터에 대한 시민참여와 연대의식을 강조하고(최지혜, 2020), 데이터 이타주의(data altuism)에 대한 논의가 심화되어, 증가하는 데이터를 공익을 위해 사용할 수 있도록 해야 할 것이다 (Bormida, 2022).

2) 기술지원사회복지와 사회복지사윤리강령

기술지원 사회복지 혹은 사회복지사의 정보처리기술과 관련된 윤리강령을 한국사회복지사 윤리강령과 미국사회복지사윤리강령에서 다음과 같이 찾을 수 있다.

(1) 한국사회복지사협회윤리강령

기술지원 사회복지 혹은 정보처리기술과 관련된 한국 사회복지사의 윤리강령은 Ⅰ. 기본적 윤리기준의 제2조 전문성 개발을 위한 노력의 1항 직무능력 개발의 라와 Ⅱ. 클라이언트에 대한 윤리기준의 6항 직업적 경계유지의 5), Ⅲ. 사회복지사의 동료에 대한 윤리기준 1. 동료의 6)에서 찾을 수 있다(사회복지사윤리강령, 2023년 4월 개정). 사회복지사는 정보통신 관련 지식과 기술을 사용할 때 윤리적 문제를 인식하고, 클라이언트 혹은 동료의 권리를 침해하지 않도록 해야 한다고 명시하고 있다.

■ **2023년 사회복지사윤리강령 내 정보처리기술 관련 규정**

Ⅰ. 기본적 윤리기준

2. 전문성 개발을 위한 노력

1) 직무 능력 개발

라. 사회복지사는 사회복지 실천에 필요한 정보통신 관련 지식과 기술을 습득하기 위해 노력하며, 이를 사용하는 과정에서 발생할 수 있는 윤리적 문제를 인식하고 정보통신 관련 지식과 기술을 활용하도록 한다.

Ⅱ. 클라이언트에 대한 윤리기준

6. 직업적 경계유지

5) 사회복지사는 정보처리기술을 이용하는 것이 클라이언트의 권리를 침해할 위험성이 있다는 사실을 인식하고 직업적 범위 안에서 활용한다.

Ⅲ. 사회복지사의 동료에 대한 윤리기준

1. 동료

6) 사회복지사는 동료들에게 정보통신기술을 사용한 비윤리적 행위를 하지 않는다.

(2) 미국사회복지사협회 윤리강령

2021년 미국 사회복지사협회 윤리강령은 기술지원사회복지와 관련된 규정을 다음과 같이 보다 상세하고 명확히 밝히고 있다. 기술을 통한 사회복지서비스를 원하지 않은 경우 대안적인 방법을 모색해야 하며, SNS를 통해 클라이언트의 요청을 수락하거나 개인적인 관계를 맺는 것은 경계 혼란, 부적절한 이중관계, 서비스 효과성에 영향을 미칠 수 있다는 점에서 이를 피할 것을 명시하고 있다. 또한 인터넷으로 클라이언트의 정보를 검색할 때 클라이언트에게 미리 알리고, 클라이언트의 개인정보 혹은 알리고 싶지 않은 정보를 소셜 미디어에 게시해서는 안된다고 분명히 하고 있다.

■ 2021년 미국사회복지사윤리강령에 명시된 기술지원사회복지 내용

윤리강령의 목적

사회복지 실천의 다양한 측면에서 커뮤니케이션 기술 사용이 증가함에 따라 사회복지사는 기밀 유지, 사전 동의, 전문적 경계, 전문적 역량, 기록 보관 및 기타 윤리적 고려 사항과 관련하여 발생할 수 있는 고유한 문제를 인식할 필요가 있다. 일반적으로 본 윤리 강령의 모든 윤리 기준은 대면 또는 기술 사용을 통한 상호 작용, 관계 또는 커뮤니케이션에 적용된다. 본 규정의 목적에 따라 "기술지원사회복지서비스"에는 컴퓨터, 휴대폰 또는 유선 전화, 태블릿, 비디오 기술 또는 기타 전자 또는 디지털 기술을 사용하는 모든 사회 복지 서비스가 포함된다. 여기에는 인터넷, 온라인 소셜 미디어, 채팅방, 문자 메시지, 이메일 및 새로운 디지털 애플리케이션과 같은 다양한 전자 또는 디지털 플랫폼의 사용이 포함된다. 기술기반사회복지서비스는 심리 치료를 포함한 사회 복지 실천의 모든 측면(개인, 가족 또는 그룹 상담, 지역사회 조직, 관리, 옹호, 중개, 교육, 감독, 연구, 평가 및 기타 사회 복지 서비스)이 포함된다. 사회복지사는 사회복지 실천에 사용될 수 있는 최신 기술 개발과 다양한 윤리적 기준이 어떻게 적용되는지 계속해서 파악해야 한다.

1.03 사전 동의

f. 사회복지 서비스를 제공하기 위해 기술을 사용하는 사회복지사는 초기 심사 또는 인터뷰 동안 그리고 서비스를 시작하기 전에 이러한 서비스를 사용하는 개인으로부터 사전 동의를 얻어야 한다. 사회복지사는 클라이언트가 사전 동의를 제공할 수 있는 능력을 평가해야 하며, 의사소통을 위해 기술을 사용할 때 클라이언트의 신원과 위치를 확인해야 한다.

g. 사회복지 서비스를 제공하기 위해 기술을 사용하는 사회복지사는 클라이언트의 전자 및 원격 서비스에 대한 적합성과 역량을 평가해야 한다. 사회복지사는 서비스를 받기 위해 기술을 사용하는 클라이언트의 지적, 정서적, 신체적 능력과 그러한 서비스의 잠재적인 이익, 위험 및 한계를 이해하는 능력을 고려해야 한다. 클라이언트가 기술을 통해 제공되는 서비스를 이용하기를 원하지 않는 경우, 사회복지사는 클라이언트가 대체 서비스 방법을 찾도록 도와야 한다.

h. 사회복지사는 클라이언트의 오디오 또는 비디오 녹화를 하거나 제3자가 서비스 제공을 관찰하도록 허용하기 전에 클라이언트의 사전 동의를 받아야 한다.
i. 사회복지사는 클라이언트에 대한 전자 검색을 수행하기 전에 클라이언트의 동의를 얻어야 한다. 단, 심각하고 예측 가능하며 임박한 위험으로부터 클라이언트나 다른 사람을 보호하기 위한 목적이거나 기타 설득력 있는 전문적 이유가 있는 경우 클라이언트에 대한 전자 검색 동의 획득의 예외가 발생할 수 있다.

1.04 역량

d. 사회복지 서비스 제공에 기술을 사용하는 사회복지사는 그러한 서비스를 유능한 방식으로 제공하는 데 필요한 지식과 기술을 갖추고 있는지 확인해야 한다. 여기에는 기술을 사용할 때 특별한 의사소통 문제에 대한 이해와 이러한 문제를 해결하기 위한 전략을 구현하는 능력이 포함된다.
e. 사회복지 서비스 제공에 기술을 사용하는 사회복지사는 자신이 위치한 지역(가능하면 클라이언트가 위치한 지역도 포함)의 기술 및 사회복지 실천에 적용되는 법률을 준수해야 한다.

■ **2021년 미국사회복지사윤리강령에 명시된 기술지원사회복지 내용**

1.05 문화적 역량

e. 전자 사회복지 서비스를 제공하는 사회복지사는 클라이언트의 전자 기술 사용 및 접근 간의 문화적, 사회경제적 차이를 인식하고 그러한 잠재적 장벽을 방지하도록 노력해야 한다. 사회복지사는 이러한 서비스의 전달이나 이용에 영향을 미칠 수 있는 문화적·환경적·경제적·정신적 또는 신체적 능력, 언어 및 기타 문제를 평가해야 한다.

1.06. 이해상충

e. 사회복지사는 개인적 목적이나 업무와 관련되지 않은 목적으로 기술(소셜 네트워킹 사이트, 온라인 채팅, 이메일, 문자메시지, 전화, 영상 등)을 사용하여 클라이언트와 의사소통하는 것을 피해야 한다.
f. 사회복지사는 개인 정보를 전문 웹 사이트나 기타 매체에 게시하면 경계 혼란, 부적절한 이중 관계 또는 클라이언트에게 해를 끼칠 수 있다는 점을 인식해야 한다.
g. 사회복지사는 개인적 소속으로 인해 클라이언트가 웹 사이트, 소셜 미디어 및 기타 기술 형태에서 사회복지사의 존재를 발견할 가능성이 높아질 수 있다는 점을 인식해야 한다. 사회복지사는 인종, 민족, 언어, 성적 취향, 성 정체성이나 표현, 정신적 또는 신체적 능력, 종교, 이민 상태 및 기타 개인적 소속을 기반으로 한 그룹과의 전자 통신에 참여하는 것이 특정 클라이언트와 효과적으로 일하는 능력에 영향을 미칠 수 있다는 점을 인식해야 한다.
h. 사회복지사는 경계 혼란, 부적절한 이중 관계 또는 클라이언트에 대한 피해를 방지하기 위해 소셜 네트워킹 사이트나 기타 전자 매체에서 클라이언트의 요청을 수락하거나 클라이언트와 개인적인 관계를 맺는 것을 피해야 한다.

1.07. 개인정보 보호 및 비밀유지

m. 사회복지사는 클라이언트나 제3자에게 제공되는 정보를 포함하여 전자 통신의 비밀유지를 위해 합리적인 조치를 취해야 한다. 사회복지사는 이메일, 온라인 게시물, 온라인 채팅 세션, 모바일 통신, 문자 메시지 등 전자 통신을 사용할 때 적용 가능한 보호 장치(암호화, 방화벽, 비밀번호 등)를 사용해야 한다.

p. 사회복지사는 클라이언트에 대한 정보를 수집하기 위해 인터넷 기반 검색 엔진을 포함한 전자 기술을 사용하는 것에 대한 일반적인 사회복지 윤리 기준에 부합하는 정책을 개발하고 클라이언트에게 알려야 한다.

q. 사회복지사는 전문적인 이유가 있거나 적절하며, 클라이언트의 사전 동의가 있는 경우를 제외하고 클라이언트 정보를 전자적으로 검색하거나 수집하는 것을 피해야 한다.

r. 사회복지사는 클라이언트에 대한 개인 정보나 알리고 싶지 않은 정보를 전문 웹사이트나 기타 형태의 소셜 미디어에 게시하는 것을 피해야 한다.

참고문헌

강선경(2010). 이중관계(dual relationship)와 관련된 윤리적 딜레마에 대한 교육. 한국사회복지교육, 12, 31-49.

강선경 · 김욱 공역(2012). **사회복지 가치와 윤리**. Congress, E. P.(1999). *Social Work Values and Ethics*. 센게이지 러닝.

강진령 · 이종연 · 손현동(2007). 학교상담자들이 직면하는 윤리적 갈등과 대처방법 분석. 청소년상담연구, 15(1), 17-27.

고향자 · 김소라(2008). 집단상담에서의 비밀보장과 다중관계 윤리에 대한 고찰. 아시아교육연구, 9(1), 49-72

과학기술정보통신부 · 한국지능정보사회진흥원(2022). 2022 디지털정보격차 실태조사.

곽준혁 역(2012). **신공화주의 : 비지배 자유와 공화주의 정부**. 필립 페팃. *Republicanism : A theory of freedom and governement*. 나남.

구혜영(1989). 사회사업 전문직 확립을 위한 접근방법 연구. 이화여자대학교 대학원 석사학위논문.

국가생명윤리정책원(2018). 연구자를 위한 윤리지침.

국회여성특별위원회 전문위원실(2000). 여성정책의 추진실적과 향후과제.

권영성(1992). **헌법학원론**. 법문사.

권진숙(2010). 한국 사례관리실천의 혼돈과 대안. 사례관리연구, 1(1), 1-22.

권진숙 · 김상곤 · 김성천 · 박지영 · 유명이 · 유서구 · 이기연 · 조현순(2009). 인천광역시 사회복지관 사례관리실천을 위한 매뉴얼 연구보고서. 인천광역시사회복지관협회 · 사례관리연구회.

권태환 · 전광희 · 조성남(1996). 미혼여성의 성, 피임, 그리고 인공유산 – 수출공단지역의 사례연구–. 한국인구학, 19(1), 93-122.

김 진(2011). 콜버그의 윤리상대주의 비판과 도덕교육의 과제. 범한철학회논문집, 63, 307-338.

김경우(2006). 사회복지사의 자격과 역할에 관한 연구. 사회복지지원학회지, 2(2), 201-231.

김경희(2000). 사회복지관 사회복지사의 책무성에 영향을 미치는 변인. 서울여자대학교 대학원 박사학위논문.

김기덕(2002). **사회복지윤리학**. 나눔의집.

김기덕 · 최소연 · 권자영(2012). **사회복지 윤리와 철학**. 양서원.

김기현(2009). 국제결혼 다문화이주여성의 인권보호방안. 인권복지연구. 한국인권사회복지학회, 1-37.

______(2011). 말기 암 환자의 인권을 위한 호스피스 제도화에 관한 문제점 연구. 인권복지연구, 10, 109-150.

김미원 · 김정자 · 김현숙 · 박영희 · 박인선 · 서명선 · 신혜령 · 안혜영 · 양옥경 · 윤현숙 · 이은주 · 최인숙. (1993). **사회복지실천과 윤리**. 한울아카데미.

김 민・최말옥 (2015). SNS 사용에 따른 사회복지사 전문가 윤리와 윤리결정모형 : 사례연구를 중심으로. 비판사회정책, 48, 52-90.

김범춘(2010). 자유와 평등의 대칭성에 관한 철학적 분석. 통일인문학논총, 49, 123-147.

김상균・오정수・유채영(2002). **사회복지 윤리와 철학**. 나남출판.

김석수(2010). 자율성의 운명과 우리의 현실-서구 자율성 이론과 연계하여. 사회와 철학, 19, 101-128. 사회와 철학연구회.

김성우 외(2012). 촛불의 정치와 진정한 자유. 청춘의 고전. 알렙.

김신복(1985). 정책개발 연구의 과학성과 윤리성. 행정논총, 23(2), 2073-2088.

______(1989). 정책분석 및 연구의 윤리성. 행정논총, 27(2), 207-223.

김영란・박미은・서미경(2001). 실천적 갈등상황에서 사회복지사들의 윤리적 선택에 관한 연구. 사회복지연구, 17(1), 1-28.

김영종(2008). 사회복지전문직의 원인론 분석과 정체성에 관한 연구. 사회과학연구, 경성대학교 사회과학연구소, 83-102.

______(2010). **사회복지행정**. 학지사.

김영진 역(2010). **윤리학의 기본 원리**. 폴 테일러(1975). *Principles of ethics*. 서광사.

김용민(2011). 사회복지사가 인지한 전문적 능력이 윤리적 책임에 미치는 영향. 보건사회연구, 31(4), 125-153.

김용해 역(2006). **일반윤리학**. 프리도 릭켄 저. *Allegemeine Ethik*. 서광사.

김원희(2003). 미혼모의 입양선택에 영향을 미치는 요인에 관한 연구 - 시설 미혼모를 중심으로. 이화여자대학교 대학원 석사학위논문.

김은실(1991). 낙태에 관한 사회적 논의와 여성의 삶. 형사정책연구, 6(가을), 383-405.

김일수(1996). **개혁과 민주주의(낙태에 관한 입법동향)**. 교육과학사.

김정민(2007). 칸트철학에서 도덕성의 원천. 종교학보, 4, 197-217. 한국종교간대화학회.

김지혜(2019). **선량한 차별주의자**. 창비.

김진곤(2011). 비영리 사회복지조직의 윤리경영이 조직몰입 및 직무만족에 미치는 영향에 관한 연구. 연세대학교 행정대학원 석사학위논문.

김진숙・장연진(2012). 사회복지사의 윤리적 신념과 경험에 관한 연구 - 이중관계(dual relationship)를 중심으로-. 사회복지연구, 43(2), 235-266.

김천수(2003). 환자의 알 권리 : 의약품의 처방 및 조제와 관련하여. 의료법학, 4(1), 255-282.

김철수(1998). **법학신론**. 박영사.

김태성(1998). **사회복지전문직과 교육제도**. 소하.

______(2003). **사회복지정책입문**. 청목.

______(2009). 생명윤리에 대한 연구 - 연명 치료 중단을 중심으로-. 윤리문화연구, 5, 355-389.

김택현(1973). 낙태의 합법화 문제 : 모자보건법 제8조를 중심으로. 사법행정, 14(10), 35-38.

김현덕(2010). 다문화교육의 내용체계 구축과 실천방안. 비교교육연구, 20(5), 109-134.

김현아 · 공윤정 · 김봉환 · 김옥진 · 김요완(2013). **상담철학과 윤리**. 학지사.

김혜영(2008). 한국가족의 다양성 증가와 그 이중적 함의. 아시아여성연구, 47(2), 7-37.

김혜정(2011). 말기돌봄 사전의사결정에 대한 노인과 그 가족의 인식 비교. 충주대학교 대학원 석사학위논문.

김혜진(2007). 다문화 시대에 따른 가족윤리 연구. 윤리문화연구, 109-136.

남기철 · 정선욱 · 조성희 공역. **사회복지실천기법과 지침**. Sheafor, B. W., & Horejsi, C. R.(2011). *Techniques and Guidelines for Social Work Practice*. Pearson Allyn & Bacon. 나남.

노양진 역(2008). **도덕적 상상력 : 체험주의 윤리학의 새로운 도전**. 마크 존슨(1993). *Moral imagination : implications of cognitive science for ethics*. 서광사.

노영란(1997). 가치상대주의의 극복을 위한 도덕교육 방안 연구. 국민윤리연구, 37, 179-198.

대한의학회(2002). 임종환자의 연명치료 중단에 대한 의료윤리지침.

맹주만 · 김성호(2010). **칸트의 윤리학**. 서양근대철학회 엮음. 서양근대윤리학. 창비.

문종대(2004). 존 밀턴(John Milton)의 언론 자유 사상 : 이성과 자유의지. 그리고 관용. 한국언론학보, 48(1), 337-375.

문성원(2019). 임상심리 설문지 연구와 관련된 연구윤리 및 법규들. 한국심리학회지 : 임상, 38(1), 112-126.

문지영(2004). '자유'의 자유주의적 맥락 : 로크와 로크를 넘어. 정치사상연구, 10(1), 171-245.

박규상 외(1985). **인구론**. 박영사.

박휴용 (2022). 인공지능 윤리의 주요 쟁점과 필수 고려사항. 열린교육연구, 30(6), 173-201.

박미은 · 서미경 · 김영란(2001). 이중관계에 대한 사회복지사들의 신념과 경험에 관한 연구. 한국사회복지학, 47(11), 178-205.

박상은 · 박재은(1998). 보라매병원 사건에 대한 의료윤리학적 검토. 성산 생명윤리연구소.

박수정 · 조재환(2022). 한국사회의 능력주의에 대한 믿음, 사회공정성 인식, 재분배정책의 선호의 유형화와 관련 요인 탐색. 사회복지정책, 49(4), 139-163.

박영자(2012). 다문화시대 한반도 통일 · 통합의 가치 및 정책방향 : 상호문화주의 시각과 교훈을 중심으로. 국제관계연구, 17(1), 299-333.

박인선(1993). 비밀보장과 알 권리, 64-80. 김미원 · 김정자 · 김현숙 · 박영희 · 박인선 · 서명선 · 신혜령 · 안혜영 · 양옥경 · 윤현숙 · 이은주 · 최인숙. **사회복지실천과 윤리**. 한울아카데미.

______(2004). 클라이언트의 비밀보장에서의 윤리적 딜레마, 188-208. 양옥경 · 김미옥 · 김미원 · 김정자 · 남경희 · 박인선 · 신혜령 · 안혜영 · 윤현숙 · 이은주 · 한혜경. **사회복지 윤리와 철학**. 나눔의집.

박종원(2007). 공리주의 윤리설의 존재론적 기초에 대한 연구. 철학, 92, 113-130.

박찬구(2003). **칸트의 도덕신앙**. 이석호 외. 서양 근 · 현대 윤리학. 인간사랑.

박찬영(1996). 가치. 철학과 현실, 28, 222-228.

박호성(2012). **자연의 인간, 인간의 자연**. 후마니타스.

박홍식(2009). 국제화 시대에 있어 한국가정의 문제 : 다문화가정을 중심으로. 유교문화연구, 14, 219-233.

보건복지부(2002). 보건복지백서.

보건복지부 · 연세대학교(2011). 전국 인공임신중절 변동 실태조사.

서강훈(2009). **사회복지사를 위한 사회복지용어사전**. 이담북스.

서미경(1998). 정신보건영역에서의 고지된 동의 과정에 관한 연구. 정신보건과 사회사업, 6, 5-24.

서미경 · 김영란 · 박미은 공역(2000). **사회복지실천윤리**. Loewenberg, F. M, & Dolgoff. R.(1996). *Ethical Decisions for Social Work Practice*(5th ed.). 양서원.

서미경 · 박미은 · 김영란(2001). 실천적 갈등상황에서 사회복지사들의 윤리적 선택에 관한 연구. 사회복지연구, 17, 1-28.

서울시복지재단(2009). 사회복지관 프로그램 매뉴얼 지역사회보호사업 – 사례관리 실천 매뉴얼–.

서정신(1994). 한국에서의 성별낙태에 대하여. 철학과 현실, 20(봄), 217-225.

성태제 · 시기자(2012). **연구방법론**. 학지사.

소병철(2010). 윤리와 읽기 · 말하기 · 쓰기의 교수법적 결합에 관한 시론. 철학논집, 66, 257-273.

손승길(2008). 칸트 윤리학의 근본이념들 : 윤리학의 맥을 중심으로. **윤리교육연구**, 15, 145-168.

손영화(2023). 생명윤리와 연구대상자보호. 법과 정책연구, 23(1), 187-216.

손은록(2004). 국제결혼 가정의 부부갈등 요인과 갈등대처방안에 관한 연구 : 한국인과 결혼한 조선족 여성을 중심으로. 강남대학교 대학원 석사학위논문.

손현동(2007). 현행법에 나타난 학교상담자의 비밀보장과 그 한계 고찰. 청소년상담연구, 15(2), 3-14.

송유미(2008). 사회복지사의 전문성과 윤리적 책임행동 간의 관계를 통한 사회복지실천적 함의. 한국지역사회복지학, 195-210.

송재룡(2009). 다문화 시대의 사회윤리 : 다문화주의와 인정의 정치학. 그리고 그 너머 : 찰스 테일러를 중심으로. 사회이론. 한국사회이론학회, 35, 79-106.

송진옥(2001). 전문직 사회사업가의 직업윤리와 가치에 관한 연구. 강남대학교 대학원 석사학위논문.

송희준(2006). 정책윤리와 정책분석가 윤리. 한국정책학회 하계학술발표논문집, 1-17.

신경희(2005). 국제결혼가족의 부부갈등요인에 관한 연구 : 한국남성과 필리핀여성의 부부관계를 중심으로. 조선대학교 대학원 석사학위논문.

심영희(1991). 낙태의 실태 및 의식에 관한 연구. 형사정책연구, 6(가을), 269-331.

안선화(2009). 환자의 알 권리와 자기주도적 결정. 아주대학교 대학원 석사학위논문.

양옥경 외(2000). **사회복지실천론**. 나남출판.

_________(2007). 사회복지학 연구의 책임성과 윤리. 한국사회복지질적연구, 12(1), 7-33.

양옥경 · 김미옥 · 김미원 · 김정자 · 남경희 · 박인선 · 신혜령 · 안혜영 · 윤현숙 · 이은주 · 한혜경(2004). **사회복지 윤리와 철학**. 나눔의집.

양옥경 · 최명민(2010). 사회복지기관 윤리경영 자가점검지표 개발에 관한 연구. 한국사회복지행정학, 12(2), 55-95.

엄명용 · 김성천 · 오혜경 · 윤혜미(2011). **사회복지실천의 이해(3판)**. 학지사.

연구윤리정보센터(2021). 연구윤리질의응답집.

오혜경(2010). 사회복지실천에서의 이중관계에 관한 탐색적 연구 – 사회복지사와 클라이언트의 관계 중심–. 경성통일논총, 26(4), 199-222.

우영미(2007). 사회복지사의 전문성과 윤리의식에 관한 연구 : 사회복지시설 종사 사회복지사를 중심으로. 동국대학교 대학원 석사학위논문.

원준호(2006). 정책분석가의 윤리문제. 한국정책학회 춘계 학술대회, 1-14.

유명기(1993). 문화상대주의와 반문화상대주의. 비교문화연구, 창간호, 31-56. 서울대 비교문화연구소.

유승룡(2008). 생명권과 자기결정권. 그리고 의사의 진료의무. 의료법학, 9(2), 11-52.

유현도(2008). 문화적 권리의 개념 및 관련 법률 연구. 추계예술대학교 대학원 석사학위논문.

윤진숙(2007). 마이클 왈쩌(Michael Walzer)의 다원적 정의론. 숭실대학교 법학논총, 17. 193-210.

이동석(2021). 영국의 디지털 포용정책과 비대면 장애인복지서비스의 함의. 국제사회보장리뷰, 16, 27-40.

이 철 · 장안식(2009). 복지레짐에 따른 범죄와 사회불평등의 결과와 사회적 함의 – 미국과 스웨덴과의 비교를 중심으로–. 한국사회학회 사회학대회 논문집, 1257-1274.

이동익(2008). '삶의 질' 윤리에 대한 윤리적 숙고. 제23회 한국모자보건학회 춘계학술대회 자료집, 23, 42-53.

이미선(2004). 해외입양인의 뿌리찾기에 관한 논점과 과제. 임상사회사업연구, 1(1). 63-74.

이상균(2000). 청소년의 도움요청행위와 그 장애요인에 대한 연구. 한국아동복지학, 9, 153-175.

이상호 · 김안국(2018). 학력주의와 사회정의. 동향과 전망, 103, 274-302.

이상협(2005). 사회복지사윤리강령의 비교연구. 서울시립대학교 대학원 석사학위논문.

이수안(2009). 지속가능 공동체의 사회적 가치로서 '상호관용'과 '상호보살핌'. 문화와 사회. 한국문화사회학회, 7, 87-114.

이수영(2016). 사회복지정보화의 윤리적 쟁점 – 사회보장정보시스템을 통한 데이터감시를 중심으로–. 한국사회복지학, 68(1), 193-224.

이숙경(1993). 미혼여성의 성에 관한 연구(낙태행위를 중심으로). 이화여자대학교 대학원 석사학위논문.

이순민(2012). 사회복지윤리와 철학. 학지사.

이세원(2020). 아동에게 윤리적인 연구인가? 아동 대상 연구에 대한 성찰. 학교사회복지, 52, 29-51.

이윤철 역(2012). 최초의 민주주의 : 오래된 이상과 도전. 폴 우드러프 저, 돌베개.

이인영(2009). 생명의 시작과 숙음 : 윤리논쟁과 법 현실. 삼우사.

______(2010). 출산정책과 낙태규제법의 이념과 현실. 페미니즘연구, 10(1), 35-87.

이재진(2004). 국민의 알 권리에 대한 재고찰. 언론과 법, 3(1), 225-255.

이종원(2009). 기독교 생명윤리적 관점에서 본 존엄사. 기독교사회윤리, 17, 161-188.

이종은(2011). 평등, 자유, 권리 – 사회정의의 기초를 듣다. 책세상.

이중엽(2004). 낙태에 관한 법적 · 사회복지적 고찰. 사회과학논집, 21, 111-133.

이창신 역. 정의란 무엇인가?. Sandel, Michael, J.(2010). 김영사.

이태하(2010). 공리주의. 서양근대철학회 엮음. 서양근대윤리학. 창비, 291-314.

이해균(2008). 암통고에 대한 외래환자들의 견해. 부산대학교 대학원 석사학위논문.

이혁규 · 박예종 (2023). 스마트시티의 이용 경험과 유용성이 지방정부 신뢰에 미치는 영향 : 고령층의 디지털 격차에 따른 분석을 중심으로. 지방정부연구, 27(2), 237-275.

이현복 · 이찬미(2010). 연구윤리에 대한 국내외 규정과 제도 비교. 윤리연구, 77, 257-280.

이혜경 · 강현숙(2010). 연명치료중단에 관한 중환자실간호사, 의사 및 중환자가족의 태도 및 인식. 대한응급의학회지, 9(2), 271-276.

이혜진 · 김수영 · 송미정 공역(2005). **자유란 무엇인가 : 벌린. 아렌트. 푸코의 개념을 넘어**. 사이토 준이치 저. 한울.

이홍직(2007). 사회복지사의 전문직업성에 대한 인식연구. 사회과학연구, 2(3), 151-172.

이화도(2011). 상호문화성에 근거한 다문화교육의 이해. 비교교육연구. 한국비교교육학회, 171-193.

임덕준(1988). 서양윤리사상 : 결과주의로서의 공리주의. 철학연구, 12, 181-199.

임병국(1999). **언론법제와 보도**. 나남출판.

임혁백(2011). 민주주의와 시장경제의 동반발전과 공정한 사회. 경제인문사회연구회 학술대회, 33-63.

장연진 · 김진숙 · 구혜영(2012). 이중관계에 대한 사회복지사의 신념과 경험의 변화 – 2001년과 2011년 비교 연구–. 한국사회복지학, 64(3), 281-308.

전성표(2006). 배분적 정의, 과정적 정의 및 인간관계적 정의의 관점에서 본 한국인들의 공평성 인식과 평등의식. 한국사회학, 40, 92-127.

전재웅 역(2012). 평등이 답이다-왜 평등한 사회는 늘 바람직한가?. Wilkinson, Richard, G. & Pickett, Kate. 이후.

정기원(2003). 사회복지조직에서의 윤리적 의사 결정 : 비판적 사고 모형의 적용. 한국사회복지행정학, 9, 189-211.

정연재(2007). 프로페셔널리즘과 전문직 윤리 교육. 윤리교육연구. 한국윤리교육학회, 131-146.

정원규(2004). 공리주의에 대한 패러다임적 독해 : 공리주의의 사회계약론적 수렴을 제안하며. 철학, 78, 271-290.

______(2005). 실천윤리학 방법론 소고 : 정치적 절차주의를 제안하며. 철학, 82, 203-234.

정원섭 외 공역. **정의와 다원적 평등-정의의 영역들**. Walzer, Michael(1999). 철학과 현실사.

정재영(2009). 사회학의 관점에서 본 존엄사. 본질과 현상, 17, 96-108.

정현숙 역(1993). **도덕교육과 종교교육**. A. Harris. *Teaching morality and religion*. 집문당.

정효성(2009). 낙태죄와 생명보호. 의료법학, 10(1), 340-341.

조기제 역(2007). **서구 자유주의의 융성과 쇠퇴**. 앤서니 아블라스터 저. 나남.

조남현 외(1997). 전국 출산력 및 가족보건실태조사보고. 한국보건사회연구원.

조운희(2011). 사회복지사의 윤리적 행동이 조직성과에 미치는 영향에 대한 집단문화의 매개효과에 관한 연구. 신학과 목회. 영남신학대학교, 36, 235-262.

조진호(2006). 인간대상 조사연구의 윤리. 한국조사연구학회 학술대회, 369-378.

조효제 역(2010). **인권의 대전환 : 인권 공화국을 위한 법과 국가의 역할**. 샌드라 프레드먼 저. 교양인.

주동율 역(2010). 경제분석. 도덕철학. 공공정책. Hausman. D. M., & McPherson, M. S. 나남.

주동율(2009). 롤즈의 분배정의론의 특징들과 현대 평등주의. 롤즈의 정의론과 그 이후(황경식 · 박정순 외). 철학과 현실사.

진교훈(2003). 현대사회윤리 연구. 울력.

최 선 · 고유림 · 박정은 · 신예지 · 강민철(2012). 학교상담자 윤리강령에 대한 고찰 : 학교상담학회 윤리강령 개정에 대한 제언을 중심으로. 상담학연구, 13(2), 505-524.

최명민(2008). 사회복지사 윤리적 민감성 검사도구(SWEST) 개발 및 활용에 관한 연구. 한국사회복지학, 60(2), 5-28.

최성식(2008). 동질윤리'를 넘어 '차이윤리'로. 철학연구. 대한철학회, 106, 311-351.

최성재(2005). 사회복지조사론. 나남.

최승희(2003). 입양을 결정한 미혼모들의 자녀를 상실한 슬픔완화 프로그램의 효과성. 아동복지학, 16.

최원희 · 최혜지 · 최연선(2008). 다문화적 환경변화에 따른 사회복지실천현장의 문화적 유능감. 한국지역사회복지학, 26, 89-113.

최윤영 역(2004). 개인의 발견. 리하르트 반 뒬멘 저. 현실문화연구.

최지혜 · 남태우 · 조민효 (2020). 보건의료 빅데이터 및 의료 플랫폼의 사회적 쟁점 : 「보건의료 빅데이터 플랫폼」 시범사업의 사례 분석을 중심으로. 국정관리연구, 15(2), 139-176.

최혜지(2011). 다문화 실천인력의 다문화 경험과 문화적 역량에 대한 탐색적 고찰. 정신보건과 사회사업, 37, 405-439.

최희경(1992). 낙태에 관한 헌법학적 고찰. 이화여자대학교 대학원 석사학위논문.

한국사회복지사협회(2007). 한국의 사회복지실태. 한국사회복지사협회.

__________________(2010). 사회복지 윤리경영 선도 기관 육성사업 3차년도 결과보고대회 자료집.

한국여성개발원(2003). 다양한 가족출현에 따른 쟁점과 가족 관련법의 방향 정립에 관한 연구.

한국연구재단(2019). 신진연구자를 위한 연구윤리 첫걸음.

한국연구재단(2023). 인문사회분야 연구자를 위한 IRB 연구윤리 가이드라인.

한국염(2006). 이주여성의 인권실태 및 대책 : 이주의 여성화와 이주여성 인권보호의 과제. 한국성폭력상담소, 1, 70-86.

한국학술진흥재단(2007). 연구윤리 확립을 위한 정부 정책 방안 연구.

한민수(2003). 안락사 결정에 있어 사회복지사가 고려해야 할 윤리적 원칙들에 대한 연구. 세종대학교 대학원 석사학위논문.

한병구(2000). 언론과 윤리법제. 서울대학교출판부.

허 영(2003). 한국헌법론. 박영사.

허남결(1998). J. S. Mill의 공리주의에 있어서 고급쾌락과 성격의 문제. 국민윤리연구, 38, 97-117. 한국국민윤리학회.

홍석영(2006). 인격주의 생명윤리학. 한국학술정보(주).

홍성동(2011). 알기쉬운 사회복지조사방법론. 학지사.

황경식(2008). 개방사회의 사회윤리. 철학과 현실사.

황병덕(2011). 호스피스 자원봉사자의 존엄사에 대한 태도요인. 보건의료산업학회지, 5(2), 1-14.

황성철(2005). 사회복지 프로그램 개발과 평가. 공동체.

황수연 역. 복지, 정의 그리고 자유. Gordon, Scott, H.(2011). 경성대학교출판부.

황수정(2008). 롤즈 정의론의 원초적 입장에 대한 연구. 동서사상, 4, 113-150.

황필홍 외(1999). 낙태, 포르노, 인간복제. 고원.

Abramson, M.(1985). The Autonomy Paternalism Dilemma in Social Work Practice. *Social Casework, 66*(7), 385-393.

Antle, B. J., & Regehr. C.(2003). Beyond individual rights and freedoms : Metaethics in social work research. *Social work, 48*(1), 135-144.

Atkinson, Anthony(2001). *The Economic Consequences of Rolling Back the Welfare State.* The MIT press.

Banks, J., Marmot. M., Oldfield. Z., & Smith. J. P.(2006). Disease and disadvantage in the United States and in England. *Journal of the American Medical Association, 295*(17), 2037-2045.

Barsky, A. E(2009). *Ethics and values in social work*. Oxford University Press.

Beauchamp, T. L., & & Childress, J. F.(1994). *Principles of Biomedical Ethics.* NY : Oxpord University Press.

Biestek, F. P.(1975). Client self-determination. in F. E. McDermott(ed.). *Self-determination in social work*. Routledge & Kegan Paul.

____________(1979). *The Casework Relationship.* George Allen & Unwin.

Bisman, C.(2004). Social work values : the moral core of the profession. *British Journal of Social Work, 34*, 109-123.

Bok, S.(1983). The Limit of Confidentiality. *The hastings Center report, 13,* 24-31.

Borys, D. S., and K. S. Pope(1989). Dual Relationships Between Therapist and Clients : A National Study of Psychologists, Psychiatrists, and Social Workers. *Professional Psychology : Research and Practice, 20*(5), 283-293.

Bormida, M. D.(2021), The Big Data World : Benefits, Threats and Ethical Challenges, Iphofen, R. and O'Mathúna, D. (Ed.) Ethical Issues in Covert, *Security and Surveillance Research* (Advances in Research Ethics and Integrity, Vol. 8), Emerald Publishing Limited, Leeds, pp. 71-91.

Brammer, L. M.(1979). *The helping Relationship : Process and Skills*(2nd ed.). Englewood Cliffs. NJ : Prentice-Hall.

Camilleri, P. J.(1996). *(Re)Constructing social work : exploring social work through text and talk*. Avebury.

Castles, F. G., & Dowrick. S.(1990). The impact of Goverment Spending Levels on Medium-Term Economic Growth in the OECD. 1960-85. *Journal of Theoretical Politics, 2*, 173-204.

Catherine, S. C.(1987). *Reproduction Norms and Social Control of Women. in the Trapped Woman.* NY : Sage Publication.

Chancel, L. (2023). 지속불가능한 불평등(이세진 역). 니케북스(원서출판 2017, 2021).

Chilman, C. S.(1987). *Abortion. In Encyclopedia of Social Work*(18th ed.), 1-7. Silver Spring, Md : National Association of Social Workers.

Cohen, G. A.(1989). On the Currency of Egalitarian Justice. *Ethics,* 99, 906-944.

Cohen. C., & Phillips, M.(October. 1995). Talking about not talking : the Paradox of confidentiality in groups. Paper presented at the Annual Symposium of the American Association of Social Work with Groups. San Diego. CA.

Cohen. E. P.(2003). Framework for culturally competent decision making in child welfare. *Child Welfare, LXXXII,* 143-155.

Collingridge, M., Miller, S., & Bowles, W.(2001). Privacy and confidentiality in social work. *Australian social work, 54*(2), 3-13.

Congress, E. P.(1999). *Social Work Values and Ethics : Identifying and Resolving Professional Dilemmas*. Belmont. CA : Wadsworth Publishing Company.

Congress. E.(1999). *Social Work Values and Ethics*. Chicago : Nelson-Hall.

Corey, G., Corey, M. S., and Callahan, P.(1993). *Issues and Ethics in the Helping Professions*(4th ed.). CA : Brooks/Cole. Cengage Learning.

Corey, Gerald, Corey, Marianne, Schneider, & Callanan, Patrick(2011). *Issues and Ethics in the Helping Professions*. Brooks/Cole.

Craig, J.(1991). Preventing Dual Relationships in Pastoral Counseling. *Counseling and Values, 36,* 49-54.

Csikai, E. L.(2004). Social worker's participation in the resolution of ethical dilemmas in hospice care. *Health & social work, 19,* 67-76.

Curver, C. M., & Gert, B.(1982) *Philosophy in medicine : conceptual and ethical issues in medicine and psychiatry*. Oxford University Press.

Darwall, S.(2004). Respect and the Second-Person Standpoint. *Proceedings and Addresses of the American Philosophical Association, 78,* 43-55.

DeJong, C.(1984). Independent living : From Social movement to analytic paradigm. in P. Marinelli & A. Dell Orto(Eds.). *The psychological and social impact of physical disability,* 39-64. NY : Springer.

Dekkers, W. J. M.(2001). Autonomy and dependence : chronic physical illness and decision-making capacity. *Medicine. Health Care and Philosophy, 4,* 185-192.

DeMarco, Joseph, P.(2001). Substantive Equality : A Basic Value. *Journal of social philosophy, 32*(2), 197-206.

Dolgoff, R., Loewenberg, F. M., and Harrington, D.(2005). *Ethical decisions for social work practice*(7th.). Thomson-Brooks/Cole.

Drake, G. D., & J. A. Lawrence(2000). Equality and distributions of inheritance in families. *Social Justice Research, 13*(3), 271-290.

Dworkin, Ronald(1981a). What is Equality? Part 1 : Equality of Welfare. *Philosophy and Public Affairs, 10*(3), 185-246.

______________(1981b). What is Equality? Part 2 : Equality of Resource. *Philosophy and Public Affairs, 10*(4),

283-345.

_____________(2000). *Sovereign Virtue.* Cambridge. Harvard UP.

Elaine Congress & Wook Kim(2007). A Comparison of Social Work Ethical Code in Korea and the Uninted States. 임상사회사업연구, 4(2), 175-191.

Figueira-Mcdonough J.(1987). To Protect or To Control : An Inquiry into the Correlates of Options on Abortion. In Figueira-Mcdonough J., and Sarri R.(ed.). *the Trapped Woman*. Newbury Park : Sage Publication, 53-80.

Finn. P.(1992). Professionals and confidentiality. *Sydney Law Review, 14,* 317-339.

Fondacaro, M. R., S. L. Jackson, & J. Luescher(2002). Toward the assessment of procedural and distributive justice in resolving family disputes. *Social Justice Research, 15*(4), 341-371.

Frankfort-Nachmias, C., & Nachmias. D.(2000). *Research methods in the social sciences*(6th ed.). NY : Worth Publishers.

Fredman, S.(2011). Discaimination Law, Oxford University Press.

Furlong, M. A.(2003). Self-determination and a critical perspective in casework. *Qualitative Social work*, 2(2), 177-196.

Ganzini, L., Volicer. L., Nelson, W. A., Fox, E, and Derse, A. R.(2004). Ten myths about decision-making capacity. *JAMDA, 7/8,* 263-267.

Greenberg, J.(1987). Reactions to procedural justice in payment distributions : do the means justify the ends?. *Journal of Applied Psychology, 72,* 55-61.

Gutheil, T. G., and Gabbard, G. O.(1993). The Concept of Boundaries in Clinical Practice : Theoretical and Risk-management Dimensions. *American Journal of Psychiatry, 150*(2), 188-196.

_______________________(1998). Misuses and Misunderstandings of Boundary Theory in Clinical and Regulatory Settings. *American Journal of Psychiatry, 155,* 409-414.

Hansson, P., & Henrekson. M.(1994). A New Framework for Testing the Effect of Government Spending on Growth & Productivity. *Public Choice, 81,* 381-401.

Healy, T. C.(2003). Ethical decision making : Pressure and Uncertainty as complicating factors. *Health & social work, 28*(4), 293-301.

Helbok, C. M., Marinelli, R. P., and Walls, R. T.(2006). National survey of ethical practices across rural and urban communities. *Professional Psychology : Research and Practice, 37*(1), 36-44.

Herlihy, B. R., & Watson. Z. E. P.(2007). Counseling for social justice(pp.181-199). *Social justice & counseling ethics.* In C. C. Lee(Ed.). American Couseling Association.

High, D. M.(1992). Research with Alzheimer's Disease Subjects : Informed Consent and Proxy Decision-making. *Journal of the American Geriatrics Society, 40*(9), 550-597.

Hochschild, J. L.(1981). *What's Fair? : American Beliefs about Distributive Justice,* Cambridge. Harvard University Press.

Hogan, M.(2007). *The four skills of cultural diversity competence : A process for understanding & practice*(3rd ed). Brooks/Cole.

Holroyd, J. C., and Brodsky, A. M.(1977). Psychologists Attitudes and Practices Regarding Erotic and Nonerotic Physical Contact with Patients. *American Psychiatrist, 32*(10), 843-849.

Homan, M.(2008). *Promoting community change : Making it happen in the real world*(4th ed.). Brooks/Cole.

Kagel, J. D., and Giebelhausen, P. N.(1994). Dual Relationships and Professional Boundaries. *Social Work, 39*(2), 213-220.

Kennedy, Bruce, P., Ichiro Kawachi, Deborah Prothrow-Stith, Kimberly Lochner & Vanita Gupta(1998). Social capital, Income Inequality & Firearm Violent Crime. *Social Science and Medicine, 47*(1), 7-17.

Kernaghan, Kenneth(2000). The Post-Bureaucratic Organization and Public Service Values. *International Review of Administrative Sciences, 66*(1), 91-104.

________________(2003). Integrating Values into Public Service : The Values Statement as Centerpiece. *Public Administration Review, 63*(6), 711-719.

Khoo, E. G., Hyvonen, U. Nygren, L.(2003). Gatekeeping in child welfare : A comparative study of intake decision making by social workers in Canada and Sweden. *Child Welfare, LXXXII,* 597-525.

Kirst-Ashman, K., and Hull, G.(1993). *Understanding generalist practice*. Chicago : Nelson-Hall Publishers.

Knapp, S., and Slattery, J. M.(2004). Professional Boundaries in Nontraditional Settings. *Professional Psychology : Research and Practice, 35*(5), 553-558.

Koocher, G. P., and Keith-Spiegel, P.(2008). *Ethics in Psychology and the Mental Health Professions : Standards and Cases*(3rd ed.). NY : Oxford University.

Korpi, W.(1995). Economic Growth & the Welfare System : Leaky Bucket or Irrigation System?. *European Sociological Review, 1,* 97-118.

Kuther, T. L.(2003). Medical decision-making and minors : Issues of consent and assent. *Adolescence, 38*(150), 343-358.

Landau, Daniel, L.(1985). Government Expenditure & Economic Growth in the Developed Countries : 1952-76. *Public Choice, 47,* 459-477.

Lasky, G. B., & Riva, M. T.(2006). Confidentiality and privileged communication on group psychotherapy. *International Journal of Group Psychotherapy, 56*(4), 455-476.

Law, J. L., and Schwarts, P.(1977). *Sexual Scripts : the Social Construction of Female Sexuality*. Washington : University Press of America.

Levy, C. S.(1976). *Social work ethics.* NY : Human Sciences Press.

Levy, R. B.(1973). *I can only touch you now*. Englewood Cliffs. N. J. : Prentice-Hall.

Linders, A.(1998). Abortion as a Social Problem : the Construction of 'Opposite' Solutions in Sweden and the United States. *Social Problems, 45*(4), 488-509.

Loewenberg, F. M., & Dolgoff. R.(1996). *Ethical Decision for Social Work Practice*(5th ed.). Itasca, IL : F. E. Peacock.

Manning, S. S., & Gaul, E. G.(1997). The Ethics of Informed Consent : A Critical Variable in the Self-Determination of Health and Mental Health Clients. *Social Work in Health Care, 25*(3), 103-117.

Marcus, S.(1981). Their Brother's Keeper : An Episode from English History. In Gaylin et al.(Eds.). *Doing Good : The Limit of Benevolence.* NY : Pantheon.

Mccallum, J., & Blais, A.(1987). Government. Special Interest, & Economic Gross. *Public Choice, 54,* 3-18.

McDermott, F. E.(Eds.). *Self-determination in social work.* London : Routledge and Kegan Paul.

Melito, R.(2003). Values in the role of the family therapist : self determination and justice. *Journal of marital and family therapy, 29*(1), 3-11.

Michael, D. R., and Hickman, S.(2011). Dual Relations and Beyond : Understanding and Addressing Ethical Challenges for Rural Social Work. *Journal of Social Work Values & Ethics, 8*(1), 29-43.

Miley, K., O'Melia, M., and Dubois, L.(1995). *Generalist social work practice : an empowering approach*. Boston : Allyn and Bacon.

Miller, David(1982). Arguments for Equality. *Midwest Studies in Philosophy, 7,* 73-188.

Morales, A. J., and Sheafor. B. W.(2004). *Social work : a profession of many faces*(10th). Allan and Bacon.

Moye, J., and Marson, D. D.(2007). Assessment of decision-making capacity in older adults : an emerging area of practice and research. *Journal of Gerontology : Psychological Sciences, 62B*(1), 3-11.

Murdach, A. D.(2011). What Happened to Self-Determination?. *Social Work, 56*(4), 371-373.

NASW(1979). NASW code of ethics. http : //www.naswdc.org.

______(2008). *Code of Ethics of the National Association of Social Workers.*

National Association of Social Workers(NASW, 1996). *Code of Ethics of the national Association of Social Workers.*

Nielsen, Kai(1964). Ethics without Religion. *The Ohio University Review, 6.*

Nordstrom, H.(1992). *Studies in Trade Policy and Economic Growth.* Monograph no. 20. Stockholm : Institute for International Economic Studies.

OECD(2000). Trust in Government : Ethics Measures in OECD Countries(OECD. Paris).

Okun, A.(1975). *Equity and Efficiency : The Big Trade off.* Washington. Brookings Institution.

Omurgonulsen, Ugur and OktemSource, M. Kemal.(2009). Is There Any Change in the Public Service Values of Different Generations of Public Administrators? The Case of Turkish Governors and District Governors, *Journal of Business Ethics, Vol. 88. No. 1.* Professional Ethics in Business and SocialLife - The Eben 21st Annual Conference in Antalya(Aug., 2009), 137-156.

Owens, T. J., Mortimer, J. T., Finch, M. D.(1996). Self-Determination as a Source of Self-Esteem in Adolescent. *Social Forces, 74*(4), 1377-1404.

Pack-Brown, S. P., Thomas. T. L., & Seymour, J. M.(2008). Infusing professional ethics into counselor education programs : A multicultural/social justice perspective. *Journal of Counseling and Development, 86*(3), 296-302.

Pattison, J. E.(1973). Effects of Touch on Self-exploration and the Therapeutic Relationship. *Journal of Counseling and Clinical Psychology, 40,* 170-175.

Persson, T., & G. Tabellini(1994). Is Inequality Harmful for Growth?. *American Economic Review, 84,* 600-621.

Petchsky, R.(1986). Abortion and Woman's Choice. *The State. Sexuality, and Reproductive Freedom*. NY. London : Longman.

Pojman, Louis, P., & Westmoreland, Robert Baxer(1997). *Equality : Selected Readings.* Oxford University Press(1961).

Pope, K. S.(1991). Dual Relationships in Psychotherapy. *Ethics and Behavior, 1,* 21-34.

Pope, K. S., H. Levenson and Schover, L. R.(1979). Sexual Intimacy in Psychology Training : Results and Implications of a National Survey. *American Psychologist, 34*(8), 682-689.

Powers, L. E., Sowers, J., Turner, A., Nesbitt, M., Knowles, El, & Ellison., R.(1996). Take charge : A model for promoting self-determination among adolescents with challenges. In. L. E. Powers. G. H. S. Singer, & J. Sowers(Eds.). *On the road to autonomy : Promoting self-competence in children and youth with disabilities,* 291-433. Baltimore : Paul H. Brookes.

Promislo, E.(1979). Confidentiality and Priviledged Communication. *Social Work, 24,* 10-13.

Rawls, John(1971). *A Theory of Justice.* The Belknap Press of Harvard University Press.

Raz. Joseph(1986). *The Morality of Freedom.* Oxford University Press.

Reamer. F. G.(1983). The concept of paternalism in social work. *Social Service Review, 57*(2), 254-271.

__________(1987). Ethics Committees in Social Work. *Social Work, 32*(3), 188-192.

__________(1995). *Social Work Values and Ethics*. NY : Columbia University Press.

__________(1998). The evolution of social work ethics. *Social Work, 43,* 488-500.

__________(1998a). Ethical standard in social work.

__________(1998b). Ethics and value. http://www.netwalk.com

__________(1999). *Social Work Values and Ethics*(2nd ed.). NY : Columbia University Press.

__________(2003). Boundary Issues in Social Work : Managing Dual Relationships. *Social Work, 48*(1), 121-133.

Reynolds, B. C.(1939). Social case work : What is it? What is its places in the workld today?. In F. Lowry(Ed.) *Readings in social case work,* 135-147. NY : Columbia University press.

Richmond, M.(1922). *What is social case work?*. NY : Russell Sage Foundation.

Ringstad, R.(2008). The Ethics of Dual Relationships : Beliefs and Behaviors of Clinical Practitioners. *Families in Society, 89*(1), 69-77.

Rodman and Hyman(1987). *The Abortion Question.* NY : Columbia University Press.

Rossi, P. H., and Freeman, H. E.(1985). *Evaluation : a systematic approach*(3rd ed.). Beverly Hills : Sage.

Sandel, M.(2010). *Justice : What's the Right Thing to Do?* 이창신 역. 김영사.

________(2020). *The Tyranny of Merit*. 황규진 역. 와이즈베리.

Scannlon. Thomas(2003). The Diversity of Objections to Inequality(pp. 202-218). In T. Scanlon. *The Difficulty of Tolerance : Essays in Political Philosophy*. Cambridge University Press.

Self-Determination(2004). In *Merriam-Webster's collegiate dictionary*(11th ed). Springfield, MA : Merriam Webster.

Sgreccia, E.(1994). Manuale di bioetica Ⅰ : Fondamenti ed etica biomedica(Milano : Vita e Pensiero, 1991); Laura Palazzani(1994). *Personalism and Bioethics, 8.*

Simson, G.(1964). Euthannasie als Rechtsproblem. Eine rechtsvergleichende Übersicht. Neue Juristische Wochenschrift. S. 1154.

Singer. P.(1979). *Practical ethics.* London : Cambridge Univ. Press.

Singer. T.(1994). Sexual Harassment in Graduate Schools of Social Work : Provocative Dilemmas. In M. Wel. Hughes and N. Hooyman(Eds.). *Sexual Harassment and Schools of Social Work : Issues, Costs, and Strategic Responses*. Alexandria. VA : Council on Social Work Education.

Smallly, R. E.(1970) The functional Approach to Casework Practice. In Robert & Nee(Eds.) *Theories of Social Casework*. Chicago : University of Chicago Press.

St. Germaine, J.(1996). Dual Relationships and Certified Alcohol and Drug Counselors : A National Study of Ethical Beliefs and Behaviors. *Alcoholism Treatment Quarterly, 14*(2), 29-45.

Steele, J. M.(2008). Preparing counselors to advocate for social justice : A liberation model. *Counselor Education and Supervision, 48*(2), 74-85.

Tarasoff v. Board of Regents of the University of California(1976). 17. Cal 3d 425.

Temkin, L.(2003). Egalitarianism Defended. *Ethics, 113,* 764-782.

The National Commission for the Protection of Human Subjects of Biomedical and Behavioral Research(1979). The Belmont Report.

Tower, K. D.(1994). Consumer-centered social work practice : restoring client self-determination. *Social Work, 39*(2), 191-196.

Vagero, D., & Lundberg, O.(1989). Health inequalities in Britain and Sweden. *Lancet, 2*(8653), 35-36.

Veblen, T.(1994). The Theory of the Leisure Class. Penguin.

Vonnegut, Kurt, Jr(1998). Harrison Bergerton(1961). in Vonnegut. *Welcome to the Monkey House.* NY : Dell Publishing, 7.

Wagner, C. A.(1981). Confidentiality and the school counselor. *The Personnel and Guidance Journal, 59*(5), 305-310.

Walzer, Michael(1983). *Spheres of Justice : A Defense of Pluralism & Equality.* Basic Books.

Weede, E.(1986). Sectoral Reallocation, Distributional Coalitions & the Welfare State as Determinants of Economic Growth Rates in industrialized Democracies. *European Journal of Political Research, 14,* 501-519.

________(1991). The impact of State Power on Economic Growth Rates in OECD Countries. *Quality & Quantity, 25,* 421-438.

Wendorf, C. A., Sheldon, A., and I. J. Firesone(2002). Social justice and moral reasoning : an empirical integration of two paradigms in psychological research. *Social Justice Research, 15*(1), 19-39.

Wheeler, D. L.(1993). Physician-anthropologist examines what ails America's medical system : Instead of treating patients. Melvin Konner probes health care in general. *Chronicle of Higher Education,* June 2, A6-A7.

William, E.(2000). *Catholic Bioethics and the gift of Human Life.* Huntington : Our Sunday Visitor. Inc.

Willms, J. D.(1999). Quality and inequality in children's literacy : the effects of families. schools. and communities. In : D. P. Keating and C. Hertzman(eds). *Developmental Health and the Wealth of Nations*. NY : Guliford Press.

Wilson, S.(1983). Confidentiality. In A. Resenblatt & D. Waldfogel(Eds.). *Handbook of Clinical Social Work*. San Francisco : Jossey-Bass.

You, J. S., & Khagam, S.(2005). Comparative study of inequality and corruption. *American Sociological Review, 70,* 136-157.

Young. M.(2008). *The Rise of the Meritocracy*. London : Transaction Publisher.

Zur, O.(2008). Beyond the office walls : Home visits. Celebrations. Adventure Therapy. Incidental Encounters and other Encounters outside the Office Walls.
http : //www.zurinstitute.com/outofofficeexperiences.html.

경상일보(2009. 8. 31). 청소용역비 상습 횡령 사회복지사 2명 영장.

낙섬뉴스(2011. 9. 6). 한류와 다문화! 맛으로 소통하는 화합의 한마당 잔치.

연합뉴스(2012. 1. 31). 사회복지사가 지적장애인 돈 수천만원 꿀꺽.

국가생명윤리정책원	http://www.nibp.kr
근로복지공단 홈페이지	http://www.kcomwel.or.kr
미국 사회복지사협회	http://www.socialworkers.org/pubs/code/code.asp
법제처	http://www.law.go.kr
보건복지부 홈페이지	http://www.mw.go.kr
한국조사연구학회	http://www.kasr.org/?c=1/6/28

찾아보기

저/자/약/력

성정현

서울대학교 대학원 사회복지학과 졸업(문학박사)
현 협성대학교 사회과학대학 사회복지학과 교수

〈주요 연구〉
『가족복지론』(공저), 『인터넷 자료를 통해 본 한국의 이혼문화와 사회복지』(공저), 『이혼과 가족조정』(공역), 이혼공동체의 현황과 특징 : 온・오프라인을 중심으로, 동남아시아 조기유학 청소년의 유학결정과정과 유학경험(공동) 등
surin@uhs.ac.kr

김예성

서울대학교 대학원 사회복지학과 졸업(사회복지학 박사)
현 한국체육대학교 노인체육복지학과 교수

〈주요 연구〉
『사회복지실천기술론』(공저), 아동기 건강불평등에 관한 연구 : 아동의 생활수준과 건강문제 간 사회적 지지의 조절효과 검증, 노년기 참여 여가활동 유형이 신체적 건강 및 정신적 건강에 미치는 영향에 관한 연구, 『사회공헌활동 기부은행(노인돌봄봉사활동) 현황 분석 및 효과성 연구』 등
yskim98@knsu.ac.kr

김지혜

서울대학교 대학원 사회복지학과 졸업(사회복지학 박사)
현 협성대학교 사회복지학과 조교수

〈주요 연구〉
비양육부모와의 관계가 이혼 후 초등자녀의 변화에 미치는 영향, 청소년부모 양육지원가정의 양육지원 서비스 제공 경험, 『한부모가족복지시설 평가 지표 개발 연구』(공동연구), 『임신・출산 전문상담인력 교육 프로그램 개발・운영 연구』(공동연구) 등
jhkim@uhs.ac.kr

임세희

서울대학교 대학원 사회복지학과 졸업(사회복지학 박사)
현 서울사이버대학교 사회복지학과 부교수

〈주요 연구〉
『아동복지론』(공저), 『가족복지론』(공저), 주거빈곤이 아동의 권리에 미치는 영향, 보호대상아동 주거특성이 아동의 일상생활과 발달에 미치는 영향, 『아동 주거지원 정책 전문영향평가』 등
shlim32@iscu.ac.kr

좌현숙

서울대학교 대학원 사회복지학과 졸업(사회복지학 박사)
현 호남대학교 인문사회과학대학 사회복지학과 부교수

〈주요 연구〉
『사회복지실천과 역량강화』(공역), 빈곤 청소년의 적응유연성 영역간 종단적 상호관계 : 심리・사회・학교 영역을 중심으로, 청소년 학교적응의 종단적 변화양상과 예측요인, 『소년소녀가정 제도개선 연구』 등
whoau@honam.ac.kr

최승희

서울대학교 대학원 사회복지학과 졸업(문학박사)
현 평택대학교 사회복지학과 부교수

〈주요 연구〉
『사회복지프로그램 개발과 평가』(공저), 『가족복지론』(공저), 『영화, 사회복지를 말하다』(공저),
미혼모 생활시설의 대안학교의 실태와 개선방안 등
csh@ptu.ac.kr

사회복지 윤리와 철학

1판 1쇄 발행 2024년 3월 5일

지은이 성정현, 김예성, 김지혜, 임세희, 좌현숙, 최승희

펴낸이 김동근
펴낸곳 지식터
등록 2022년 10월 19일(등록번호 제396-2022-000170호)
주소 경기도 고양시 일산동구 정발산로 24 웨스턴타워 3차 417호(장항동)
전화 031-811-8500
팩스 031-811-8600
이메일 jster22@naver.com
홈페이지 http://www.jster22.com
ISBN 979-11-92845-97-5 (93330)

값 20,000원